# Redesenhando o Desenho
educadores, política e história

EDITORA AFILIADA

**Dados Internacionais de Catalogação na Publicação (CIP)**
**(Câmara Brasileira do Livro, SP, Brasil)**

Barbosa, Ana Mae
 Redesenhando o desenho : educadores, política e história / Ana Mae Barbosa. – São Paulo : Cortez, 2015.

ISBN 978-85-249-2304-3

1. Arte – Aspectos sociais 2. Arte – Estudo e ensino 3. Arte – História I. Título.

14-10601 CDD-707

**Índices para catálogo sistemático:**
1. Arte-educação   707

Ana Mae Barbosa

# Redesenhando o Desenho
educadores, política e história

REDESENHANDO O DESENHO: educadores, política e história
Ana Mae Barbosa

*Capa*: de Sign Arte Visual sobre ilustração de Elena Izcue, *El Arte Peruano en la Escuela*, 1926 – Paris
*Preparação de originais*: Jaci Dantas
*Revisão*: Maria de Lourdes de Almeida, Patrizia Zagni
*Composição*: Linea Editora Ltda.
*Coordenação editorial*: Danilo A. Q. Morales

Nenhuma parte desta obra pode ser reproduzida ou duplicada sem autorização expressa da autora e do editor.

© 2014 by Ana Mae Barbosa

Direitos para esta edição
CORTEZ EDITORA
Rua Monte Alegre, 1074 – Perdizes
05014-001 – São Paulo – SP
Tel. (11) 3864-0111 Fax: (11) 3864-4290
E-mail: cortez@cortezeditora.com.br
www.cortezeditora.com.br

Impresso no Brasil – março de 2015

*"O passado é um país estrangeiro."*

Nadine Gordimer

# Dedicatória

"Quando contamos a 'História', esquecemos que ela não é nada se não uma abstração de histórias concretas. E, quando pensamos nas pequenas histórias, inclusive nas nossas, esquecemos que elas são o verdadeiro e único tecido da História."

**Contardo Calligaris**

Para minhas netas Ana Lia, Joana e Pietra, muito amor.

Para todas as minhas amigas e amigos do Pará ao Rio Grande do Sul, parando demoradamente em Recife e conversando com Clarice Amorim, Fernando Azevedo, Priscila Muniz e Everson Melquiades.

Para Fernanda Pereira da Cunha pela ajuda e cumplicidade com este livro.

Para minhas ex-orientandas que se tornaram amigas imprescindíveis e não me deixam sentir vítima da vida.

Para Iracy, Roberto, Moa, Edna, Minerini agradecendo muito o que fazem por Ana Amália e por mim. Peço que não a abandonem nunca.

Para Ana Amália, uma professora tão apaixonada, que ensina sem falar e me apazigua com o olhar.

Para Ligia, um anjo da guarda muito querido, a quem dediquei meu primeiro livro, mais este, que espero não seja o último.

Para Fred e Maria Helena com muito carinho.

# Sumário

**Apresentação**........................................................................................... 11

**1.** Contexto e sistematização............................................................. 15

## PARTE I
### A Virada Industrial e os Inícios do Século XX

**2.** História do ensino da Arte e do Desenho: tensões
e diferenças.................................................................................... 39

**3.** Nacionalismo e ensino da Arte e do Desenho na América
Latina: Best Maugard, Elena Izcue e Theodoro Braga................ 61

**4.** Theodoro Braga e o ensino do Desenho: artigos de jornais....... 103

**5.** A Escola Brasileira de Arte ........................................................... 171

## PARTE II
### A Virada Modernista

**6.** O Desenho na Reforma Educacional
de Fernando de Azevedo .................................................. 191

**7.** Cecília Meireles, o cinema e a Educação Infantil ...................... 225

**8.** Gerardo Seguel e o latino-americanismo ................................ 271

**9.** Edgar Sussekind de Mendonça: a educação em museus
e o ensino do Desenho Gráfico .......................................... 287

**10.** As exposições infantis: Modernismo e Culturalismo .................. 309

## PARTE III
### A Formação Modernista dos Professores de Arte no Brasil

**11.** O Teachers College e sua influência na modernização
da Educação no Brasil ................................................... 355

**12.** John Dewey: Sobre ideia e técnica .................................... 385

**13.** Marion Richardson contra a pata de caranguejo ...................... 393

**14.** Viktor Lowenfeld: Arte/Educador número um do século XX .... 421

**Bibliografia da pesquisa** ................................................ 451

# Apresentação

**O assunto central** deste livro é o ensino do Desenho e das Artes Visuais dos anos 1920 aos anos 1950 estudados principalmente através dos artigos e das notícias dos jornais da época.

Entretanto, aborda aspectos da Educação em geral, da política e da construção da nossa cultura naquele período.

É dividido em três partes:

1. A virada Industrial e os inícios do século XX.
2. A virada Modernista.
3. A formação modernista dos professores de Arte no Brasil.

Na primeira parte apresento um panorama geral do ensino do Desenho. Também abordo o pré-modernismo, o nacionalismo e a ênfase no Desenho como preparação para o trabalho, um movimento em direção a uma iniciação ao design na escola. A Escola Brasileira de Arte de São Paulo é o último tópico da primeira parte.

A segunda parte é o núcleo principal do livro em que estudo Fernando de Azevedo que enfatizou o ensino do Desenho em sua reforma educacional; Cecília Meireles que o apoiou com seus artigos em jornais; Gerardo Seguel, poeta e educador chileno, que viveu um curto tempo no Brasil; Edgar Sussekind de Mendonça, professor de Desenho, educador em Museu e militante político. Para terminar, a partir de Porciúncula Moraes, analiso as exposições modernistas de desenhos de crianças em relação às exposições de Arte para crianças de hoje.

A última parte trata da formação dos professores nas décadas de 1920 a 1950.

Quem eles liam? Onde e o que estudavam?

Para onde iam no exterior?

O livro interessa não só a Arte/Educadores, mas aos Educadores em geral, aos estudantes de Pedagogia, de Artes Visuais e de Design.

Este livro foi produzido graças à bolsa do CNPq que me foi concedida para a pesquisa que continua.

Longe de ser um assunto rotulado pelo vulgar e pretensioso 'já era', o desenho vem sendo estudado e frequentado pelo interesse de artistas e teóricos depois do pós-modernismo.

Em um convite para uma exposição de desenho no Rio Grande do Sul (Pinacoteca Barão de Santo Ângelo, 18/09 a 11/10 de 2013) o crítico e curador Eduardo Veras insiste nas múltiplas funções do desenho. Seu texto é sutil e sedutor, tão sedutor quanto o próprio desenho:

> O desenho é um dos instrumentos mais caros para a anotação daquela ideia que irrompe de imediato, urgente, como se brotasse de repente, do nada.
> O desenho é um dos meios mais propícios para a construção daquela ideia que se delineia milimetricamente, passo a passo, como algo que se engendra aos poucos, seguindo um plano que se estabelece no ato mesmo de riscar a linha [...].
> O desenho — generoso — se presta a gestos díspares, à primeira vista contraditórios. Possibilidades como essas, e ainda outras, são exploradas na pesquisa Desenho, gesto e pensamento: procedimentos gráficos e outras mídias...
> O desenho [...] registra ideias, constrói ideias e as irradia. O desenho detona conflitos e busca soluções. O desenho funda novas realidades.

Agradeço ao Instituto de Estudos Brasileiros (IEB) da USP, sempre plural, por me deixar pesquisar no seu rico acervo; ao jornal *O Estado de S. Paulo* que tem os arquivos de Theodoro Braga; à Biblioteca Nacional no Rio de Janeiro; ao Teachers College; a School of Art Education da University of Central England (Birmingham), aos Arquivos de Arte/Educação da Miami University (Oxford, Ohio); e a todos e todas a quem pedi ajuda, começando por Clarisse Urbano, minha ex-orientanda. Em outras instituições que tive de pesquisar foi muito difícil penetrar, mas vou insistir nas futuras pesquisas.

Meus eternos agradecimentos a Fernanda Pereira da Cunha que digitou a grande maioria dos artigos de jornal, a Malu Vilas Boas que começou a digitação, a Thais Manprin que cuidou de meus arquivos num período muito difícil de minha vida e a Paola Maués por ter me dado nova energia para terminar este volume. Todas quatro têm um enorme talento para pesquisa e desejo que continuem contribuindo para o conhecimento da Arte/Educação e dos conceitos sobre Museus. Devo a elas a pressão carinhosa e às vezes indireta para que eu escrevesse logo este livro, que produzi muito vagarosamente, degustando cada capítulo[1] e apresentando-os em Congressos, sempre em textos reduzidos, até que Fernanda perdeu a paciência e me convenceu a mostrar os resultados da pesquisa em partes, não esperar chegar ao fim da pesquisa para publicar juntos os tópicos já concluídos: "Se você morrer sem publicar nada vão jogar todas estas caixas de pesquisa fora".

Por último, mas com muita ênfase, agradeço ao CNPq que não se nega a apoiar pesquisadores de mais de 70 anos.

Enfim, a história é: "Finite to fail, but infinite to venture".[2]

---

1. Foi uma espécie de vingança contra as correrias das teses de mestrado e doutorado, minhas e de meus alunos.
2. Emily Dickinson.

# 1

# Contexto e sistematização

> "It is difficult to see lived experience transformed into historical text. Things that seemed open and dynamic are now pinned down and displayed like butterflies in a case. Of course, there is also the tendency to idealize the past."
>
> **Linda Nochlin**

**A História do Ensino da Arte** e do Desenho no Brasil passou por fases que se acrescentam umas às outras: se intercalam, raramente dialogam e operam como em cascata, em camadas, ou placas tectônicas, como diz Thierry de Duve.[1] Minha intenção neste livro é refletir sobre uma história que:

> [...] nos ajude a entender que cada momento do passado, assim como cada momento do presente, não contém apenas a semente de um futuro predeterminado e inevitável, mas a de toda uma diversidade de futuros possíveis, um dos quais pode acabar tornando-se dominante, por razões complexas,

---

1. De Duve, Thierry. *Fazendo escola (ou refazendo-a)*. Chapecó: Argos, 2012. p. 53.

sem que isto signifique que é o melhor, nem, por outro lado, que os outros estejam totalmente descartados.[2]

Ainda encontramos escolas ensinando desenho geométrico em lugar de Arte, outras dando *xerox* de personagens de Disney — todos iguais para a classe toda colorir da mesma cor em nome da Cultura Visual — e professores dando imagens para copiar em nome da releitura... Isso tudo ao lado de muita experiência imaginativa, inventiva, significativa, com fotografias, cinema, vídeo, montagens digitais, instalações e trabalhos de análise do ver imagens, objetos, crítica de publicidade, o mundo virtual e o mundo real em busca de interpretação de significados ou respostas imaginativas.

Até 1890 se buscava nas escolas privadas dos ricos mimetizar mediocremente a Escola Imperial de Belas Artes, mas na escola pública desde a República o currículo abandonou as Belas Artes para se associar a um currículo baseado em princípios do Design, ou melhor dizendo, em iniciação ao Design.

Farei uma tentativa de periodizar em largas pinceladas o nosso Ensino da Arte e do Desenho depois disso. Periodizações, classificações, taxonomias, são meras tentativas de sistematização: não são verdades, nem dogmas, mas interpretações.

1. *Virada Industrial* (1880-1920 — Virada da Alfabetização)
   Feita por políticos e literatos: Rui Barbosa, André Rebouças, liberais e positivistas.

2. *Virada Modernista* (em duas fases)
   *1ª fase* — Expressionista (anos 1920 a 1950)
   Feita por intelectuais, educadores, artistas e literatos: Fernando de Azevedo, Cecília Meireles, Mário de Andrade, Theodoro Braga, Anita Malfatti, Nerêo Sampaio, Edgar Sussekind de Mendonça, as Escolas Profissionais e Técnicas, Movimento Escolinhas de Arte.

---

2. Fontana, Josep. *A história dos homens*. Trad. Heloisa Jochims Reichel e Marcelo Fernando da Costa. Bauru: EDUSC, 2004. p. 478.

*2ª fase* — Especificidade de linguagens (anos 1960 e 1970)
Defendida nas universidades por críticos, historiadores, arte/educadores, arquitetos e designers com a criação da ESDI, quando começamos a usar a expressão "design", do ICA/UnB, da ECA/USP etc.

3. *Virada Pós-Moderna* (anos 1980 e 1990 — Virada Cultural)
Integração das Artes Visuais com as tecnologias contemporâneas, os meios audiovisuais, a web, os Estudos Culturais e Visuais, o Interculturalismo feita por artistas, críticos, historiadores e arte/educadores.

4. *Virada educacional dos artistas* (anos 2000)
Está sendo feita pelos doutorados nas universidades, curadores e artistas estabelecendo a relação da Arte com o Público e com o ato de educar, mas não dá para saber ainda se chegará a bom termo.

A Virada Industrial também pode ser chamada Virada da Alfabetização. Nossos intelectuais e políticos estavam empenhados no discurso do progresso, tendo em vista o patamar econômico que a outra América — a do Norte — estava alcançando. Outras variáveis no Brasil, além do início da industrialização, como a libertação dos escravos e a República, animavam em direção ao ensino da Arte e do Desenho como preparação para o trabalho dos arquitetos aos pintores de parede. A campanha em favor de alfabetização — pois todos estavam convencidos de que uma sociedade de analfabetos não se desenvolve — se estendeu também em defesa do ensino do Desenho como a alfabetização para a forma. Para os publicistas, Desenho era uma segunda linguagem em direção ao progresso.

Nesta etapa, não foram obtidos grandes resultados. Faltava organização; faltavam profissionais bem preparados para ensinar; faltava vontade política.

A primeira parte deste livro — A Virada Industrial e os Inícios do Século XX — analisa alguns acontecimentos, conceitos e professores de Arte e Desenho que prepararam o advento do modernismo no ensino do Desenho e estimularam no Brasil e na América Latina nossa educação visual. Termino com o caso concreto da Escola Brasileira de Arte. A educação era dominada pela ideologia do Liberalismo que não tem nada a ver com o Neoliberalismo dos anos 2000. Para os liberais do fim do século XIX educava-se para a vida enquanto para os neoliberais do século XXI educa-se para o mercado.

Escola Nova e Modernismo no Ensino da Arte trabalharam juntos. Para alguns historiadores da Educação, o criador da Escola Nova no Brasil foi Rui Barbosa, com seus Pareceres sobre a Educação Primária em 1882; para outros, ele e outros liberais foram precursores e a fase precursora se estende até 1920.

Costuma-se dizer que em educação o Brasil só entrou no século XX nos anos 1920, depois da Primeira Guerra Mundial. Foi aí que a Virada Modernista se deu também nas Artes.

O movimento educacional configurado como primeira fase da Virada Modernista foi muito vivo, participativo, nascendo uma nova classe de trabalhadores: os educadores, com identidade própria, carreira delineada, formação discutida e estruturada. As escolas profissionais foram criadas, as mais antigas reformuladas: reforçando-se o ensino do desenho para formar mão de obra especializada. Para mim, foi nas escolas profissionais que se deu o início do Ensino do Design no Brasil. Pelo menos o ensino do que se chamava Artes Gráficas ou Desenho Gráfico — que era discutido, avaliado e foi implementado. Temos um Design Gráfico modernista e contemporâneo extraordinariamente bom, porque fomos cedo iniciados nas Artes Gráficas nas Escolas Profissionais.

A ideologia da Escola Nova era moeda corrente nas Reformas Educacionais que ocorreram em todo o país nas escolas primárias e secundárias. A Universidade do Distrito Federal foi criada, e nela um curso para formação de professores de Desenho, com Mário de Andrade e Portinari ensinando. Sempre me pergunto até onde teríamos ido em termos de qualidade no ensino da Arte e do Desenho se não fosse a Ditadura do Estado Novo, que passou oito anos a perseguir educadores. Para o Ensino da Arte a recuperação só se deu a partir 1948, embora experiências notáveis tenham ocorrido ainda em 1947 — entre elas, a Escola de Arte para crianças, criada por Lula Cardoso Ayres, no Recife.

Em 1948, com a criação da Escolinha de Arte do Brasil no Rio de Janeiro por Margaret Spencer — uma escultora/ceramista americana deweyiana — e por Augusto Rodrigues — que conhecia a escola de Lula Cardoso Ayres — deu-se início um movimento que se estendeu por todo o Brasil em direção a salvar pela Arte o espontaneísmo da criança, sua liberdade de expressão. Em pouco tempo havia mais de cem Escolinhas. Logo o sistema escolar foi flexibilizado, permitindo a criação de escolas experimentais, e a experimentação através da Arte e do Desenho multiplicou-se.

Na segunda parte — A Virada Modernista — analiso a participação de intelectuais importantes no Brasil para a reformulação da educação e ensino da Arte e do Desenho, neste período efervescente de crença no poder da educação e ação positiva em direção à mudança: Fernando de Azevedo, Cecília Meireles, Gerardo Seguel, Edgar Sussekind de Mendonça; terminando com um texto sobre a importância das exposições de Arte Infantil como marketing no modernismo, e as exposições de Arte e Cultura Visual para as crianças como instrumento de aprendizagem no pós-modernismo.

Em "A Formação Modernista dos Professores de Arte no Brasil", terceira parte do livro, busco complementar o contexto institucional e teórico de aprendizagem dos arte/educadores que atuaram nas mudanças da primeira fase da Virada Modernista, analisando a influência do *Teachers College* da *Columbia University* na modernização da Educação em geral e da Arte em particular. Dando a conhecer texto inédito de uma palestra de John Dewey, reafirmo a importância da recepção deste filósofo entre nossos arte/educadores e professores de Desenho modernistas. Por último, exponho vida e obra de Lowenfeld por ele próprio — pois foi uma forte influência no Brasil — e de Marion Richardson — pela sua influência nos inúmeros Cursos Intensivos de Arte/Educação da Escolinha de Arte do Brasil no Rio de Janeiro, que formaram a geração 1960 e 1970 de arte/educadores modernistas apaixonados pelo que ensinavam competentemente.

Na segunda fase modernista (1960 e 1970) o ensino da Arte clamava por especificidade para sair do lodaçal da polivalência que significava um só professor ensinar música, artes plásticas, desenho geométrico, teatro e dança da Educação Infantil ao Ensino Médio. Foi a fase da Ditadura Militar: durou 20 anos, suprimiu a liberdade de expressão, prendeu, torturou, matou, exilou e tornou obrigatório o ensino da Arte Polivalente. Foi uma desfaçatez. A Lei Educacional de 1971 (Lei n. 5.692) era extremamente tecnicista, pretendendo profissionalizar no ensino médio — mas usou a Arte como mascaramento humanístico ou álibi. Defendiam-se do tecnicismo da Lei n. 5.692 lembrando-nos que foi esta lei que instituiu a obrigatoriedade do ensino da Arte. Para ensinar todas as artes, preparavam um professor em dois anos (Licenciatura Curta em Educação Artística). Claro que o ensino da Arte fracassou na escola fundamental e média (primeiro e segundo grau na época), com valiosas exceções que estão vindo à tona graças às pesquisas de mestrado e de doutorado. Fecharam até escolas de Educação Infantil, Jardins da Infância como chamávamos, acusadas de comunistas. Tanto na ditadura anterior, a do Estado Novo (1937-45) como na Ditadura Militar (1964-84), o fantasma a ser combatido e extirpado era o comunismo. Foi uma fase de lutas políticas nas universidades, professores foram demitidos, e na Universidade de Brasília todos os professores foram demitidos. ONGs trabalhavam na semiclandestinidade. Foi nesse período que começaram a ser criados os grupos de estudo ligados às universidades, mas se reunindo informalmente fora dela. Hoje são adequadamente financiados pelo CNPq. O Sedes Sapientiae e a Escolinha de Arte de São Paulo eram espaços de cursos e grupos de estudos com professores universitários que tinham de refrear seu discurso na universidade pois havia espiões da ditadura assistindo às aulas.

Foi na Virada Pós-Moderna que as universidades mais contribuíram para a qualidade do Ensino da Arte fora dela; também podemos chamá-la de Virada Cultural. O Pós-Modernismo foi para os arte/educadores brasileiros o que o movimento de estudantes de 1968 foi para a França. As revoluções dos costumes, do comportamento, da arte e da escola dos anos 1960 nos EUA e na Europa influenciaram pouco o ensino da Arte e a educação em geral no Brasil porque a repressão da ditadura militar impediu. Para nós do ensino da Arte, a década de 1980 é que foi revolucionária. Tivemos a Semana de Arte e Ensino; o Festival de Campos de Jordão para os arte/educadores; a revista *Ar'te*; o Congresso sobre História do Ensino da Arte; o Congresso Mundial da Insea; o Congresso de ensino da Arte e sua História; a criação dos Cursos de Especialização e linhas de pesquisa em Ensino/Aprendizagem da Arte no Mestrado e

Doutorado na ECA/USP e a conquista das pesquisas artísticas como teses e dissertações.

O conceito de Arte se ampliou, se contorceu e se viu interligado à cultura. Ensinar Arte não era mais só fazer Atividades Artísticas, mas falar sobre Arte, ver Arte, valorizar a imagem como campo de conhecimento, acolher todas as mídias, considerar as diferenças e os contextos. Acordamos para a narrativa feminina, para o multiculturalismo, o interculturalismo, os estudos culturais, os estudos visuais, a cultura visual, a ecologia, os valores comunitários, a rua, a realidade virtual, a potência das tecnologias contemporâneas etc. Desprezamos a ansiedade por vanguarda, a homogeneização do capitalismo, o controle hegemônico do sistema das artes, o colonialismo cultural, o poder dos museus e reconquistamos para a Arte o afeto e o prazer.[3] O fato das Artes estarem na ECA/USP junto às Comunicações muito ajudou a Licenciatura em Artes Visuais, a Especialização em Ensino/Aprendizagem, o Mestrado e o Doutorado em Ensino/Aprendizagem da Arte a expandir o conceito de Arte, integrar todas as mídias visuais e trabalhar com os conceitos de comunicação menos elitistas que os do sistema das Artes daquele tempo que os artistas repetiam à exaustão o *slogan* "Arte não se ensina" dentro das escolas universitárias de Arte. Que contradição, eles estavam lá ensinando! Os Congressos de Arte/Educação da ECA desde 1980 (Semana de Arte e Ensino) e o Festival de Inverno de Campos do Jordão de 1983, realizado principalmente por professores da ECA, integraram Artes, TV, Rádio, Cinema, Vídeo, Jornalismo Cultural, Publicidade, Arte Digital, Arte de Rua, Arte Popular, Antropologia Visual, Arte Antropológica — como chamávamos o que, posteriormente, ganhou o nome de Cultura Visual. No Congresso de História do Ensino da Arte em 1984, criamos um laboratório de Arte Digital para os Arte/Educadores. O conceito de Mediação Cultural começou a circular a partir da relação Arte/Educação/Comunicação da ECA com as leituras de Paulo Freire, Regis Debray, Jesus Martin-Barbero. Esta relação dominou o Congresso comemorativo dos dez anos da ANPAP, na ECA (1996), no qual 49 professores estran-

---

3. Em 1998, o curso A compreensão e o prazer da Arte, no recém-inaugurado Sesc Vila Mariana, consolidou o Pós-Modernismo no Ensino da Arte.

geiros e mais de mil brasileiros discutiram acompanhados por seu público a crítica, a história, a publicidade, a educação, os meios audiovisuais, como mediação entre o mundo e a arte.

Da ideia de que Arte não é somente a autoexpressão, como fora cultivada no período anterior, surge a Abordagem Triangular, apontando para a necessidade de atuar fazendo Arte; lendo imagens e objetos ou o campo de sentido da Arte; e contextualizando o que se vê, o que se faz, o que se interpreta. O credo jocoso de Kit White para as escolas de Arte foi posto em prática: "For every hour making, spent an hour of looking and thinking".[4]

Por mais de dez anos a ECA/USP manteve a única linha de pesquisa para Mestrado e Doutorado em Ensino e Aprendizagem de Arte no Brasil, mas dos anos 1990 em diante várias universidades criaram programas de Mestrado e Doutorado e hoje a produção de livros e artigos sobre Ensino da Arte é grande. Contudo, nos falta capacidade de discutir. Se antes havia anemia teórica, hoje há afasia, silêncio e colagem teórica. Enquanto isso, instala-se a luta por poder, dentro e entre algumas universidades que implantaram pós-graduações *stricto senso* com linhas de pesquisa em Ensino da Arte. O poder na mão de poucos e sempre os mesmos, reduz tanto a maioria como as minorias ao silêncio. Os Estados Unidos passaram por esta fase da vaidade desmedida dos que eram doutores e se impunham na quebra de braço buscando destruir o passado para sobrar lugar para eles. Dos destruidores nenhum ficou na história. Diretores, chefes de departamento e candidatos a escritores destruíram John Dewey e destruíram Lowenfeld, que hoje estão sendo mais respeitados do que nunca, não só como fenômenos históricos, mas o primeiro pela atualidade de seus escritos, e o outro pela abrangência de sua pesquisa sobre o desenho da criança que durou a sua vida toda. Hoje, produzir uma pesquisa que dê conta de todo o desenvolvimento da criança no desenho é muito difícil. A maioria das pesquisas está sendo produzida para mestrados e doutorados. Quem vai se arriscar a um estudo tão extenso em dois anos ou no máximo quatro anos? Mandar afunilar as pesquisas é uma das tarefas inglórias do orientador. Como as

---

4. White, Kit. *101 things to learn in art school*. Cambridge: MIT Press, 2011. p. 30.

universidades americanas se salvaram, nós também vamos nos salvar, pois há pessoas e grupos que já estão percebendo a política de exclusão e algumas vezes de perseguição que está levando à destruição de pessoas e até da História do Ensino da Arte em umas poucas universidades no Brasil Central, não na maioria. Sei que vamos transformar este *endangered knowledge*[5] em formas de Arte mais valiosas para a sociedade e mais liberadoras para homens, mulheres, crianças e adolescentes.

Na Europa e nos Estados Unidos em crise, artistas, teóricos da Arte, curadores e arte/educadores estão produzindo a Virada Educacional dos artistas. São artistas que apresentam seu trabalho educacional como Arte; artistas que se engajam no ensino da Arte; artistas que escrevem sobre o ensino e a aprendizagem da Arte. Ana Teixeira em São Paulo é um exemplo raro e muito bem-sucedido desta tendência. A crise não é apenas econômica, mas uma crise de fins e meios do ensino da Arte. Vencido o academicismo, o modelo Bauhaus impera até hoje apesar de experiências notáveis, mas que não se internacionalizaram. Como diz Thierry de Duve, o modelo Bauhaus implodiu por causa do seu próprio sucesso:

> A legitimidade que ele esperava do futuro ele já recebeu; e ele não tem mais futuro [...]. Completamente em ruínas o modelo Bauhaus, no entanto, continua a ser a norma para as escolas de arte, mesmo que ele tenha sido desfigurado até ficar irreconhecível.[6]

Todos nós criticamos a Bauhaus, achamos que o modelo não responde mais à sociedade nem à arte que temos, mas ensinamos em escolas onde o domínio da Bauhaus ainda existe. A ansiedade por mudança pode ser constatada nos assuntos apresentados em congressos de pesquisa. A formação do professor de arte e do artista dominou, por exemplo, o congresso da ANPAP[7] de 2013 em Belém do Pará: foram apresentadas 16 pesquisas sobre formação do professor de arte no Comitê de

---

5. Termo usado por Steven Best e Douglas Kellner em *Postmodern turn*. New York: Guilford Press, 1997.
6. De Duve, Thierry. *Fazendo escola (ou refazendo-a)*. Chapecó: Argos, 2012. p. 51.
7. Associação Nacional de Pesquisadores em Artes Plásticas.

Ensino da Arte. Está na hora de pesquisarmos acerca da Arte como Arte/Educação e vice-versa. Mas, nas mesas-redondas das quais participei, com artistas professores de Arte em universidades no Brasil, o que eles e elas costumam dizer é: Vou falar de meu trabalho porque não entendo de educação. Por que ensinam Arte? Para quem? Como? Na universidade se faz Educação. Ninguém tem que lembrar isso aos professores de outras áreas. Por que só os de Arte precisam ser lembrados?

O preconceito contra educação é tão grande no Brasil que é difícil artistas e curadores se engajarem em práticas que possam ser reconhecidas como educacionais e artísticas ao mesmo tempo, como está acontecendo a partir de 2000 na Europa e nos Estados Unidos. Os grandes patrocinadores de exposições e o MINC é que praticamente obrigaram os artistas e curadores brasileiros a aceitarem como adendo ou anexo às suas exposições alguma programação e/ou publicação educacional. Até a bibliografia internacional que resulta desta virada[8] tem sido rejeitada aqui. Os livros que lá fora potencializam a Virada Educacional dos Artistas não têm tido força para operar mudanças entre nós. São comentados apenas por arte/educadores.

Joseph Beuys foi pioneiro desta concepção interligada da pedagogia e da criação artística. Sua ação e seu pensamento são tão importantes e antecipatórios para a Arte/Educação[9] como o *Ready Made* de Marcel Duchamp o foi para a Arte.

Mas, apesar da falta de reconhecimento pela comunidade crítica e de alguns obstáculos, os estudos e pesquisas sobre Ensino e Aprendizagem das Artes Visuais nas universidades progride no Brasil.

---

8. Madoff, Steven Henry (Org.). *Art School*: Propositions for the 21st Century. Cambridge: The MIT Press, 2009. O'Neill, Paul; Wilson, Mick (Orgs.). *Curating and the educational turn*. Amsterdam: Open Editions, 2010. Allen, Felicity (Org.). *Education*. London: Whitechapel Galery, 2011.

9. "To be a teacher is my greatest work of art", disse Beuys In: Conversation with Willoughby Sharp. *Artforum*, n. 4, p. 44, 1969. "Beuys' persona has arguably come to be perceived as one of the most iconic embodiments of the artist as teacher in postwar art. As a professor at the Dusseldorf Academy in the 1960s, in his political activism of the 1970s and in his performances and lectures Beuys incorporated the role of the teacher to great public effect and in various guises, ranging from progressive art instructor to political agitator to self-styled spiritual educator and messianic healer" (Jan Verwoert. Class action. *Frieze Magazine*. set 2006. Disponível em: <http://www.frieze.com/issue/article/class_action/>. Acesso em: 14 abr. 2013).

A História deste Ensino me interessou desde o mestrado e doutorado feitos nos Estados Unidos e venho pesquisando exaustivamente graças ao CNPq que apoia minha pesquisa intitulada "Os jornais e a modernização do ensino da Arte e do Desenho no Brasil: de 1922 a 1948".

Resolvi publicar os meus achados em diferentes livros, dos quais este é o primeiro, mas há ainda muitos achados em busca de narrativa e um longo caminho de pesquisa a trilhar. Minha fonte preferida são os jornais, mas não é a única.

Como diz Nóvoa:

> A imprensa é, provavelmente, o local que facilita um melhor conhecimento das realidades educativas, uma vez que aqui se manifestam, de um ou de outro modo, o conjunto dos problemas desta área. [...] São as características próprias da imprensa a proximidade em relação ao acontecimento, o caráter fugaz e polêmico, a vontade de intervir na realidade que lhe conferem este estatuto único e insubstituível como fonte para o estudo histórico e sociológico da educação e da pedagogia.[10]

Além disso, no período de 1920 a 1950 que estou estudando neste livro, os jornais eram pródigos em discussões sobre Educação. Fiz questão de transcrever alguns artigos de jornal em parte, outros integralmente para que o(a) leitor(a) os reinterprete e rearticule. A busca do empoderamento do(a) leitor(a) talvez tenha me levado ao exagero, republicando na íntegra alguns textos de Theodoro Braga. Optei por esta prática pelo pouco conhecimento que temos de seus textos, que são muito peculiares. Vão do barroco ao barraco, rebuscados e agressivos, o que me delicia. No caso da Escola Brasileira de Arte, fui movida pela aventura da experimentação em relação à reconstrução de sentido pelo(a) leitor(a). Mas, não me furto a dar a minha interpretação nem mesmo nestes dois casos extremos.

---

10. Nóvoa, António. *A imprensa de educação e ensino*: concepção e organização do repertório português. In: Catani, D. B.; Bastos, M. H. C. (Orgs.). *Educação em revista*: a imprensa periódica e a história da educação. São Paulo: Escrituras, 1997. p. 37.

A pesquisa nos jornais e arquivos continua, e estou estudando outras figuras que deram grandes contribuições ao pensamento sobre Ensino da Arte no primeiro período de sua modernização, sob diferentes perspectivas — como Herbert Read, Eleanor Hipwell, Edwin Zigfeld, Laura Jacobina Lacombe, Lula Cardoso Ayres, Anita Malfatti, Atílio Vivaqua, Celina Padilha, Armanda Álvaro Alberto, Gastão Worms, Lúcio Costa, Yvonne Jean, Guido Viaro, Maurício Lacerda (pelo apoio político), o movimento mineiro, os livros didáticos de Desenho etc. A segunda fase do Modernismo, relacionada com a busca de especificidade de linguagens, gerou um avanço que hoje é comemorado nas universidades brasileiras, a aceitação, sem menosprezo, das Metodologias Artísticas de Pesquisa. Inúmeras teses são anualmente produzidas seguindo estas metodologias. No Congresso da CONFAEB, na UNESP, São Paulo, em novembro de 2012, Ricardo Marin Viadel, conferencista convidado, que vem difundindo as metodologias artísticas na Espanha, afirmou que o Brasil a este respeito está na frente dos Estados Unidos, que só aceitam a pesquisa em linguagem artística para Mestrado enquanto nós a aceitamos para o Doutorado também.

O reconhecimento das Metodologias Artísticas de Pesquisa foi promovido pelo próprio CNPq.

No início dos anos 1980, quando começaram as pós-graduações em Artes Visuais, o CNPq, por iniciativa do então funcionário Silvio Zamboni, posteriormente professor da UnB, decidiu convocar uma reunião de artistas professores e outros professores de Arte universitários para orientar o CNPq acerca do que seria a pesquisa artística. Foi imediatamente aceito o discurso das formas visuais, a narrativa visual como linguagem de pesquisa e de apresentação de resultados nas teses e outros trabalhos acadêmicos.

O CNPq ajudou a formar uma Associação, a ANPAP, que desde os anos 1980 vem defendendo a orientação e demonstração de pesquisas em linguagens artísticas. São inúmeras as pesquisas apresentadas em fotografia, pintura, instalações, web arte, cinema, vídeo, performances etc. O próprio Silvio Zamboni escreveu um livro baseado em sua tese acerca da Pesquisa Artística, que é muito citado em outras pesquisas.

Quanto à Pesquisa Educacional baseada em Arte, também já é praticada na USP pelos orientandos de Regina Machado. Duas teses, são exemplos extraordinários destas metodologias artísticas, a tese de Maria Cristina Pessi[11] e de Ana Amália Barbosa.[12]

O debate sobre a especificidade de linguagens se desenvolveu muito vivamente contra a polivalência decretada pelo projeto da Ditadura Militar para a Educação Artística. A polivalência consistia em obrigar um único professor a ensinar música, teatro, artes plásticas, dança e desenho geométrico da 5ª série do ensino Fundamental ao ensino médio. Ainda nem sequer comecei a pesquisar esta etapa, mas já procuro caminhos teóricos metodológicos que negam ambos; o tudo vale da polivalência e a rigidez do conceito de especificidade de linguagens.

W. J. T. Mitchell, no artigo "No existen medios visuales",[13] publicado no livro organizado por José Luis Brea, *Estudios Visuales*: la epistemología de la visualidad en la era de la globalización, o melhor livro sobre Estudos Visuais ou Cultura Visual na Espanha, afirma que hoje não se pode dizer que existem meios visuais porque todos os meios são mistos. Só se pode falar de especificidades dos meios se os compararmos a receitas de cozinha. Há vários componentes; o que é específico é a proporção dos ingredientes, a ordem em que são mesclados, a temperatura e o tempo em que são cozinhados. Há várias categorias de especificidades, e os meios têm varias combinações de especificidades. Lembra que para MacLuhan a TV era um meio tátil. Os meios não dependem apenas dos sentidos, mas são operações simbólicas. "Cada ícone ou imagem adquire uma dimensão simbólica no momento em que lhe damos um nome, um componente de indexação, no momento em que nos perguntamos como foi feito".[14] É bom notar que Mitchell não rejeita a Semiótica como o fazem alguns grupos

---

11. Pessi, Maria Cristina. *Illustro Imago*: professoras de arte e seus universos de imagens. Tese (Doutorado) — Programa de Pós-Graduação em Artes, Universidade de São Paulo. São Paulo: ECA/USP, 2009.

12. Barbosa, Ana Amália Tavares Bastos. *Além do corpo*: uma experiência em arte/educação. Tese (Doutorado) — Programa de Pós-Graduação em Artes, Universidade de São Paulo. São Paulo: ECA/USP, 2012.

13. Mitchell, W. J. T. No existen medios visuals. In: Brea, José Luis. *Estudios Visuales*: la epistemología de la visualidad en la era de la globalización. Madrid: Akal, 2005. p. 17-25.

14. Ibidem, p. 21.

autoproclamados como donos da Cultura Visual no Ensino da Arte no Brasil, que proíbem seus alunos de mencioná-la.

Mitchell acrescenta que qualquer designação de especificidade de um meio supõe uma análise hegeliana dos sentidos teóricos — vista, ouvido, tato — combinada com as funções do signo de Pierce — ícone, índice, símbolo. É necessário analisar a relação de domínio/subordinação dos sentidos e funções para chegarmos à nomeação de especificidade. Lembra que Descartes estabeleceu a comparação do ver e do tato, considerando a visão uma forma mais sutil e prolongada do tato. Gombrich negou o "olho inocente"; Berkeley também estabeleceu a teoria da visão como a inter-relação de impressões táteis e ópticas criando a linguagem visual, comprovada por Oliver Sacks em seus estudos com cegos que recuperaram a visão. Declara que à Cultura Visual, como parte dos Estudos Culturais que lida com a espetacularização, caberia estudar a natureza do visual sem a submissão a explicações puramente culturalistas. Mas no Brasil, a Cultura Visual Excludente, ligada ao Ensino da Arte, está fugindo desta função e mergulhando no que Mitchell aponta como o perigo de se tornar "[...] uma pseudo ciência na moda ou departamento acadêmico prematuramente burocratizado, com seu próprio papel timbrado, seu gabinete, com seu secretário [...]",[15] seu programa de mestrado e de doutorado e seu diretor vitalício, digo eu "quando poderia se aproximar da História da Arte concebida por Warburg".[16] Certo grupo no Brasil publica Mitchell e Brea, mas não reflete sobre seus conceitos que são integradores acerca de diferentes aspectos da cultura e da vida intelectual e provocadores do exercício crítico acerca da própria Cultura Visual de que tratam. Publicam estes autores ao lado dos seus próprios textos nos quais em vez de crítica fazem o elogio à publicidade e à cultura de massas. "O conceito de olhos modelados esboçado por Martin Jay até a sociedade do espetáculo de Debord, os regimes escópicos foucaultianos, a vigilância de Virílio, o simulacro de Baudrillard [...]",[17] a Teoria do Discurso, a Fenomenologia, o Pragmatismo, a Semiótica e as Teorias da Cognição na perspectiva histórico-cultural e até mesmo a

---

15. Ibidem, p. 24.
16. Idem, ibidem.
17. Idem. p. 25.

semiótica discursiva de Landowski, são caminhos usados por outros grupos atentos à Cultura Visual que, diante da exclusão ou assassinato do "outro", praticados pelo grupo hegemônico, evitam até de usar a expressão Cultura Visual para não atrair perseguições, mas atuam no sentido de flexibilizar os métodos que regem às especificidades de linguagem.

Outra razão para se vir substituindo o termo Cultura Visual por Estudos Visuais é a afirmação do próprio Mitchell, de que Estudos Visuais é o campo de estudos, e, Cultura Visual, o objeto ou alvo dos Estudos Visuais.[18] Depois que fez esta afirmativa, tentou por razões políticas relativizar a afirmação, mas já havia inserido no debate uma racional diferenciação com a qual concordo, tanto que uma das disciplinas na qual dialogo com alunos de mestrado e doutorado de Design, Arte e Tecnologia, da Universidade Anhembi Morumbi, em São Paulo, tem o nome de Estudos Visuais.

Para terminar, volto ao Mitchell do artigo já citado, no qual considera Mieke Bal, Nicholas Mirzoeff e James Elkins os mais importantes teóricos da Cultura Visual.[19] Concordo com ele acerca de James Elkins e Mieke Bal.

Esta última botou o dedo na ferida da Cultura Visual Excludente denunciando o processo de erradicação primária das diferenças com o qual alguns grupos operam. Apresentam a Cultura Visual que manejam como o "novo" e o certo e todas as outras teorias e teóricos do Ensino da Arte ou da História da Arte são rotulados de "antigos", desatualizados, ultrapassados. A História da Arte e do Ensino da Arte é considerada estorvo e antiguidade por pura ignorância dos que manipulam a Cultura Visual Excludente na Arte/Educação.

Na Universidade de Brasília, onde a Licenciatura presencial em Artes Visuais e a linha de Pesquisas de Mestrado e Doutorado Educação em Artes Visuais é dominada pela Cultura Visual Excludente, abriram

---

18. Idem apud Smith, Marquard. Estudos visuais, ou a ossificação do pensamento. *Revista Porto Arte*, Porto Alegre, v. 18, n. 30, p. 54, maio 2011.

19. Mitchell, W. J. T. No existen medios visuales. In: Brea, José Luis. *Estudios Visuales*: la epistemología de la visualidad en la era de la globalización. Madrid: Akal, 2005. p. 24.

concurso para professor doutor de "História e Teoria da Educação em Artes Visuais" em 2012, concurso repetido em 2013. Eis alguns tópicos copiados do edital:[20]

1. Fundamentos Teóricos e Históricos do Ensino de Artes Visuais no período colonial no Brasil.
2. Fundamentos Teóricos e Históricos do Ensino de Artes Visuais do Primeiro Reinado até a década de 1960 no Brasil.
3. Histórico das tendências pedagógicas e marcos históricos da Educação em Artes Visuais dos anos 1970 até o presente no Brasil.
4. História e Teorias Ocidentais da Educação em Artes Visuais: da Antiguidade ao fim da Idade Média.

Este programa parece estabelecido por especialistas em Cultura Visual? Esqueceram que a Cultura Visual contesta as categorizações convencionalmente determinadas?

É o próprio culturalista, James Elkins[21] quem mostra que os estudos visuais apresentam uma tentativa de evitar a abordagem da história por linhas pré-definidas, escapar da história dos estilos e abrir o estudo do visual a um conjunto mais abrangente de temas. Nesse sentido, o programa de História do Ensino das Artes da UnB é conservador, historicista, baseado em classificação hegemônica das artes visuais. Espero que se convençam da necessidade de revisão, pois como os alunos podem se ver refletidos neste programa? Vão odiar História... talvez seja este o objetivo...

Um programa conservador destes não teria vez na UnB dos anos 1960. Fui a primeira professora de Ensino/Aprendizagem das Artes Visuais da UnB, universidade que tinha um projeto muito inovador para a época no qual a História era documento, interpretação e imaginação. Dr. Alcides da Rocha Miranda foi meu mestre e com ele organizei o Primeiro Congresso de Arte/Educação (não fui eu quem criei esta

---

20. Edital disponível em: <http://www.dgp.unb.br/concursos/docente-2012/category/8356-487>. Acesso em: 5 mar. 2013.
21. Elkins, James. *Visual Studies*: a skeptical introduction. New York: Routledge, 2003.

designação, mas o Movimento Escolinhas de Arte nos anos 1940 ) em uma universidade brasileira em 1965.

Enquanto o edital da UnB para o concurso de professores de "História e Teoria da Educação em Artes Visuais" em 2012 é o anteriormente citado, o edital de História da Arte do XXXIII Colóquio do Comitê Brasileiro de História da Arte determinado também em 2012 para acontecer em setembro de 2013 é o abaixo descrito. Darei exemplo apenas dos quatro primeiros tópicos para ser equânime.

> Os eixos conceituais que nortearão o colóquio são:
> 1. Formas de Exibição: lugares e estratégias.
> 2. Imagens da arte e interpretações do passado.
> 3. Circulação e mercado: negociações e resistências
> 4. Instituições, fronteiras e marginalidade.[22]

Mas não posso deixar de nomear o oitavo eixo apresentado: "Narrativas e representações: inclusões e exclusões", pois é de inclusões e não só de exclusões que a Cultura Visual deveria estar tratando.

A pergunta é: Quem parece ter aprendido mais de Estudos Visuais e Culturais? Os da Cultura Visual Excludente da Licenciatura Presencial em Artes Visuais da UnB ou os Historiadores da Arte do CBHA? Os historiadores são criticados, taxados de atrasados e conservadores, enfim demonizados pelos da Cultura Visual Excludente no Ensino da Arte, mas concluo deste exemplo que os historiadores estão muito mais atualizados acerca dos Estudos Visuais do que os da Cultura Visual no Ensino da Arte na UnB.

Na mesma UnB, as Licenciaturas em Artes Visuais à Distância e o Curso de Especialização do Arteduca são plurais, estimulando a pesquisa, os fazeres especiais, a História, a Cultura Visual, a Arte.

O Arteduca é um curso de arte/educação à distância vinculado ao MidiaLab/IdA/UnB, um dos poucos no Brasil que privilegiam as Artes

---

22. Disponível em: <http://www.cbha.art.br/coloquios/2013/Edital_XXXIII.pdf>. Acesso em: 13 jan. 2013.

Digitais. Entretanto não excluem outros meios. Estão estimulando a pesquisa da História do Ensino da Arte na cidade de Brasília, como é o caso do excelente trabalho que os alunos apresentaram em 2012 sobre as Escolas Parque criadas por Anísio Teixeira, que sugeri ao CONFAEB[23] incluir na programação de História do Ensino da Arte, coordenada por Maria Christina de Souza Rizzi.

Os da Cultura Visual Excludente detestam História, evitam que seus alunos leiam sobre História porque assim podem contar a História que quiserem, sempre denegrindo os outros e se autoproclamando sábios e pioneiros de tudo. Apresentam os da História como os antigos e conservadores. Vejo claramente que esta não é a postura da UnB, nem do IdA, nem do seu Departamento de Artes Visuais, e posso comprovar ao leitor(a). A própria UnB em 2013 anuncia um concurso para o Departamento de Artes Visuais, área: História da Arte, Filosofia e Ciência da Linguagem, que tem como primeiros tópicos:

1. Elementos analíticos e categorias interpretativas para o fenômeno artístico.
2. Transtextualidade na produção artística e no discurso sobre o fenômeno artístico.
3. O processo de produção do discurso nas Artes Visuais.
4. Interdisciplinaridade na abordagem semiótica.
5. Especialidades e convergências entre Estética, Fenomenologia e Semiótica.[24]

Trata-se de um programa baseado em análise, interpretações e problemas atuais, historicamente construídos não submetidos a uma mera diacronia europeiamente determinada. Há ênfase na Semiótica, mas indica-se que serão possivelmente consideradas a Análise de Discurso, a Fenomenologia, o Pragmatismo, a Estética e suas diferentes concepções. Na mesma universidade, no mesmo departamento coexistem uma visão plural de História e de Arte e uma visão conservadora sob a égide da

---

23. O Congresso da Federação Nacional de Arte/Educadores do Brasil de 2012 foi presidido por Rejane Galvão Coutinho e realizado na Unesp.

24. Disponível em: <http://www.dgp.unb.br/concursos/docente-2013>. Acesso em: 18 jun. 2013.

Cultura Visual Excludente. Divergências de abordagens devem ser estimuladas nos departamentos, mas o conservadorismo para manter na ignorância nunca.

Sem conhecer História da sua profissão, os jovens arte/educadores acreditam no discurso de convencimento dos professores que afirmam que ela nada vale e, pior, terminam por detestar História pelo programa ao qual são submetidos, retrógrado e subserviente à dominação europeia.

É uma contradição em relação à ideologia dos Estudos Visuais, mas, em outra universidade geograficamente próxima da UnB, pesquisadores independentes têm sido perseguidos implacavelmente a ponto de terem que sair das unidades universitárias dominadas pela Cultura Visual Excludente, e professores com ideias próprias são proibidos nas bibliografias.

Enquanto isso a Cultura Visual, ou melhor, os Estudos Visuais no Brasil têm contribuído para a ampliação de concepções, interpretações e produção em vários campos do saber como na História, na Arte e na Educação.

Dizem que lamentavelmente a decadência dos Estudos Culturais[25] nas universidades se deu por causa do professor administrador; a ruína da Cultura Visual ligada ao Ensino da Arte será promovida pela mesma figura do professor administrador, o qual emite opiniões como verdade absoluta, que instaura o regime de sedução das citações massageando o ego de quem quer conquistar, alunos e colegas, e se não tem sucesso com isso ergue muros ou cercas de arame farpado em torno de seu suposto campo de saber, instalando um sistema de reconhecimento ditatorial, *hackeando* talentos em outras universidades para vampirizar poder, controlando concursos de ingresso à carreira docente nas universidades que querem dominar, pois resolveram colocar seus discípulos em todas as Licenciaturas de Artes Visuais da Rede Federal de Universidades a fim de controlar a Capes. A estratégia de desaprovar candidatos de pensamento independente para vagas de professor das disciplinas de ensino das Artes nas Universidades é não filmar a aula do concurso, apesar de ser exigida a filmagem, e atribuir a ela nota baixa. A prova escrita e o

---

25. Referência a Bill Readings. *The university in ruins*. Cambridge: Harvard University Press, 1996.

currículo não podem ser desonestamente desqualificados, pois permanecem como documentos.

Mas, a pluralidade vencerá, depois de muito estrago. Sempre vence.

## Referências

ALLEN, Felicity (Org.). *Education*. London: Whitechapel Galery, 2011.

BARBOSA, Ana Mae (Org.). *Ensino da Arte*: memória e história. São Paulo: Perspectiva, 2008.

_____. *Recorte e Colagem*: influências de John Dewey no ensino da Arte no Brasil. São Paulo: Cortez, 1982.

_____. *Arte/educação no Brasil*: das origens ao Modernismo. São Paulo: Perspectiva, 1978.

BARBOSA, Ana Mae; COUTINHO, Rejane (Orgs.). *Arte/Educação*: mediação cultural e social. São Paulo: Unesp, 2009.

BEST, Steven; KELLNER, Douglas. *Postmodern Turn*. New York: Guilford Press, 1997.

BREA, José Luis. *Estudios Visuales*: la epistemología de la visualidad en la era de la globalización. Madrid: Akal, 2005.

COMITÊ BRASILEIRO DE HISTÓRIA DA ARTE. Edital do XXXIII Colóquio do Comitê Brasileiro de História da Arte. 13 jan. 2013. Disponível em: <http://www.cbha.art.br/coloquios/2013/Edital_XXXIII.pdf>. Acesso em: 7 jul. 2013.

DUVE, Thierry de. *Fazendo escolar (ou refazendo-a)*. Chapecó: Argos, 2012.

ELKINS, James. *Visual Studies*: a skeptical introduction. New York: Routledge, 2003.

FONTANA, Josep. *A história dos homens*. Trad. Heloisa Jochims Reichel e Marcelo Fernando da Costa. Bauru: EDUSC, 2004.

MADOFF, Steven Henry (Org.). *Art School*: propositions for the 21st Century. Cambridge: The MIT Press, 2009.

MITCHELL, W. J. T. No existen medios visuals. In: BREA, José Luis. *Estudios Visuales*: la epistemología de la visualidad en la era de la globalización. Madrid: Akal, 2005.

NÓVOA, António. A imprensa de educação e ensino: concepção e organização do repertório português. In: CATANI, D. B.; BASTOS, M. H. C. (Orgs.). *Educação em revista*: a imprensa periódica e a história da educação. São Paulo: Escrituras, 1997.

O'NEILL, Paul; WILSON, Mick (Orgs.). *Curating and the educational turn*. Amsterdam: Open Editions, 2010.

READINGS, Bill. *The university in ruins*. Cambridge: Harvard University Press, 1996.

SILVA, Rossano. *A arte como princípio educativo*: um estudo do pensamento educacional de Erasmo Pilotto. Dissertação (Mestrado) — Programa de Pós-Graduação em Educação da UFPR, Curitiba, 2009.

SMITH, Marquard. Estudos visuais, ou a ossificação do pensamento. *Revista Porto Arte*, Porto Alegre, v. 18, n. 30, maio 2011.

UNIVERSIDADE DE BRASÍLIA. Departamento de Artes Visuais. *Edital de Abertura 121/2013*. Disponível em: <http://www.dgp.unb.br/concursos/docente-2013/category/8540-121>. Acesso em: 7 jul. 2013.

_____. *Edital de Abertura n. 487/2012*. Brasília, UnB/VIS, 2012. Disponível em: <http://www.dgp.unb.br/concursos/docente-2012/category/8356-487>. Acesso em: 7 jul. 2013.

WHITE, Kit. *101 things to learn in Art School*. Cambridge: MIT Press, 2011.

# PARTE I

# A Virada Industrial e os Inícios do Século XX

# PARTE I

# História do ensino da Arte e do Desenho:
## Tensões e diferenças*

"É preciso desaculturar para produzir cultura."

**Oswald de Andrade**[1]

**O ensino da Arte e do Design** no Brasil têm uma história comum até a década de 1950, irmanada pela designação "ensino do desenho". A história do ensino do desenho está marcada pela dependência cultural.

O primeiro produto cultural brasileiro de origem erudita foi o Barroco.[2] Trazido de Portugal, recebeu através da criação popular características

---

\* Este capítulo é uma versão ampliada e atualizada do texto publicado em Walter Zanini. *História geral da arte no Brasil*. São Paulo: Instituto Walter Moreira Salles, 1984. v. 2, p. 1075-1095.

1. Andrade, Oswald de. Apud Bernardet, Jean-Claude. História e histórias do audiovisual. *Jornal da USP*, São Paulo, ano XXII, n. 977, p. 18, out. 2012.

2. A produção indígena, desprezada pela historiografia oficial por muito tempo, era valiosa, especialmente pela arte plumária e a cerâmica. Quando estudei História da Arte, me foi ensinado que nossos índios eram artisticamente pobres e não valia a pena estudá-los, como já

que podem ser consideradas de cunho nacional. Os artistas e artesãos brasileiros criaram um barroco com distinções formais em relação ao Barroco europeu. O ensino da arte e design barroco tinha lugar nas oficinas através do fazer sob a orientação do mestre. A atividade de Manoel Dias de Oliveira (1764-1837), como professor da aula régia de desenho e figura em 1800, já introduzindo ao código neoclássico aprendido por ele na Europa, não chegou a interferir, nem de longe a abalar a corrente barroco-rococó dominante nas oficinas da Bahia, Minas Gerais e Pernambuco.

Estas oficinas eram a educação popular da época. A primeira institucionalização sistemática do ensino de Arte foi a Missão Francesa, e um dos poucos modelos com atualidade no país de origem no momento de sua importação para o Brasil. Quase sempre os modelos estrangeiros foram tomados de empréstimo numa forma já enfraquecida e desgastada. No caso da Missão Francesa, o neoclássico que ela trouxe era a moda na França dos inícios do século XIX.

## 1. Atualidade da missão francesa

Os integrantes da Missão Francesa, que aqui chegaram em 1816, eram membros do Instituto de França que havia sido aberto em 1795 para substituir as velhas academias de arte suprimidas pela Revolução Francesa.

Sob a supervisão e a influência de David (1748-1825), o mestre do Neoclássico, o Instituto de França logo alcançou reputação superior à École des Beaux-Arts. Influenciou as escolas de toda a Europa por ser metodologicamente a instituição mais moderna de seu tempo.

Por outro lado, o neoclássico, através do qual se expressavam os artistas da Missão Francesa quando para cá vieram organizar a nossa primeira escola de artes e de ofícios, era o estilo de vanguarda naquele tempo na Europa.

---

se fazia com os maias e astecas. Estes sim eram considerados produtores de uma rica cultura por meus professores.

Todavia, os planos apresentados por Le Breton (1760-1819), chefe da Missão Francesa, para a Escola de Ciências, Artes e Ofícios, criada por decreto de D. João VI em 1816, eram de cunho mais popular que a orientação seguida no Instituto de França onde ele ensinava.

O projeto repetia os mais atuais modelos de ensino de atividades artísticas ligadas a ofícios mecânicos empregados na França por Bachelier em sua École Royale Gratuite de Dessin, que existe até hoje com o nome de École Nationale des Arts Décoratifs.

Bachelier, que era mestre de decoração em porcelana da fábrica de Sèvres, conseguiu combinar e conciliar em sua escola (1767) métodos e objetivos de ensino de Arte comuns às corporações e às academias. Ele contornou a tradicional luta entre artistas e artesões, conseguindo apoio das academias para o seu trabalho pedagógico, exigindo, por exemplo, que os mestres de desenho de sua escola tivessem obtido prêmios da academia.

A experiência de Bachelier, muito comentada e aplaudida na Europa, levou países como a Alemanha e a Áustria a introduzirem o desenho criativo no treinamento das escolas para trabalhadores manuais, e as escolas de Belas Artes a considerarem importante o ensino da geometria, que preparava para o desenho voltado para o trabalho e a indústria.

Era este casamento feliz entre as Belas Artes e as indústrias que Le Breton pretendia repetir no Brasil.

Pelos planos de Le Breton, nossa escola de arte seria uma entidade que não perderia de vista o equilíbrio entre educação popular e educação da burguesia.

Entretanto, quando aquela escola começou a funcionar em 1826 sob o nome de Academia Imperial de Belas Artes, não só o nome havia sido trocado, mas principalmente sua perspectiva de atuação educacional, tornando-se o lugar de convergência de uma elite cultural que se formava no país para movimentar a corte, dificultando, assim, o acesso das camadas populares à produção artística. Le Breton, que seria o diretor da escola, já havia morrido em 1819. Como seu substituto foi nomeado em 1820, Henrique José da Silva, um pintor português medíocre que se opunha aos franceses e adulava a corte, o que o deixou muito poderoso. No mesmo ano que tomou posse, mudou o nome de escola para Academia Real de Desenho, Pintura, Escultura e Arquitetura Civil, que refletia um retrocesso de concepção e uma obediência cega ao conservadorismo ao respeitar no próprio nome da instituição a hierarquia das Artes (Desenho, Pintura, Escultura) naquele tempo já combatida. Só depois da Independência, sob o poder de Pedro I, o Brasil conseguiria inaugurar o que se chamou Academia Imperial de Belas Artes, mantendo-se a designação conservadora de Academia, mas aliviando do nome o peso da hierarquia das Artes: Desenho, Pintura, Escultura, Arquitetura.

A Academia Imperial de Belas Artes inaugurou a ambiguidade na qual até hoje se debate a educação brasileira — isto é, o dilema entre educação de elite e educação popular. Na área específica de educação artística, incorporou o dilema já instaurado na Europa entre arte como criação e técnica.

Em 1855, Araújo Porto Alegre (1806-1879), baseado no ideário romântico, pretendeu revigorar a educação elitista que vinha tendo lugar na Academia Imperial das Belas Artes através do contato com o povo. Pretendia sua reforma conjugar no mesmo estabelecimento escolar duas classes de alunos, o artesão e o artista, frequentando juntos as mesmas disciplinas básicas. A formação do artista era alargada com outras disciplinas de caráter teórico, especializando-se o artífice nas aplicações do desenho e na prática mecânica.

A permanência dos velhos métodos e de uma linguagem sofisticada fez com que a procura popular por esses cursos fosse quase nula, assim como foi quase nula também a matrícula nos cursos noturnos para a formação de artesão, criados em 1860 na academia. Nestes últimos, a simplificação curricular era quase pejorativa. Em ambos os casos, a inclusão da formação do artífice naquela instituição era uma espécie de concessão da elite à classe obreira, e por isso destinada ao fracasso. Araújo Porto Alegre fora discípulo querido de Debret, que o levara para estudar em Paris. Não pode vencer os preconceitos, mas era um educador transformador. Imaginem que, naquela época, incluía o estudo da indumentária em seus cursos de História da Arte sendo, portanto, um longínquo precursor do estudo da história da moda.

Já o Liceu de Artes e Ofícios de Bethencourt da Silva (1831-1928), criado em 1856 no Rio de Janeiro, mereceu de pronto um alto grau de confiança das classes menos favorecidas, como atestou o grande número de matrículas já no primeiro ano de funcionamento. Coube aos liceus de artes e ofícios, criados na maioria dos Estados, com pequenas variáveis do modelo do Liceu de Bethencourt da Silva, a tarefa de formar não só o artífice para a indústria, equivalente aos designers de hoje, mas também os artistas que provinham das classes operárias.

Até 1870, pouco se contestou o modelo de ensino da arte da Academia Imperial das Belas Artes, que em parte servia de modelo à escola secundária privada.

Nas escolas secundárias particulares para meninos e meninas, imperava a cópia de retratos de pessoas importantes, santos e a cópia de estampas, em geral europeias, representando paisagens desconhecidas aos nossos olhos acostumados ao meio ambiente tropical. Estas paisagens levavam os alunos a valorar esteticamente a natureza europeia e depreciar a nossa pela rudeza contrastante.

É interessante notar que, no século XIX, poucos países do Novo Mundo instituíram o ensino da arte para meninos nas escolas de elite. O mais comum é que a arte tivesse lugar apenas nas escolas de meninas de alta classe.

No Brasil isso ocorreu porque a elite brasileira esteve no Período Colonial mais ligada aos modelos aristocráticos do que aos modelos burgueses, como nos outros países americanos.

Segundo o modelo aristocrático, a arte era indispensável na formação dos príncipes. D. João VI deu o exemplo quando contratou artistas para ensinar desenho a seus filhos.

Seguindo este padrão, a arte foi incluída, em 1811, no currículo do colégio do padre Felisberto Antônio Figueiredo de Moura, uma escola para rapazes no Rio de Janeiro, que determinou o modelo de educação para meninos de alta classe na época.

O conteúdo e a função da arte nessas escolas foram sugeridos por Raul Pompeia no seu livro *O Ateneu*.[3]

A apresentação da exposição anual era o objetivo das aulas de arte, e se constituía numa espécie de símbolo de distinção para a escola. Raul

---

3. Pompeia, Raul. *O Ateneu*. São Paulo: Melhoramentos, s/d.

Pompeia, que foi desenhista e romancista, nos comunica através de sua linguagem arguta o clima de uma exposição escolar no século XIX, numa escola de meninos de classe alta.

> Para a exposição dos desenhos foram retiradas as carteiras da sala de estudo, forradas de metim escuro as paredes e os grandes armários. Sobre este fundo, alfinetaram-se as folhas de Canson, manchadas a lápis pelo sombreado das figuras, das paisagens, pregaram-se nas molduras de friso de ouro, os trabalhos reputados dignos desta nobilitação.
> Eu fizera o meu sucessinho no desenho, e a garatuja evoluíra no meu traço, de modo a merecer econômios. A princípio, o bosqueiro simples, linear experiência da mão; depois, os esbatimentos de tons que consegui logo com um matiz de nuvem; depois, as vistas de campo, folhagem rendilhada em bicos, pardieiros em demolição pitoresca da escola francesa, como ruínas de pau pobre, armadas para os artistas. Depois de muito moinho velho, muita vivenda de palha, muito casarão deslombado, mostrando misérias como um mendigo, muita pirâmide de torre aldeã esboçada nos últimos planos, muita figurinha vaga de camponesa, lenço em triângulo pelas costas, rotundas ancas, saias grossas em pregas, sapatões em curva, passei ao desenho das grandes cópias, pedaços de rosto humano, cabeças completas, cabeças de corcel; cheguei a ousadia de copiar com toda a magnificência das sedas, toda a graça forte do movimento, uma cabra do Tibete!
> Depois da distinção do curso primário, foi esta cabra o meu maior orgulho. Retocada pelo professor, que tinha o bom gosto de fazer no desenho tudo quanto não faziam os discípulos, a cabra tibetana, meio metro de altura, era aproximadamente obra-prima. Ufanava-me do trabalho. Não quis a sorte que me alegrasse por muito. Negaram-me à bela cabra a moldura dos bons trabalhos; ainda em cima — considerem o desespero! Exatamente no dia da exposição, de manhã, fui encontrá-la borrada por uma cruz de tinta, larga, de alto a baixo, que a mão benigna de um desconhecido traçara. Sem pensar mais nada, arranquei à parede o desgraçado papel e desfiz em pedaços o esforço de tantos dias de perseverança e carinho.
> Quando os visitantes invadiram a sala, notaram na linha dos trabalhos suspensas duas enigmáticas pontas de papel rasgado. Estranhavam, ignorando que ali estava interessante, em último capítulo, a história de uma cabra, de uma obra-prima que fora.

As exposições artísticas eram de dois em dois anos, alternadamente com as festas dos prêmios. Conseguia-se assim uma quantidade fabulosa de papel riscado para maior riqueza das galerias. Cobria-se com metim desde o soalho até o teto. Havia de tudo, não só desenhos. Alguns quadros a óleo, do Altino, risonhas aquarelas acidentando a monotonia cinzenta do Faber, do Conté, do *fusain*. Os futuros engenheiros aplicavam-se à aguadas de arquitetura, aos desenhos coloridos de máquinas.

Entre as cabeças a crayon retinto, crinas de gineto, felpas de onagro lanzudo, inclinando o funil das orelhas, cerdosas frontes hirsutas de javali, que arreganhavam presas, perfis de audácia em colarinhos de renda, plumas revoltadas, fisionomias de marujo, selvagens, arrepiadas, num sopro de borrasca, barbas incultas, carapuça esmurrada sobre a testa, cachimbo aos dentes; entre todas estas caras, avultava uma coleção notável de retratos do diretor.

O melindroso assunto fora inventado pela gentileza de um antigo mestre. Preparou-se modelo; um aluno copiou com êxito; e depois, não houve mais desenhista amável que não entendesse dever ensaiar-se na respeitável verônica. Santo Deus! Que ventas arranjavam ao pobre Aristarco! Era até um esforço! Que olhos de blefarite! Que bocas de beiços pretos! Que calúnia de bigodes! Que invenção de expressões aparvalhadas para o digno rosto do nobre educador!

Não obstante, Aristarco sentia-se lisonjeado pela invenção. Parecia-lhe ter na face a cocegazinha sutil do crayon passando, brincando na ruga mole da pálpebra, dos pés-de-galinha, contornando a concha da orelha, calcando a comissura dos lápis, entrevista na franja dos fios brancos, definindo a severa mandíbula barbeada, subindo pelas dobras oblíquas da pele ao nariz, varejando a pituitária, extorquindo um espirro agradável e desopilante.

Por isso eram acatados os desenhistas da verônica.

Os retratos todos, bons ou maus, eram alojados indistintamente nas molduras de recomendação. Passada a festa, Aristarco tomava ao quadro o desenho e levava para casa. Tinha-os já às resmas. Às vezes, em momentos de *spleen*, profundo *spleen* de grandes homens, desarrumava a pilha; forrava de retratos, mesas, cadeiras, pavimento. E vinha-lhe um êxtase de vaidade. Quantas gerações de discípulos lhe havia passado pela cara! Quantos afagos de bajulação a efígie de um homem eminente! Cada papel daqueles era um pedaço de ovação, um naco da apoteose.

E todas aquelas coisas feitas animavam-se e olhavam brilhantemente. "Vê, Aristarco, diziam em coro, vê, nós aqui somos tu, e nós te aplaudimos!" E

Aristarco, como ninguém na terra, gozava a delícia inaudita, ele incomparável, único capaz de bem se compreender e de bem se admirar — de ver-se aplaudido em chusma por alter-egos, glorificado por uma multidão de si-mesmos. *Primus inter pares*.
Todos, ele próprio, todos aclamando-o.[4]

Contrários ao uso da arte na escola como adorno cultural, alguns liberais, a partir de 1870 e, principalmente, na década de 1880, defenderam a ideias de que uma educação popular para o trabalho deveria ser o principal objetivo do desenho na escola, e iniciaram uma campanha para tornar o desenho obrigatório no ensino primário e secundário. Propunham-se a dar um conhecimento técnico de desenho a todos os indivíduos de maneira que, libertados da ignorância, fossem capazes de produzir suas invenções.

Educar o "instituto da execução", para evitar que ele se tornasse um impedimento à objetivação da invenção era o princípio básico, isto é, primeiro aprender como trabalhar, depois aplicar as habilidades técnicas solucionando os problemas e dando forma concreta às criações individuais.

## 2. Os liberais e o ensino antielitista do Desenho como *Design*

Em torno de 1870, um surto de desenvolvimento econômico propiciou alguma abertura na organização social e expansão de algumas ideias contestadoras. A criação do partido republicano naquele ano abriu uma fase de severas e sistemáticas críticas contra muitos aspectos da organização do império, incluindo a situação educacional.

Ao mesmo tempo, eram frequentes os discursos feitos pelos abolicionistas acerca da necessidade de se estabelecer uma educação para o povo e para os escravos, demonstrando a preocupação com o seu futuro depois de libertos.

---

4. Ibidem, p. 135-38.

Os principais temas educacionais discutidos eram a alfabetização e a preparação para o trabalho.

A necessidade de um ensino do desenho apropriado era referida como um importante aspecto da preparação para o trabalho industrial.

Na busca de um modelo que estabelecesse a união entre criação e técnica — isto é, entre arte e sua aplicação à indústria — os intelectuais e políticos (especialmente os liberais) brasileiros se comprometeram profundamente com os modelos da Walter Smith para o ensino da arte nos Estados Unidos, que passaram a divulgar no Brasil.

Os principais divulgadores de Walter Smith no Brasil foram o jornal *O Novo Mundo*; Rui Barbosa, nos seus "Pareceres sobre a reforma do ensino primário e secundário";[5] e Abílio César Pereira Borges, através de seu livro *Geometria popular*.[6]

A popularização do ensino da arte, concebido como ensino do desenho, era o objetivo da orientação que o inglês Walter Smith imprimia aos seus escritos e suas atividades como organizador do ensino da arte em Massachusetts (EUA). Influenciado pelas ideias de Redgrave e Dyce, de quem foi aluno na South Kensington School of Industrial Drawing and Crafts em Londres, da qual só resta hoje o Victoria and Albert Museum. Smith chegou a se demitir do cargo de professor da Leeds School of Art quando a instituição, em 1868, começou a subverter os objetivos para os quais havia sido criada, ou seja, vincular a arte à educação popular, para enveredar pelo caminho do ensino da arte como verniz cultural, obedecendo aos caprichosos desejos da classe média.

*O Novo Mundo* destacou em várias notícias e artigos o aspecto de democratização da arte e do desenho, que caracteriza a ação de Walter Smith em Massachusetts, para onde ele fora contratado com carta branca para organizar o ensino do Desenho.

---

5. Barbosa, Rui. *Reforma do ensino secundário e superior (1882)*. Rio de Janeiro: Ministério de Educação e Saúde, 1941 (Obras completas, v. 9); e *Reforma do ensino primário (1883)*. Rio de Janeiro: Ministério de Educação e Saúde, 1947 (Obras completas, v. 10).

6. Borges, Abílio Cesar Pereira. *Geometria popular*. 41. ed. Rio de Janeiro: Francisco Alves, 1959.

Tinha *O Novo Mundo* grande importância cultural no Brasil daquela época. Trata-se de um jornal publicado por José Carlos Rodrigues, em Nova York (1872-1889) e escrito em português.

Muitos dos mais importantes escritores brasileiros escreveram ou trabalharam neste periódico, como Machado de Assis e Sousândrade, que era secretário do jornal.

O principal objetivo do jornal era vender produtos americanos e o *american way of life* no Brasil, apresentando as instituições sociais americanas como modelos para a sociedade brasileira.

A mais elogiada instituição americana era a educação. No campo da educação, foi dado especial relevo à divulgação da educação feminina e do ensino do Desenho.

Impregnado da moral protestante, apresentava a arte e o trabalho como veículo de educação e valorizava a educação para as artes industriais ao extremo.

André Rebouças escreveu para *O Novo Mundo* longos artigos defendendo a necessidade de se tornar compulsório o ensino do desenho geométrico com aplicações à indústria, como Smith havia conseguido em Massachusetts.

Um número especial de *O Novo Mundo* foi publicado acerca da Centennial Exhibition de 1876 em Filadélfia, onde se destacavam os trabalhos apresentados pela Escola Normal de Artes, criada e dirigida por Smith, que hoje constitui o Massachusetts College of Art, assim como os trabalhos de 24 cidades de Massachusetts, todas elas orientadas em seu ensino de Arte e Desenho por Smith.

*O Novo Mundo*, em geral, destacava a importância dada por Smith aos exercícios geométricos progressivos no ensino do desenho, sua ideia de que todo mundo tinha capacidade para desenhar, e sua crença no ensino do desenho como veículo de popularização da arte através da adaptação a fins industriais, colaborando para a qualidade e prosperidade da produção industrial.

Rui Barbosa subscreveu as ideias de Smith no "Pareceres sobre a reforma da educação primária e secundária". Chegou mesmo a traduzir um longo texto do seu livro *Art education: scholastic and industrial*,[7] que incluiu no "Pareceres" como justificativa teórica para a supremacia que confere ao desenho em relação às outras disciplinas do currículo.

É ainda em Walter Smith que se baseou para traçar as recomendações metodológicas para o ensino do desenho. Desconfio que Smith influenciou fortemente a educação profissionalizante e popular em todo o mundo ocidental. Conheço estudos sobre sua influência na Nova Zelândia, na Austrália, no Canadá e no Chile.

Inspirado nas ideias defendidas por Rui Barbosa, o educador Abílio César Pereira Borges publicou uma *Geometria popular*, que é uma espécie de sumário do livro de Walter Smith.

O livro propunha que o desenho começasse por linhas como o *Teachers's manual for free hand drawing*[8] de Walter Smith: verticais, horizontais, oblíquas, paralelas, enfim, pelo que Smith, citado por Borges, chamava de "alfabeto do desenho".

Seguia-se o estudo dos ângulos, triângulos, retângulos, numa gradação idêntica à proposta por Smith, acompanhando o traçado com definições geométricas, como o próprio Smith recomendava. Seguiam-se ditados e exercícios de memória idênticos aos do livro de Smith.

Depois de estudar quadrados e polígonos, ele introduzia ornamentos e análises de folhas em superfície plana. Os exemplos botânicos eram organizados em forma de diagramas exatamente como o livro de Smith.

Ele ainda propunha o traçado de gregas, rosáceas, repetições verticais, repetições horizontais, formas entrelaçadas, seguindo mais uma vez Smith.

Alguns objetos simples (vasos de água, bacias etc.), tendo formas geométricas como Walter Smith prescrevia, eram propostos para desenhar.

Finalmente, eram apresentados ornamentos e elementos arquitetônicos em diagrama (portais, arcos, colunas) de diferentes períodos, principalmente barrocos e neoclássicos. Os ornamentos como motivos para o trabalho em ferro eram também usados por Smith. Os elementos

---

7. Smith, Walter. *Art education*: scholastic and industrial. Boston: Osgood & Co., 1872.
8. Smith, Walter. *Teachers's manual for free hand drawing (1873)*. Boston: Prang, 1874.

arquitetônicos não eram apresentados no seu manual, mas foram recomendados por ele no livro *Art education: scholastic and industrial*.

O livro de Abílio César Pereira Borges teve, no mínimo, 41 edições e foi usado em escolas pelo menos até 1959. O objetivo do livro, explicitado por ele próprio, era propagar o ensino do desenho geométrico e educar a nação para o trabalho industrial.

Já os positivistas, atrelados ao evolucionismo, defendiam a ideia de que a capacidade imaginativa deveria ser desenvolvida na escola através do estudo e cópia dos ornatos, pois estes representavam a força imaginativa do homem em sua evolução a partir das idades primitivas.

No ensino do desenho, portanto, dominava o traçado de observação de modelos de ornatos em gesso. Recomendavam que se devesse começar pelos baixos-relevos compostos por linhas retas, porque esta composição de ornatos era a mais sumária e correspondia à expressão ornamental dos povos ditos primitivos da Oceania e África, para depois passar para os modelos em curvas e linhas caprichosas, encontráveis na decoração de povos como os índios peruanos e mexicanos, e só então introduzir o alto-relevo representando figuras da fauna e da flora, expressão mais complexa característica dos gregos no início de sua história.

Como os liberais haviam ganho da corrente positivista durante as lutas Republicanas na Escola Nacional de Belas-Artes (1890), também conseguiram impor sua diretriz ao ensino do desenho na escola secundária através da reforma educacional de 1901, consubstanciada no Código Epitácio Pessoa.

Esta lei transcreve sucintamente as propostas de Rui Barbosa para o ensino do desenho, usando muitas vezes as mesmas palavras dos "Pareceres".

É, portanto, o modelo de Walter Smith, cujos conteúdos já haviam entrado no circuito da educação brasileira através de Abílio César Pereira Borges, que a partir de então teríamos imperando nos ginásios brasileiros.

São conteúdos que permaneceram quase imutáveis até 1958, atravessando várias reformas educacionais, e ainda há resquícios deles nas aulas de arte e em propostas de entretenimento na internet. Um exercício que em 2012 ainda é conhecido, e sugerido em sites de brincadeiras para crianças, é a ampliação de figuras através do quadriculado, introduzida por Rui Barbosa e chamada naquela época "rede estimográfica". Este e outros exercícios foram preservados através dos livros didáticos de educação artística até os anos 1980, portanto perduraram 100 anos nas escolas brasileiras.

Propostas de trabalho, como a que vemos a seguir, foram encontradas na internet em 22 de maio de 2012 com o objetivo de divertir a criança. Durante muitos anos faziam parte do currículo escolar de desenho, neste caso como técnica de aumentar, ampliar figuras para que os operários pudessem atender as encomendas de seus patrões ou clientes. Esta brincadeira que encontrei na internet pretende apenas reproduzir no mesmo tamanho e colorir.

**Figura 1**

Durante muitos anos, exercícios como este, entretanto, com o objetivo de ampliar figuras, faziam parte do currículo escolar de desenho.

*Fonte:* <http://www.vrac-coloriages.net>. Acesso em: 22 maio 2012.

Outra proposta de atividade encontrada na Internet nos dias de hoje está ligada à área de matemática e pretende treinar para a ampliação de figuras. A imagem é uma estereotipia do adulto acerca do desenho da criança e resquício dos programas de desenho do início do século XX.

**Figura 2**
Exercício com rede estimográfica que tem origem nos projetos de educação de Rui Barbosa de 1882, hoje usados na disciplina de matemática. A figura é uma estereotipia que o adulto faz do desenho da criança. Em nome da interdisciplinaridade, está-se dando à criança imagens de má qualidade estética. Estão pensando que também ensinam arte à criança num exercício como este, porém não estão.

*Fonte*: <http://www.pead.faced.ufrgs.br/sites/publico/eixo4/matematica/espaco_forma/imagens/atividade>. Acesso em: 1º jul. 2013.

Em quase todos os livros de educação artística para o 1º grau, editados nas décadas de 1970 e 1980, ainda encontramos gregas, rosáceas, frisas decorativas etc., remanescentes das propostas de Walter Smith e de outros manuais, consagradas pelo Código Epitácio Pessoa.

O trabalho abaixo é de uma aluna minha, Paula, do Mestrado em Design, Arte, Moda e Tecnologia na Universidade Anhembi Morumbi da turma de 2012. Foi feito em 1999 sob a orientação de uma professora particular de Arte em Fortaleza. Paula me disse não só ter tido prazer em copiar a frisa decorativa, mas também que este exercício foi valioso e nada atrapalhou sua inventividade. Paula era excelente aluna, muito inteligente para teoria e talentosa em desenho de ilustração.

**Figura 3**
Desenho de Paula copiado de uma estampa.
*Fonte*: Arquivo pessoal.

**Figura 4**
Estampa original e o processo de cópia.
*Fonte*: Arquivo pessoal.

A aprendizagem destes elementos decorativos tinha sentido no início do século XX, já que se pretendia, através do desenho, preparar para o trabalho, e a arquitetura era generosa na utilização de ornatos sobrepostos, para cuja criação e execução as rosáceas seriam exercício preparatório. Por outro lado, as paredes internas das casas ostentavam pinturas de complicadas faixas decorativas. Ainda mais, estes motivos eram também fartamente usados nas artes gráficas. Hoje, pouco se justifica sua permanência como exercício escolar preparando diretamente para o trabalho. Alguns voltariam a ter sentido no contexto da pós-Modernidade, se os autores destes livros tivessem consciência da recuperação atual de alguns modelos visuais do início do século XX.

O neoliberalismo do século XXI também apela para o trabalho como o principal objetivo do ensino da Arte e do Design, entretanto, o desconhecimento histórico limita a compreensão e leva a repetições de propostas que não deram certo.

Elliot Eisner em seu livro *The Arts and the creation of mind*[9] nos fala que uma das visões de Ensino da Arte e do Design hoje entende ser este ensino importante para preparação para o trabalho, enfocando a necessidade de flexibilizar o indivíduo para ser capaz de mudar de emprego pelo menos uma vez na vida e estar consequentemente preparado para desempenhar mais de uma tarefa. Para mim esta é uma função apontada pela ideologia neoliberal. Como vimos no passado, no fim do século XIX, para os liberais brasileiros o ensino da Arte e do Design se destinava também à preparação para o trabalho. As ideias liberais de Rui Barbosa, André Rebouças, Abílio César Pereira Borges tinham uma conotação louvável: a de preparar os escravos recém-libertos para conseguir empregos. Não deixavam, entretanto, de serem hipócritas como os neoliberais de hoje, que querem que tudo continue o mesmo: eles ganhando muito dinheiro à custa de manter a maioria na instabilidade empregatícia. Os nossos liberais de antigamente pensaram em preparar os escravos para trabalhos de pintura de gregas e frisas decorativas, ornatos sobrepostos como rosáceas e vitrais, assim como em métodos de ampliação de figuras para que trabalhassem na construção civil, portanto assimilando-os nas mais baixas classes sociais.

---

9. Eisner, Elliot. *The arts and the creation of mind*. New Haven: Yale University Press, 2002.

Devemos a eles, entretanto, termos na educação pública escapado desde cedo da influência, inadequada para a escola primária e secundária, das Belas Artes para nos associarmos à iniciação ao design, que se chamava desenho decorativo, desenho ou artes gráficas e desenho industrial, havia desenho artístico, também.

Os lugares onde se desenvolviam este ensino de Desenho eram as escolas profissionais femininas e masculinas, as escolas de aprendizes e artífices, os liceus de artes e ofícios, e as escolas primárias e secundárias.

Por um século, as caras escolas particulares brasileiras estiveram subordinadas às Belas Artes, mais conservadoras que a própria academia, porém o ensino público foi orientado em direção ao que hoje chamamos *design*, pelas preocupações sociais dos liberais.

Na contemporaneidade, ambos, arte e design, estão unificados pela preocupação social e, portanto, pensar o ensino da arte e do design é pensar sua função social.

## Referências

ALONSO, Antonio. *O impulso criador das crianças*. Washington: União Panamericana, s/d.

AMARAL, Claudio Silveira. *John Ruskin e o desenho no Brasil*. Tese (Doutorado) — Universidade de São Paulo, São Paulo, 2005.

ANSCOMBRE, Isabelle. *Omega and after*. London: Thames & Hudson, 1981.

ASHWIN, Clive. *Art education documents and polices*: 1768-1975. London: SRHE, 1975.

AZEVEDO, Fernando. *Movimento Escolinhas de Arte:* em cena memórias de Noemia Varela e Ana Mae Barbosa. Dissertação (Mestrado) — Universidade de São Paulo, São Paulo, 2000.

BARATA, Mário. *Raízes e aspectos da história do ensino artístico no Brasil*. Rio de Janeiro: Escola de Belas Artes da Universidade Federal do Rio de Janeiro, 1966.

BARBOSA, Ana Mae (Org.). *Ensino da Arte*: memória e história. São Paulo: Perspectiva, 2009.

_____. *John Dewey e o ensino da Arte*. São Paulo: Cortez, 2001.

_____ (Org.). *A compreensão e o prazer da arte*: além da tecnologia. São Paulo: Sesc, 1999.

_____. *Tópicos utópicos*. Belo Horizonte: Com/Arte, 1998.

_____ (Org.). *A compreensão e o prazer da Arte*. São Paulo: Sesc, 1998.

_____ (Org.). *Arte/Educação*: leitura no subsolo. São Paulo: Cortez, 1997.

_____ (Org.). *De olho no MAC*. São Paulo: MAC-USP, 1992.

_____. *A Imagem no Ensino da Arte: anos 80 e novos tempos*. São Paulo: Perspectiva, 1991.

_____ (Org.). *O Museu de Arte Contemporârea da Universidade de São Paulo*. São Paulo: Círculo do Livro, 1990.

_____ (Org.). *História da Arte/Educação*. São Paulo: Max Limonad, 1986.

_____. *Arte/Educação*: conflitos/acertos. São Paulo: Max Limonad, 1984.

_____. *Recorte e colagem*: influências de John Dewey no ensino da arte no Brasil. São Paulo: Cortez, 1982.

_____. *Arte/Educação no Brasil:* das origens ao Modernismo. São Paulo: Perspectiva, 1978.

_____. *Teoria e prática da educação artística*. São Paulo: Cultrix, 1975.

BARBOSA, Ana Mae; MARGARIDO SALES, Heloisa (Orgs.). *O ensino da arte e sua história*. São Paulo: MAC-USP, 1990.

BARBOSA, Ana Mae; FERRARA, Lucrécia D'Alessio; VERNASCHI, Elvira (Orgs.). *O ensino das artes nas universidades*. São Paulo: EDUSP, 1993.

BARBOSA, Rui. *Reforma do ensino secundário e superior (1882)*. Rio de Janeiro: Ministério da Educação e Saúde, 1941. (Obras Completas, v. 9.)

_____. *Reforma do ensino primário (1883)*. Rio de Janeiro: Ministério da Educação e Saúde, 1947. (Obras Completas, v. 10.)

BELL, Quentin. *The schools of design*. London: Routledge & Kegan Paul, 1963.

BOISBANDRON, Lecoq. *The training of the memory in art*. London: Macmillian, 1931.

BORGES, Abílio Cesar Pereira. *Geometria popular*. 41. ed. Rio de Janeiro: Francisco Alves, 1959.

BROCOS, Modesto. *A questão do ensino da Bellas-Artes*. Rio de Janeiro: DCP, 1915.

BROWN, F. P. *South Kensington and lts art training*. London: s/l., 1912.

CARDOSO, Rafael. A Academia Imperial de Belas Artes e o ensino técnico. In: SEMINÁRIO EBA 180. 180 ANOS DA ESCOLA DE BELAS ARTES, *Anais...*, Rio de Janeiro, UFRJ, 1997.

_____. An industrial vision: the promotion of technical drawing in Mid-Victorian Britain. In: PURBICK, Louise (Org.). *The great exhibition of 1851*: new interdisciplinary essays. Manchester: Manchester University Press, 2001.

_____. A preliminary survey of drawing manuals in Britain c.1825-75. In: ROMANS, Mervyn (Org.). *Histories of art and design education*: collected essays. Bristol: Intellect, 2005. [Republicado do *Journal of Art and Design Education*, 1996.]

CARLINE, Richard. *Draw they must*. London: Edward Arnold, 1975.

CARVALHO, Benjamim Araújo. *Didática especial de desenho*. São Paulo: Editora Nacional, 1958.

CARY, Richard. *Critical art pedagogy*: foundations for postmodern art education. New York: Garland Publishing, 1998.

DUARTE, Maria de Souza. *Educação pela Arte numa cidade nova*: o caso de Brasília. Dissertação (Mestrado) — Universidade de Brasília, Brasília, 1982.

EISNER, Elliot. Estrutura e mágica no ensino da arte. In: BARBOSA, Ana Mae (Org.). *Arte Educação*: leitura no subsolo. São Paulo: Cortez, 1999.

_____. *The Arts and the creation of mind*. New Haven: Yale University Press, 2002.

ESPINHEIRA, Ariosto. *Arte popular e educação*. São Paulo: Editora Nacional, 1938.

FOERSTE, Gerda M Schütz. *Arte/Educação*: pressupostos metodológicos na obra de Ana Mae Barbosa. Dissertação (Mestrado) — Universidade Federal de Goiás, Goiânia, 1996.

FRANGE, Lucimar Bello. *Noêmia Varela e a arte*. Belo Horizonte: ComArte, 2001.

GALVÃO, Alfredo. *Subsídios para a história da Academia Imperial e da Escola Nacional de Belas Artes*. Rio de Janeiro: Universidade do Brasil, 1954.

KUYUMJIAN, Dinorath Valle. *Arte infantil na escola primária*. São Paulo: Clássico Científica, 1965.

MACHADO, Regina. *A formiga Aurélia e outros jeitos de ver o mundo*. São Paulo: Companhia das Letrinhas, 1998.

MARIA, Alda Junqueira. *Educação, arte e criatividade*. São Paulo: Pioneira, 1976.

MORALES DE LOS RIOS, Adolfo. O ensino artístico: subsídios para sua história. In: CONGRESSO DE HISTÓRIA NACIONAL, IHGB, 3., *Anais...*, 1938. Rio de Janeiro, Imprensa Nacional, 1942.

MOURA, Mônica. De onde vem o design. In: MOURA, Mônica. *O design de hipermídia*. Tese (Doutorado) — Pontifícia Universidade Católica, São Paulo, 2003.

NASCIMENTO, Roberto Alcarria do. *O ensino do desenho na educação brasileira*: apogeu e decadência de uma disciplina escolar. Dissertação (Mestrado em Educação) — Faculdade de Filosofia e Ciências, Unesp, Marília, 1994.

_____. *A função do desenho na educação*. Tese (Doutorado em Educação) — Faculdade de Filosofia e Ciência, Universidade de São Paulo, Marília, 1999.

NESBITT Molly. The language of industry. In: DE DUVE, Thierry (Org.). *The definitively unfinished Marcel Duchamp*. Cambridge: MIT Press, 1991.

PERRELET, Louise Artus. *O desenho a serviço da educação*. Rio de Janeiro: Villas-Boas, 1930.

PETRY, Michael *The art of not making*: the new artist/artisan relationship. London: Thames & Hudson, 2011.

PIMENTEL, Lucia G. *Limites em expansão*: licenciatura em artes visuais. Belo Horizonte: C/Arte, 1999.

POMPEIA, Raul. *O Ateneu*. São Paulo: Melhoramentos, s/d.

PURBICK, Louise (Org.).*The great exhibition of 1851*: new interdisciplinary essays. Manchester: Manchester University Press, 2001.

RABELO, Silvio. *Psicologia do desenho infantil*. São Paulo: Editora Nacional, 1935.

ROMANS, Mervyn (Org.). *Histories of art and design education*: collected essays. Bristol: Intellect. 2005.

SILVA, Enrico. *O desenho*. Uberlândia: s/e., 1958.

SMITH, Walter. *Art education*: scholastic and industrial. Boston: Osgood & Co., 1872.

SOUZA, Alcidio Mafra de. *Artes plásticas na escola*. Rio de Janeiro: Bloch, 1968.

TRINCHÃO, Gláucia. *O desenho como objeto de ensino*: história de uma disciplina a partir dos livros didáticos luso-brasileiros oitocentistas. Tese (Doutorado em Educação) — Unisinos, São Leopoldo, 2008.

VILLAS-BOAS, André. As mudanças nos anos 90: impressões de viagem. In: CONGRESSO BRASILEIRO DE PESQUISA E DESENVOLVIMENTO EM DESIGN, 5., *Anais...*, Brasília, Universidade de Brasília, 2002.

# 3

# Nacionalismo e ensino da Arte e do Desenho na América Latina:
## Best Maugard,* Elena Izcue e Theodoro Braga

> "É possível não falar do passado. Uma família, um Estado, um governo, podem sustentar a proibição; mas só de modo figurativo ou figurado ele é eliminado, a não ser que se eliminem todos os sujeitos que o carregam (seria esse o final enlouquecido que nem sequer a matança nazista dos judeus conseguiu ter)."
>
> **Beatriz Sarlo**

---

\* Parte do texto sobre Best Maugard foi publicado como As Escuelas de Pintura al Aire Libre do México: liberdade, forma e cultura, em: Pillar, Analice Dutra (Org.). *A educação do olhar no ensino das artes*. Porto Alegre: Mediação, 1999. p. 99-117; e como The Escuelas de Pintura al Aire Libre in Mexico: Freedom, form and culture. *Studies in Art Education: a Journal of Issues and Research*, v. 42, n. 4, p. 285-297, Summer 2001. Foi apresentado também na NAEA Conference em Studies in Art Education Lecture, 2001. Uma pesquisa ampliada, "Escuelas al Aire Libre: sospechas de influencia y problemas concretos", foi publicada pela autora no livro Escuelas de Pintura al Aire Libre. México: INBA, 2014, p. 356-377.

**A primeira guerra mundial**, a de 1914, operou transformações culturais muito importantes. Os artistas europeus que estiveram na guerra, como Marx Ernst e Georg Gross, provocaram a separação da Arte e da Beleza, divórcio muito profícuo para ambas as partes. A Arte, livre dos compromissos com a beleza, buscou abrigo na filosofia e na psicanálise e saiu revigorada, mais conectada com a vida. Beleza livre da opressão da Arte pôde explorar livremente o cotidiano e se alojar em todo e qualquer lugar.

Marx Ernest, que serviu na artilharia, depois da guerra disse:

> Para nós, Dada foi acima de tudo uma reação moral. Nossa ira buscava total subversão. A horrível e fútil guerra havia nos roubado cinco anos de nossa existência. Nós experimentamos o colapso no ridículo e a vergonha de tudo que era apresentado a nós como justo, verdadeiro e bonito.[1]

Em vez de apresentar uma visão enobrecedora, a Arte transformou-se em um meio de mostrar a feiúra moral da sociedade que os havia posto a atravessar o inferno.

George Grosz, que chegou a tentar o suicídio para não voltar para o *front*, disse: "Eu desenhava e pintava dominado pelo espírito da contradição, tentando no meu trabalho convencer o mundo que ele era feio, doente, mentiroso".[2]

Além desta conquista cultural, a guerra de 1914 provocou uma onda de nacionalismo muito forte, especialmente na América Latina, que se refletiu diretamente no ensino da Arte e do Desenho. Entendamos aí a palavra desenho com design, pois em português só temos uma palavra para designar tanto desenho como "Arte" quanto desenho como "projeto ligado à indústria, comércio, moda, publicidade". Só na década de 1960 começamos a usar a palavra Design, em inglês mesmo, para designar a última categoria mencionada.

Ideais nacionalistas dominaram, no começo do século XX, este lado do mundo e alguns outros países colonizados.

---

1. Ernest, Marx. Apud Danto, Arthur. *Unnatural wonders*. New York: Farrar, Straus, Giroux, 2005. p. 58.
2. Idem.

Certo romantismo nacionalista, como diz Nicola Bowe, conduziu os artistas e designers irlandeses a um revival celta, assim como desde a "Suécia e Noruega até o México se via na Arte um fator essencial para a construção de identidades nacionais".[3]

Argentina e México produziram os dois primeiros livros de ensino de Arte e desenho gráfico voltado para o que se chamavam "Artes decorativas", que tiveram como objetivo a redescoberta da Arte, do artesanato e da cultura pré-colombiana. Na Argentina, se experimentava o ensino do desenho tradicional indígena nas escolas pela influência de Alberto Gelly Cantilio e Gonzalo Leguizamón Pondal, que publicaram o livro *Viracocha: dibujos decorativos americanos*, que nunca tive a chance de ter em minhas mãos. Parece que o livro é posterior às experiências pedagógicas dos dois professores anteriormente citados. Um exemplar, que integra a bibliografia usada por Izcue, data de 1923, mas pode não ter sido a primeira edição.

No México, as Escuelas de Pintura al Aire Libre (1913-1932) experimentaram com o método desenvolvido por Adolfo Best Maugard, que me parece mais avançado que o dos argentinos. Maugard procurava associar a livre expressão a exercícios gráficos com elementos do alfabeto visual mexicano por ele pesquisado e sistematizado.

Best Maugard era um especialista em arte mexicana autóctone. Forneceu a Franz Boas muitos dos desenhos de cerâmica mexicana para sua coleção.

Neste capítulo vou falar desta reação pós-guerra no México, Peru e Brasil, sem esquecer que os outros países latino-americanos também experimentaram uma onda nacionalista no mesmo período, em alguns lugares revelados através de movimentos indianistas.

No México, devemos acrescentar, as mudanças no ensino da Arte ocorreram não só como reação à guerra, mas principalmente como reação à revolução de 1910, que provocou orgulho e patriotismo no povo.

Identifico as Escuelas de Pintura al Aire Libre do México como o único movimento modernista do ensino da arte que deliberadamente, programaticamente, integrou a ideia de arte como livre expressão e como cultura.

---

3. Bowe, Nicola Gordon. Art and the national dream: the search for vernacular expression. In: Bowe, Nicola Gordon (Org.). *Turn of century design*. Dublin: Irish Academic Press, 1993. p. 23.

Na Inglaterra do século XIX e início do século XX, se pode encontrar projetos que pretenderam levar a arte ao povo, ensinar arte como história e despertar para sua apreciação, mas não incluíam o fazer artístico, como se o povo pudesse ser capaz de consumir mas não de produzir arte, de ser artista. Fiz extensa leitura de livros, artigos e depoimentos sobre a introdução do ensino modernista na Inglaterra, mas o único paralelo encontrado foi o trabalho de Marion Richardson que, tendo ensinado na mesma época das Escuelas de Pintura al Aire Libre, procurava integrar a livre expressão em pintura e desenho ao exercício de caligrafia. Estes exercícios foram se tornando pouco a pouco grafismo com função plástica, mas estavam ainda vinculados à ideia de legibilidade da linha, de controle motor e beleza de um manuscrito. Levaram à representações abstratas por força do contexto, pois a Grã-Bretanha começava formalmente a se iniciar no abstracionismo através do decorativismo do movimento Arts and Crafts, da Escola de Arte de Glasgow e do Omega Workshop ao qual Richardson esteve ligada através de Roger Fry e Vanessa Bell.

Nesta época, nos Estados Unidos dominava a metodologia de Arthur Dow, que associou a livre expressão plástica e gráfica a exercícios de composição.

Na Europa Continental dominava o Instituto Jean Jacques Rousseau, que se tornaria a instituição onde Piaget posteriormente centralizaria suas pesquisas. Os métodos desenvolvidos no I. J. J. R. procuravam também associar a livre expressão com diferentes abordagens à sistematização das formas geométricas e/ou simbólicas.

Portanto, uma descoberta desta minha pesquisa é que todas as abordagens conhecidas do ensino da Arte Modernista entre os anos 10 e 30 associavam a liberdade de expressão a algum tipo de conhecimento sistematizado, embora somente Adolf Best Maugard, o autor do livro didático usado nas "Escuelas de Pintura al Aire Libre", tenha associado liberdade de expressão à análise da cultura visual. Seu método começou a ser usado desde cedo nas Escuelas de Pintura al Aire Libre, mesmo antes de publicado no livro *Manuales y tratados: metodo de dibujo*.[4] Esse

---

4. Maugard, Adolf Best. *Manuales y tratados*: metodo de dibujo. México: Departamento Edictorial de la Secretaria de Educación, 1923.

livro traz, além de significativos desenhos e pinturas quase impressionistas de crianças e adolescentes, uma série de sugestões de exercícios a serem feitos a partir da sistematização de formas e linhas dominantes na arte e no artesanato mexicano. Esta sistematização iconográfica foi realizada por Best Maugard durante quase vinte anos de pesquisas. Ele estabeleceu uma espécie de alfabeto formal da arte mexicana, constituído de sete padrões que ele orientava para serem usados com crianças, adolescentes e adultos, estimulando livre combinações entre eles. Há no livro exemplos do uso do padrão 2 combinado com o 5, o 6, o 7, e até de um único padrão combinado com ele próprio.

**Figura 1**
Alfabeto Formal da arte mexicana constituído de sete elementos básicos segundo Best Maugard.
*Fonte*: SEP/INBA, 1984a.

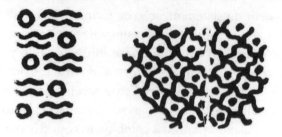

O segundo com o quinto

O segundo com o sexto

O segundo com o sétimo

**Figura 2**

Alfabeto formal da arte mexicana estabelecido por Adolf Best Maugard, constituído de sete padrões que ele orientava para serem usados com crianças, adolescentes e adultos, estimulando a livre combinação entre eles.

*Fonte*: Maugard, 1923.

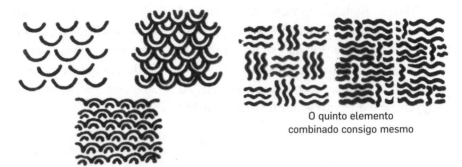

O terceiro elemento
combinado consigo mesmo

O quinto elemento
combinado consigo mesmo

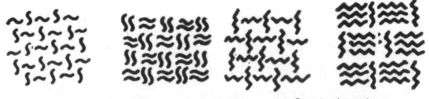

O quarto elemento
combinado consigo mesmo

O sexto elemento
combinado consigo mesmo

**Figura 3**
Alfabeto formal da arte mexicana estabelecido por Adolf Best Maugard: exemplo de um único padrão combinado com ele próprio.
*Fonte*: Maugard, 1923.

**Figura 4**
Exemplo de um desenho em que o aluno utilizou vários elementos básicos da arte mexicana sistematizados por Best Maugard.
*Fonte*: SEP/INBA, 1982.

Marion Richardson também estabeleceu padrões gráficos em suas aulas de caligrafia. Determinou seis padrões básicos baseados na diversidade de movimentos da escrita e propunha exercícios combinatórios entre eles, inicialmente somente em suas aulas de caligrafia para as mesmas alunas que com ela estudavam Arte. Aos poucos os padrões caligráficos e a pintura foram se inter-relacionando.

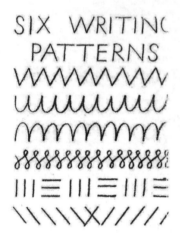

**Figura 5**
Marion Richardson: 6 padrões básicos da escrita.
*Fonte*: Arquivos da School of Art Education, University of Central England. Birmingham.

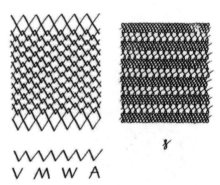

**Figura 6**
Marion Richardson: combinações livres dos padrões.
*Fonte*: Arquivos da School of Art Education University of Central England, Birmingham.

**Figura 7**
Aluna de Marion Richardson: combinação de padrões, gerando um trabalho de resultado abstrato.
*Fonte*: Richardson, 1948.

O princípio de estabelecimento de exercícios formais era o mesmo nas escolas de Dudley, o "blake country" inglês e nas Escuelas de Pintura al Aire Libre, a diferença é que os padrões estabelecidos por Best Maugard foram baseados na leitura e análise da cultura mexicana e seus objetivos, além de formais e estéticos, eram sociais e políticos.

Em primeiro lugar, pretendia despertar a juventude para a apreciação da Arte mexicana, recuperando o orgulho nacional perdido com a absoluta submissão das escolas existentes no México, até 1911, aos padrões europeus.

Até a revolução de 1910, a cultura mexicana, a arte e o artesanato eram desprezados por todas as classes sociais e apenas o que era produzido na Europa despertava a admiração dos mexicanos. Por outro lado, o livro de Best Maugard e as *Escuelas de Pintura al Aire Libre* pretendiam educar o povo, especialmente o espoliado indígena. Foi o primeiro movimento de educação popular através da Arte da América Latina, e também o primeiro movimento que associou a educação para a Arte e para o Design na América Latina. Tratava-se da introdução ao design indígena, autóctone, cuja gramática visual Best Maugard sistematizou, era o padrão local instituído como design.

No Brasil, a tentativa de associar design à arte, implícita no projeto educacional de Rui Barbosa, havia falhado, e a pretensão do marquês de Macaúbas de que seu livro de ensino de desenho fosse usado pelas famílias, nas oficinas e nas escolas, para desenvolver a capacidade de aplicar desenho à indústria nascente, também fracassara. Não encontrei comprovação de que o livro tenha ido além das salas de aula nas escolas formais, embora tivesse sido o primeiro livro escrito com intenção de fazer a educação popular para as artes no Brasil.

A primeira Escuela de Pintura al Aire Libre, criada em 1913, que teve como diretor Alfredo Ramos Martinez, foi uma dissidência da Academia de Belas Artes. Em 1911, os estudantes daquela academia entraram em greve exigindo a modernização do ensino e a demissão de seu diretor Rivas Mercado que, por coincidência, era pai de uma das mais ardorosas defensoras da Arte Moderna, Antonieta Mercado, ativista política, amante de José Vasconcelos, o multiplicador das Escuelas de Pintura al Aire Libre, tendo se exilado com ele em Paris onde, conta-se que, em profunda depressão, cometeu suicídio dentro da Igreja Notre Dame de Paris.

Os alunos da Academia de Belas Artes estiveram mais de dois anos em greve, e por fim criaram junto com vários professores a Escola de Santa Anita.

Esta escola era ainda muito calcada nos movimentos artísticos europeus, como o impressionismo, e chegou a ser chamada de Escola de Barbizon, numa associação a arte produzida pelo grupo paisagista de Fontainebleau na segunda metade do século XIX, como Millet, Corot, Rousseau, Troyon etc.

Em 1919, o filósofo José Vasconcelos assumiu a reitoria da Universidade do México, dando um novo impulso às Artes, às traduções de obras básicas da cultura ocidental e a valorização do índio e da miscigenação.

Sua visão era multiculturalista, advogando uma educação em direção ao hibridismo cultural, ao sincretismo, estimulando a inter-relação entre o erudito e o popular, e entre o conhecimento hegemônico internacional e valores culturais locais. Dentre os 50 livros que publicou, *Ulises Criollo*

(1935), *La Raza Cósmica* (1925), *Indologia* (1926), *De Robinson a Odiseo* (1952) são os que mais intensamente manifestam uma defesa das minorias étnicas e da igualdade racial. Até hoje, ainda são valiosos documentos contra o preconceito que continua prejudicando as relações humanas quase dois séculos depois dos escritos tendenciosos de Gaubineaux, o formulador das teorias arianistas.

José Vasconcelos esteve no Brasil representando o governo mexicano nas comemorações da Independência do Brasil em 1922, fez muitos amigos e se correspondeu com intelectuais e políticos brasileiros. Acho que a política cultural de Mário de Andrade na Secretaria de Cultura de São Paulo sofreu influência da política cultural de José Vasconcelos, que teve como carro-chefe a criação de inúmeras bibliotecas, principalmente infantis, com ateliês de arte em anexo.

Há indícios de que Mário de Andrade conhecia o trabalho de administração cultural de José Vasconcelos, pois tinha em sua biblioteca a revista *30:30*, veículo de divulgação do modernismo e do movimento de educação popular para as artes, editada por artistas que fizeram parte das Escuelas de Pintura al Aire Libre, como Fernando Leal e Fermin Revueltas. Entre os artigos publicados no primeiro número da revista, que teve tom e título de Manifesto, estava um sobre as Escuelas Libres de Pintura, que falava das Escuelas de Pintura al Aire Libre e dos Centro Populares de Cultura. Mário de Andrade tinha também em sua biblioteca hoje no Instituto de Estudos Brasileiros da Universidade de São Paulo a *Monografía de las Escuelas de Pintura al Aire Libre*.

Vasconcelos possibilitou a criação das escolas de Chimalistac, que substituiu a de Santa Anita em 1920, e a de Coyoacan um ano depois. Como ministro de Educação Pública (1921 a 1924) ampliou a ideia de pintura "al aire libre" para a pintura mural, e encomendou vários a Orozco, Rivera etc.

Aliás, o destino das Escuelas de Pintura al Aire Libre foi tremendamente marcado pelas reações enciumadas de Orozco que, embora muito valorizado com as encomendas de murais para a Secretaria de Cultura, provavelmente queria mais, ou talvez ser o único e, em represália, para mostrar-se contra a política cultural de José Vasconcelos, transformou as Escuelas de Pintura al Aire Libre em objeto de seus ataques e mais um motivo de discórdia com Rivera, que foi ardoroso defensor das *Escuelas* e professor de uma delas. A discórdia entre Rivera e Orozco era mais profunda, residindo principalmente nas diferenças de visão do mundo, da Arte e da mexicanidade. Até nas representações da revolução estes dois líderes se opunham. Enquanto Rivera representava a revolução "como o surgimento de uma brilhante luz",[5] uma alteração na história em direção a uma melhor e mais triunfante vida, Orozco pintava a "Agonia da revolução",[6] representando verdades negras da "farsa, drama e barbaridade".[7] Uma discordância básica quanto à condição humana dividiu estes artistas, também em relação às expectativas do Ensino da Arte revolucionário.

As Escuelas de Pintura al Aire Libre se multiplicaram principalmente entre 1920 e 1925, criando-se, quando já era reitor Alfonso Pruneda, as de Xochimilco, Tlalpan e Guadalupe Hidalgo. Como em 1925 já estava ativa a de Churubusco, ao todo, no fim dos anos 1920, havia 5 *Escuelas* na capital e 3 no interior: Taxco, Cholula e Michoacan, e vários Centros Populares de Pintura com metodologia semelhante às das Escuelas de Pintura al Aire Libre.

Gabriel Fernández Ledesma e Francisco Diaz de León conceberam o projeto de uma revista para a intercâmbio e comunicação entre as *Escuelas* e os Centros Populares que se chamou *El Tlacuache, Cuaderno de las Escuelas de Pintura al Aire Libre*, mas apenas um número foi editado.

Uma pesquisa em 1926 mostrou que todos os alunos de Xochimilco eram indígenas, em Tlalpan 70% eram indígenas e os outros *criollos* ou mestiços. Em Guadalupe Hidalgo e Churubusco a percentagem era 50% indígenas e 50% mestiços e brancos. O sucesso das mulheres foi ressaltado pela crítica que dizia ser "entendível" o progresso que faziam, pois se tratava de um tipo de arte baseado na sensibilidade interior, qualidade que era atribuída às mulheres naquele tempo.

Em 1926, depois do polêmico sucesso de uma exposição dos alunos das Escuelas de Pintura al Aire Libre no México, o professor Alfredo Ramos Martinez, diretor da Academia e responsável pelo projeto das *Escuelas*, conseguiu organizar um programa de exposições na Europa

---

5. Krause, Enrique. *Biography of power*: a history of modern Mexico (1810-1996). New York: Harper Collins Publishers, 1997. p. 486.

6. Ibidem, p. 488.

7. Idem, ibidem.

com a ajuda do Embaixador do México em Paris, o prestigiado escritor Alfonso Reyes, que posteriormente foi embaixador no Brasil e amigo de Portinari, Ismael Nery e de muitos escritores do Segundo Momento Modernista como Manuel Bandeira, Cecília Meireles, Murilo Mendes etc.

Muitas obras levadas para a Europa foram publicadas no catálogo intitulado *Monografía de las Escuelas de Pintura al Aire Libre*,[8] em 1926. Parece que a escolha das obras procurou corresponder aos cânones expressionistas dos Europeus, com alguns exemplos pré-cubistas também, pois diferem bastante dos padrões contaminados pela visualidade popular das obras de outros estudantes das Escuelas de Pintura al Aire Libre publicadas no *Manual* de Best Maugard.

**Figura 8**
*La Plaza*, Juan Soto, óleo s/tela.
Fonte: Catálogo *Monografía de las Escuelas de Pintura al Aire Libre*. Catálogo México, 1926.

---

8. *Monografía de las Escuelas de Pintura al Aire Libre*. Catálogo México, 1926.

**Figura 9**
*Basílica*, P. M., 12 anos, aquarela.
*Fonte: Monografía de las Escuelas de Pintura al Aire Libre*. Catálogo México, 1926.

**Figura 10**
*Tepeyac*, R. J., óleo s/tela.
*Fonte: Monografía de las Escuelas de Pintura al Aire Libre*. Catálogo México, 1926.

**Figura 11**
Trabalho de aluno publicado no *Manual* de Best Maugard.
*Fonte*: *Manuales y tratados: metodo de dibujo*, 1923.

**Figura 12**
Trabalho baseado nos sete elementos primários de arte mexicana determinados por Maugard.
*Fonte*: SEP/INBA, 1982.

**Figura 13**
Trabalho de aluno publicado no *Manual* de Best Maugard.
*Fonte: Manuales y tratados: metodo de dibujo,* 1923.

A preocupação em comprovar para o leitor a diversidade racial e social dos alunos das *Escuelas* se revela no partido editorial da *Monografía*, que exibe para cada obra a foto da criança ou adolescente que a produziu e uma informação sobre a profissão dos pais.

**Figura 14**
P. O. 14 anos. Filho de cabeleireiro. Aparenta ser de descendência indígena.
*Fonte*: SEP/INBA, 1982.

ONAS ORDOÑEZ. Edad: 14 años; nació en Xochimilco, barrio de la Asunción. Sus padres: Pedro Ordóñez y Sra. Nicolasa Toblana de Ordóñez. Fecha de inscripción en 1. Escuela, 10 de abril de 1925. Ocupación de sus padres: agricultores.

**Figura 15**
J. O., 14 anos, filho de agricultores.
Aparenta ser de descendência indígena. Agricultor era a designação politicamente correta para camponeses.
Fonte: *Monografía de las Escuelas de Pintura al Aire Libre*. Catálogo México, 1926.

*La Huerta*  OLEO

AROLINA TREVIÑO. Edad: 22 años; nació en Monterrey. Sus padres: Ernesto Treviño y María Cantú. Ocupación de su padre, abogado. Fecha de inscripción, abril de 1923.

**Figura 16**
Carolina Treviño, 22 anos. Aparenta ser de descendência europeia. O pai era advogado, e como não consta a profissão da mãe devia ser dona de casa.
Fonte: *Monografía de las Escuelas de Pintura al Aire Libre.* Catálogo México, 1926.

**Figura 17**
*Fonte: Monografía de las Escuelas de Pintura al Aire Libre.* Catálogo México, 1926.

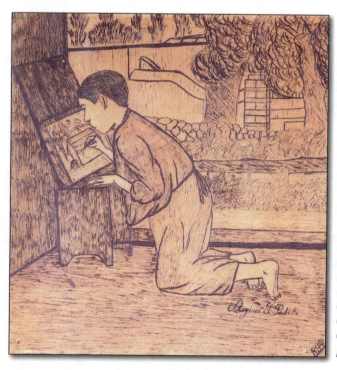

**Figura 18**
*Niño que pinta*. Regino Padilla. Escuela de Pintura Al Aire Libre de Tlalpan. O método educativo consistia em fazer a criança se identificar com sua própria maneira de viver, resgatando os valores estéticos do povo [legenda original da imagem].
*Fonte*: SEP/INBA, 1982.

O catálogo era um documento comprobatório de que havia igualdade de gênero, de raça e de classe nas Escuelas de Pintura al Aire Libre. Coroando estas informações, a foto anterior mostra uma criança de pés descalços. Entretanto, a criança não parece participante, mas observadora. Todavia, na Figura 18, a criança se desenha desenhando e está de pés descalços. Esta imagem é mais convincente para comprovar que as Escuelas de Pintura al Aire Libre eram para todos e nenhum aluno, mesmo sem sapatos, era discriminado ou rejeitado.

Pouco se sabe da recepção da exposição em Berlim. Mesmo Francisco Diaz de Leon, ex-diretor da Escuela de Tlalpan, em seu ensaio no catálogo da exposição re-avaliativa de 1965, nada nos informa a respeito. Mas, graças às cartas de Alfonso Reyes ao Ministério, sabe-se que em Paris o sucesso foi enorme gerando muitos artigos críticos, e que o próprio Picasso ajudou Ramos Martinez a montar a exposição. Depois de Paris, Alfonso Reyes veio como Embaixador para o Brasil. Segundo Laura Matute, a pesquisadora que mais se aprofundou sobre as Escuelas de Pintura al Aire Libre, o sucesso em Madrid foi ainda maior. Entre os jornais que comentaram a exposição ela cita: *El A. B. C.*, *El Socialista*, *El Imparcial*, *La Libertad*, *La Nación*, *La Gaceta Literária* e *La Voz*, com artigos assinados por conhecidos críticos de arte daquele tempo, como José Francês e Gabriel Garcia Moroto.

Alfredo Ramos Martinez voltou realizado ao México. Embora não fosse um teórico, nem um grande artista, era um homem de inteligência e cultura híbrida geral muito vasta, e respeitado por seus contemporâneos. É referido até hoje pelos historiadores e críticos como uma das figuras mais influentes na modernização das instituições artísticas do México.

Em geral, nos países colonizados culturalmente, sucesso lá fora significa sucesso em casa. Muitos escritores e artistas latino-americanos tiveram que fazer sucesso primeiro nos países colonizadores, como Jorge Luiz Borges, Julio Cortázar, Gabriel García Marquez, Sebastião Salgado, Frida Khalo, Maria Isquerdo. Mas muitas vezes nem o sucesso lá fora garante respeito; antes, pelo contrário, gera uma inveja destruidora. A frase popular "isto é coisa para inglês ver" é uma faca de dois gumes. Tende ao anticolonialismo, por expressar que nem sempre o que é bom para o colonizador é bom no país colonizado de origem, e nos dá a impressão otimista de que temos o poder de enganar o colonizador, mas o pior é que também pode ser usada destrutivamente, quando a crítica dominante de um país colonizado quer desmentir o valor atribuído a alguma obra nos países desenvolvidos. É o caso de Sebastião Salgado hoje no Brasil. Considerado um grande artista, sua obra vem sendo estudada em teses e cursos nas universidades americanas e japonesas, mas no Brasil a crítica hegemônica procura ignorá-lo ou dizer que ele é somente um bom fotógrafo documental, mas não um artista, ou, o que é pior, analisam apenas os aspectos formais de sua obra como luz, teatralidade, claro, escuro etc., sem fazer nenhuma referência aos conteúdos aos temas sempre engajados, como a vida dos trabalhadores, o destino das crianças abandonadas ou a luta pela terra. Quando em um curso que dei na The Ohio State University nos Estados Unidos, discutimos a obra de Salgado, uma jovem japonesa, estudante de doutorado, me disse que um crítico brasileiro, a quem foi pedir informações sobre a recepção crítica de Sebastião Salgado no Brasil, respondeu que entre nós seu trabalho tinha interesse apenas para jornais e revistas de grande circulação, e que só o primeiro mundo, por estar sedento da miséria do Terceiro Mundo, o considerava como artista, "era artista para inglês ver".

No México de 1925 e 1926, quando as exposições mexicanas e europeias tiveram lugar, alguma coesão das esquerdas e dos intelectuais, que foi conseguida com a revolução de 1910, já havia se esgarçado.

Os próprios modernistas e os muralistas que emergiram do movimento pela popularização das Artes fizeram das Escolas de Pintura al Aire Libre um pomo de discórdia, alguns para se arrependerem depois, como Carlos Merida, que escreveu, em 30 de agosto de 1925, um artigo na *Revista de Revistas* com o título "Juicio critico de la Exposición de Artes al Aire Libre",[9] acerca da exposição mexicana, na qual discorda de quase tudo, e só elogia o fato de algumas obras refletirem a arte popular.

---

9. Merida, Carlos. Juicio critico de la Exposición de Artes al Aire Libre. *Revista das Revistas*, 30 ago. 1925.

Entretanto, poucos anos depois, no início dos anos 1930, expôs, com certo alarde, obras dos alunos da Escuela de Tlalpan na Galeria por ele dirigida. No artigo de 1925, critica principalmente o desencontro entre a propaganda que fazia Ramos Martinez, dos métodos de liberdade de expressão, com a visualidade da produção apresentada que, segundo ele, revelava critérios impostos pelo professor.

Este é um ponto nevrálgico da campanha das Escuelas de Pintura al Aire Libre e do ensino modernista da Arte em geral. Mesmo os criadores das *Escuelas* e seus maiores defensores embarcaram no discurso modernista do ensino da arte afirmando, embora não fosse inteiramente verdade, a absoluta liberdade de expressão, dizendo que "os alunos pintavam o que queriam como o vissem e seguindo as técnicas de colorido que mais lhe agradassem".[10] Procuraram esconder os objetivos culturais e os procedimentos técnicos que estimulavam os alunos em direção a uma leitura cultural, cerne do método de Best Maugard usado nas Escuelas de Pintura al Aire Libre e muito claramente demonstrado em seu livro de 1923, já citado.

O mesmo fizeram os críticos de Marion Richardson, evitando demonstrar que ela, a partir de certo momento que ainda não consegui precisar, passou a integrar os exercícios de padrões caligráficos com a pintura.

Também o artista Franz Cizek passou para a história como aquele que apresentou ao Conselho de Educação de Viena, como projeto para conseguir verbas para sua escola, apenas a frase: "Deixar que as crianças cresçam, se desenvolvam e amadureçam". Esta frase, símbolo de liberdade absoluta, se tornou o moto da pedagogia modernista da Arte, mas hoje sabemos que os alunos de Cizek faziam exercícios de elementos de design, o que resultava em obras infantis pouco espontâneas, porém bem estruturadas, organizadas, parecendo boas ilustrações de livros infantis, algumas com influência não só do expressionismo do mestre, mas até de certo *art déco* que entusiasmava a Viena da época.

---

10. Matute, Laura. *Escuelas de Pintura al Aire Libre y Centros Populares de Pintura*. Tese (Licenciatura) — Departamento de História da UNAM, México: INBA, 1987. p. 80, posteriormente publicada pelo INBA em livro com o mesmo título.

O resultado é que enunciados pouco claros por parte dos defensores das *Escuelas*, um marketing idealizado, o desprezo dos artistas e campanhas destrutivas pouco honestas, levaram à manipulação política das Escuelas de Pintura al Aire Libre. Em 1932, numa destas negociações administrativas do Estado, o "ogro" filantrópico do México, como dizia Octávio Paz, as Escuelas de Pintura al Aire Libre passaram da esfera da universidade para o domínio direto do Instituto de Belas Artes, sendo submetidas ao currículo vigente nas outras escolas, perdendo-se portanto o caráter experimental que possibilitou seu sucesso.

Na reunião do Conselho que decidiu submeter às *Escuelas* à norma geral, a única voz a se levantar contra esta solução foi a do Conselheiro e artista Rufino Tamayo. Como ex-aluno e ex-professor das Escuelas de Pintura al Aire Libre, demonstrou uma fidelidade admirável.

É doloroso notar a perversidade destrutiva da intelectualidade em países do Terceiro Mundo. Enquanto na Europa e nos Estados Unidos os artistas e críticos modernistas das duas primeiras décadas do século XX usaram a arte das crianças, sua espontaneidade para a construção visual como propaganda da Arte Moderna, como argumento comprovante da legitimidade da forma espontânea, divulgando, defendendo e mesmo protegendo as primeiras experiências modernistas de ensino da arte para crianças e adolescentes em seus países, no México a experiência mais avançada do ponto de vista político, social, cultural e mesmo formal foi destruída por arrufos entre artistas e prepotência de críticos.

Na Inglaterra, Marion Richardson teve o suporte de Roger Fry, Herbert Read, Clive Bell, Vanessa Bell e até, posteriormente, já em 1934, de Kenneth Clark. Mesmo nos primeiros anos de seu trabalho (1919) suas alunas tinham seus trabalhos exibidos em importantes galerias ao lado de exposições de artistas importantes, como Larionow. Nenhuma ação destruidora foi perpetrada contra Marion Richardson por seus contemporâneos, e ela é até hoje comemorada.

Os arte/educadores dos países colonizadores tiveram o apoio dos artistas e críticos pelo menos para as duas grandes mudanças de paradigma do nosso século, o Modernismo e o pós-Modernismo, enquanto nos países colonizados os arte/educadores, além de serem considerados, pelo mundo das artes, como intelectuais de segunda categoria, foram combatidos quando tentaram reformular o ensino acadêmico, mimético em um ensino modernista, e estão agora sendo combatidos pelo esforço em atualizar o ensino modernista tornando-o contemporâneo, ou pós-moderno. O interessante é que os esforços dos arte/educadores modernistas não foram combatidos por conservadores, mas por artistas e críticos modernistas, como no caso do México. As avançadas experiências educacionais modernistas mexicanas, que já apontavam para a compreensão cultural e a multiculturalidade, valores defendidos quase setenta anos depois pela pós-modernidade, foram injustamente criticadas e desprestigiadas por artistas como Carlos Merida e Orozco, além de críticos como Raziel Cabildo, Ortega, e até posteriormente Raquel Tibol[11] e Raul Flores Guerrero.

Os mais agressivos destruidores das Escuelas de Pintura al Aire Libre assim agiram por razões mesquinhamente pessoais, como Raziel Cabildo que, aluno da Academia de São Carlos em 1911, participou da greve e se autointitulava precursor da corrente nacionalista. Como esse título estivesse sendo atribuído a Ramos Martinez por seus contemporâneos, Cabildo, para se afirmar, procurou destruir Ramos Martinez e sua obra mais importante: as Escuelas de Pintura al Aire Libre.

O pior é que uns criticaram as *Escuelas* por não serem tão livres quanto deveriam (Carlos Merida), e outros por serem livres demais (Raziel e posteriormente Tibol e Guerrero).

Ironicamente, as Escuelas de Pintura al Aire Libre do México, o movimento modernista de ensino da Arte, que mais se aproxima dos valores defendidos para o ensino da arte hoje na pós-modernidade, isto é, arte como expressão e cultura, foi interrompido no seu início e varrido dos livros de História do Ensino da Arte. Mesmo no México, somente Laura Matute e Francisco Reyes Palma tiveram interesse em estudar as Escuelas de Pintura al Aire Libre do ponto de vista da metodologia do ensino da Arte.

---

11. Para Raquel Tibol, a Escuela de Pintura al Aire Libre "fue un taller de improvisación sin disciplina ni programa viceado de espontaniedad y autodidactismo y, consecuentemente, retardatario para la definicion profesional del artista". Agrega "sembró inquietudes estéticas, fervor creativo y rompió el cerco de la academia popularizándola" (Idem, p. 37).

**Figura 19**
A decoração da escola, tanto urbana quanto rural, foi um dos princípios da escola do trabalho; aqui os alunos da Escola República Argentina [legenda original].
*Fonte*: SEP/INBA, 1982.

As Escuelas de Pintura al Aire Libre do México foram destruídas, mas a sua influência nas escolas comuns do México foi grande, como podemos ver na foto anterior dos anos 1930.

Enquanto tudo isso acontecia no México, no Peru tivemos um movimento em direção da nacionalização do ensino da Arte potencializado por Elena Izcue, peruana que viveu o fim do século XIX em Paris, foi designer da Casa Worth na França, tendo feito várias exposições em Nova York.

**Figura 20**
Elena Izcue (1889-1970).
*Fonte*: Majluf e Wuffarden, 1999.

Seu trabalho em estamparia de tecidos, em tapeçaria e no design gráfico de embalagens era baseado na iconografia indígena peruana.

**Figura 21**
*Fonte*: Majluf e Wuffarden, s/d.

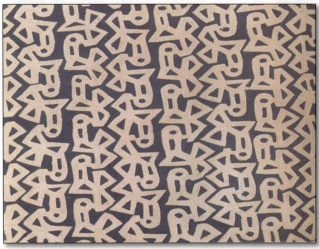

**Figura 22**
*Fonte*: Majluf e Wuffarden, 1999.

Já no design dos vidros de perfume se apoiava nas correntes *art déco*.

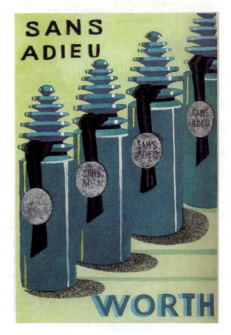

**Figura 23**
Vidros de perfume em que predomina o *design art deco*.
Fonte: Majluf e Wuffarden, 1999.

De volta ao Peru, fugindo da guerra na Europa, não encontra oportunidades na incipiente indústria peruana e se dedica inteiramente ao ensino. Escreveu vários livros, inclusive didáticos para o ensino primário.

**Figura 24**
Livros didáticos escritos por Elena Izcue para o ensino primário. *El Arte Peruano en la Escuela*, 1926 (capa). Prólogo de Ventura García Calderón. Textos de Rafael Larco Herrera.
*Fonte*: Majluf e Wuffarden, 1999.

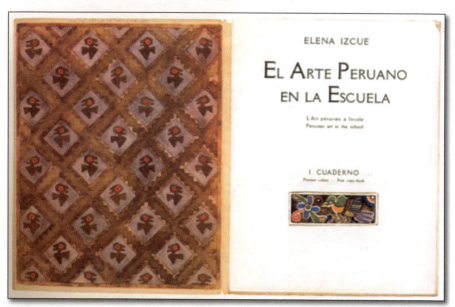

**Figura 25**
Livros didáticos escritos por Elena Izcue para o ensino primário. *El Arte Peruano en la Escuela*, 1926 (folha de rosto).
*Fonte*: Majluf e Wuffarden, 1999.

**Figura 26**
Páginas do livro *El Arte Peruano em La Escuela*, 1926. v. 2. p. 8.
*Fonte*: Majluf e Wuffarden, 1999.

**Figura 27**
Páginas do livro *El Arte Peruano em La Escuela*, 1926. v. 2. p. 8.
*Fonte*: Majluf e Wuffarden, 1999.

**Figura 28**
Páginas do livro *El Arte Peruano em La Escuela*, 1926. v. 2. p. 8.
*Fonte*: Majluf e Wuffarden, 1999.

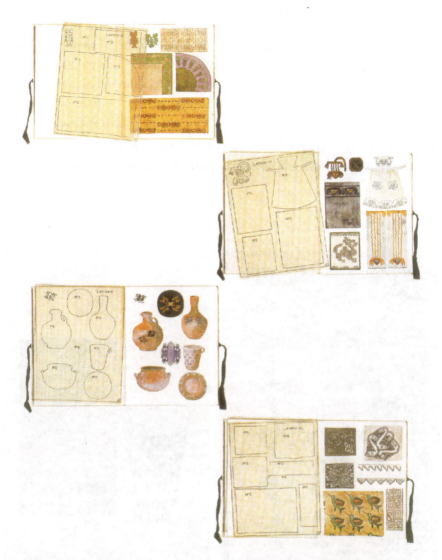

**Figura 29**

Páginas do livro *El Arte Peruano en La Escuela* (1926, v. 2) no qual apresenta projetos já mais avançados de aplicação dos motivos peruanos aprendidos através do desenho, aplicado a roupa, cerâmica e outros objetos úteis. Trata-se, portanto, de uma introdução ao design de moda comprometido com o design decorativo peruano. Elena Izcue escreveu um terceiro volume didático que tratava exclusivamente da aplicação de desenhos incaicos às artes úteis, mas nunca foi publicado. Em uma carta a Rafael Larco Herrera, Thomas A. Joyce, do Museu Britânico, expressava seus temores de que o alto custo da impressão deste volume, concebido em formato maior, impedira a sua publicação.

Fonte: Majluf e Wuffarden, 1999.

Defende a ideia de que é necessário difundir a arte indígena peruana através do ensino. Seu projeto de uma Escola de Design é muito peculiar no que diz respeito à aliança entre ideias nacionalistas e apropriação de valores formais do código europeu, além da exploração das mais novas técnicas de impressão da época. Ela inter-relacionava a cultura visual peruana com o *art nouveau* e o *art déco* franceses.

Sistemática análoga foi operada por Theodoro Braga, associando a cultura visual francesa e a brasileira, especialmente a marajoara.

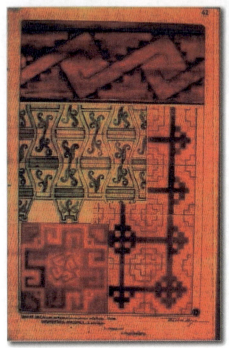 

THEODORO BRAGA. A planta brasileira, 1905 [Motivos indígenas e aplicações 42] vaso de louça, madeira entalhada, friso, indumentária amazônica, azulejos, mosaicos, marchetaria. *Fonte*: Biblioteca Mário de Andrade

THEODORO BRAGA. A planta brasileira, 1905 [Motivos indígenas e aplicações 40] arte decorativa brasílica (Cerâmica indígena – Ilha do Marajó) pente, mosaico, tapete. *Fonte*: Biblioteca Mário de Andrade

**Figura 30**
*Fonte*: Coelho, 2009.

Braga estudou na França, e foi um professor incansável na condenação à cópia e na defesa dos motivos brasileiros. Ensinou no Pará, onde nasceu, no Rio de Janeiro e em São Paulo, onde teve enorme sucesso na Escola Brasileira de Arte, criada em 1929. Trata-se da primeira escola de arte para crianças numa rede pública de ensino no Brasil, financiada em parte por D. Isabel Von Ihering, que presidia A Tarde da Criança, entidade cultural filantrópica. A criação da Escola foi um projeto e um sonho da professora D. Sebastiana Teixeira de Carvalho, acalentado por doze anos. Esta professora conhecia o que havia de melhor na educação da época, de Clapárède a John Dewey.

Sua filha, Susana Rodrigues, posteriormente fundou o primeiro atelier para crianças em um museu brasileiro, no MASP, em 1948. Foi, portanto, sogra de Augusto Rodrigues, que com a artista e educadora americana Margaret Spencer criou, também em 1948, meses depois da criação do Centro Juvenil do MASP, a Escolinha de Arte do Brasil, célula inicial do movimento Escolinhas de Arte, que considero a primeira institucionalização do ensino modernista de Arte em nosso país, não a primeira experiência modernista de arte/educação.

A Escola Brasileira de Arte foi onde Theodoro Braga pôde livremente experimentar sua metodologia.

Contudo, considero Elena Izcue e Theodoro Braga como pré-modernistas. A primeira por insistir em levar os alunos a copiarem padrões simplificados da cultura visual peruana e o último por aceitar apenas alunos que passassem em uma prova de desenho. A cópia não era aceita pelo ideário modernista, que pregava a ideia de educação artística para todos, não apenas para os bem dotados. Para o Modernismo, todos eram capazes de criar.

É de Theodoro Braga o texto mais enfático que encontrei na imprensa dos anos 1920, a favor do nacionalismo no ensino da Arte e do Design. Note-se que foi publicado no *Diário Oficial da União*. Segue-se o texto na íntegra:

*Diário Oficial* — 1º de Janeiro de 1920

**NACIONALIZAÇÃO DA ARTE BRASILEIRA**
A rajada sanguinolenta que durante quatro anos devastou a Europa civilizada, envolvendo o mundo inteiro no espesso véu de luto, veio acordar,

sacudir do doce torpor em que vivia, desde as nossas vitórias contra o Paraguai, a alma nacional.

A integridade da Pátria ameaçada reuniu num só corpo todos os corpos brasileiros e por todo território nacional passou um arrepio de que a Pátria estava em perigo ao ser chamada a envolver-se na luta fratricida. E o patriotismo nacional despertou, arregimentou todos nós para essa suprema defesa.

Passou a rajada; vencemos moralmente o suposto nosso inimigo que, repelido, nem leve ousara magoar a nossa soberania nacional.

Voltamos à paz novamente, mas desta vez deixando ainda nos entorpecer por essa enganadora tranquilidade do comodismo improdutivo, permitindo assim que vitórias muito mais importantes e perigosas para nós sejam obtidas por estranhos do nosso país.

Entre os inúmeros campos de ação, descuidado como tem sido entre nós e para o qual deveríamos aproveitar esse abençoado patriótico que tão rapidamente nos sacudiu e despertou, um há onde, com os magníficos colaboradores que possuímos, poderíamos obter incessantes vitórias pacíficas e nobilíssimas — A Arte brasileira.

Para nacionalizá-la como se faz mister desde já, é preciso antes de tudo educar o nosso operariado do início de seus estudos.

Dois grandes e poderosos elementos de vitória possuímos como nenhum país possui, a inteligência do operário brasileiro e a riqueza inata dos motivos sobre os quais deve se expandir essa inteligência.

Para a consecução desse almejado fim — produzir arte nacional por artista nacional — basta que se orientem os intuitos profissionais de que o país está cheio, no rumo único e por cujo motivo foram eles criados.

Para esse desiderato de resultado eficiente mas de enérgico e contínuo labor ascensional, é necessário pôr-se de parte a anemia moral que infelizmente cerca e acaba por sufocar a vontade de quem trabalha.

A vida, tornando-se cada vez mais difícil, começou já a pertencer aos fortes de espírito. O indeciso, já pela sua ignorância, já por atavismo, tem forçosamente de ser posto à margem afim de não retardar a marcha dos que querem vencer.

A escola profissional não é nem um manicômio, nem uma correção. Para educar o espírito no exercício de uma nobre profissão liberal faz-se mister abolir o pieguismo e o afilhadismo.

Uma das condições básicas para a entrada nos institutos profissionais é que cada criança, que formará amanhã a independência de nossas obras artístico-industriais, é o diploma de seus estudos primários e a idade de 11 anos, gozando boa saúde; o contrário disto seria a perda de tempo em ensinar o que eles deveriam saber ao entrar, com a falta de vigor físico e iniciativa intelectual para facilitar a árdua tarefa do mestre no momento da aprendizagem do ofício.

Um instituto profissional é um curso superior de artes aplicadas.

Assim, essas condições básicas devem ser resolvidas com muita energia e categoria, impedindo assim que a clássica compaixão entibie o ânimo de quem dirige.

Já é tempo de cuidar-se do operário nacional; educá-lo a fim de que um dia a sua inteligência esteja dentro da sua obra e que este represente cousa de sua pátria; que ele execute o que o seu espírito inventou e que a habilidade de suas mãos responda à delicadeza de seu espírito criador.

Assim, em cada oficina deve haver uma escola de desenho especializada a cada ofício, sendo portanto o curso de desenho a base fundamental das oficinas.

Na idade inicial de 11 anos e guiado pelo mestre técnico, não com essa maneira criminosa, fria e apressada de quem cumpre um dever de funcionário público, mas com o interesse de ver o seu pupilo produzir, o educando não tardará em querer trabalhar, querer fazer aquilo que viu no seu cérebro e que, embora titubeante, grafou no papel em suas proporções e detalhes.

Nunca me foi difícil obter de meus discípulos aquilo que eu desejava que eles fizessem.

Viciados, escravizados pela sua própria ignorância, os nossos pobres operários nada produzem...; daí, a vida nula do grilheta acorrentado ao cérebro e este ao que eles chamam Catálogo, é por onde vive a vida artificial da cópia de modelos, os quais reproduz ignorantemente, sem espírito nem inteligência e, por isso mesmo, sem mínimo valor de arte.

E, entretanto, já era tempo de tê-la a nossa, a Arte Brasileira, inspirada na nossa flora esplendidamente bela e luxuriante e na nossa fauna exótica e ainda desconhecida, típica e extravagante, sem precisar de ir buscar motivos novos no infinito campo das combinações geométricas.

O diretor de um instituto profissional não deve ser apenas um burocrata administrador material do expediente de uma repartição pública, deve ser um técnico, que, estudando o caráter de cada educando, possa guiá-lo nas oficinas, explicando suas dúvidas.

A ele compete ensinar, dirigindo os principiantes, aperfeiçoando os adiantados, não permitindo senão originalidade nos desenhos das obras a executar, apurando o gosto de todos e aproveitando as aptidões e idiossincrasias pessoais; só assim, expurga a invasão do terrível mal que ainda nos atrofia o cérebro — as cópias dos catálogos estrangeiros — só assim poderemos iniciar a procura do nosso estilo nacional que os nossos silvícolas descobriram e que nós civilizados desconhecemos.

A grande Arte Nacional está entregue à Mocidade Brasileira, que saberá elevá-la ao supremo apogeu de Verdade e de Originalidade.

Falta-nos, pois, ainda, a nossa Arte aplicada; aos operários compete nacionalizá-la.

Entre os ofícios dos institutos profissionais faz-se imprescindível um curso completo de Arte Decorativa onde, melhor que em qualquer oficina, o motivo Brasileiro será magistralmente estudado e estilizado.

Para se chegar a este estado de perfeição e de independência, ao qual temos o direito e o dever de aspirar, faz-se preciso sacudir o pó das épocas atrasadas de colônia em que temos vivido; é necessário, pois, que cada um de nós seja Si Próprio.

A oficina transformar-se-á em uma ruidosa aula de desenho, onde se pense, se trace e se execute.

Nacionalizemos a nossa Arte Brasileira.

Os personagens deste capítulo viveram na mesma época, suas mentes foram informadas pela Europa. Estudaram, viveram ou visitaram a França e não há indícios de que tenham conhecido o trabalho uns dos outros.

- Best Maugard (1891-1964) — México
- Marion Richardson (1892-1946) — Inglaterra
- Elena Izcue (1889-1970) — Peru
- Theodoro Braga (1872-1953) — Brasil

Através destas experiências na América Latina, naquele momento, o interesse por motivos nacionais se impôs na moda e na decoração de interiores no Brasil, no México e no Peru. Seria isto reflexo dos programas formais europeus, que exploravam o exotismo das nações periféricas?

O que tínhamos? Nacionalismo? Apropriação da Apropriação feita pelos europeus da iconografia dita primitiva? Hibridismo? Está aberta a discussão.

## Referências

BARBOSA, Ana Mae. The Escuelas de Pintura al Aire Libre in Mexico: freedom, form and culture. In: _____. Studies in Art Education: a journal of issues and research. *Issue*, The Studies in Art Education Invited Lecture. New York, NAEA, n. 4, v. 42, p. 285-297, 2001.

_____. Escuelas al Aire Libre: sospechas de influencia y problemas concretos. In: INBA (Org.). *Escuelas de Pintura al Aire Libre*. México: INBA, 2014. p. 356-77.

_____. As Escuelas de Pintura al Aire Libre do México: liberdade, forma e cultura. In: PILLAR, Analice Dutra (Org.). *A educação do olhar no ensino das artes*. Porto Alegre: Mediação, 1999.

BOWE, Nicola Gordon. Art and the national dream: the search for vernacular expression. In: _____ (Org.). *Turn of century design*. Dublin: Irish Academic Press, 1993.

BRAGA, Theodoro. Nacionalização da arte brasileira. *Diário Oficial da União*, 1º jan. 1920.

COELHO, Edilson da Silva. *O nacionalismo em Theodoro Braga*. Tese (Doutorado) — Universidade Federal do Rio de Janeiro, Rio de Janeiro, 2009.

DANTO, Arthur. *Unnatural wonders*. New York: Farrar, Straus, Giroux, 2005.

KRAUSE, Enrique. *Biography of power*: a history of modern Mexico (1810-1996). New York: Harper Collins Publishers, 1997.

MAJLUF, Natalia; WUFFARDEN, Luis Eduardo. *Elena Izcue*: el arte precolombino en la vida moderna. Lima: Museo de Arte de Lima, 1999.

MATUTE, Laura. *Escuelas de Pintura al Aire Libre y Centros Populares de Pintura*. México: INBA, 1987.

_____. *Escuelas de Pintura al Aire Libre y Centros Populares de Pintura*. Tese (Licenciatura) — Departamento de História, UNAM, México, 1984.

MAUGARD, Adolf Best. *Manuales y tratados*: metodo de dibujo. México: Departamento Edictorial de la Secretaria de Educación, 1923.

MERIDA, Carlos. Juicio critico de la Exposición de Artes al Aire Libre. *Revista das Revistas*, 30 ago. 1925.

PALMA, Francisco Reyes. *Historia social de la educación artistica en Mexico*. México: INBA/SEP, 1984.

RICHARDSON, Marion. *Art and child*. London: University of London Press, 1948.

_____. *Writing & writing patterns*: in two sets of hinged cards A & B (five books of copies and a teacher's book). 2. ed. [1. ed. 1928] London: University of London Press, 1936.

## Obras consultadas

ALVAREZ, Edgar Llinás. *Revolución, educación y mexicanidad*. México: UNAM, 1978.

ARUNDEL, Honor. *La libertad en el arte*. 2. ed. México: Editorial Grijalbo, 1973. (Col. 70.)

BAR-LEWANO, Itzhok. *Introducción biografica a José Vasconcellos 1882-1959*. Madrid: Ediciones Latinoamericanas, 1965.

CABILDO, Raziel. La Academia no existe: un ciclo evolutivo de la pintura mexicana. *Revista de Revistas*, México, 27 jan. 1924.

CORDOVA, Arnaldo. *La ideología de la revolución mexicana*: la formación del régimen. 2. ed. México: Ediciones Era, El Hombre y su Tiempo/UNAM, 1973.

CORDOVA, Rafael Vera de. Ramos Martínez será un director estimable. *Nueva Era*, 27 nov. 1911.

DEBROISE, Olivier. *Figuras en el tropico*: plástica mexicana 1920-1940. México: Oceano, 1983.

FERNANDEZ, Justino. *El arte del siglo XIX en México*. 2. ed. México: Imprenta Universitaria, UNAM/Instituto de Investigaciones Estéticas, 1967.

FRANCO, Jean. *La cultura moderna en América Latina*. México: Joaquín Martiz, 1971.

GILLY, Adolfo. *La revolución interrumpida, México, 1910-1920*: una guerra campesina por la tierra y el poder. 4. ed. México, Ediciones El Caballito, 1974.

LEAL, Fernando. *El arte e los monstruos*. México: s/e., 1934-1938.

MAROTO, Gabriel Garcia. La revolución artística mexicana. *Forma*, México, v. 1, n. 4, p. 8-16, 1927.

MARTINEZ, Alfredo Ramos. Nueva orientación del arte nacional. *Revista Arquitectura*, México, maio 1922.

_____. Ideas generales sobre la evolución del arte en México. *Revista de Revistas*, 11 abr. 1926.

MENDONZA, Efrain Perez. El movimiento artístico llamado nacionalista. *Revista de Revistas*, p. 36-37, set. 1922.

_____. Ramos Martínez y la Escuela de Coyoacán. *Revista de Revistas*, p. 42-43, 25 fev. 1923.

MERIDA, Carlos. Juicio critico de la Exposición de Artes al Aire Libre. *Revista de Revistas*, México, p. 24, 30 ago. 1925.

MIOMANDRE, Francis de. *La nueva pintura mexicana*. Prefacio a la *Nueva Pintura Mexicana*. Obras de las Escuelas de Pintura al Aire Libre. Paris: Paris--América/Boulevard Poassonniere, 1926.

MUÑOZ, Romano. La labor en pro del arte mexicano. *Revista de Revistas*, Mexico, p. 41, 6 ago. 1922.

ORTEGA. Los jóvenes artistas guanajuatenses. *Revista de Revistas*, Mexico, 30 nov. 1922.

OROZCO, Jose Clemente. *Autobiografía*. México: Era, 1970.

PAZ, Octavio. *Los privilegios de la vista*: arte de México. Mexico: Fondo de Cultura Económica, 1987.

REYES, Victor. *Pedagogia del dibujo*: teoria y practica en la escuela primária. México: Porrúa, 1948.

SEP/INBA. *Historia del arte mexicano*. México: Salvat, 1982. (Fasc. 96 e 97.)

_____. *Monografía de las Escuelas de Pintura al Aire Libre*. Prólogo de Salvador Novo. México: Editorial Cultura, Secretaría de Educación Pública, 1926.

TIBOL, Raquel. *Historia general del arte mexicano*: epoca moderna y contemporánea. México: Editorial Hermes, 1969.

VALENCIA, Miguel Santiago. México en Paris: El Conflicto Religioso y un problema de arte. *El Universal*, México, ago. 1926.

WEST, Ruth Thoburn. *Jose Vasconcelos and his contributions to mexican public education*. Master's degree thesis at Graduate School of the University of Texas at Austin, Austin, 1951.

## Catálogos das exposições

INSTITUTO NACIONAL DE BELLAS ARTES. *Fernando Leal, Fundador y Disidente del Movimento Muralista de México*. Catálogo de exposição. Presentación de Antonio Rodriguez. México: Instituto Nacional de Bellas Artes y Literatura, abr. 1973.

_____. *Escuelas de Pintura al Aire Libre*. Catálogo de exposição. Presentación de Francisco Díaz de Léon. México: Museo del Palacio de Bellas Artes/ Instituto Nacional de Bellas Artes, nov. 1965.

MUSEO biblioteca pape. *Abraham Angel y su tiempo*, México: 1984-1985.

_____. *Escuelas de Pintura al Aire Libre y Centros Populares de Pintura*. México: ago./out 1977.

MUSEU DEL PALACIO NACIONAL DE BELLAS ARTES. *Homenaje al Movimiento de Escuelas de Pintura al Aire Libre*. Mexico: INBA, out./nov. 1981.

## Revistas e jornais com comentários sobre as Escuelas de Pintura al Aire Libre

*Revista Arquitectura*, México, 1922.

*El Demócrata*, México, 1911-1912.

*El Diario*, México, 1911-1912.

*Diorama de la Cultura*, suplemento cultural de Excelsior, México, 1978.

*Forma*, revista de artes plásticas, pintura, grabado, escultura, exposiciones populares, México, edición mensual patrocinada por la Secretaria de Educación Pública y la UNAM, director: Gabriel Fernández Ledesma; censor: Salvador Novo (7 números, out. 1926, set. 1927).

*El Imparcial*, México, 1911.

*Manifiestos Treintatrentistas* n. 5, sem data e com gravuras de Fernando Leal, Ramon de la Canal.

*¡30-30!*, organo de los pintores de México. México, 1928-1929.

*Nueva Era*. México, 1911.

*Revista de Revistas*. México 1913-1923.

*Revista L'ABC*. México, 1927.

*El Tlacuache*, cuaderno de las Escuelas de Pintura al Aire Libre. México, SEP, Departamento de Bellas Artes, n. 1, jun. 1931.

*El Universal*, México, 1926-1927.

## Pesquisa sobre as origens das Escuelas de Pintura al Aire Libre no *El Democrata*

"Se declaran en huelga los alumnos de Bellas Artes", jun. 1911.

"Juzgan al arquitecto Rivas Mercado, incompetente como director",

28 jul. 1911.

"Los alumnos huelguistas piden justicia, abrirán una exposición de arte", out. 19 de 1911.

"Academia de Bellas Artes", 3 nov. 1911.

"Director y Secretario de la Academia de San Carlos", nov. 1911.

"La Academia de Pintura y Escultura", 17 fev. 1912.

# 4

# Theodoro Braga e o ensino do Desenho:
## artigos de jornais

> "Nós transgredimos para insistir que nós somos, que nós existimos e estabelecer uma distância entre nós mesmos e a cultura dominante. Mas nós precisamos ir além — nós temos que ter uma ideia de como as coisas poderiam ser diferentes, de outra forma, a transgressão representa mera postura [narcisista]. Em outras palavras, a transgressão em si própria conduz eventualmente à entropia, a menos que carreguemos dentro de nós alguma ideia de transformação. Não é, portanto, a transgressão que deveria ser nosso lema, mas a transformação."
>
> **Elisabeth Wilson**

**Como já disse**, o interesse deste livro está centrado na primeira fase de Modernização do ensino da Arte e do Desenho (1920 a 1950), da qual participou ativamente Theodoro Braga escrevendo sobre o assunto, discutindo exaustivamente e dando aulas. Na legislação oficial se falava somente de ensino do Desenho, assim como nos livros didáticos e nas polêmicas em jornais, embora se introduzissem alguns elementos de desenho artístico, como costumavam chamar. A fonte de minhas pesquisas são os jornais da época, todos muito voltados para a divulgação das conquistas educacionais, principalmente até 1937. Com o Estado Novo diminuiu a atenção dada pelos jornais à Educação, mas mesmo assim era muito maior que hoje, quando as matérias dos jornais sobre educação só entram em pauta quando há uma tragédia ou quando se quer eleger ou destruir políticos. Elogios só são feitos a projetos de Fundações ou Institutos privados que têm importantes assessorias de imprensa, ou escritórios de relações públicas para divulgá-las e/ou fazer as suas imagens.

Neste texto tratarei apenas de Theodoro Braga polemista, como lutador incansável em prol do Desenho na Educação e de métodos não reprodutivos para seu ensino. Ele estudou Direito e advogou em defesa do Ensino inventivo do Desenho por toda sua vida. Por acaso, eu também estudei Direito e sempre me empenhei pelo exercício da liberdade política, artística e interpretativa. Um ponto comum entre nós é o desejo de convencer o interlocutor. Talvez por isso tenha escolhido submeter ao leitor esta forma de apresentar o relato, encadeando as notícias de jornais e revistas na íntegra. Será que assim o leitor se sente mais a vontade para estabelecer relações com sua própria área de interesses? Será que este modo de apresentar o relato torna a História mais viva? Os artigos de Theodoro Braga me conquistaram não só pelas ideias, mas também pela perfeita articulação e elegância da linguagem, contrastando algumas vezes com metáforas agressivas e argumentos acusatórios demolidores. Não poderia simplesmente parafrasear suas ideias e privar o leitor de curtir os contrastes de linguagem que caracterizam seus escritos polêmicos.

Theodoro Braga era uma das figuras proeminentes dentre os artistas, professores de Desenho/Design dos anos 1920 e 1930.

Ele foi um dos mais assíduos e veementes batalhadores contra o ensino do Desenho baseado em cópia. Introduziu o desenho simplificado de formas da natureza, estabelecendo nas escolas a metodologia *art nouveau* de desenho que aprendeu na Europa, recomendando sua aplicação na decoração e nas artes gráficas, porém com motivos nacionais.

Podemos considerar um caso de antropofagia cultural ou hibridismo *avant la lettre*.

Sua biografia foi bem traçada no artigo não assinado:

*O Estado de S. Paulo* — 13 de setembro de 1925
**ARTES E ARTISTAS: THEODORO BRAGA**
O sr. Theodoro Braga constitui um caso bem característico de vocação artística. Filho de um desembargador, estava escrito que havia de ser bacharel. E lá foi para o Recife, onde desejoso de cumprir determinação paterna, fez em 4 os 5 anos do curso. Mas, a sua aspiração absorvente era a pintura e não podendo realiza-la conseguiu durante o curso de Direito estudar, à noite, o desenho. O mestre era um marceneiro inteligente e hábil,[1] porém, dentro de pouco tempo, o progresso do discípulo já existia mais do que lhe podia dar a capacidade limitada do professor. Todavia esse contato com o artista e a oficina só lhe foi útil e talvez lhe desse a primeira noção da função social da arte que depois o havia de empolgar.

Eis o nosso jovem patrício bacharel formado. Estava satisfeito o voto do desembargador seu pai. Era preciso cuidar da vida. Um colega faz-lhe sedutor convite para trabalhar no Rio. Meio sonho realizado. O Rio, a Escola Nacional de Belas Artes, a convivência dos grandes artistas. Não havia hesitação possível.

A realidade, porém, era outra. O convite, traduzido em fato era nada menos do que a chamada "advocacia de porta de xadrez", uma sórdida transação entre autoridade e o causídico. Revoltou-se a consciência do jovem bacharel. Abandonou a carreira que adotara forçado e matriculou-se na Escola de Belas Artes. Como prover a subsistência? Só pelo jornal... Um modesto lugar na revisão do *Jornal do Comércio* e estava assegurada ao menos parca alimentação.

O curso da Escola de Belas Artes foi uma série de distinções. Discípulo de pintura de Henrique Bernardelli, não demorou que em concurso lhe coubesse o prêmio de viagem. Cinco anos de Europa em estudos acurados e profundos. Volta ao Rio com a imaginação povoada de sonhos. No Rio, como agora, ou mais do que agora, dominavam os corrilhos artísticos,

---

1. Seus biógrafos dizem que foi aluno de Teles Junior no Recife, um paisagista, cujas obras até hoje têm bom mercado na cidade.

as *cocteries* demolidoras... Sentindo a hostilidade do meio abalou para o Pará, seu berço.

Filho do Pará, Theodoro Braga abriu os olhos num cenário grandioso e imponente, onde a fauna e a flora esplendem nas formas mais ricas e variadas. A sua capacidade artística podia expandir-se em todos os gêneros e de fato perfeccionou a paisagem, o retrato, a pintura histórica. Apaixonado pela sua província e sempre inspirado por um ideal patriótico, tudo que se relacionava com o seu meio lhe despertava a curiosidade multiforme. A história, a arqueologia, as ciências naturais da Amazônia, ocupavam-lhe a mente em constante elaboração. O artista defrontava, ainda na sua quase pureza original, a influência lusitana de um lado e de outro a indígena, nas suas mais características manifestações. O artífice do Recife, com o cérebro enriquecido pelas noções de filosofia e de sociologia que bebera na Faculdade de Direito, e com a mestria do desenho, transformou-se, ao contato desse ambiente, no artista decorador de aguda intuição e vivo sentimento patriótico. Abriu-se-lhe, em larga visão, a função nacional e social da arte, a sua alta finalidade humana como elemento e manifestação da cultura. E, então, com uma inspiração artística notável e um raro senso lógico, iniciou a sua criação de uma arte decorativa brasileira baseada nos motivos da nossa flora e da nossa fauna. Dissemos criação porque não conhecemos iniciativa alguma deste gênero. Posterior seguramente a essa só vimos um pequeno esforço de um homem de fino gosto e inteligente negociante, o Sr. Luiz Resende, do Rio, que mandou fazer em prata a reprodução fiel da cerâmica dos índios Marajó.

Mas o trabalho do Sr. Theodoro Braga, além de original, é um esforço formidável, que conta mais de vinte anos de atividade, indefesa em meio hostil e abrange desde o trabalho inicial da criação artística até o campo pedagógico. Documenta-o de forma eloquente e convincente a sua atual exposição na Galeria Jorge. Aceitando o princípio de que a arte verdadeiramente nacional deve manifestar-se da bilha e do púcaro de barro até o vaso de cristal e a joia cinzelada ou os grandes painéis decorativos, o nosso provecto artista multiplicou-se no aproveitamento dos modelos da flora, da fauna e dos motivos dos nossos índios para os mais variados fins. Azulejos, mosaicos, entalhe de madeira, arquitetura, rendas, tecidos, tapetes etc. Por isso a sua exposição, interessando a todo homem de gosto, não pode escapar aos arquitetos, professores, industriais, artífices, a todos, enfim que concorrem para embelecer a casa e a cidade.

Que costureira ou dama elegante não se entusiasmará, diante daquele tecido de puro desenho indígena, com cores naturais, que desafia na beleza das linhas e da composição?[2]

Na pintura histórica a qual se refere o articulista, Theodoro Braga atingiu o ponto alto na obra "A Fundação da Cidade de Belém". Uma exposição sobre esta obra foi cuidadosamente organizada e apresentada nos anos 2005 a 2009 no Museu de Arte de Belém. A exposição muito bem contextualizada historicamente era um exemplo de respeito ao público, pois não ditava interpretações, mas esclarecia os modos de produção e a origem das imagens.

Não só o ensino do desenho, mas o próprio Theodoro Braga tinha enorme espaço nos jornais da época. Ele escrevia frequentemente em revistas e jornais. Era um polemista exímio, o que provavelmente foi exercitado na lida com o Direito no início de sua vida adulta. Tudo que escrevia repercutia na imprensa. Sua ligação com a imprensa foi tão significativa que doou parte de seus arquivos ao jornal *O Estado de S. Paulo*. Sua recepção nos meios culturais era ressoante. Em seu arquivo encontrei essa minientrevista publicada em uma revista norte-americana. O recorte era identificado somente com o nome do jornalista, Douglas O. Naylor, da revista *Brazilian American*,[3] e pela data de 1922, o ano da Semana de Arte Moderna de São Paulo, para onde ele se mudou em 1921, dizem as biografias que dele consultei em museus e nos Arquivos do Itaú Cultural. Em alguns dos textos de jornais aqui apresentados datados de 1925 fala-se, e ele próprio fala, em estar em São Paulo em viagem. Em 1924 foi diretor

---

2. Artes e artistas. *O Estado de S. Paulo*, São Paulo, 13 set. 1925.

3. Anos depois, o número de 9 de dezembro de 1939 da revista *Brasilian American* foi dedicado ao Estado do Pará, mas traz apenas imagens de cenas tropicais, do Círio de Nazaré, do Teatro Municipal e muita publicidade de empresas de navegação, como a Sprague SS Line, e a Syosen Kaisya, para o Japão, Los Angeles e Panamá e a Republic Line. Só há dois anúncios coloridos, em preto branco e vermelho, que são da Loteria Federal e da Panair — que é lindo, ambos são de página inteira. Muitos hotéis são anunciados, como o Excelcior em Fortaleza, o Esplanada em São Paulo e o Luxor no Rio. A revista, entre 1922 e 1939, tornou-se mais comercial. De cultura, no número de 1939, só há referência ao Museu Goeldi, com reprodução de algumas cerâmicas do acervo. O público da revista era o estrangeiro no Brasil. Um anúncio da Leiteria Hollandeza era dirigido explicitamente para *Foreign Residents in Rio* (State of Pará issue, 1939).

interino do Instituto Profissional João Alfredo no Rio de Janeiro. Certeza mesmo eu tenho de que em 1929 ele vivia em São Paulo e construiu sua famosa casa marajoara que está preservada até hoje. Mas não estou fazendo um texto biográfico sobre ele. Claro que sua vida interessa muito para esclarecer suas ideias sobre ensino do Desenho.

Note-se que o articulista usa para definir a atividade de Braga a expressão "Decorative Design". Naylor intitulou a entrevista como "The New Brazilian Decorative Moviment", apresentava pranchas de desenhos de Braga e alertava o leitor quanto à proibição de sua reprodução. Portanto, já em 1922, ele era reconhecido como *designer* por um jornalista de um país, os EUA, onde o *design* era valorizado e tinha estabelecido um sistema para seu ensino pelo menos em Massachusetts.

Eis o texto:

*Brazilian American* — 25 de janeiro de 1922

**THE NEW BRAZILIAN DECORATIVE MOVEMENT**
Theodoro Braga has been teaching his theory of decorative design since 1905.
"The idea came to me when I was in Europe", he said. The National School of Art sent me there to study in the technical institutes of the various countries [...] won the "prêmio viagem". I found different ways of teaching, original ideas, new adaptations of types, national movements of various kinds. Brazilian artists were habitually using lions, cherubs, and [...] columns, the eagles of North America, and the dancing girls of Old Cairo. We had nothing that had grown out of the Brazilian soul or the flora and fauna of this rich country.
"I came back, resolved to awaken the artists and designers of my country. I wanted them to see the opportunities of their 'terra natal'. For sixteen years I have taught in a private school in Pará".
He opened a portfolio of drawings and began showing the designs of cacao seeds. Victoria water lilies, stately palm trunks, foliage of coffee and rubber trees and Amazonian birds and monkeys. There was a companion drawing for each one, illustrating the possibilities for practical [...].[4]

---

4. Naylor, Douglas O. The new Brazilian decorative movement. *Brazilian American*, 25 jan. 1922.

O próprio Theodoro Braga usa os termos "artists and designers" nas declarações feitas a Naylor diferenciando as funções.

O ano de 1922 foi de muitas comemorações pelo centenário da Independência do Brasil. Theodoro Braga foi eleito pelo voto dos artistas para integrar o júri do Salão da Independência no Rio de Janeiro. Terra de Senna[5] escreve com muito humor sobre este salão. Eis parte do texto:

> *D. Quixote* — 20 de novembro de 1922
>
> **SALÃO DE PINTURA DE 1922**
> Primeiramente devemos dizer qual foi o Júri de pintura do Salão de 1922: os professores João Baptista da Costa, Lucilio de Albuquerque e Rodolpho Chambelland, por parte da Congregação, e os pintores Antônio Parreiras e Theodoro Braga, eleitos pelos expositores.
> [...]
> Por esses regulamentos, a classe dos nossos Raphaeis fica dividida em duas facções: a nobreza e a plebe.
> A plebe tem o direito de eleger dois juízes, que constituem a minoria, ficando, assim, à nobreza, o direito de julgar com a máxima independência, isto é, por três votos contra dois.
> À minoria, porém, é reservado o direito de protestar contra qualquer ato da maioria, caso julgar conveniente, fora da escola: nos cafés, nos bares e até na sociedade B. B. A.[6]
>
> A minoria, que por sinal é a maioria dos expositores, elegendo os pintores Antônio Parreiras e Theodoro Braga, contribuiu enormemente para o êxito do salão atual.
> Antônio Parreiras foi um juiz enérgico.
> Cortou Mario Tullio, Faria e Bas Domenech e quis cortar "A Queda do Gigante" de Arthur Lucas.
> [...]

---

5. Terra de Senna era um escritor famoso na época por adaptar obras da literatura para jovens, como *O Guarani*, de José de Alencar, *Os três mosqueteiros*, de Alexandre Dumas, e obras de Victor Hugo etc.

6. Não sei o que é B. B. A., mas provavelmente é ironia.

O pintor Theodoro Braga, segundo representante da plebe, autor de uma monografia "Nacionalização da Arte Brasileira", expõe 8 trabalhos de pintura além dos estudos sobre a Flora e Fauna brasileiras aplicados à decoração.
Dos seus quadros destaca-se a "Castidade".
O pintor Theodoro Braga quis fazer pintura de branco e apresentou uma "Castidade" impura de formas, de sentimento e movimento.
[...]
O sr. Baptista da Costa, diretor e Professor da Escola, que lhe deve a bem cuidada transformação por que acaba de passar, expõe 6 trabalhos: 4 paisagens, um autorretrato e um nu — Marabá — inspirado no Marabá do professor Rodolpho Amoêdo.
A pobrezinha emagreceu muito, coitadinha.
Entretanto, cresceu um pouco mais, apesar dos protestos da mão que não seguiu as pegadas do resto do corpo, e si não possui a mocidade da "Marabá" do pintor de "Partida de Jacob", e que ha entre ambas uma sensível diferença de cerca de 50 anos.
[...]
Na paisagem o professor Baptista continua o mesmo entusiasta do mormaço brasileiro e dos carneirinhos linfáticos.
Mas a sua cor, o mau grado o tradicional mormaço, continua a ser nosso, muito nosso o que as torna inconfundíveis.
[...]
O pintor Rodolpho Chambelland não quis expor.
Talvez para agir com mais imparcialidade e sem ter que levar a mão à consciência.[7]

Theodoro Braga era visto naquela época, como se pode concluir através do artigo da revista *D. Quixote*, como um artista acadêmico, porém menos convencional do que os que dominavam a Academia Nacional de Belas Artes. A ironia de Terra de Senna em relação a Braga querer fazer "pintura de branco" é uma contradição em relação ao discurso e ao trabalho do próprio Braga, sempre a favor da valorização das imagens locais e nacionais. Por outro lado, todos os críticos que escre-

---

7. Terra de Senna. Salão de pintura de 1922. *D. Quixote*, Rio de Janeiro, 20 nov. 1922.

**Figura 1**
Caricatura de Theodoro Braga.
*Fonte*: Revista *D. Quixote*, 1922.

veram sobre ele sempre destacavam esta sua característica pró-imagens que traduzissem a riqueza das formas do país. Portanto me parece que esta alfinetada de Terra de Senna nada mais é do que excesso de ironia. Entretanto, temos que admitir que entre a pintura de Theodoro Braga do Salão do Centenário no Rio de Janeiro e a de Anita Malfatti da Semana de Arte Moderna, expostas no mesmo ano de 1922, havia pelo menos 20 anos de distância em termos de atualização estética, embora ambos tivessem experiência de aprendizagem da Arte do código europeu, a tal "pintura de branco".

Hoje se pode ver que Braga foi muito mais importante e fiel ao seu tempo como professor de Desenho, como Designer, que como pintor.

Como Designer de joias foi muito inventivo, original e nacional, como pretendia.

Para usar uma expressão da sua época, Braga foi um "publicista" do Desenho e da Arte. Seu *Dicionário de pintores brasileiros do século XX* é um livro disputado nos sebos de São Paulo e merecia ser reeditado. Objeto de meu desejo, nunca consegui obter um exemplar. No dicionário foi muito equilibrado na questão de gênero, pois incluiu muitas mulheres pintoras que foram apagadas da história pelos outros historiadores da arte. Sua campanha em prol do ensino do Desenho Decorativo, com fins de aplicação à indústria o levava a ser frequentemente convidado para palestras. Falava e discursava muito bem. Suas palestras eram sempre sucesso garantido. Como bom liberal, defendia a Educação Pública e a educação dos operários, mas é curioso que aceitasse sem críticas a educação do Desenho para o trabalhador e a Arte para os "poucos felizes" como se refere no texto "O ensino do desenho", extraído da revista *A Educação,* que não resisto a transcrever, pois é de fundamental importância para sabermos quais as informações que se tinha no Brasil sobre o ensino e a profissão de designer nos países europeus. Ele demonstra seus conhecimentos acerca da Inglaterra, especialmente Birmingham, Áustria, França (Guerin, Gasset e Sèvres), Praga, Zurique.

No referido artigo, Braga também nos dá uma ideia ampla de sua concepção de educação para o Desenho e até de seu traçado curricular para a escola primária.

Chamo a atenção para os trechos que se referem ao seu horror à cópia e os que fazem a apologia do que ele chamava estilização, estratégia fundamental da *art nouveau*.

*A Educação* — Fevereiro de 1923

"O Ensino do Desenho",

Senhoras e senhores:
Quis a bondade do meu ilustre amigo, Sr. Dr. Álvaro Rodrigues, que contribuísse eu também, com o meu desvalioso esforço que ele, com o seu bondoso coração, julgou grande, para esse conjunto harmonioso de esforços uteis desta escola profissional, na divulgação, por meio de palestras, de tudo quanto possa concorrer para a aprendizagem e sua eficiência [...].

Sem sair da minha seara, e nem o devo fazer, não é demais bater nesse assumpto capital que é modo ou o método de ensinar o desenho nos institutos profissionais, trazendo assim cada um o seu concurso afim de se alcançar um resultado definitivo e proveitoso.

A ideia, dia a dia vencedora, de ligar a escola primária conhecimentos técnico-profissionais, trará consequentemente a obrigatoriedade, pode-se dizer espontânea, do ensino do desenho, disciplina esta cada vez mais necessária.

Toda dificuldade até agora existente na disseminação absoluta do ensino de desenho, resulta apenas da maneira por que é ela feita e dessa maneira, quase sempre defeituosa em sua maioria, só resultados inúteis pelo menos incompletos, pode ela dar, como tem acontecido.

Repito agora o que já foi por mim escrito nesse sentido: Para nacionalizar a Arte Brasileira, como se faz mister, quanto antes, em uma das suas modalidades, preciso é, antes de tudo, educar e instruir o nosso operariado. Nenhum outro país possui, como o nosso, dois grandes e poderosos elementos com os quais poderemos alcançar a vitória almejada: a inteligência dúctil do operário brasileiro e a riqueza inaudita e inesgotável dos motivos sobre os quais deve ser expandida essa inteligência.

Para a consecução desse desiderato — produzir arte nacional por artistas nacionais — basta que se orientem os institutos profissionais, de que o país está cheio embora em numero insuficiente, no rumo único e por cujo motivo foram eles criados. Devem eles, antes de tudo, ser encarados e regulamentados como uma escola superior de ensino artistico-profissional.

Para esse alto fim, de resultado fácil mas de energico e incessante trabalho ascensional, diario e intenso, é preciso pôr-se de parte a anemia moral que infelizmente cerca a vontade de quem trabalha, vencendo-a mesmo ás vezes.

A vida atual pertence aos mais fortes de espírito. O indeciso, quer pela sua ignorância quer pelo atavismo, tem de ser forçosamente posto à margem, afim de não demorar a marcha dos que querem vencer. A escola profissional não é nem um manicômio nem uma correção. Para educar o espírito no exercício nobre de uma profissão liberal faz-se mister abstrair de todo o pieguismo e do afilhadismo. O Estado deve procurar, escrupulizando, entre os que querem, aqueles que são fortes de corpo e instruídos de espírito. A primeira condição para poder matricular-se na pleiade desses novos operários que formarão amanhã a independência das nossas obras artístico-profissionais, é ter o diploma de estudos primários; em seguida, ter a idade de 11 anos, gozando boa saúde. Nestas condições a despesa feita pelo Estado será largamente recompensada pelo resultado obtido, formando um operário digno desse nome.

E justificamos estas condições básicas e indispensáveis. Com efeito, uma escola profissional não é um jardim de infância em que se aceitam crianças analfabetas e tenras; perde-se não só o tempo de ensinar o que elas deviam saber ao entrarem como faltam-lhes forças, vigor e iniciativa para ajudar ao mestre no momento da aprendizagem do oficio escolhido. Como ensinar-se, por exemplo, o oficio de tipografo a educandos que desconheçam o alfabeto?

O instituto profissional é um curso superior de artes aplicadas. Para que essas condições básicas sejam inatacáveis faz-se necessária muita energia afim de impedir categoricamente que a clássica compaixão entibie o animo de quem dirige.

Já é tempo de educar-se o operário nacional; educa-lo afim de que um dia a sua inteligência esteja dentro de sua obra e que esta represente alguma cousa de sua pátria; que ele execute o que seu espirito inventou e que a habilidade de suas mãos responda à delicadeza desse espirito criador. O instituto será uma escola de vida intensa, de trabalho e de preocupação espiritual, única forja onde se temperam a alma, o cérebro e o corpo.

Em cada oficina deverá haver uma escola de desenho especializado para cada oficina, impondo-se, portanto, como base fundamental das mesmas oficinas, o desenho aplicado. Nessa idade (11 anos) e guiado pelo mestre técnico, não com essa maneira fria e quase inconsciente de quem é obrigado a cumprir um dever de funcionário vitalício, mas com o interesse de ver o seu pupilo produzir, o educando não tardará em querer trabalhar, querer fazer aquilo que o seu espirito viu e que, embora titubeante, grafou no papel, em suas proporções e detalhes. É preciso que dessa imensa e rumorosa colmeia saia, cada operário, senhor do seu oficio, levando no seu cérebro um mundo infinito de coisas a produzir e umas mãos dóceis e ágeis a desenhar e a formar as mil coisas desse mundo espiritual[8] [...] (segue-se

---

8. Aqui ele repete vários parágrafos do artigo "Nacionalização da arte brasileira" reproduzido no capítulo anterior: Por questões de entendimento repito-os, mas o faço em pé de página para não cansar o leitor que poderá assim comparar o texto repetido com o anterior, se o quiser. "Viciados e escravizados pela sua própria ignorância, advinda na maior parte das vezes de descaso dos governos, os operários, em sua maioria, nada produzem porque se lhe não ensinaram nem a LER nem a PENSAR, dando assim o melhor lugar ao estrangeiro, muitos contratados pelo governo que nem sempre acerta.

trecho repetido do artigo Nacionalização da Arte Brasileira, que pode ser lido no pé de página).

[...] A esse propósito penso ser desnecessário lembrar que os estilos japonês, chinês, mexicano, tcheco, rumaico etc. etc. apareceram nas camadas inferiores, competindo aos artistas, em seguida, respeitando a historia, as lendas, os costumes, a tradição, orienta-los no estado em que nós, administrando-os, não fazemos mais que introduzi-los, entre nós, renegando assim o que é nosso"

Compete ainda ao diretor não deixar essa idade juvenil amolecer-se no ócio, assentada horas e horas, a cochichar, a dormir, a enganar, enquanto o precioso tempo das oficinas passa rápido e insubstituível.

Quando conseguirmos fazer do próprio trabalho o recreio dos educandos, teremos então chegado ao começo do fim intelectual a que devem dedicar-se os institutos.

Outra magna questão, não menos capital e de difícil consecução junta-se ao aprendizado: é o comercio. A generalidade entende, erradissimamente, que o instituto profissional deve ser uma fonte de renda, julgando-se do seu merecimento, progresso e direção pelo resultado comercial que ele dá, desviando-se assim do seu nobre destino essencial e intelectual,

---

Daí a vida nula do grilheta acorrentado ao cérebro daquele pelo que é vulgarmente chamado — O CATÁLOGO, e por onde vivem a vida artificial da copia dos modelos que reproduzem sem espirito, sem inteligência e, por isso mesmo, sem o mínimo valor de arte. E, entretanto, já era tempo de tê-la nossa, muito nossa, a arte brasileira, inspirada na nossa flora esplendidamente bela e luxuriante e na nossa fauna exótica e desconhecida, típica e extravagantemente, sem precisarmos ir buscar, no infinito campo das combinações geométricas, novidades inesgotáveis e originais.

O diretor de uma escola profissional tem que ser um técnico, um conhecedor do desenho, que estudando o caráter dos educandos, possa guia-los nas oficinas, explicando suas duvidas e cercar-se do corpo docente técnico, assistindo-o e prestando-lhe todo o seu concurso de administrador, formando, assim, um só espirito.

Ao diretor compete ensinar, dirigindo os principiantes, aperfeiçoando os adiantados, não permitindo senão originalidade de concepção nos esboços das obras a executar, apurando o gosto de cada um, aproveitando as idiossincrasias pessoais. O posto é exclusivamente de sacrifícios; não ha espaço para exibição pessoal; o tempo, sendo insuficiente para o tamanho do trabalho, não permite que ele pare para olhar nem para traz nem para os outros.

Só assim expurgada a invasão do terrível mal que nos tem atrofiado o cérebro até agora, isto é, as copias de catálogos estrangeiros, só assim poderemos iniciar a procura de um estilo de uma maneira de fazer nacional, que nossos selvícolas descobriram e que nós civilizados desconhecemos" (Nacionalização da arte brasileira, *Diário Oficial da União*, 1º jan. 1920, repetido em O ensino do desenho, revista *A Educação*, fev. 1923).

acoroçoando a sua lenta transformação num mero ajuntamento de diversas oficinas, visando apenas o lucro monetário.

Que se faça cada ano, em época que se julgar conveniente, executamos em concurso ou premiados, uma exposição de todos esses trabalhos, produto intelectual dos novos operários, separando os melhores que farão parte do museu escolar e o restante, então, poderá ser posto à venda, cuja importância resultante, retirada das despesas, será oportunamente distribuída entre os alunos que as executaram.

Nada pois de encomendas que mercantilizam o espirito de quem ainda aprende, embotando-o para as delicadezas e característicos da Arte. É preciso que o educando, ao entrar na vida de responsabilidade, não a inicie somente em fazer orçamentos elevados dentro do menor tempo de execução, sem arte nem atrativo.

Um ou dois anos antes de terminar o seu curso, o mestre do ensino técnico que será o diretor, deverá ilustrar o espirito dos educandos, quase homens, com tudo que se relacione com a história da arte, ensinando-lhes os estilos clássicos e como distingui-los. Dai como corolário, ter-se-á a composição decorativa.

Para chegarmos a esse estado de adiantamento e perfeição, ao qual temos o direito e dever de aspirar, faz-se preciso sacudir desde já o pó das épocas atrasadas. É necessário que cada um seja SI PRÓPRIO.

A grande Arte Nacional está entregue á Mocidade brasileira que tem sabido e saberá eleva-la ao apogeu da Verdade, do Sentimento, da Originalidade e sobretudo da Nacionalidade. Falta-nos, porém, a nossa Arte Aplicada; aos nossos operários compete nacionaliza-la.

Permiti que eu volte a tratar do curso primário onde as primeiras noções devem ser ministradas de maneira que elas perdurem sempre no espirito da criança, auxiliando todas as demais disciplinas que ela for adquirindo. Mas esse curso de ensino de desenho deve ser feito no sentido de ter ele um caráter, sobretudo pratico. Assim o espirito desse desconhecimento é o da sua imediata aplicação. Desenhar e executar; construir primeiro a forma pela linha para depois construi-la pelo relevo.

Formada a mentalidade da criança para o início de seus estudos e, conjuntamente com as mais disciplinas, o desenho deve ser ensinado antes como uma distração do que como um dever; fomentar o interesse, desde logo, da criança pelo desenho para que dentro em pouco (dois anos depois, no curso primário) possa ele ser uma das matérias obrigadas, continuando a provocar sempre o mesmo interesse.

Gradativamente evoluindo, esse aprendizado deve ser acompanhado da sua indispensável parte pratica que é a imediata aplicação.

Penso que um método simples de ensino de desenho no curso primário pôde ser dado pelo professor, com resultados profícuos afim de que esse aprendizado seja aproveitado pelo aluno, quando no curso profissional.

Dividido o curso primário em anos ou series, o professor fará que nos dois primeiros anos o trabalho conste de desenhos de imaginação, reproduzindo as crianças objetos que elas conheçam bastante. Convém frisar que o professor deve antes de tudo conseguir a boa vontade da criança para o aprendizado dessa matéria, e não será com exercícios intermináveis de linhas retas e curvas, durante um ano inteiro, que ele o conseguirá.

No terceiro ano servirão de modelos objetos de uso comum, só ou agrupados, alternados com motivos executados de imaginação.

No quarto ano, poder-se-á dar instrumentos afim de que eles possam conhecê-los e usá-los, compondo ornamentos geométricos originais, alterando com desenhos à mão livre de modelos mais difíceis do que os dos anos anteriores.

No quinto ano, desenhos geométricos ou à mão armada e desenho à mão livre. Servirão de assunto: composições decorativas geométricas. Para estas últimas o professor explicará a ornamentação da frisa, do fundo e da rosácea, bem como aplicação de ornamentações à mão livre. Fará conhecer a escala e o modo de sua aplicação.

Inútil é insistir sobre o uso de modelos naturais. O governo deve intervir seriamente contra a introdução criminosa de estampas como modelos de desenho, ignominioso sistema de ensino ainda infelizmente permitido entre nós. Compete aos inspetores escolares a denuncia, e sequestro de todos esses criminosos documentos de incapacidade moral e intelectual de sedicentes[9] professores de desenho os quais deverão ser afastados desse cargo.

Um curso racional e prático poder-se-á instituir para professores, dividido por turmas. O meu ilustre amigo, Sr. Dr. Álvaro Rodrigues, não é estranho a isso, cabendo-lhe todos os louros dessa ideia vitoriosa.

Mas faz-se preciso que cada turma seja inteiramente entregue ao respectivo docente que a acompanhará do começo ao fim, com o intuito de assumir cada um inteira responsabilidade pelos resultados finais.

---

9. Pretendidos, falsos, que se autoproclamam.

Aí, sobretudo, dever-lhes-á ser ensinado o modo pelo qual eles deverão ensinar o desenho às crianças, modo prático e intuitivo.

O ensino de desenho geométrico deve ser ministrado com instrumentos; não compreendo como se ensina esta matéria à mão livre. Um pode ser complemento do outro.

Suponhamos que se deseja compor um cartão para uma renda, por exemplo. Estudando o motivo, dever-se-á geometrizar o contorno da flor e folhas em conjunto afim de melhor obter-se esse caráter decorativo a que eu ousarei chamar de estilizado. A repetição desse motivo, cadenciado, exigirá, para melhor resultado, essa geometrização.

De tudo que ora aconselho aqui, tirei eu, durante dezessete anos no ensino, os mais completos resultados. Ensino prático com a aplicação imediata.

A evolução humana continua a espalhar a luz imensa do saber até aos mais afastados recantos do globo. Cada vez mais essa luz aumenta o poder de sua irradiação por meio das escolas. É esse o característico do nosso século. O povo tem o direito de ser instruído, cada indivíduo é uma força utilizável que deve ser desenvolvida afim de concorrer para a economia e prosperidade de seu país.

Esse aproveitamento de todas as forças vivas, mas latentes, deve começar nas escolas primárias por meio de um trabalho metódico e seguro.

Dentro de cada oficina, ao mesmo tempo que a aprendizagem se faz, especial para cada ofício, é necessário que noções de arte sejam dadas, consistindo elas, sem ocupar mais espaço, no despertar o sentido de estesia na alma da criança-operário tão sensível e tão vibrátil como a dos felizes que o preconceito da fortuna selecionou. Suponhamos, por exemplo, que se trata da aplicação do ferro em obras de utilidade. Com as lições teóricas do metal, desde sua origem e as evoluções por que passa até a sua aplicação desejada, lições que deverão ser ministradas a seu tempo e a repetição inteligentemente e oportunamente feitas, chega o mestre à execução desse objeto. Obtidas com todos os seus detalhes, determinadas as suas dimensões exatas, nada deve ter sido descuidado para sua feliz realização. A composição de uma linha não será um exercício banal de memória ou uma cópia mais ou menos entrevista ou de um estilo morto por um exercício de raciocínio, de apropriação exata da matriz a uma exigência moderna, completada pela interpretação pessoal de um elemento natural. A idéia não mudará, embora detalhes de composição, para melhor resultado, sejam levemente alterados.

Façamos uma rápida digressão por algumas escolas profissionais do velho mundo, como apoio ao que temos dito.

Em Paris, a Escola Guerin, fundada em 1881 para o ensino de desenho, não tardou em fazer que seus alunos, rapazes e meninas, ao cabo de dois anos, aprendessem a inventar por conta própria, a criar diante de qualquer matéria, motivos pessoais, tão pessoais que fabricante parisienses não hesitassem em por em concurso, entre os discípulos daquela escola, composições que eles em seguida lançavam ao público como resultados industriais reproduzidos e comercializados. Ali Eugene Grasset preocupou-se em afastar de toda fórmula de estilo antigo os princípios de composição decorativa, reduzidos a dois princípios: apropriação da obra ao seu destino e a estilização pela forma das propriedades de cada matéria.

Ainda naquela grande metrópole, na Escola de Aplicação da Manufatura de Sevres, os alunos que ali se matriculam, após uma prova de competência, recebem ainda durante os dois primeiros anos um preparatório destinado a desenvolver o gosto e o arranjo da composição, sendo-lhes fornecidos todos os conhecimentos capazes de serverem sua imaginação e de os documentar sobre os recursos que podem conseguir do seu ofício de ceramistas. Nos três anos recebem eles lições teóricas e históricas, completando assim a educação técnica que se torna mais precisa e mais completa.

E apesar das modificações por que passam as formas e o colorido nas composições de arte francesa, o caráter do povo não desaparece jamais, tal é o modo de educar em suas escolas. As tentativas ocas pouco duram.

Na Áustria, o ensino de arte decorativa, cujo fim principal é formar artistas que se encarregam mais tarde de dirigir o bom gosto da forma de objetivos vários, vai buscar elementos básicos de decoração sobretudo na planta e no animal. Convém frisar que é nas escolas que se aprende a estilização.

Ao lado dos ateliês práticos os alunos seguem os cursos teóricos de preparatórios, história da arte, escritura ornamental e química aplicada. Assim há ateliês de composição e de técnica. No curso especial de rendas, em 1900, o professor rompe com a eterna inspiração do Renascimento e resolutamente volta-se para a natureza e as flores, desde a mais humilde às mais caprichosas, trazendo, com o gosto artístico dos mestres e alunos, à sociedade culta um novo prazer espiritual, caracterizando assim o tipo das rendas d'Áustria. Povo com a sua personalidade caracterizada, muito embora em contato constante com os demais povos, não se confunde com a de nenhum outro, tal a preocupação de manter a tradição de sua raça e de sua história.

Em Praga, conseguir seu povo que todos os desenhos para as manufaturas saiam da escola; o mobiliário e a decoração dos apartamentos são originais. Nas escolas de arte o professor é o único responsável. Possuindo a escola um jardim, os alunos procuram tratar as paisagens sob uma forma estilizada. Através do tempo e das oscilações políticas por que tem passado mantém eles intangível a personalidade própria.

Em Birmingham, Inglaterra, a escola de arte orienta seus discípulos, mesmo os mais jovens, para a natureza no estudo das plantas de formas simples desde que eles conheçam um pouco o desenho geométrico. Ali diante de modelos naturais, braçadas de flores, alegrando o ambiente, não permitem facilmente a entrada da antiguidade. Flores e animais vivos, eis os modelos constantes daquela mocidade criadora. Nesses estudos os alunos, diante da natureza animada, lutam contra os movimentos bruscos e constantes dos animais, porém, em compensação, conseguem educar o olhar e o cérebro a ver rapidamente, a concentrar sua atenção, a observar um gesto característico, a reter uma silhueta fugitiva. Acostumam-se assim a inspirarem-se do que viram. No vasto salão de trabalhos práticos de desenho e modelagem estão engaiolados os animais vivos que devem servir como motivo de estudo.

Quem por acaso desconhece o que, poderemos dizer, a maneira se não o estilo inglês. A flora, sobretudo, é o elemento indispensável à ornamentação com legendas bíblicas na melhor harmonia de conjunto. Tal personalidade existe nas composições de arte na Inglaterra, que sente nelas a própria alma do povo religioso e autoritário.

A Nova Escola de Zurich, cuja organização se resume em educar tecnicamente para depois, pela lógica, educar artisticamente, divide seu corpo discente em três categorias: os aprendizes, que trabalhando já nas oficinas particulares, são enviados por seus patrões a seguirem o curso nas Escolas, pelo menos 4 horas por semana; uma lei votada em 1907 obriga, sob pena de multa, os patrões a dar essa permissão aos seus aprendizes. Em seguida há os alunos do dia que já não são mais aprendizes. Conhecedores do ofício ali vão estes aperfeiçoar esteticamente, tornando-se o operário verdadeiro que pode conceber a sua obra e executá-la. A terceira é a de companheiros. Estes já são operários, trabalhando nas fábricas ou nas oficinas particulares e que desejam aperfeiçoar-se.

Na classe o professor dá o tema e as necessidades absolutas de sua constituição teórica, ao mesmo tempo que estuda, desenhando, a natureza vegetal e animal. Destinando-se a uma oficina o aluno desenha segundo uma maneira diferente, apropriando-se o melhor possível às necessidades do mesmo ofício.

Não ha necessidade de continuarmos nesse passeio pelos demais países. Cada um deles mantém através de várias modalidades o caráter de sua nacionalidade.

Olhemos para nós mesmos. Si os demais povos conseguem impor-se na fixação de sua personalidade, dando aos seus produtos de arte, o que nos impede a nós de abrirmos um caminho nesse sentido? Porque não darmos com os elementos que possuímos um cunho pessoal de nossa individualidade a tudo que é nacional? Porque não enriquecemos os produtos de nossas manufaturas com argumentações regionais, inspiradas nos elementos que nos cercam, lembrando a nossa Pátria?

Permiti que lance mão de um exemplo entre nós, uma escola aqui na nossa Capital, que poderá servir de modelo e de ensinamento à direção que devemos dar ao modo prático do ensino de desenho. Refiro-me à Escola Profissional "Rivadavia Correa",[10] dirigida pelo espírito forte e decidido da Sra. Benevenuta Ribeiro, com um corpo de professores competentes e orientados por aquele mesmo espírito forte.

Há quem pense que nas escolas profissionais o ensino do desenho deve ser exclusivamente decalcado nos modelos antigos, nos elementos básicos, deixando-se ao operário a liberdade de agir e de criar quando se libertar das obrigações escolares. Então quando receberá ele para o seu espírito as proveitosas lições de arte que lhe despertam vibrações de estesia e propriedades criadoras?

Terminado o seu curso escolar, entrando ele brutalmente na luta pela vida, sobrar-lhe-á por acaso tempo para ilustrar seu espírito, despertar sentimentos iniciadores a que ele com justas razões tem direito? Então devemos continuar ao mesmo ram-ram em que até agora temos vivido? Não, absolutamente, não.

É lá na Escola onde ele tem o direito de exigir que se lhe ministre armas seguras com as quais ele possa vencer e defender-se nobremente do valoroso inimigo que é a concorrência.

Deixamos para o fim uma pequena explicação sobre uma palavra que tem sido talvez mal compreendida. O trabalho que pensamos ter feito como

---

10. Visitei esta escola do Rio de Janeiro em 2012. Tem um projeto experimental que dá ênfase ao Ensino das Artes, com professores muito competentes.

aliás outros muitos mais competentes no sentido de fazermos nós mesmos procurar entre o que é nosso, o que nós precisamos para cercar de conforto útil e agradável o meio em que vivemos, não quer dizer que tenhamos feito estilo. Longe daí.

A própria palavra *estilização*, de quando em vez empregada, não quer dizer absolutamente que se vai fazer estilo, ou criar estilo.

ESTILIZAÇÃO, como deve ser empregada, não é mais do que a interpretação ornamental procurada de um objeto. É a arte de aproveitar espiritualmente elementos naturais na sua tendência decorativa.

O estilo é o espírito que se não pode adquirir, é o Dom, o perfume natural, ao passo que a estilização é uma procura material, o encaminhamento para um achado, através das peripécias do desconhecido.

A estilização é produzida por um ato refletido e voluntário que transforma um objeto natural. Este não é mais que um ponto de partida sobre o qual o artista se apoia para achar o ornamento que ele deseja criar.

E tanto isso é verdade que a nossa imaginação, entregue às suas próprias forças, está muito aquém de imensa variedade dos objetos naturais e que estes se tornam então os temas a serem desenvolvidos e sobre os quais cada talento pode abordar fantasias infinitas.

Faz-se entretanto preciso, condição primordial e essencial, no interesse do próprio ornato, que o caráter principal de cada objeto seja respeitado, conservado, para que isto assegure no ornato derivado uma originalidade construtiva, o que não sucederá jamais com um monstro inventado.

A estilização assim definida ou interpretação ornamental, não é, pois, estilo como comumente se supõe. Arte não se inventa. Mas o artista de hoje, como o de todos os tempos, deve possuir um método baseado ao mesmo tempo sobre o raciocínio e sobre a experiência secular das épocas passadas; em caso nenhum porém sobre copia de objetos deixados por essas épocas como se faz e como se teima fazer ainda aconselhando, ou seja, por indolência na construção de novas formas ornamentais, ou seja, por falta de conhecimentos para essa interpretação. É preciso fazer hoje o que eles antigamente faziam: que os artistas atuais se coloquem na ignorância da arqueologia dos operários de outrora que olhavam as belas coisas mas não as decalcavam.

A tradição se perpetua, modificando-se através das gerações. É preciso sobretudo que as formas naturais possam ser empregadas, se elas modificam-se de maneira a serem empregadas, se elas modificam-se de maneira a serem adaptadas intimamente à matéria na qual elas são fabricadas.

Para estilizar é preciso conhecer o estilo do objeto natural, isto é, em toda a sua verdade geral. O estudo do antigo é necessário, é indispensável mesmo. Deixemo-lo lá apenas como ilustração do espírito e sejamos os fixadores da nossa época como eles o foram para a sua.

Tomando para exemplo, um já apresentado, a folha de acanto, vemo-la através de épocas diferentes da humanidade, aproveitada para ornamentação, estilizando-se caracteristicamente. Pode-se dizer que ela foi a chave dos estilos através das idades.

Assim vemo-la entre os gregos, estilizada do acanto espirituoso natural; os romanos usaram-na e abusaram-na do acanto mole; a renascença alargando-a, tomou-a do acanto simplificado e modificado do estilo romano; em seguida, banindo o ogival, vai-se atrofiar sob Luiz XIII, tornando-se pesado e maciço. Ao mesmo tempo que sob Luiz XIV este motivo decorativo torce-se e enrola-se até que sob Luiz XVI se simplifica menos elegante e menos ousado.

Como se vê é ela um elemento de valor numa região em que, cheia de povos inteligentes, não existe variedade bastante para que a ornamentação não viesse senão repetida sempre pelo mesmo motivo.

Assim pois vamos terminar; antes porém preciso dizer-vos pouco mais.

Basta de enxertar no nosso meio de existência elementos que não falam à mesma alma, nem repetem os nossos feitos.

*Alea jacta est.* O gesto patriótico do ilustre deputado patrício, Dr. Fidelis Reis, impelirá agora o movimento inicial definitivo da engrenagem que irá oferecer ao Brasil uma metodização inteligente no curso profissional de artes e ofícios.

Ao lado deste gesto o governo da cidade acaba de pôr nas mãos de um moço, por muito títulos competente, o Sr. Dr. Carneiro Leão,[11] a direção do ensino público.

A inteligência das nossas crianças está acima de toda dúvida. Basta ouvi-las como eu tenho tido ocasião de ouvi-las e admirá-las quando elas discutem todos os transes em língua estranha os termos técnicos do futebol ou descrevem, com minúcias, biografias os feitos dos heróis e heroínas do cinema. Com esses elementos, que nos falta, pois?

É na escola que se faz a alma do homem tomar a forma que se deseja. Façamos os nossos discípulos enquanto cabe a nós essa tarefa de formar

---

11. Carneiro Leão antecedeu Fernando de Azevedo como diretor da Instrução Pública do Distrito Federal, uma espécie de ministro da Educação que não existia na época.

espírito. Ensinemos a serem cérebros que pensem, alma que quer e mãos que produzem conscientemente.

Sejamos brasileiros.[12]

Considero este artigo o mais importante de Theodoro Braga por isso o reproduzi na íntegra. Apesar de ser muito longo.

Neste momento, duas figuras eram muito importantes nas decisões em prol do ensino do Desenho técnico, ou iniciação ao Design no Brasil: Fidelis Reis[13] e João Luderitz.

Braga combatia Luderitz, como veremos depois, e entusiasticamente defendia o projeto do deputado mineiro Fidelis Reis, de imprimir a toda educação brasileira, a dos pobres e a dos ricos, o objetivo de preparação para o trabalho. O projeto de lei encaminhado à Câmara Federal, em 1922, pelo Fidelis Reis, sobre a obrigatoriedade do ensino profissional, foi aprovado em 1927, após contínuos debates que, durante cinco anos, ocuparam as sessões da Câmara e os jornais. Entretanto, como o projeto de educação de Rui Barbosa no século XIX, o de Fidelis Reis nunca foi implementado, com a desculpa de falta de verbas. A oligarquia rural que continuava dominando o Brasil reagiu e boicotou as mudanças educacionais. O projeto de Fidelis Reis era bem embasado e o deputado era muito plural, citando em seus discursos Henry Ford, a quem muito admirava, Augusto Comte, Herbert Hoover, político americano que se tornou presidente em plena crise econômica dos Estados Unidos, de 1929 a 1933, e Lenin, a quem enviou uma súmula de seu projeto de "tornar todos os jovens Operários". Não se sabe se Lenin recebeu a carta, pois morreu logo em seguida (1924).

Foi no Projeto Fidelis Reis que Valnir Chagas disse haver elaborado a Lei n. 5.692, de 1971, que pretendia profissionalizar todas as classes sociais no ensino médio que, fingidamente implementada, fracassou. As escolas particulares continuaram a preparar as elites para o vestibular, e as escolas públicas os pobres para nada, pois não foram criadas oficinas

---

12. Braga, Theodoro. O ensino do desenho. *A Educação*, Rio de Janeiro, fev. 1923.

13. Soares, Manoel Jesus Araújo. *Uma nova ética do trabalho nos anos 20*: Projeto Fidelis Reis. Disponível em: <http://portal.mec.gov.br/setec/arquivos/pdf2/artigos_genese.pdf>. Acesso em: 24 mar. 2013.

e laboratórios nas escolas compatíveis com a renovação tecnológica, que já ocorria nas empresas.

Ao projeto Fidelis Reis se seguiu a Campanha pela Reforma Fernando de Azevedo muito mais humanística, que buscava formar mentalidades.

Segue-se um artigo de Theodoro Braga elogiando Fidelis Reis:

*O Estado de S. Paulo* — 27 de julho 1926

**O ENSINO DE DESENHO**

Como o que é de mais não prejudica, não haverá mal em que eu volte de vez em quando, em aparecendo ocasião, a bater sempre nesta tecla, sobretudo agora que o assunto se focaliza nitidamente com a passagem do projeto Fidelis Reis, pelo Congresso Nacional.

Torno, pois, a falar do ensino de desenho nos cursos profissionais por que se me deparou o ensejo, trazendo para o meu espírito um grande prazer e, para a luta que me venho empenhado, uma grande vitória, aumenta de significação porque é alcançada aqui no *O Estado de S. Paulo* onde os empreendimentos, as iniciativas, as organizações marcham equilibradas, dentro do método que as corporifica, dentro da inteligência que as torna eficientes, respondendo assim ao seu destino.

Às festas intelectuais à memória do grande educador que foi João Kopke,[14] realizadas no edifício do grupo escolar desta capital que tomou, em boa hora, o seu nome, compareci eu, por nímia[15] gentileza do professor Cymbelino de Freitas, digno inspetor-especial de desenho que me trouxe pessoalmente esse convite.

O pequeno programa dessa festa não podia ser mais bem escolhido nem mais inteligentemente executado. Desse programa desejo apenas destacar a parte relativa a inauguração da exposição permanente de trabalhos manuais e de desenho, executados pelos alunos das escolas públicas deste grandioso Estado.

Ponho ainda de parte, por não caber nesta minha apreciação, o que diz respeito aos trabalhos manuais, que por si só estão indicando o caminho único, seguro e, reto que destacam tomar os pregadores officiaes do ensino

---

14. É no Grupo Escolar João Kopke que vai ser criada em 1929 a Escola Brasileira de Arte, campo de trabalho de Braga.

15. "Nímia" significa "exagerada".

profissional obrigatório, aqueles que se põem na vanguarda desse movimento de emancipação moral e intelectual os nossos futuros operários, assim como também uma ótima e proveitosa lição aos contratados do governo, tal o critério, a justeza e a competência de sua organização para o resultado educativo e econômico-social que obteve.

Ali, naquela exposição de trabalhos infantis, ingênua, porém reveladora, não só da responsabilidade e dedicação do professorado, como também do quanto pode produzir o cérebro da criança brasileira, poderão beber ensinamentos sobre métodos e programas os que se abalançam a legislar sobre tão delicado e momentoso assunto.

Não creio, porém, pelo que acabo de ver nessa exposição, na necessidade de se importar uma missão estrangeira para organizar tal empreendimento; a exposição permanente de trabalhos manuais e de desenho instalado no edifício do grupo escolar João Kopke está indicando a ponta da meada que nos conduzirá à realização segura dessa aspiração nacional.

Quero, porém, dizer mais detalhadamente dos trabalhos de desenhos ali expostos. Com efeito, nada se perde do que fizerem crianças de todas as idades escolares e matriculadas nos vários anos em que se dividem os cursos desse primeiro estágio educativo; todos esses trabalhos podem ser apreciados sobre o tríplice aspecto da concepção, da composição e da execução.

[...]

Notei que a preocupação máxima da criança, em sua grande generalidade, é a decoração ornamental em torno do assumpto principal e a este ligado por detalhes que lhe são interessantes. Isto é, a estilização do assumpto dado, sempre escolhido [...] motivos brasileiros e no [...] ambiente em que evolve a [...] a que pertence [...].

O conjunto bastante avultado dos trabalhos enviados, todos dignos de atenção, convence-nos da grande possibilidade de realizar-se a grande obra de ensino profissional, não como tem sido feita pelo Ministério da Agricultura, mas obrigatório, suave e eficiente. E *O Estado de S. Paulo* poderá, sem esforço iniciar conscientemente, seguramente, esse movimento de educação social.

Na impossibilidade de citar todos os trabalhos, pois que todos são dignos de menção, chamo a atenção para um pequenino papel branco sobre o qual está estampada a síntese do curso profissional, um verdadeiro programa a ser realizado. O que está nesse pequenino papel poderá servir, muito bem, de ensinamento, se não à missão estrangeira que nos virá ensinar, a chamado do Congresso, ao menos aos contratados oficiais, que só erros graves têm praticado. Ali tudo está sucintamente ensinado para ser devidamente detalhado. Nesse pequenino papel estão os três estados da alma que representam todo o longo tirocínio desse curso profissional.

Há vinte anos, já que venho batalhando por essa realização prática e eficiente, tendo conseguido, no Pará, os mais esplêndidos resultados, achando-me infelizmente sempre só; venho, agora, com indivisível prazer, encontrar nesse pequenino papel a certeza de que a realização do ensino profissional não se faz como deve porque os próprios homens o não querem.

Naquele pequenino papel está a súmula de todo o curso de criação original no cérebro infantil, trabalho intelectual de criar, que é privativo da espécie humana, mas daqueles que não querem se escravizar a [...] estranhos; a composição original, na visão artística que cada um de nós tem, mas que é sempre sufocada por interesses dos incompetentes que mandar, e, finalmente, a execução, segura, convicta e original ainda na maneira de ser traçada e que mãos profanas não têm o direito de manchar com sugestões ou emendas.

Que mais é preciso para montar esse aparelho indispensável e que virá completar a educação do povo, senão e apenas honestidade? Haverá por acaso, nada mais fácil e mais exequível para pô-lo em funcionamento, quando se possuem elementos.[16]

No artigo "Carta Aberta ao ilustre professor Benevenuto Berna, artista escultor", publicado no *Jornal do Brasil*, no Rio de 11 de outubro de 1927, quando já vivia em São Paulo, reafirma seu apoio ao Projeto Fidelis Reis e critica severamente os Programas do Colégio Pedro II para o Ginásio (corresponde hoje do 6º ano ao 9º ano) e as Escolas de Aprendizes e Artífices. Berna era também arquiteto e autor do projeto do edifício da sede do *Jornal do Brasil*, onde escrevia com periodicidade garantida. Havia escrito um artigo a favor dos Programas de Desenho do Colégio Pedro II e Braga, e assim se expressa na carta ao todo poderoso Berna:

---

16. Braga, Theodoro. O ensino de desenho. *O Estado de S. Paulo*, São Paulo, 27 jul. 1926b.

*Jornal do Brasil* — 11 de outubro de 1927.

## CARTA ABERTA AO ILUSTRE PROFESSOR BENEVENUTO BERNA, ARTISTA ESCULTOR

Já no ano passado fui forçado, para não deixar passar em julgamento, a analisar, ponto por ponto, o referido programa do Colégio Pedro II em artigos publicados no *O Estado de S. Paulo* (20, 21 e 22 de Agosto de 1926). E não foi tudo. Publicado no começo do ano, o tal programa para ser devidamente observado e por ele serem feitos os exames de fim de ano, qual não foi a surpresa para professores e alunos de verem, nas vésperas dos referidos exames, aparecer outro programa, embora de mesma matéria, codificado de outra maneira. Por que dois programas quando eles se equivaliam na sua pouca eficiência?

O programa deste ano, irmão gêmeo do ano passado, é, entretanto, arranjado de modo diferente. Há neste coisas curiosas e não seria agora o momento oportuno para uma crítica minuciosa. Convém entretanto citar um exemplo de fanfarronada: ponto 18 — "Desenvolvimento de um tema decorativo em estilo celta". Há outras coisas em estilo asteca, bizantino etc. Isto para alunos do 1º ano.

Por ventura o que se lê acima não constituirá matéria eficiente para uma tese de concurso para professor de uma cadeira de ornamentos de estilo de uma Escola Superior de Artes Decorativas?

E assim por diante.

Agora passemos ao segundo, ao outro departamento público onde se deve ensinar desenho, pois que ele é o alicerce principal da respectiva instituição. E o que diz respeito as Escolas de Aprendizes Artífices, cujo critério está entregue a um Sr. Luderitz, contratado, há oito anos quase, pelo Ministério da Agricultura, para projetar a reforma das referidas escolas.

O que penoso sobre o que tem sido feito e continua a se fazer certamente, já o disse eu, e é inútil repetir, em conferência pública realizada no salão da sociedade Brasileira de Belas Artes em 10 de agosto de 1925, conferência essa impressa em opúsculos e distribuída por todos os centros pedagógicos do país.

Nessa conferência, protestei contra a monstruosidade de tal programa que obriga a rapazes, como tive ocasião de ver aqui na escola de S. Paulo, a recortarem ignóbeis estampas e colarem, com goma-arábica, em outros papéis pretos.

Não será pois, meu caro mestre e artista, com tais professores e tais programas e métodos possíveis se ensinar desenho e modelagem, para, desse ensino assim ministrado, dar ao Brasil "uma elite de técnicos que saibam valorizar suas riquezas latentes".

Na bifurcação (que é o seu belo artigo último) do caminho onde marchamos juntos, temos de nos separar agora, com tristeza para mim, tal a divergência de vistas que alguns pontos desse seu referido artigo nos separam.

Embora, com muito amor a minha nobre profissão de professor de desenho, seja forçado a respeitar tais programas, e parar estar bem com a minha consciência, resolvi, com muito trabalho, transformar as exigências absurdas em matéria útil e que possa ser ensinada as crianças sob minha guarda intelectual e artística.

Assim, pois, por tudo que é dito, não estranhará o ilustre professor que lhe confesse que, teoricamente, sou em prol da utopia Fidelis Reis [...].[17]

Era preciso ter muita coragem para enfrentar Benevenuto Berna.

Os artigos criticando o programa de Desenho do Colégio Pedro II, aos quais Braga se refere na carta aberta a Berna, foram três longos textos publicados n'*O Estado de S. Paulo* nos dias 26, 27 e 28 de agosto de 1926, sob o título "Questões de ensino". Citarei apenas alguns tópicos:

*O Estado de S. Paulo* — 20, 21 e 22 de agosto de 1926

**A BALBÚRDIA DO PROGRAMA DE DESENHO DO COLÉGIO PEDRO II**

Porque, por exemplo, exigir que crianças passem o ano inteiro a fazer exercícios (25ª a 16ª lições) copiando inexpressivos sólidos geométricos a mão livre, quando facilmente obter-se-ia o seguro manejo do lápis e o despertar da inteligência em tão interessante campo de ação, fazendo-as estudar objetos de uso comum, todos com formas geométricas e de atraente execução?

Há muita repetição de matéria inutilmente, pois que, nem por isto, serão elas melhormente ensinadas.[18]

---

17. Braga, Theodoro. Carta aberta ao ilustre professor Benevenuto Berna, artista escultor. *Jornal do Brasil*, Rio de Janeiro, 11 out. 1927.

18. Idem. A balburdia do programa de desenho do Colégio Pedro II. Questões de ensino. *O Estado de S. Paulo*, São Paulo, 20, 21 e 22 ago. 1926a.

Mais adiante diz:

> As 5ª à 7ª lições, três dias empregados em denticulos e gregas; sente-se, entretanto, através destas poucas palavras a exigência do programa em obrigar os alunos a riscarem, em papel quadriculado, o exigido, copiando-os servilmente de motivos já copiados de outras cópias; e, como consequência deste raciocínio, seguem-se as lições 8ª, 9ª e 10ª que não são mais do que o boquiabertismo dos estudantes diante de tanto papel quadriculado e abundante nas casas comerciais que exploram a especialidade. O que querem exigir das crianças essas três lições? Para quê tanta rede, ortogonal se elas já estão à venda no mercado? Qual o seu interesse intelectual? E não fica aí. Além destas de malhas quadradas e retangulares, mais adiante (21ª à 24ª lições) exigem-se outras malhas de poligonais; até parece, sem faltar com o devido respeito, regulamentação da Diretoria da Pesca. E com tanta rede gasta o estudante sete horas do seu curto tempo reduzido em um reduzido ano cheio de férias e feriados.[19]

Ele critica lição por lição dos quatro anos do programa decretado em 1926.

Quando Theodoro Braga afirma na carta a Berna que é obrigado a seguir os programas do Colégio Pedro II, é porque aqueles programas eram o equivalente aos Parâmetros Curriculares e Guias Curriculares de hoje. Tinham que ser seguidos por todos os ginásios do território nacional. A diferença é que os programas do Colégio Pedro II determinavam conteúdos programáticos a serem rigidamente seguidos. Braga confessa na carta que buscava transformar os programas em matéria útil. É o que costumo recomendar a meus alunos de hoje frente aos guias curriculares que desabam das mentes privilegiadas dos professores universitários, que nunca ensinaram crianças, em cima dos professores de sala de aula. São poucos os guias que tiveram a colaboração dos mestres que põem a "mão na massa". Contra os guias curriculares diretivos ou ditatoriais, como os d'*O Estado de S. Paulo*, aconselho transformar, atualizar, inventar com os alunos, burlar, reprogramar, adequar à visualidade local, enfim, o que Braga fazia, criar matéria útil ao pensamento, ver e pensar.

---

19. Ibidem.

Braga apoiava o Projeto de ensino de Fidelis Reis, mas o considerava utópico, no que tinha razão, pois como já disse, foi aprovado, mas não realizado. Por outro lado, Theodoro Braga combateu outro poderoso, João Luderitz, contra quem iniciou uma polêmica através dos jornais em São Paulo dois anos antes da Carta a Benevenuto Berna. Não foi a primeira polêmica a favor do ensino de desenho em jornais que Braga provocou. Em 1909, em *O Jornal do Pará*, ele debateu com um cronista que assinava "M.", que não descobri ainda quem é, sobre os melhores métodos de ensino do Desenho. Para "M.", se deveria começar pelo desenho geométrico; para Braga, pela natureza. O primeiro apontava a técnica como base fundamental para a produção industrial. Já o segundo apontava a criação como fundamento básico de todo trabalho.[20]

Na polêmica contra os métodos de Ensino do Desenho de Luderitz, foi mais agressivo. Publicou o artigo "Sugestões sobre os desenhos para os artífices", no *Jornal do Brasil*, de 16 de agosto de 1925, se dizendo pasmo com um artigo de Luderitz no número de maio da revista *A Educação*, órgão mensal da Associação Brasileira de Educação sobre o Ensino de Desenho nas Escolas de Aprendizes e Artífices, que alguns historiadores consideram o início do ensino industrial no Brasil. Manifesta-se indignado e desalentado, e reproduz o texto de Luderitz. Continua:

*Jornal do Brasil* — 16 de agosto de 1925

**SUGESTÕES SOBRE O DESENHO PARA OS ARTÍFICES**

[...]

Como velho professor de desenho, que procura cada vez mais facilitar a maneira racional do ensino desta matéria, elevando-a dignamente na alma da criança e provocando nesta o interesse por esse ensinamento, sobretudo, um caráter utilitário e prático para uso do homem de amanhã, qualquer que seja o seu destino na vida, eu não podia deixar passar em julgado tamanha heresia, publicamente propagada por quem, ocupando lugar de tão grande responsabilidade, tenta obrigar esse prejudicialís-

---

20. Ver debate em Ana Mae T. B. Barbosa. *Arte/Educação no Brasil*. 2. ed. São Paulo: Perspectiva, 1986.

simo método de ensino, qual seja o da estampa e já banido entre nós, de uma disciplina indispensável e já obrigatória para todos os cursos de instrução.

Os vinte anos de professor de desenho, empregados com a mais devota das dedicações, [...] abrigam-me a vir, em público, sem demora, a lançar, com toda a força consciente de meus deveres, esse protesto, como brasileiro que ama seu país.

Pois então, quando eu supunha que o ensino de desenho, sobretudo, nos estabelecimentos oficiais da Capital de meu país, fosse uma realidade já velha, em que o seu aperfeiçoamento fosse apenas o ideal de cada um de nós, professores dessa matéria, acabo de verificar, publicado na melhor revista nacional de educação e instrução, colaborada por provectos mestres do ensino público, que uma autoridade muito altamente colocada, de lá de cima do 4º ou 5º andar de sua alta repartição, junto a um Ministério e que "dirige o Serviço de Remodelação do Ensino Profissional Técnico da República, encarregado contratado (também) para projetar a reforma das Escolas de Aprendizes Artífices, Normais de Artes e Ofícios e demais estabelecimentos dos congêneres subvencionados" e justamente onde o aprendizado do desenho é a coluna vertebral da Instituição, lá do alto de todos aqueles andares [...], vem essa autoridade fazer oficialmente a propaganda da estampa, da execranda estampa, como a base, o início de desenho naqueles estabelecimentos onde se forma o ainda tão abandonado operariado nacional e justamente nesses estabelecimentos onde essa mesma autoridade manda e impera, tentando ainda impô-la as demais instruções que não estão sob sua reforma contratadas.

Não. Não é possível.

É inacreditável o que está escrito nas páginas daquela revista.

Pois então, há vinte anos já que consegui que o Pará, o longínquo Pará, mas tão brasileiro como outro qualquer recanto deste Amado Torrão Pátrio, rasgasse todas as estampas importadas por professores mercenários para o ensino de desenho sem trabalho para eles, instituindo exposições anuais oficiais de desenho escolar, com admiráveis resultados práticos, venha eu agora encontrar na Capital de minha Pátria civilizada, tendo celebrado o seu primeiro século de independência política, alguém cercado da alta autoridade oficial, proclamar a necessidade da estampa estrangeira como "primeira (e Segunda) parte do ensino de desenho, a que se fez junto com o A B C e com a contagem simples", não a estampa em que a criança, copiando-a, reproduz com o lápis a figura ali desenhada, e que por se tratar de estampa seria também um crime; pior ainda, muito mais prejudicial do que essa: a do recorte do papel já desenhado por outrem.

Para não tirar o sabor do cômico e do trágico que o processo preconizado contém em si, reproduzo fielmente o texto curioso para que cada professor de desenho, honestamente, julgue e, revoltado, comente.

Lá vai obra:

"Na sala de desenho (pág. 562) deve se ter uma série de quadros murais de cenas, envolvendo os centros de interesse do aluno, representados em formas simples, pela justaposição de cores. Estes quadros convém medirem pelo menos 0,70m x 1,0m e deverão estar suspensos na parede bem visíveis de toda a classe. A cada aluno entregam-se pedaços de papel de cores diversas, correspondentes às do quadro mural, e que tenham no lado não colorido gravados os contornos impressos, correspondentes aos do original, na escala apropriada. Dá-se mais a cada aluno, uma folha de papel, em que esses mesmos contornos, estejam reproduzidos, na justaposição devida, para formarem a paisagem do quadro mural. Com as tesourinhas distribuídas, uma a cada aluno, estes recortam os papéis de cor e colam, com goma arábica sobre a folha branca de contornos impressos e surgirá, para grande contentamento do aluno, uma cópia fiel do original, em proporções reduzidas.

Qual o efeito educativo desta aprendizagem, que pode parecer uma brincadeira inútil à primeira vista?

O aluno faz um exercício que lhe deu oportunidade de representar, em cores, um desenho formado pela justaposição de contornos e convenceu-se de que o desenho é uma utilíssima ocupação e muito atraente.

Se o professor acompanha a confecção do desenho de silhuetas com contos aludidos sobre o centro de interesse dos alunos, envolvidos no caso sobe de ponto a atenção da classe e, quanto maior for o estímulo, melhor se obterá a educação almejada."

Leram? Pasmaram?

Saibam todos que o Sr. Luderitz descobriu o engenhoso processo de ensinar desenho sem desenhar; até agora desenhar, em síntese, é marcar um corpo com um outro corpo formando uma imagem; desenhar é representar um objeto por meio de traço.

O sr. Luderitz, encarregado contratado para reformar o ensino de desenho, ensina a desenhar, aos futuros operários brasileiros, com goma arábica, tesoura e papel de cores com calungas impressos nas costas e outro para ser grudado.

Parece mentira, mas entretanto é a pura verdade. Isto pode ser tudo: prenda de menina rica, slloyd, trabalhos manuais, o diabo, mas desenho e método de seu ensinamento, tenha paciência o Sr. Luderitz não, não, absolutamente não.

E o crime consciente da propaganda que o Sr. Luderitz faz dessas estampas estrangeiras aumenta de gravidade quando se verifica (o que é fácil de se verificar, manuseando os dois cadernos) que estas suas estampas nada reproduzem que se lembre, ao menos vagamente, um pedaço da nossa cara Pátria, cenas do Brasil, cousa que, ensinando mostre a criança o seu País, desperte logo o patriotismo latente do educando; não; as estampas do Sr. Luderitz nesses dois cadernos são desenhados por estrangeiro de país frio da Europa e que ainda pouco caso faz do país escolhido para sua nova vida, se é que não foram elas compradas em Segunda mão e em seguida importadas, como se nós não tivéssemos artistas capazes de fazer *aquilo*, em melhores condições e com outros resultados educativos, se é que, como já disse, estampa presta para alguma coisa se não para corromper o espírito da criança.

Não é fora de propósito chamar a atenção dos interessados para essas publicações mercenárias [...] haja vista o "Primeiro Guia do ensino de desenho" de um Sr. Dumont, em que a bandeira Nacional está erradamente desenhada: e nem era de esperar outra coisa.

De tudo isto se conclui que essa disciplina do desenho para os estabelecimentos profissionais deveria ser escrupulosamente entregue a professores nacionais que tivessem feito cuidadosamente um curso na Escola Nacional de Belas Artes, estabelecimento oficial criado especialmente para esse fim, ou em outro instituto de responsabilidade definida; o bom senso facilmente explicaria esta exigência, pelos resultados decorrentes quando o aluno, deixada a escola de seu aprendizado, se tornasse no operário, independente das estampas e catálogos estrangeiros, no homem útil a si e a sua Pátria.

O que é preciso é deixar que a alma irresponsável e alegre das crianças voe livremente, levada pela fértil imaginação de pequeninos seres impressionáveis que são, aproveitando o mestre, apenas, esses remigios para ir cautelosamente, criteriosamente guiando-a no caminho reto que deverá conduzi-la a finalidade útil que o destino traçou a cada uma. Nada do férreo cárcere das estampas para essas aptidões ainda desconhecidas de cujo resultado, glória ou fracasso, é o único responsável o mestre.

O leitor que tem responsabilidade pela alma da criança, seja pai ou seja mestre, reflita, quanta maldade está dentro desse conselho que encobre a propaganda comercial de um produto e para o qual se quer dar o caráter obrigatório da oficialização.

Quem escreve estas linhas é um velho professor que há vinte anos ensina desenho obtendo os mais surpreendentes resultados dando apenas à criança um lápis, um papel e às vezes um modelo.

E esse ensino que tenho ministrado tem sido sempre com o caráter de utilidade afim de que jamais possa a criança dele se esquecer, lançando mão dele, com segurança, todas as vezes que a necessidade assim o exigir; nunca entreguei um livro para nele aprender desenho à mão livre à uma criança.

O que é preciso, sim, para que o ensino do desenho produza o mais completo resultado que dele se pode esperar e exigir, Sr. Luderitz, é unicamente a responsabilidade do mestre e em que predominem, a um só tempo, harmonicamente, três condições principais: competência, dedicação e honestidade.

Em todas as vezes que tive de andar pela Europa jamais descuidei-me de visitar os muitos estabelecimentos de ensino técnico-profissional, procurando não nos livros mas na prática das oficinas a aprender ensinamentos racionais, e dessas visitas verifiquei com indizível prazer que a alma do operariado nacional é de uma facilidade atraente para dela se obter tudo quanto dela, criteriosamente, se exigir, muito mais inteligente e dúctil do que o seu irmão estrangeiro. Falta-lhe apenas ser guiado pela honestidade por parte da grande maioria dos indivíduos que se fazem passar por professores afim de, ociosamente, ocupar um lugar na burocracia pública.

É curioso que, havendo uma polícia de higiene, encarregada de impedir o exercício da medicina por curandeiros, não o haja também em benefício da educação popular, aquele é menos perigoso do que esta em seus efeitos se se puser em prática, nas escolas do País, as *sugestões* do Sr. Luderitz, porque só procuram os curandeiros quem se julga liquidado na vida e isto mesmo por sua livre espontânea vontade, enquanto que as crianças, no começo da vida e de quem tudo se espera, ali vão cortar papel e colar com grude, pensando aprender desenho, obrigadas por um regulamento incongruente e autoritário.

É justamente nessa tenra idade, na idade inicial de sua entrada na escola, que o ensino do desenho, como aliás o ensino de qualquer outra matéria, deve ser sincero, simples e sem fatigar o espírito da criança com a indigna obrigação de *copiar estampas* dos quadros murais, deixando, ao contrário, a criança a liberdade de todos os seus movimentos, conduzidos pelo professor com inteligência.

E jamais tive melhores discípulos do que aqueles educandos, completamente ignorantes do desenho, quantas observações inteligentes foram-me feitas por eles, mostrando-me avidez de conhecerem-no, preferindo muitas vezes aos demais deveres escolares.

[...]

Não devo alongar-me mais embora haja o que refletir e dizer o que há ainda pelas *sugestões a fora*. Aguardo, porém, que a sociedade Nacional de Belas Artes, núcleo de artistas brasileiros e capazes de tomarem a si a nobre missão de evitando a propagação desse método nocivo, ensinar desenho porque o aprenderam, me ceda um dos seus salões para, em defesa do ensino de desenho, protestar publicamente, em uma palestra, protesto que ora reitero contra esse sistema prejudicial ao futuro da arte nacional decorativa e rebater outros pontos da publicação oficial do Ministro da Agricultura.

E daqui desde já, proponho ao Sr. Luderitz o seguinte: cada um de nós, saindo do terreno das palavras para o campo dos fatos (o Sr. Luderitz e eu), encarregar-se de uma escola pública primária onde haja o maior número de crianças que nunca aprenderam desenho, isto é, na primeira idade escolar e cada um de nós iniciará o ensino de desenho; eu, por meu lápis e papel, ajudados com as minhas explicações e sem tocar com as minhas mãos nos desenhos infantis que forem sendo feitos; e o Sr. Luderitz fornecerá goma-arábica, tesoura e papel de cores, com ou sem estampas impressas no verso e verificaremos após seis meses, qual de nós, em exposição pública, poderá apresentar resultados úteis e práticos. Será juiz o responsável bom senso.

Conheci eu já a existência desses nocivos cadernos de recortes que tentam se infiltrar pelas escolas do Distrito Federal, mas como já vinha em surdina, anonimamente, não competia a mim impedir a venda dessa cocaína intelectual e artística que irá se adotada, asfixiar a alma dos nossos futuros operários.

Porém, agora, que sai à luz do dia, patrocinada pelo Governo Federal na pessoa do Sr. Luderitz, autoridade suprema e conselheira do Governo sobre o assunto e preconizando os tais cadernos, eu venho fazer um apelo no espírito forte, sereno e equilibrado do Sr. Dr. Carneiro Leão, a quem estão, em boa hora, entregues os destinos da instrução popular da juventude de hoje e que será a grandeza da Pátria de amanhã, que impeça, por todos os meios e modos, a intromissão nociva e perigosa desses cadernos, prejudiciais a bolsa do particular a ao erário público e sobretudo à saúde espiritual de tantas almas em flor.

Façamos obra nossa com coisas nossas e sejamos, acima de tudo, Brasileiros do Brasil.[21]

A afirmação de Braga, de que só se pode desenhar com lápis e papel, era advinda de sua educação acadêmica baseada na classificação, que dominava as Artes até os primeiros anos do século XX: pintura, desenho, escultura, gravura etc. Com o avanço do Modernismo, os limites destas classificações foram borrados, o campo dos materiais e técnicas multiplicados, estendidos e inter-relacionados, objetos, colagens, fotografias e imagens de várias categorias passaram a dialogar num mesmo trabalho com as antigas classificações que não foram apagadas, mas ampliadas.

Tomie Ohtake, por exemplo, ao projetar uma pintura, costuma explorar o espaço desenhando e recortando com papéis coloridos, que organiza em busca da melhor solução pictórica. Hoje se pode dizer que podemos desenhar recortando papéis, mas lembre-se que o Abstracionismo que implodiu a territorialidade da Arte do século XIX ainda não havia sido institucionalizado em 1925, apesar de experiências precursoras já existirem. Entretanto, Braga tinha razão na sua crítica à atividade didática de Luderitz, como um todo. No material didático comprado que ele usava nas aulas, havia uma estampa colorida grande. Os alunos tinham que reproduzir a estampa em papéis individuais, recortando as figuras reproduzidas da grande estampa que vinham desenhadas em papéis coloridos. Era só recortar e pregar para cada aluno ter a imitação da grande estampa em tamanho menor. Este material era vendido como didático para todo o sistema escolar do Ministério da Agricultura, Indústria e Comércio, como continuam sendo produzidos e vendidos livros e revistas de imagens nada artísticas, mas da cultura de massas medíocre, para serem coloridas. É uma espécie de "sossega-leão" para as crianças, e não leva a nada digno de nota como educação. Para treinar a motricidade, já se

---

21. Braga, Theodoro. Sugestões sobre o desenho para os artífices. *Jornal do Brasil*, Rio de Janeiro, 16 ago. 1925d.

provou que é mais eficaz a criança colorir o próprio desenho, autorregular seu movimento.

Luderitz não respondeu diretamente a Braga, mas foi entusiasticamente defendido pelo escritor baiano, Acácio França,[22] no artigo abaixo:

*O Imparcial* — 12 de setembro de 1925

**PELO ENSINO DO DESENHO**

*(A propósito de uma entrevista do prof. Theodoro Braga)*

Não tive a honra de ouvir a conferência do Prof. Theodoro Braga *sobre O ensino do desenho nos cursos profissionais*. Vi, entretanto, uma enquete dada pelo conferencista a "O Brasil", que a publicou em sua edição de 10 do expediente. Li a entrevista que, pelo agressivo da linguagem e tom pessoal das asserções, revela que o escopo da conferência é mais ferir individualmente o Dr. João Luderitz, operoso encarregado *da Remodelação do ensino profissional*, que fazer crítica justa e substanciosa aos seus métodos propostos para o ensino do desenho nas escolas de Aprendizes Artífices.

Não há dúvida que a única preocupação do Prof. Theodoro Braga é fazer escândalo, discutindo antes de razão, citando trechos do último "Relatório" do Dr. Luderitz, que entremeia de comentários jogosos, sem encarar o assunto a sério, colocando-se, assim, em uma de duas atitudes, cada qual pior: — de quem não compreendeu o que leu ou de quem, compreendendo argumenta torcendo o jeito, e isso importa em má fé. Infelizmente, porém, está na última situação, pois o ilustre conferencista, depois de ler o citado "Relatório"" e antes da sua desastrada entrevista, esteve em pessoa na sede da *Remodelação*, onde, em demorada visita, tratando com a maior cordialidade, colheu quanto possível de informes e esclarecimentos sobre o que já pretendia atacar, fosse como fosse, descortesmente e com pouca lealdade. Na conferência em questão, é sabido, desceu o professor a expressões de todo incompatíveis com o assunto, com o momento e, até, com a sua própria condição. Pois não é que o Sr. Theodoro Braga, bacharel em direito, artista de nome, lente da escola Nacional de Belas Artes e, sobretudo, homem de responsabilidade, foi dizer ante um auditório conspícuo que o atual ensino

---

22. Acácio França é autor dos livros: *A pintura na Bahia* (1944); *Vicente Licínio Cardoso: história de uma amizade* (1931); *Em louvor das Américas: as bandeiras* (1944); e da tradução de *Recordações da província de Domingo Faustino Sarmiento* (1952).

do desenho é uma verdadeira "cocaína intelectual e artística"!... Cocaína em tal ambiente?!! Ora, pelo amor de Deus!... Dei da gafe por informações d'*O Globo*, de 11, pag. 5, no topo da última coluna. Sem mais comentários, só merece lamentos a infelicidade do prof. Theodoro Braga!

Voltando às suas diatribes aos métodos de ensino de desenho nas Escolas de Aprendizes Artífices, que são apenas sugestões, como, com toda a modéstia, os qualifica o Dr. Luderitz (no "Relatório", parte transcrita em A Educação ns. 5 e 6 de maio e junho ps. Ps.), sugestões que se pretendem ensinar e não "forçar" com "pretensão estulta", afiançamos sem exageros que o conferencista traiu o pensamento do autor.

Diz o Dr. Theodoro Braga pretender o remodelador do ensino profissional técnico ensinar desenho pelo recorte de silhuetas. É falso. Essas silhuetas que o aprendiz artífice, ainda incipiente, recorta, a princípio por inteiro em papel preto, essas figuras, que organizará, arrumará, depois, recortando papel colorido, seguindo os contornos das silhuetas, são apenas preliminares divertidos e amenos ao trabalho manual, que além de prepararem o aluno para os estudos do desenho, logo hão de despertar-lhe a alma de artista se a tiver. E neste caso, ele começará a fazer alterações que são verdadeiras criações, assinalando a própria individualidade. O mesmo acontece com os desenhos executados com as moedas de 100, 200 e 400 reis e um dado de dominó. Examinem-se, como verificação, os cadernos 1 e 2 para o primeiro ano e 1 para o segundo, já publicados e em uso nas Escolas de Aprendizes Artífices.

Vê-se, por aí, destruída uma informação descabida. [...]

Prova-o o mesmo caluniado Dr. Luderitz na "Introdução" ao caderno n. 2 do Desenho Ornamental e Geométrico para o 2º semestre do 2º ano, ainda não publicado, mas distribuído em datilografia por todas as Escolas de Artífices e, o que mais é, visto e examinado pelo conferencista, quando pela sua vista à *Remodelação*. Leiam-se as palavras do Dr. Luderitz, que são de uma eloquência esmagadora as pretensas acusações:

"... basta lembrar o que está em voga até hoje nas escolas, da quase totalidade no Brasil, sendo método generalizado, mandar o aluno copiar de estampas litografadas, sobrecarregadas de sombras, grupo de folhagens e ramilhetes de flores (estrangeiras, bem se vê) sem que ele possa perceber, em tais gravuras, que não exprimem cenas e coisas que lhe sejam familiares, pormenores e linhas definidas de contornos.

Tal método tem por efeito preparar um exército de incompetente em matéria de desenho aplicado, como fácil se torna constatar, vendo-se moças, que no colégio fizeram inúmeros desenhos a crayon, sombreados e aquarelados, serem incapazes de esboçar um monograma a mão livre, para bordá-lo numa peça de roupa, acontecendo, por outro lado, que rapazes, mesmo após longos anos de aprendizagem de desenho, não se animam a reproduzir em croquis, uma simples peça de uso doméstico, que devam, por exemplo, figurar em catálogo, ou que desejam mandar confeccionar por um operário.

De tais alunos se deverá dizer que os seus professores não lhes ensinaram a desenhar, mas a copiar estampas, não aprenderam a ler no grande livro da natureza, sempre aberto e pródigo em ensinamentos a quem nele procurar beber os sábios ensinamentos da pura arte.

E se pode admitir, como geralmente condenado, o tal método de copiar estampas vindas do estrangeiro embora, desculpando-se estar em voga ainda, pela despreocupação dos professores que o adotam por comodidade, será por sem dúvida, intuitivo, depois das considerações acima feitas, que em induzir o aluno a estudar as minúcias dos elementos florais, para depois utilizarem essas perquirições meticulosas na representação dos mesmos esboços, em escala reduzida, mas formando conjunto de ramilhetes em jarra e vasos, vai inquestionavelmente uma justificação espontânea do método preconizado acima, pelas razões que por si se apresentam, na própria essência da orientação aludida, como única racional para ensinar desenho em cópias do natural.

Outro tanto deve ser dito com referência ao desenho sombreado e aquarelas de paisagens por estampas em livrarias e papelarias em coleções, que não variam há alguns decênios, às quais figuram cenas, completamente estranhas ao aluno, como de choupanas cobertas de neves, ou moinhos holandeses, representando vegetação europeia, homens e animais que se nunca viram aqui e cousas semelhantes, ruínas medievais com pontos dos Alpes, quando neste belo Brasil, bastaria abrir os olhos para encontrar uma série interminável dos modelos mais ricos e interessantes que imaginar se possa, e que de certo seriam de mais utilidade nas reproduções de desenhos do que as estrangeiras, sem falar no estímulo patriótico que isso traria consigo.

E adiante, sempre contra gravuras estrangeiras:

"E dizer-se que há professores que exibem, satisfeitos, semelhantes barbaridades, como prova patente da esplêndida orientação que julgam seguir dando-se por documentação da grande inclinação de seus alunos pela arte, ao que só se pode aduzir, como comentário: — pobre arte e pobres alunos! [...]

A conclusão do 2º semestre deste segundo ano de aprendizagem, a que chamamos de estudo de desenho geométrico e ornamental à mão livre, deve ser feita em exercícios de estilização, para o que magnificamente se prestam os elementos até aqui colhidos na flora e na fauna pequena (insetos) de que, como vimos facilmente os próprios alunos colherão os modelos fora de aula para trazê-los ao estudo na escola".

Não se fazem precisos mais comentos nem citações para que se evidenciem, a todas as luzes, a vitória do Dr. Luderitz e a destruição completa dos falsos argumentos do detrator. Acabam sempre assim as obras de desapreciação ao que outros fazem com entusiasmo, sinceridade e boa fé. O professor Theodoro Braga supôs ter bons cavalos de batalha, mas estes eram de pão e se desengonçaram, desmantelando-se todos.

Terminando, peço não se vejam nestas linhas ódio nem desconsideração ao ilustre professor Theodoro Braga, a quem basta a qualidade de artista para merecer todo o meu afeto, respeito e admiração. De tais sentimentos tenho dado sobejas provas a muitos de seus colegas nacionais ou estrangeiros pela imprensa da minha terra querida — a Bahia — o que poderão atestar Preciliano Silva, Deolindo Fróes, Manoel Augusto dos Santos, Georgina e Lucilio de Albuquerque, Guttmann Bicho, Oscar da Silva, Marianno Félez e outros mais. Porém, no caso presente, o Sr. Theodoro Braga não tem razão, estas pertencem integralmente ao não menos ilustre Dr. João Luderitz, incansável *Chefe da Remodelação do Ensino Profissional Técnico*.

Com a verdade, onde ela estiver.

Rio, 31 de agosto de 1925.[23]

Luderitz respondeu ao ministro em carta que foi publicada no *Diário Oficial*. Mas foi nos jornais diários, lidos por todo o mundo alfabetizado, que Theodoro continuou a investida contra Luderitz:

*O Brasil* — 11 de outubro de 1925

**VIVO DEBATE TRAVADO EM TORNO DA ENTREVISTA PUBLICADA NO "O Brasil"**

Há pouco tempo, o ilustre artista brasileiro professor Theodoro Braga teve oportunidade de levantar pelas colunas de "O Brasil", a questão do ensino de desenho nas escolas profissionais custeadas pelo Ministro da Agricultura, ensino que, segundo a opinião daquele erudito mestre vem sendo

---

23. França, Acácio. Pelo ensino do desenho. *O Imparcial*, Rio de Janeiro, 12 set. 1925.

realizado dentro dos métodos errados, profundamente prejudiciais à mocidade brasileira.

É assim que o Dr. Theodoro Braga acusou, irrefutavelmente, o professor austríaco João Linderitz, contratado pelo Ministério para dirigir aquele departamento de ensino público, de estar mandando fazer o desenho pela cópia de decalque de estampas impressas, com prejuízo da cópia do natural, que é o que vem fazendo, acatadamente, em todos os países do mundo.

No libelo que estão divulgou pelas colunas de "O Brasil", o Dr. Theodoro Braga mostrava os profundos inconvenientes e erros inconcertáveis que viriam para o operariado nacional da orientação implantada nas escolas profissionais, onde a operário brasileiro aprenderia a desenhar e a aplicar este desenho sobre motivos diferentes dos nossos, embora se tratasse da fauna ou da flora ou ainda dos costumes e das raças que habitam o nosso país.

### A PALAVRA DO PROFESSOR LUDERITZ ANTE A GRAVIDADE DA ACUSAÇÃO

Não se fez esperar muito tempo e o professor João Luderitz respondia à entrevista do professor Theodoro Braga, fazendo-o, porém, em longo ofício dirigido ao ministro da Agricultura e publicado no "Diário Oficial" da União. Achando-se temporariamente em São Paulo, o Dr. Theodoro Braga não teve imediato conhecimento da resposta em questão, que só agora lhe foi cair às mãos, determinando ao ilustre pintor patrício a atitude de que o documento a seguir dá nota.

### CARTA ABERTA DO PROFESSOR THEODORO BRAGA, AO MINISTRO DA AGRICULTURA

"Exmo., sr. Ministro da Agricultura, Indústria e Comércio.

Permiti, exmo. sr. Ministro, que um cidadão brasileiro nato, tendo como credenciais para junto a vós o ter sido aluno matriculado da Escola Nacional de Bellas Artes onde, após ter cursado os seus cinco anos regulamentares com as notas distintas em seus exames, obteve, por concurso, o prêmio de viagem à Europa por 5 anos para aperfeiçoar seus conhecimentos artísticos e técnicos, por conta do Governo Federal, ser professor livre docente da mesma Escola, membro do Conselho Superior de Bellas Artes, grande medalha de prata na Secção de pintura, pequena e grande medalha de ouro na Secção de arte Aplicada nas últimas Exposições Nacionais de Bellas Artes, ex-diretor dos Institutos Profissionais Maculinos do Estado do Pará e "João Alfredo" do Distrito Federal, venha perante vós protestar e reiterar às acirradas expressões que foi forçado a usar contra inominável e criminoso processo de se mandar ensinar desenho, matéria básica nos estabelecimentos profissionais, por meio de absurdas e horríveis estampas estrangeiras nas Escolas de Aprendizes Artífices da República, expressões essas empregadas em minha conferência (que será publicada em folhetos para ser profusamente espalhada em todo o país) e em artigo para combater, sem tréguas, como o farei sempre, o processo que nas Sugestões sobre o ensino de desenho insinua o Sr. João Luderitz, encarregado contratado para remodelar o ensino profissional técnico, processo que obriga a introdução naquelas Escolas, de estampas estrangeiras, pessimamente desenhadas, afim de servirem de modelos para o estudo do desenho à crianças nacinaes pobres que serão os operários de amanhã.

Venho também Exmo. Sr. Ministro, pedir-vos que, atendendo ao apelo feito pelo mesmo Sr. Luderitz, em seu ofício n. 1.255 de 29 de agosto deste ano e publicado no "Diário Official" de 27 de setembro último, mandeis proceder a exame meticuloso por uma comissão de profissionais, mas que eu faça parte dela sem a menor remuneração, afim de se examinar sobre o que se está fazendo, nesse sentido de ensino de desenho, na Escola de Aprendizes Artífices de São Paulo, onde além do uso daquelas estampas grosseiras para recorte durante um ano inteiro, por aprendizes de 16 anos, empregam-se outras estampas como modelos, tais como as do Jornal O Tico-Tico e, horrible dietu, a revista Der Deutehe Tselilermeister, de Berlim, em língua alemã.

Não vi, nessa Escola de São Paulo (onde atualmente me acho em viagem de estudo) modelo nenhum do natural, e pelo qual possam aqueles infelizes e desprotegidos aprendizes nacionais receber um ensinamento útil, proveitoso, eficiente e técnico.

Urge, exmo. sr. Ministro, pôr um paradeiro definitivo a esse processo de ensino, que não é mais que um crime de lesa-Pátria, afim de impedir quanto antes que a estampa mercenária ou não, verdadeiro tóxico intelectual, continue a corroer inexoravelmente a alma alacre das crianças, que é alma nacional e que se entregam confiantes as Escolas públicas oficiais, como acontece presentemente... Sugestões sobre o ensino de desenho desse Sr. encarregado contratado pelo Ministro sob vossa ata e proba autoridade.

Impedi, Exmo. Sr. Ministro, que continue as estampas, sejam elas quais forem, a servirem de modelo nas aulas de desenho, exigi, categoricamente, para modelos nesses cursos, o uso de objetos naturais e nacionais, com a sua forma e cor aparentes e que digam alguma cousa à nossa alma de brasileiros e à competência dos respectivos professores da matéria, com a sua honestidade e dedicação profissionais, fará o resto, levantando assim com alma do operariado nacional, uma das pedras angulares do portento-do ofício da nossa cara Pátria. Respeitrosamente subscrevo-se vosso compatrício — Theodoro Braga.[24]

A recepção das ideias de Theodoro Braga era calorosa. Sabendo disto enviou ao jornal *O Brasil* as cartas de adesão às suas ideias, provocando mais uma notícia naquele jornal.

*O Brasil* — data desconhecida[25]

**ENSINO DO DESENHO NAS ESCOLAS**
*A repercussão da patriótica campanha pelo interior do Brasil*

Era de prever a grande recuperação que teria a entrevista publicada pelo "O Brasil", com o professor Theodoro Braga, relativamente ao ensino do desenho nas escolas oficiais e os processos adaptados pelo mestre "oficial", professor João Luderitz.

Vários jornais se ocuparam do assunto, levando para as suas colunas o nosso trabalho e chamando a atenção do governo para o desacerto que há na continuação dos processos pedagógicos referentes a desenho seguidos pelo técnico austríaco contratado pelo Ministério da Agricultura, para superintender a tal serviços.

Muito especialmente em S. Paulo, onde se encontra o professor Theodoro Braga, várias tem sido as testemunhas de aplausos à sua conduta, iniciada com a brilhante e valiosa conferência feita pelo erudito e consagrado artista, na Sociedade Brasileira de Belas Artes, sobre a debatida matéria.

Theodoro Braga tem sofrido verdadeiro assédio de amigos que lhe pedem a divulgação, em volume, do seu famoso trabalho, sendo sua intenção dá-lo à publicidade logo que aqui chegue, para distribuí-lo pelo país inteiro.

O festejado professor e artista Dr. Theodoro Braga, entre muitos cartões e telegramas recebidos, enviou-nos, de S. Paulo, notícia do que lhe remeteu o Centro de Cultura Brasileira, pelo caráter intelectual e cunho nacio-

---

24. Braga, Theodoro. O vivo debate travado em torno da entrevista publicada n'*O Brasil*. *O Brasil*, Rio de Janeiro, 11 out. 1925c.

25. Provavelmente escrito depois de 16 de outubro de 1925.

nalista que distingue essa associação "Centro de Cultura Brasileira" felicita V. ex. patriótica atitude caso Luderitz. Adelino Magalhães.

Também quis trazer as suas luzes ao debate o velho ilustre órgão brasileiro "O Diário Popular", de S. Paulo, jornal da mais larga atuação na sociedade paulista, o qual se expressou nestes termos, em sua edição de 16 de outubro corrente:

"O ensino do desenho — O ensino de desenho é a pedra basilar em todas as artes aplicadas. Canteiros, entalhados, arquitetos, artistas de todas as classes e idades, não podem desprezar o ensino primordial do desenho. Por isso sentimos simpatia pela campanha do professor Theodoro Braga em prol da nacionalização do ensino nas escolas dependentes do Ministério da agricultura da República. Andou bem o distinto patrício em classificar de crime de lesa pátria a orientação do professor João Luderitz, baseada sobre o decalque e decalque grosseiro de gravuras estrangeiras de mero valor comercial. Perfilhamos "in totum" a representação que o professor Theodoro Braga dirigiu ao ministro da Agricultura e que o Jornal "O Brasil", estampou na sua edição de 11 p.p. Desta folha já temos chamado a atenção do titular da pasta da Agricultura contra a ação do professor João Luderitz, que veio refletir-se na Escola de Aprendizes desta capital. Estamos certos de que o ilustre baiano que superintende com brilhantismo a pasta da Agricultura, não deixará de prestar atenção à representação acima referida, como objeto de interesse nacional.[26]

As Escolas de Aprendizes Artífices haviam sido criadas em 1909, junto ao Ministério da Agricultura, Indústria e Comércio, com o objetivo de desenvolver o ensino industrial. Os poucos estudos sobre esta rede de Escolas lançam dúvidas sobre os objetivos atingidos. Os otimistas lembram de que o conceito e a prática industrial eram outros, muito elementares e tendo isto em conta, estas escolas surtiram relativo efeito. Penso que se tratou de um projeto domesticador dos pobres, fábricas de operários eficientes e domáveis. O que aponta para isso é a criação indiscriminada de uma escola em cada Estado independente do estágio econômico de cada um. Eram salvaguardas nacionais, garantias de controle do proletariado. Eram escolas de quatro anos, que compreendiam

---

26. Ensino do desenho das escolas: a repercussão da patriótica campanha pelo interior do Brasil. *O Brasil*, Rio de Janeiro, s/d.

o aprendizado de oficinas de "artes manuais e mecânicas", em número de cinco em cada escola, o curso primário e o de desenho.

Quanto ao tipo dos ofícios ensinados nas Escolas de Aprendizes Artífices, Cunha, analisando-os em sua evolução quantitativa, entre os anos de 1912 e 1926, conclui que:

> [...] vemos oficinas voltadas para o artesanato de interesse local e poucas de emprego industrial. A maioria das escolas ensinava alfaiataria, sapataria e marcenaria (mais de 15 das 19 escolas). Outros ofícios eram ensinados em número menor de escolas, predominando os de emprego artesanal como a carpintaria, a ferraria, a funilaria, a selaria, a encadernação e outros. Poucas foram as oficinas destinadas ao ensino de ofícios propriamente industriais, de emprego generalizado: mecânica, tornearia e eletricidade.[27]

Os professores do curso primário eram normalistas, mas os do curso de desenho eram especialistas, demonstrando-se assim o alto valor conferido ao Desenho. Os mestres eram originários de oficinas e indústrias locais.

O *plus* educacional, encarregado de desenvolver tecnicamente e intelectualmente era o Desenho. Era o Desenho que fazia a diferença da escola primária comum.

> O curso de desenho, [...], compreenderá o ensino de desenho de memória, do natural, de composição decorativa, de formas geométricas e de máquinas e peças de construção, obedecendo aos métodos mais aperfeiçoados. (Artigo 3º, parágrafos 1º, 2º e 3º, respectivamente)[28]

Criou-se em 1920 ou 1921, os historiadores divergem, o Serviço de Remodelação do Ensino Profissional Técnico, sob a direção de João Luderitz.

---

27. Cunha, Luiz Antônio C. R. Antecedentes das escolas de aprendizes artífices: o legado imperial/escravocrata. *Revista da Faculdade de Educação da UFF*, Niterói, v. 11, n. 22, p. 17, 47-66, jul./dez. 1984.

28. Luderitz, João. Apud Brandão, Marisa. *Da arte do ofício à ciência da indústria*: a conformação do capitalismo industrial no Brasil vista através da educação profissional, p. 7. Disponível em: <http://www.senac.br/BTS/253/boltec253b.htm>. Acesso em: 1º out. 2013.

Desta forma, Luderitz afirmará, em 1922, que:

> o ensino profissional técnico é especializado no que respeita ao preparo literário do futuro artífice, aceitando o princípio de que há pressa na formação do operariado nacional e de que sem cercear-lhes as justas aspirações de aperfeiçoamento na sua profissão, não se deve de modo algum incutir no espírito de um proletário a veleidade de querer ser um doutor.[29]

Como se vê, pela afirmação de Luderitz, a educação pública para os pobres deveria se limitar à preparação para o trabalho mecânico sem nenhuma preocupação com o desenvolvimento cultural e muito menos com a capacidade de criar. Portanto, os valores perversos e classistas que o neoliberalismo de hoje animadamente, prescreve, começaram cedo no Brasil, limitando a educação do povo ao equivalente a treinar suas "habilidades" e limitar suas "competências" para torná-los eficientes operários para fazer dos ricos cada vez mais ricos. Este discurso de Perrenoud, o mago neoliberal de uma Europa falida circula imperialisticamente pelas Faculdades de Educação do Brasil hoje e até na rede S de ensino, especialmente no Senai e Senac. Não é de estranhar que Luderitz tenha ganhado a batalha com Theodoro Braga e reinado absoluto na Inspetoria do Ensino Profissional Técnico que em 1930 ou 1931 substituiu o Serviço de Remodelação do Ensino Profissional Técnico. Também não é estranho que tenha sido diretor do Senai.

O discurso de Theodoro Braga contra Luderitz parece xenófobo, pois fala várias vezes na entrega da educação de nossa juventude a um estrangeiro, pois Luderitz era austríaco que trabalhava no Rio Grande do Sul quando foi içado à figura de decisão no ensino do Desenho em todo o país. Contudo, Braga dialogava bem com os estrangeiros que vinham ao Brasil estudar nossa iconografia e cultura mesmo para produzir industrialmente para o mercado internacional, como foi o caso de August Herborth, um designer alemão que trabalhou em indústrias brasileiras e passou dez anos no Brasil.

Ele conseguiu interessar fábricas alemãs de porcelanas a lançarem produtos com design guarani, marajoara e caiuá. Produziu um álbum

---

29. Ibidem, p. 11.

de desenhos guaranis, que está hoje na coleção Berardo em Portugal. Encontrei um recorte de jornal no arquivo de Braga, no jornal *O Estado de S. Paulo*, sem assinatura, elogiando os trabalhos de Herborth. Menciona a exposição do Salão da Escola de Belas Artes no Rio em 1926, onde Herborth apresentou três painéis de "Composição decorativa, constando de alfabeto, vocabulário, desenhos e aplicações decorativas, inspiradas na decoração dos índios brasileiros do baixo Amazonas".[30] O recorte tinha pregado um pequeno papel escrito à mão que dizia: "Muito bom". Eis o artigo que menciona elogiosamente o próprio Theodoro Braga, e discorre sobre as necessidades da indústria brasileira. A que ou a quem ele queria se referir com a frase "muito bom"?

*A Gazeta* — 6 de outubro de 1926

**A ARTE BRASILEIRA ATRAVÉS DOS MOTIVOS DE INSPIRAÇÃO INDÍGENA.**

Modernamente, o professor alemão Augusto Herborth, da Academia de Bellas Artes de Strasburgo, trabalhando, contratado por industriais, no Rio de Janeiro, dedica a sua atividade inteligente e proveitosa, à conquista de motivos decorativos inspirados na cerâmica dos indígenas brasileiros.

Tendo estudado, no Museu Nacional, os inúmeros e variados modelos ali reunidos, o professor Herborth estilizou-os com uma grande felicidade, conseguindo obter trabalhos magníficos, em desenhos para fins de imediata aplicação industrial.

É um serviço inestimável prestado do ponto de vista geral à indústria brasileira e do qual esta, até agora, não parece ter percebido. Os industriais de tecidos, sobretudo, precisam entrar em conhecimento com os trabalhos desse operoso artista, que é um desenhista notável e ceramista famoso, tanto assim que exerce a cadeira desta disciplina na velha escola universitária alemã.

O professor Augusto Herborth, que expôs com um grande brilho os seus modelos no salão anual de pintura da Escola de Belas Artes, recebeu da crítica os maiores elogios e o júri do salão premiou os seus trabalhos com a mais alta distinção, conferindo-lhe a medalha de ouro.

---

30. Belas Artes. A inauguração do salão oficial de 1926. *O Jornal*. Rio de Janeiro, 13 ago. 1926. Disponível em: <http://www.dezenovevinte.net/egba/index>. Acesso em: 1º jul. 2013.

Todo ruído que nos meios artísticos produziram as revelações trazidas pelo professor Herborth não logrou ser ouvido no meio industrial brasileiro, certamente absorvido por outros negócios, talvez de menor importância, mas de muito maior eficiência no balanço final do ano...

## AS NECESSIDADES ESTÉTICAS DA INDÚSTRIA PAULISTA

Em S. Paulo, porém, mais que em qualquer outro Estado, a indústria desenvolveu-se de tal maneira, que não é possível impor qualquer novidade, sem que o exemplo parta daqui.

Do nosso Estado deve, pois, surgir o movimento de nacionalismo artístico industrial, dando os nossos industriais, de tecidos de algodão e seda, de louça e vidraria, o exemplo da reação, com a escola, para seus modelos, de motivos extraídos à nossa fauna maravilhosa, à nossa flora gigantesca, à tradição graciosa deixada pelos aborígenes, e abandonando as incaracterísticas cópias servis dos mesmos artigos que com muito mais precisão e perfeição são fabricados nas fábricas de Manchester ou de Lyon.

Torna-se, evidentemente, uma necessidade aproveitar nossos motivos estilizados, nos artefatos e tecidos de produção nacional, pois que, só assim, lograríamos com esforço continuado e persistente, criar dentro dos motivos pictóricos nacional, uma indústria de caráter rigorosamente brasileira.

A S. Paulo deve caber papel importante nesse conquista.

Enquanto todos os países se interessam no sentido de criar uma arte nacional, aproveitando os motivos da sua fauna, de sua flora, da sua tradição popular e nacionalista, em suma, nós, no Brasil, continuamos a copiar o que os europeus nos ensinam, sem um estímulo, um gesto de independência que sirva de ponto de partida para a arte nacional brasileira.

Todos os nossos riquíssimos motivos ornamentais têm ficado à margem na escolha dos assuntos escolhidos para a arte decorativa que aqui se faz.

Insistimos em copiar a coluna de capitel dorico ou etrusco, porque, há vinte séculos, na Grécia assim se fazia. Modelamos os nossos objetos artísticos, as nossas jóias, os nossos móveis, pelos velhos e antiquados modelos copiados pela civilização cristã à cultura greco-romana, como se nossa inteligência não fosse capaz de criar obra nova, de acordo com a idade moderna.

Por que não operar uma salutar reação contra este espírito servil?

## O RELEVO DA REAÇÃO TENTADA POR THEODORO BRAGA

Há, felizmente, neste momento, um início indeciso de reação contra este espírito imitativo, que é preciso estimular.

Partiu a reação do consciencioso artista brasileiro S. Theodoro Braga, natural do Pará, que primeiro teve entre nós a idéia de aproveitar em estilização felizes os variados motivos de que a natureza está cheia.

Theodoro Braga compôs uma série de quadros de modelagem que hoje são propriedade da Prefeitura paulista e que devem ser aproveitados como objetos de estilização nas escolas e oficinas do município e do Estado.

O trabalho desse nosso belo artista não está divulgado como merece. E é pena, porque Theodoro Braga conseguiu fazer coisas maravilhosas, para mobiliário, cerâmica, grades de jardim, candelabros e postos de iluminação, artigos de tapeçarias, desenhos para tecidos etc. etc.

Antes de Theodoro Braga só um artista brasileiro se ocupara de arte decorativa: Eliseu Visconti, o grande mestre considerado o maior pintor brasileiro, vivo.

Visconti, porém, não se impressionara com as nossas cousas, utilizara os mesmos modelos de que se servem os artistas franceses, belgas ou italianos, lançando, assim, é bem verdade, os alicerces da arte decorativa, entre nós, mas o fazendo com material [...] alheio, inteiramente indiferente à simbologia da natureza brasileira.

Ora, nada pôde explicar ou justificar esta diferença pelos assuntos de inspiração nacional, porque eles são, afinal, uma fonte de permanente renovação emocional, caracteristicamente americana, singularmente brasileira.

O esforço de Visconti não foi, entretanto inútil, tanto que, vinte anos depois, o mestre acaba de fazer nova exposição desses velhos trabalhos, permitindo que dos mesmos sejam extraídas copias, mas não cedendo, por venda, nenhum dos seus modelos a ninguém.

A exposição que Visconti realiza, neste momento, na Galeria Jorge, no Rio de Janeiro, tem intuitos meramente educativos sem nenhuma finalidade comercial.[31]

O interesse da Europa pela produção de povos que consideravam primitivos, como os africanos e os ameríndios, estendeu-se pela década de 1930. As estamparias com base em motivos africanos e indígenas estiveram na moda por muito tempo. As estamparias de Helena Izcue, inspiradas em desenhos incas, encantavam os parisienses e até os nova-

---

31. A Arte brasileira através dos motivos de inspiração indígenas. *A Gazeta*, Rio de Janeiro, 6 out. 1926.

-iorquinos. Alguns designers europeus vinham ao Brasil, México e Peru em busca de inspiração para criação de motivos exóticos. Cada um que aqui chegava reforçava simplesmente com sua presença e suas pesquisas as opiniões de Braga acerca do valor da iconografia nacional, como o fez Augusto Herborth.

Theodoro era pródigo em elogios quando encontrava um bom trabalho de ensino de Desenho em escolas e exposições que costumava visitar. O próximo artigo é muito elogioso acerca do ensino nas escolas profissionais de São Paulo, mas ele não se furta a dar mais uma pancada nos métodos de desenho copiados.

*Diário da Noite* — 4 de dezembro de 1925

**O ENSINO DE DESENHO NAS ESCOLAS PÚBLICAS DE S. PAULO**

Pioneiro do ensino de desenho, em nossa terra, o professor Theodoro Braga, em escrito para o DIÁRIO DA NOITE, insurge-se contra o uso de estampas dizendo que copiar de outrem é escravizar-se.

Um jornalista do "Diário da Noite", dando conta de uma das suas muitas visitas às exposições dos trabalhos escolares, houve por bem publicar a minha opinião sobre não só a orientação dada ao ensino de desenho, como ao valor dos trabalhos dessa disciplina, na Escola Normal do Brás.

A citação do meu nome na apreciação justa, que faz aquele jornalista sobre os desenhos das alunas dessa magnífica Escola de São Paulo, veio despertar em mim, distraído por múltiplas obrigações o dever de trazer em público o que ora faço prazerosamente os meus mais fortes aplausos e o meu caloroso entusiasmo pela obra meritória sólida e patriótica que vem fazendo a senhora Noemi Peres sua contentíssima professora de desenho.

Ignorando a situação das várias escolas que, quase a um só tempo abriram suas portas para o público julgar dos trabalhos escolares executados durante o ano letivo que acaba de findar, pude apenas visitar as exposições das Escolas Profissional Masculina e Profissional Feminina, Escola Normal do Brás, Grupo Escolar do Brás e Escola Modelo e Jardim da Infância da Escola Normal da Praça, tendo visitado ainda a aula de desenho há cerca de um mês, do Grupo Escolar da Barra Funda, em companhia do professor Cymbelino de Freitas que, com competência e dedicação, exerce o cargo de inspetor especial de desenho.

Mesmo assim julgo que não errarei se disser que magnífica foi a minha impressão ao examinar os trabalhos infantis executados sob uma justa e acertada orientação.

Disto já estava eu bem certo e outra não era a minha expectativa, pois conhecia o critério adotado pelo professor Cymbelino de Freitas, através do programa dessa disciplina, o qual faz parte do programa de ensino para os cursos primário e médio e para as escolas complementares.

### TRABALHOS DA NORMAL E GRUPOS ESCOLARES DO BRAZ E BARRA FUNDA

Com efeito, o que vi na Escola Normal do Brás, principalmente, e nos Grupos do Brás e da Barra Funda, dá-me a convicção que trabalho de proveito e obra meritória e patriótica se estão fazendo em benefício dos que aprendem o desenho nas escolas públicas de São Paulo. Na Escola Modelo da Praça há ainda alguma coisa a corrigir mas há também muito trabalho inteligente ensinando e aprendido. Na Escola Profissional Feminina há uma professora, cujo nome infelizmente não guardei, que orienta o ensino de desenho no único e verdadeiro caminho que é o da utilização do conhecimento desta disciplina na sua aplicação decorativa. Existe, entretanto, ali um curso de pintura, aliás incabível por inexplicável, que pesa-me muito dize-lo, é por demais inútil senão prejudicial por ser tudo feito por cópia de ruins estampas estrangeiras.

### O MÉTODO DA PROFESSORA NOEMI PERES

Incontestavelmente, o espírito ilustrado, servido por uma dedicação ilimitada e por uma competência que cada vez se aprimora, da professora Noemi Peres, da Escola Normal do Brás, é que melhor e mais profundamente sabe tirar partido do que ensina, a quem ensina e pelo modo criterioso como ensina.

[...]

O ensino de desenho, nas nossas escolas, normalmente quanto à maneira de se o fazer continua infelizmente errada em algumas dellas.

### DAR AO DESENHO A IMPORTÂNCIA A QUE FAZ JUS

Preocupa-se a ação dos governos no sentido de garantir o aprendizado das demais disciplinas, exigindo-se para isso exames e mais exames, como se, por acaso fosse de menor monta o valor do conhecimento do desenho em conforto com o de outra matéria.

Dessa ignorância, pois, resulta o descuido ou abandono que tem tido tal ensinamento, permitindo-se a indivíduos, investidos da qualidade de professores sem que para tal possuam eles a mais leve noção daquilo para que são chamados a lecionar, a autoridade de pontificar sobre tal assunto, resulta dessa ignorância amparada por tal autoridade a audácia inqualificável de cometerem o criterioso abuso, com a permissão tácita dos governos, de introduzirem, nas classes escolares, como modelos para o ensino, estampas hediondas, com duplo fim de ociosamente não trabalharem no ensinamento da matéria, por ignorarem-na, como também fácil lhes é, por meios capciosos convencer a um público restrito, do adiantamento das crianças, alegando ainda que a matéria ensinada não é para produzir artistas. E assim vão levando a vida macia e descuidada, despreocupados com o crime que vão, conscienciosa e imprudentemente, cometendo...

**UM APELO**
Traz-me aqui a imperiosa obrigação de vir, na qualidade de brasileiro e de professor de desenho durante vinte longos anos, fazer um apelo ao íntegro diretor geral de instrução pública, desse (futuro) *O Estado de S. Paulo*, no sentido de dar uma orientação única e definitiva ao ensino de desenho nas escolas sob o raio de sua ação, para isso basta por, energicamente em execução o programa atual desse ensino, mas, e é aqui sobretudo que se faz sentir o meu apelo, para isto conseguir faz-se preciso impor a proibição formal e categórica do uso da estampa ainda criminosamente espalhada por vários departamentos da instrução pública...

Ordene s. exa. a entrega de todos os papéis prejudiciais e anti-patriotas, em montões arrumados em uma praça, proceda neles a um auto de fé público, incinerando-os para todo o sempre, obrigando em seguida que se cumpra o espírito e a letra do programa estatuído. Com este ato obterá v. exa. A devida benemerência e os aplausos das gerações futuras.[32]

Não apenas este artigo, que foi reproduzido em forma ampliada na *Revista Escolar*, é elogioso. Reiterou os elogios no dia seguinte no mesmo jornal:

---

32. Braga, Theodoro. O ensino do desenho nas escolas públicas de S. Paulo. *Diário da Noite*, São Paulo, 4 dez. 1925b.

*Diário da Noite* — 05 de dezembro de 1925

**POR QUE NÃO BUSCAMOS DENTRO DO ESPLENDOROSO AMBIENTE DE NOSSA PÁTRIA ELEMENTOS PARA SERVIREM DE MODELO AO APRENDIZADO DE DESENHO?, PERGUNTA, EM SEU SEGUNDO ARTIGO PARA O DIÁRIO DA NOITE, O PROFESSOR THEODORO BRAGA.**

Copiar de outrem é escravizar a alma das crianças; é forçar a reproduzir a forma aplanada de um corpo que tem relevo, tirando assim ao cérebro o direito de observar raciocinar e criticar. Já a estampa é uma reprodução errada por si mesma, pela simples razão de o ter sido feito através de um temperamento pessoal, quase sempre comercial.

Papel e lápis — nada mais entre o olhar da criança ávido de compreender o que se vê e a natureza simples, verdadeira e bela, representada pelo objeto palpável, com a sua forma, cor e volume definidas. Nada mais.

### CRIME DE LESA-PÁTRIA

O que se faz, o que se continua a fazer ainda neste fim do primeiro quartel do século XX, conscientemente, permitindo que se copie ignobilmente estampas que nada dizem ao espírito da criança, no ambiente alegre das escolas, onde os pequeninos querem produzir, de seu cérebro e de sua alma, impressões emotivas e afetivas, é simplesmente um crime de lesa-pátria.

Em 1923, no Rio de janeiro, achei-me, com prazer, envolvido num movimento interessantíssimo, tendendo a formação de cursos para o ensino de desenho a ser ministrado às professoras do Distrito federal, uma vez que o método ali adaptado até então não preenchia de modo nenhum o fim almejado tal o abuso das estampas como modelos adaptados nos cursos de desenho. Porém, como nada se perde, chegam agora notícias de que o atual diretor geral da Instrução Pública convidará três professores desta matéria para realizarem aqueles cursos de desenho e de modelagem [...], abolindo assim de uma vez por todas o pernicioso método acomodativo das estampas nas escolas do Rio. Ainda bem.

### APLICAR O ESPÍRITO DA LEI

*O Estado de S. Paulo*, na vanguarda de todos os demais Estados do Brasil, não pode perder o seu legítimo lugar de "primus inter pares", com um programa de ensino que o coloca nessa invejada situação, embora ainda existam algumas perigosas contravenções, burlando assim o alto espírito da lei em vigor. E é facílimo ao governo por as coisas devidamente nos seus trilhos. Uma penada apenas confiscando terminantemente as estampas nos departamentos da instrução pública e uma imediata fiscalização severa nos focos recalcitrantes e dentro de alguns dias ter-se-á conseguido a liberdade espiritual para as crianças brasileiras que têm o direito de ver, refletir e executar, sem o opróbio desse cativeiro intelectual.

Mesmo dentro do pequeno espaço marcado pelo regulamento para o estudo desta disciplina, poderá o mestre obter se a ação for honesta e persistente.

[...]

**ENTRE A ESTAMPA E O NATURAL NÃO PODE HAVER PREFERÊNCIA**

Seremos por acaso inferiores aos povos cultos de outros países? Pois então, entre uma hedionda estampa estrangeira, mal feita e agressiva ao nosso país, de difícil reprodução por parte da criança, por serem as estampas sempre imperfeitas e uma flor ou uma fruta, bela, colorida e deliciosa, nascida no mesmo meio de vida e de esplendor em que nascemos, haverá por acaso, algum espírito equilibrado, que possa ficar indeciso na preferencia a dar? Entre uma luxuriante orquídea, de cor e formas impecáveis, gerada sob o azul profundo do nosso céu e um calunga malfeito de origem duvidosa importado para lucros individuais, haverá algum professor brasileiro que vacile na escolha?

Parecerá incrível que a resposta possa ser afirmativa; entretanto o comodismo, a ignorância, o hábito servil, o macaquismo enfim, todas essas misérias morais ainda impedem que o patriotismo, em toda a vasta extensão territorial do nosso caro Brasil, seja ensinado às gerações novas de frente erguida, diante do encantamento fascinador de tudo o que é nosso, de tudo que é brasileiro.

Não; é preciso corrigir, quanto antes, o que está criminosamente ensinado por estar criminosamente errado.

A complacência é cumplicidade, sobretudo quando é difícil corrigir tão perigoso erro.

Reitero, pois, daqui os meus aplausos às professoras das Escolas Modelos da Praça e Profissional Feminina, dos grupos escolares do Brás e da Barra Funda e muito especialmente a sra. Professora Noemi Peres, professora da Escola Normal do Brás, pela obra préstimosa que estão fazendo no ensino racional e criterioso de desenho todas, e ao professor sr. Cymbelino de Freitas por ter sabido organizar um programa da matéria, digno do adiantamento deste Estado e po-lo em prática da maneira criteriosa e eficiente.

Façamos, obra brasileira para brasileiros![33]

---

33. Theodoro Braga. Por que não buscamos dentro do esplendoroso ambiente de nossa Patria elementos para servirem de modelo ao aprendizado de desenho?, pergunta, em seu segundo artigo para o *Diário da Noite*, o professor Theodoro Braga (*Diário da Noite*, São Paulo, 5 dez. 1925a).

**Figura 2**
O pintor Theodoro Braga fazendo uma conferência pedagógica em São Paulo. Caricatura de J. Whast Rodrigues.
Fonte: *O Malho*, 1923.

O elogio era para Theodoro Braga também uma forma de combate ao oposto, a aquilo que renegava. Braga sempre buscava trabalhos educativos exemplares para elogiar, reforçando bons modelos de ensino mesmo que não seguissem rigorosamente o seu próprio modelo, mas que fugissem da cópia.

Ele teve muitos discípulos. O mais talentoso e competente foi Manoel Pastana, também paraense, Carlos Hadler, outro seguidor que trabalhou principalmente n'*O Estado de S. Paulo* e foi estudado por Patrícia Bueno Godoy como afirmei no capítulo anterior. Um dos mais eficientes discípulos, dada sua posição como inspetor de Desenho, foi o professor

Ernani Dias, um divulgador e multiplicador de suas ideias entre outros professores de Desenho. Ele próprio afirma sua admiração por Braga na entrevista que se segue:

*Diário da Noite* — 01 de fevereiro de 1926

**O ENSINO DO DESENHO NAS ESCOLAS**

O professor Ernani Dias, inspetor de desenho, em entrevista concedida ao DIÁRIO DA NOITE diz que o desenho, além de fator auxiliar no ensinamento primário, forma o caráter artístico intelectual do futuro cidadão.

Vindo de Itapetininga, em cuja Escola Normal Lecionava desenho, está em S. Paulo o professor Ernani Dias, inspetor de desenho da Diretoria Geral da Instrução Pública, uma autoridade no assunto, apesar de moço ainda. Procuramo-lo, há dias, para que nos dissesse algo sobre a disciplina de que é inspetor.

E o jovem professor recebeu-nos com amabilidade, dizendo-nos:

"O ensino do desenho nas escolas deixando muito a desejar. Menosprezado pelos próprios professores que colocavam essa disciplina em último plano, o seu ensino era, além de deficiente, imperfeito. Não obedecia a um critério, a uma orientação segura, quando a sua importância, como fator educativo, é incontestável, fazendo-se mister, de há muito, a sua obrigatoriedade nas casas de ensino, principalmente no curso primário, não se falando das Escolas Normais.

**DAR AO DESENHO O SEU VALOR**

— Mas não figurava essa matéria no programa dos cursos primários?

— Sim, figurava; mas os professores não davam desenho a devida importância, indispensável à criança, normalmente no instante em que se inicia ela nas primeiras letras. Para o pequeno estudante o desenho é um meio admirável de expressão. A reprodução de uma página de leitura pelo desenho é, por assim dizer-se, uma lição de linguagem ilustrada, que a criança muito apraz executar. Constituí mesmo, para ela, um divertimento; uma útil diversão. Os mestres no ensino do desenho pedagógico colocam essa disciplina ao lado da linguagem, e lhe dão o valor desta, pois ambas se completam num mesmo fim educativo. Uma explica, outra esclarece.

**DESENVOLVE A ATIVIDADE E A INTELIGÊNCIA**

Além desse valor prático e objetivo, tem ele a faculdade de despertar o gosto estético do aluno e, preparar, assim, uma geração mais "civilizada" em matéria de arte. O nosso fito não é formar ou preparar artistas futuros com a sistematização da disciplina em questão. O desenho tem, além de ir despertando o gosto estético ao pequeno estudante, a faculdade de lhe desenvolver a atividade e a inteligência, com uma orientação inteligente do professor dedicado. Com a observação cotidiana das coisas (objetos ou assuntos desenhados), a atividade da criança se desenvolve rápida e eficazmente.

## A INSPETORIA DO DESENHO

Precisamos, além de utilizar o desenho como fator auxiliar no ensinamento primário, formar o caráter artístico-intelectual do futuro cidadão. Até aqui temos vivido numa completa ignorância em matéria de arte. Dê uns anos (aliás poucos) a esta parte, é que o nosso povo começa(?) a volver a sua atenção aos assuntos que se relacionam com o Belo, principalmente a pintura. Se é certo, como disse alguém, que é pelo adiantamento artístico de um povo que se avalia da sua cultura, não menos certo é que, pelo ambiente e pela educação, que se adquire essa cultura.

Criando a inspetoria especializada do desenho (além de outras), vem o governo de prestar um grande benefício à nossa instrução.

## O DESENHO NAS NORMAIS

— E as escolas normais?

— Quanto às escolas normais, a matéria assume outro caráter. Abrangendo o mesmo fim educativo visado, temos em mira, principalmente, preparar futuros professores, aptos a exercerem com o máximo proveito, e eficácia o magistério artístico pedagógico primário. Um dos profissionais que mais necessita do desenho é o professor, para explicar e esclarecer uma lição de linguagem. Por isso que o programa das escolas normais é mais ou menos complexo. Além do desenho profissional artístico, pedagógico e decorativo, receberá o normalista certos conhecimentos de história da arte.

## A NACIONALIZAÇÃO DESSA MATÉRIA

Como se vê, o programa está bem distribuído, os elementos necessários para motivo das composições artísticas vamos tirá-los da nossa própria terra. Nada de importação. Estamos fartos de estrangeiros. A nossa fauna e flora são bastante ricos para que precisemos recorrer a estranhos, salvo em certas e determinadas ocasiões, em se tratando de escolas e estilos, por exemplo. A obra de nacionalização, começa agora a ser um fato. Venho adaptando-a de há três anos a esta parte no exercício do magistério artístico pedagógico.

## O METODO DO PROF. BRAGA
— E que nos diz de uns artigos pelo prof. Theodoro Braga, sobre o assunto?
— Bom plano. A mesma obra louvável de nacionalização, no aproveitamento do nosso elemento natural. É precisamente esse programa que o distinto professor ventilou, que eu venho adaptando, e há três anos quando lecionei na Escola de Itapetininga, ainda na direção do sr. Pedro Voss recorri sempre às nossas riquezas naturais para delas tirar o necessário, afim de compor os motivos decorativos dos programas.

## A NOSSA FLORA
A nossa flora é rica e variada, capaz de fornecer os mais interessantes motivos ornamentais, conforme tive ocasião de fazer praticar muita vez por meus alunos. A ornitologia brasileira é de uma riqueza e de uma graça sem par. Possuímos exemplares curiosíssimos de aves. Frisos ornamentais, tendo pássaros multicolores ou de forma bizarra por motivo, produzem os mais belos efeitos decorativos.

## FORMAÇÃO DE UMA ARTE NACIONAL
Adaptando agora uma orientação geral de ensino, toda moderna, (que, aliás, já vinham adaptando), esperamos continuar a colher os melhores resultados, e para isso contamos com a boa vontade dos nossos professores. Aproveitando aquilo que é nosso, do nosso solo, não fazemos mais do que preparar a formação de uma arte nacional, enriquecendo também o nosso misérrimo patrimônio artístico, e mostrar aos estranhos o quanto possui do [...] Brasil".[34]

Theodoro Braga continuou defendendo um ensino de desenho tematicamente nacionalista e livre da cópia, mas ainda não se tratava do movimento de livre expressão característico do modernismo internacional, que rejeitava a ordem técnica, que veio nos afastar do Design na Escola primária e secundária, nos fez experimentar um período áureo de liberdade construtiva, para finalmente nos jogar na vala comum da "arte escolar" que, como dizia Arthur Efland, era um estilo que só se

---

34. Ernani Dias. O professor Ernani Dias, inspetor de desenho, em entrevista concedida ao *Diário da Noite* diz que, o desenho, além de fator auxiliar no ensinamento primário, forma o caráter artístico intelectual do futuro cidadão. O ensino do desenho nas escolas (*Diário da Noite*, São Paulo, 1º fev. 1926).

**Figura 3**
Caricatura dos métodos de ensino de Theodoro Braga, que enfatizavam a estilização da flora e fauna brasileiras.
*Fonte*: Desconhecida.

via na escola e não no mundo corrente da Arte, como pregar macarrão ou bolinhas de papel crepom no papel suporte, desenhar em lixa etc. Theodoro Braga não só combateu a cópia, mas fez sempre a defesa da criação com bases técnicas bem assimiladas. Explicitamente muitas vezes falou em desenvolvimento da criatividade dos alunos através do Desenho. A pedagogia de Braga se não foi modernista no sentido expressionista que damos ao modernismo na América Latina, foi uma positiva transição para o modernismo no Ensino da Arte.

Poucos anos depois dos artigos acima transcritos, em 1929, foi nomeado professor e orientador de ensino de uma escola chamada Escola Brasileira de Arte, criada pela Secretaria de Educação de São Paulo para receber alunos da rede pública talentosos para desenho, da qual falaremos no próximo capítulo.

Theodoro Braga fazia sucesso também como ilustrador. A notícia a seguir, publicada em um jornal de Belém, mostra-se entusiasmada acerca das suas ilustrações para o Hino Nacional.

*Folha do Norte* — 12 de janeiro de 1920

**UMA OBRA PATRIÓTICA**

Nas vitrinas de "A Brasileira", da firma Agostinho da Silva à Rua Conselheiro João Alfredo, esquina da travessa Campos Salles, acha-se exposta, desde Sexta-feira última, uma delicada obra de arte. É o Hino Nacional, a vibrante composição musical do maestro brasileiro Francisco Manoel da Silva e a letra do Hino, composta por J. Osório Duque Estrada, oficialmente adaptada, com ilustrações originais, expressivas, feitas pelo talentoso pintor paraense dr. Theodoro Braga, a quem cabe, a prioridade de semelhante concepção patriótica.

Agradavelmente impressionado pelo trabalho do ilustre artista, não resistimos ao desejo de transmitir aos leitores da FOLHA a nossa opinião humilde mas sincera, fazendo a descrição das pequenas guaches ali expostas.

Será, decerto, um pequenino álbum, cuja feitura artística de impressão, foi confiada à importante firma F. B. de Oliveira, proprietários da "Empresa Gráfica Amazônia", estabelecimento que honra a terra paraense.

A capa será ornada com a carta geográfica do Brasil, vendo-se, ao alto, as armas nacionais e a bandeira, símbolo sagrado da Pátria, desfraldada, flamejando.

Abre o livro a dedicatória do autor — "Ao Brasil e aos brasileiros", oferecendo-o à Pátria e aos seus compatriotas.

Na terceira Gouache, vêem-se os retratos de Francisco Manoel da Silva e J. Osório Duque Estrada, criadores do principal documento de nossa nacionalidade, que fazem vibrar a alma do brasileiro, onde quer que sejam ouvidos.[35]

---

35. Uma obra patriótica (*Folha do Norte*, Belém, 12 jan. 1920).

No ano seguinte, uma exposição de Theodoro Braga no Rio de Janeiro inclui o Hino Nacional ilustrado por Braga e produz várias notícias de jornais, quase iguais a que transcrevo.

Gazeta de Notícias — 30 de novembro de 1921
**A EXPOSIÇÃO THEODORO BRAGA NA BIBLIOTECA NACIONAL**
Os seus estudos de estilização de arte decorativa levam à Biblioteca milhares de estudiosos

Está aberta a concorrência pública a exposição com que o pintor brasileiro Theodoro Braga se apresenta à sociedade carioca, depois de uma longa ausência do nosso meio artístico.

Esta circunstância, porém, não concorreu para diminuir-lhe os méritos, Theodoro Braga, fora desta Capital, viveu muitos anos na Europa, para onde seguira como prêmio da viagem da nossa Escola de Belas Artes, frequentando todos os meios artísticos de nomeada, passando depois para o seu Estado natal, o Pará, onde ficou até agora.

Depois de proveitosa existência, decorrida naquele centro nortista, formando várias gerações de pintores, Theodoro Braga resolve vir ao Rio, afim de expor alguns trabalhos, dos últimos a que se dedicou, e que ora faz, ocupando a Sala de Numismática da Biblioteca Nacional.

A sua exposição, porém, é muito complexa, pois não se limita a trabalhos de pintura, compreendendo o seguinte:

1º) Manuscritos para o Dicionário de História, Geografia, Monografia, Estatística e Biografia do Estado do Pará;

2º) Trabalhos para a estilização nacional de arte decorativa aplicada;

3º) Tela histórica "O padre Antônio Vieira na Tríplice qualidade de defensor da liberdade dos índios, da conservação da família indígena e da integridade de território nacional".

4º) O Hino Nacional ilustrado.

Com a exposição que se apresenta ao público e à crítica carioca, Theodoro Braga se impõe ao conceito dos nossos estudiosos de história e geografia, apresentando trabalhos que bastam para incluí-lo entre os nossos bons escritores do assunto, onde, aliás, já tem lugar conquistado com a publicação de obras anteriores.

Por poucos dias estará aberta ao público a exposição do ilustre pintor, que, aos seus títulos reúne o de bacharel em direito, professor docente da

Escola de Belas Artes e sócio efetivo e honorário de várias associações científicas e literárias do país e do estrangeiro.[36]

A minha pesquisa sobre Theodoro Braga está longe de ser concluída. Há muito que descobrir sobre sua atuação como artista, designer, ilustrador, professor, gestor, formador de opinião e crítico do ensino da Arte e do Desenho, mas poucos se interessam por suas ideias tão apaixonadas sobre o desenho/design nacional. O professor Aldrin Figueiredo é um dos poucos a se interessar por Theodoro Braga, e tem publicado principalmente sobre sua obra gráfica e pictórica. Já sobre Theodoro Braga, como artista e designer, temos a excelente tese de Edilson da Silva Coelho intitulada *O nacionalismo em Theodoro Braga*.[37] Referências em teses são poucas.

Seus escritos, pelo linguajar elegante e rebuscado da época, nos levam a certo perturbamento de entendimento, mas principalmente nos levam a pensar que, apesar de uma enorme mudança na forma de escrever, hoje continuamos a enfrentar problemas semelhantes, principalmente na educação pública. Suas formulações críticas são incisivas, e faz uso de metáforas esclarecedoras e irônicas nada comuns naquele tempo. Diferente das técnicas universitárias de hoje, que são de minar o adversário por trás com intrigas, injúrias e desqualificações, ele enfrentava todos de frente com argumentos bem modelados como um bom advogado. Admiro sua coragem e gostaria de ser como ele, afinal, tivemos a mesma educação combativa da Faculdade de Direito de Pernambuco, cuja combatividade política só foi amortecida pela Ditadura Militar de 1964, depois que me formei.

Como gestor, Braga era eficiente e preciso ao apontar erros, falhas e necessidades institucionais. Quando assumiu interinamente a diretoria

---

36. A Exposição Theodoro Braga na Biblioteca Nacional. *Gazeta de Notícias*, Rio de Janeiro, 30 nov. 1921.

37. Coelho, Edilson da Silva. *O nacionalismo em Theodoro Braga*: posturas e inquietações na construção de uma arte brasileira. Tese (Doutorado) — Programa de Pós-Graduação em Artes Visuais, Universidade Federal do Rio de Janeiro, Escola de Belas Artes, Rio de Janeiro, 2009. Aldrin Fiqueiredo também escreveu vários artigos muito relevantes sobre TB. Patricia Godoy, em tese de doutorado sobre Carlos Hadler, comenta acerca de Theodoro Braga.

do Instituto Profissional João Alfredo, escreveu uma carta de mais de dez páginas ao então diretor-geral da Instrução Pública, Carneiro Leão, analisando o estado miserável da instituição. Localizei em seu arquivo apenas duas páginas da carta datilografada, em papel timbrado da Sociedade Brasileira de Belas Artes, da qual cito um trecho:

> [...] O que não existe no Instituto, parece incrível, são livros para o estudo das disciplinas escolares o que tanto almejam possuir os educandos. As crianças pedem livros e a falta de uma ou duas grandes salas (para facilitar a inspeção) para o estudo das lições, tem prejudicado grandemente o adiantamento dos escolares. Mas não há essas salas, descuido imperdoável e criminoso, onde podiam as crianças estudarem em vez do ócio improdutivo e prejudicial de duas preciosas horas da noite.
>
> OFICINAS — As oficinas em sua grande maioria acham-se reunidas no campo do Instituto, na sua parte baixa; em edifícios bastante acanhados, estão desprovidas não só de ferramentas como do material para o trabalho da aprendizagem e das obras. Conto entretanto, com a dedicação dos mestres para tudo quanto deles depender. Há oficinas, tais como a de sapateiro, que se acha extinta a cerca de 20 anos, e o seu mestre continua a vir assiduamente ao Instituto. Urge providenciar a respeito, e sua instalação seria de todo necessária. Outra é a de pedreiro e canteiro cuja oficionoia é nula. O seu mestre é um funcionário inválido para o exercício dessa função, daí, penso eu, não haver grande frequência de alunos nessa oficina. Há ainda outra com a denominação de "Trabalhos rurais". O seu destino ou fim é por demais interessante, sobretudo havendo grande área de terreno para seu desenvolvimento. Encontrei-a [...] a dois meninos raspando grama entre as pedras e com o modesto título de "faxina de jardinagem". Tenciono dar-lhe a orientação devida e iniciá-la ao lado da horta, pomar etc.
>
> MODELAGEM — Faz-se preciso remodelar a aula de modelagem, uma das mais essenciais ao Instituto, devendo por ela passar todos os educandos. A sala é por demais insignificante para completo e eficiente ensinamento desta tão importante disciplina; acresce que é ali é também deposito dos modelos de gesso, (cuja coleção acha-se desfalcadíssima), e atravancada com cavaletes e caixa para o barro etc., diminuindo assim o espaço precioso. A aula tem três professores e são a competência e dedicação deles poderá dar magníficos resultados; falta apenas sala. Precisa-se,

porém, desde regularizar a situação destes professores [...], o prof. Eduardo de Barros, que era efetivo quando era chamada aula de escultura, porque foi depois extinta, passou a ser agora adido em comissão, restaurada com o nome atual de modelagem. E ele portanto o efetivo o que pode ficar com um terço dos educandos; o prof. Modestino Kanto, escultor e prêmio de viagem á Europa, do Salão Oficial, e que aqui esta com o titulo de contra-mestre da oficina de tinta e estuque, pode passar a ser professor adjunto e com o outro terço de alunos e por fim o último prof. Mino Gonçalves, interino e que pertence ao quadro da Escola Alvaro Baptista, pode ser adjunto, com o ultimo terço de educandos. Peço-vos, pois, regular a situação destes professores, podendo eu assim exigir mais eficiência, se não completa dos seus esforços.

Convém consolidar também a situação de outros professores, acertar ou preencher as vagas existentes, extinguir outros, afim de poder esta Diretoria contar com certeza, sobre o numero de professores que pertençam ao quadro de seu pessoal. Assim: extinguir o cargo de Mestre (geral) existente apenas no orçamento do Instituto, pois que o funcionário acha-se desde muito tempo fixado nas oficinas da Prefeitura; fazer voltar para este instituto o contra-mestre da oficina de eletrotécnica Oswaldo da Silva que de há muito esta na Escola Visconde de Cayrú, fazendo falta aqui e a cujo quadro pertence; nomear um professor de letras para uma vaga que se acha aberta: dois professores de desenho para duas vagas inexistentes; nomear substituto interino para uma vaga de inspetor e fazer voltar da Escola Souza Aguiar o que lá está e que pertence ao Instituto; fazer voltar o contra-mestre José Liparotti para a Escola Souza Aguiar a cujo quadro pertence, mesmo porque a oficina, a que está adido, já tem o seu.

FINALIZANDO — Eis em largos traços o que penso levar ao vosso conhecimento; para sintetizar o estado de desolação a que chegou este Instituto, basta dizer-vos que as crianças estão em andrajos e quase nuas, comendo com ambas as mãos. Peço-vos as providencias as mais enérgicas e as mais urgentes afim de evitar o inevitável.[38]

Quanto aos valores estéticos baseados na leitura da natureza ao redor do artista, e do designer decorativo, defendidos por Theodoro

---

38. Braga, Theodoro. *Carta do Sr. Theodoro Braga, diretor interino do Instituto Profissional João Alfredo ao Exmo. Sr. Diretor Geral da Instrução Pública*, p. 10-11, 19 abr. 1924.

Braga, estão hoje revitalizados pelas ideias de sustentabilidade, de identidade e de apelo emocional, no design de moda e no design em geral, com o nome de "Biomimética". A dissertação de Yanaí Mendes defende esta linha de trabalho em design de moda, baseada na "Biomimética como Metodologia para a Aplicação em Projetos de Design de Moda" (2012), de Marcionília Gomes que propõe:

> [...] um diálogo entre Design de Moda e *Biomimética* apontando possíveis práticas metodológicas, criativas, conceituais, de forma a compreender o que seria a criação de produtos de moda baseados em referências da natureza. [...] Procura abordar o Desenvolvimento Sustentável dentro do contexto do *Biodesign* e busca também entender as possibilidades projetuais geradas por meio do contato e investigação da natureza.[39]

O trabalho que o grupo Faber, logo depois renomeado grupo Piracema de Design, fez em Marajó com artesãos, levando-os a ler a cultura do entorno, as formas, os resíduos da natureza e do meio ambiente construído para gerar produtos comercializáveis, é uma extensão do pensamento ecoestético de Braga. Liderados por Heloisa Crocco e José Nemer, deste projeto participaram designers e arte/educadores entre os quais destaco respectivamente Mary Maués e Ida Hamoy.

---

39. Gomes, Marcionília. Apud Mendes, Yanaí. *Caminhos do design de moda rumo a uma sobrevivência sustentável*. Dissertação (Mestrado em Design, Arte, Moda e Tecnologia) — Universidade Anhembi Morumbi, São Paulo, 2013. p. 87.

Biomimética: "Literalmente significa a imitação da vida. Estuda as estruturas biológicas e suas funções, procurando aprender com a natureza, suas estratégias e soluções; as quais podem ser aplicadas no cotidiano. As inovações da natureza, que têm sido desenvolvidas e aperfeiçoadas continuamente por milhões de anos, fornecem um estoque inesgotável de ideias e soluções, que podem ser adaptadas na resolução de problemas e na inovação de produtos" (Gomes, 2012).

Biodesign: "É possível considerar que as formas de desenvolver um projeto com referências naturais transformam-se, à medida que ocorrem os aperfeiçoamentos tecnológicos e os alcances práticos do design no decorrer da evolução histórica".

Sobre a relação sustentabilidade e moda, a autora observa: Este trabalho procura apresentar uma visão abrangente sobre o pensamento projetual do designer, mostrando como o designer de moda pode desempenhar um papel importante, preocupando-se não "só com questões estéticas e funcionais dos produtos, como, também, promovendo possibilidades de mudanças para a prática de atividade projetual em moda, considerando a relação do homem com o meio ambiente" (Gomes, 2012).

**Figura 4**
Theodoro Braga. A planta brasileira, 1905 [flora e aplicações 21] *grevillea preissil*. Joalheria: colar.
*Fonte*: Coelho, 2009.

**Figura 5**
Colar do projeto Faber/Piracema em Marajó.
*Foto*: Divulgação.

Estes dois colares, o colar *art nouveau* desenhado por Theodoro Braga e o colar da artesã, aluna do Projeto Piracema, são baseados na flora local, entretanto com materiais absolutamente diferentes no manejo e no valor econômico, mas ambos se incluem na ecoestética que deveríamos valorizar.

O passado volta com outros nomes, de outras formas, redefinindo valores humanísticos, filosóficos, econômicos, estéticos e tecnológicos, reinventando novas práticas.

Sem consciência de si e do mundo o ser humano se desumaniza.

## Referências

A EXPOSIÇÃO THEODORO BRAGA NA BIBLIOTECA NACIONAL. *Gazeta de Notícias*, Rio de Janeiro, 30 nov. 1921.

ARTES E ARTISTAS: THEODORO BRAGA. *O Estado de S. Paulo*. São Paulo. 13 set. 1925.

ARTISTA e pedagogo. *O Malho*. Rio de Janeiro, 8 set. 1923.

BELAS Artes. A inauguração do salão oficial de 1926. *O Jornal*, Rio de Janeiro, 13 ago. 1926. Disponível em: <http://www.dezenovevinte.net/egba/index>. Acesso em: 1º jul. 2013.

BRAGA, Theodoro José da Silva de Medeiros. Carta aberta ao ilustre professor Benevenuto Berna, artista escultor. *Jornal do Brasil*, Rio de Janeiro, 11 out. 1927.

_____. A balburdia do programa de desenho do Colégio Pedro II. Questões de ensino. *O Estado de S. Paulo*, 20, 21 e 22 ago. 1926a.

_____. O ensino de desenho. *O Estado de S. Paulo*, São Paulo, 27 jul. 1926b.

_____. Por que não buscamos dentro do esplendoroso ambiente de nossa pátria elementos para servirem de modelo ao aprendizado de desenho?, pergunta, em seu segundo artigo para o *Diário da Noite*, o professor Theodoro Braga. *Diário da Noite*, São Paulo, 5 dez. 1925a.

_____. O ensino de desenho nas escolas públicas de S. Paulo. *Diário da Noite*, São Paulo, 4 dez. 1925b.

BRAGA, Theodoro José da Silva de Medeiros. O vivo debate travado em torno da entrevista publicada n'*O Brasil*. *O Brasil*, Rio de Janeiro, 11 out. 1925c.

_____. Sugestões sobre o desenho para os artifícies. *Jornal do Brasil*, Rio de Janeiro, 16 ago. 1925d.

_____. *Subsídios para a memória histórica do Instituto Profissional João Alfredo — desde a sua fundação até o presente — 1875*. Rio de Janeiro: Santa Cruz, 1925e.

_____. *Carta do Sr. Theodoro Braga, diretor interino do Instituto Profissional João Alfredo ao Exmo. Sr. Diretor Geral da Instrução Pública*, 19 abr. 1924.

_____. O ensino do desenho. *A Educação*, Rio de Janeiro, ano II, n. 7, fev. 1923.

_____. Nacionalização da arte brasileira. *Diário Oficial*, 1º jan. 1920.

BRANDÃO, Marisa. *Da arte do ofício à ciência da indústria*: a conformação do capitalismo industrial no Brasil vista através da educação profissional. Disponível em: <http://www.senac.br/BTS/253/boltec253b.htm>.

COELHO, Edilson da Silva. *O nacionalismo em Theodoro Braga*: posturas e inquietações na construção de uma arte brasileira. Tese (Doutorado) — Universidade Federal do Rio de Janeiro, Escola de Belas Artes, Programa de Pós-Graduação em Artes Visuais, Rio de Janeiro, 2009.

CUNHA, Luiz Antônio. *O ensino de ofícios nos primórdios da industrialização*. São Paulo: Unesp, 2000.

_____. Antecedentes das escolas de aprendizes artífices: o legado imperial/escravocrata. *Revista da Faculdade de Educação da UFF*, Niterói, v. 11, n. 22, 1984.

DIAS, Ernani. O professor Ernani Dias, inspetor de desenho, em entrevista concedida ao *Diário da Noite* diz que, o desenho, além de fator auxiliar no ensinamento primário, forma o caráter artístico intelectual do futuro cidadão. O ensino do desenho nas escolas. *Diário da Noite*, São Paulo, 1º fev. 1926.

ENSINO DO DESENHO DAS ESCOLAS. A repercussão da patriótica campanha pelo interior do Brasil. *O Brasil*, Rio de Janeiro, s/d.

ESTILIZAÇÃO E ARTES APLICADAS. *A Gazeta*, São Paulo, 6 out. 1926.

FIGUEIREDO, Aldrin Moura. A fundação da cidade de Nossa Senhora de Belém do Pará, de Theodoro Braga. *Nossa História*, Rio de Janeiro, v. 1, n. 12, p. 22-26, 2004.

FOLHA DO NORTE. Uma obra patriótica, Belém, 12 jan. 1920.

FONSECA, Celso Suckow da. *História do ensino industrial no Brasil*. Rio de Janeiro: Senai/DN/DPEA, 1986.

FRANÇA, Acácio. Pelo ensino do desenho. *O Imparcial*, Rio de Janeiro, 12 set. 1925.

GODOY, Patrícia Bueno. O nacionalismo na arte decorativa brasileira: de Eliseu Visconti a Theodoro Braga. In: ENCONTRO DE HISTÓRIA DA ARTE, 1., IFCH-Unicamp, Campinas, 2004. Disponível em: <http://www.unicamp.br/chaa/rhaa/atas/atas-IEHA-v3-078-086 patricia%20bueno%20godoy.pdf>. Acesso em: 1º abr. 2013.

GOMES, Marcionília. *A biomimética como metodologia para a aplicação em projetos de design de moda*. Trabalho de Conclusão de Curso. Universidade Anhembi Morumbi, 2012.

MENDES, Yanaí. *Caminhos do design de moda rumo a uma sobrevivência sustentável*. Dissertação (Mestrado em Design, Arte, Moda e Tecnologia) — Universidade Anhembi Morumbi, São Paulo, 2013.

NAYLOR, Douglas. The new Brazilian decorative moviment. *Brazilian American*, Rio de Janeiro, 25 jan. 1922.

PASCOAL, Paola. Theodoro Braga e as proposições para uma arte brasileira. *19&20*, Rio de Janeiro, v. 8, n. 1, jan./jun. 2013. Disponível em: <http://www.dezenovevinte.net/artistas/>. Acesso em: 12 abr. 2013.

RÊGO, Clóvis de Morais. *Theodoro Braga*: historiador e artista. Belém: Conselho Estadual de Cultura, 1974.

SENNA, Terra de. Salão de Pintura de 1922. *D. Quixote*, 20 nov. 1922.

SOARES, Manoel Jesus Araújo. *Uma nova ética do trabalho nos anos 20*: Projeto Fidelis Reis. Disponível em: <http://portal.mec.gov.br/setec/arquivos/pdf2/artigos_genese.pdf>. Acesso em: 24 mar. 2013.

STATE OF PARÁ ISSUE. *Brazilian American*, Rio de Janeiro, 9 dez. 1939. Disponível em: <http://ufpadoispontozero.wordpress.com/2013/03/06/revista-brazilian-american-the-state-of-para-issue/>. Acesso em: 3 abr. 2013.

SOUZA, Maria Zélia Maia de. Governo de crianças: o Instituto Profissional João Alfredo (1910-1933). *Hist. Educ.* [on-line], Porto Alegre, v. 16, n. 38, p. 149-166, set./dez. 2012. Disponível em: <http://seer.ufrgs.br/asphe/article/view/31514/pdf>. Acesso em: 17 abr. 2013.

# A Escola Brasileira de Arte

## 1. A independência crítica do leitor

> "Creo en los distintos niveles de interpretación que se derivan de las diferencias sociales, perceptivas y culturales. Prefiero animar a la gente a sacar sus propias interpretaciones, a plantearse preguntas y no promover los valores absolutos del arte."
>
> **Antoni Muntadas**

**Submeto a vocês** uma metodologia que estou experimentando, mas sobre a qual questiono a eficácia de entendimento.

Parte deste livro resulta de pesquisa em jornais, buscando notícias que elucidassem o ensino da Arte e do Desenho no Brasil no modernismo, cotejando-as com os poucos livros existentes sobre o assunto. Notícia de jornal como material de pesquisa foi novidade na década de 1930, quando Gilberto Freyre usou os anúncios publicados sobre escravos como instrumento para interpretação da escravidão no Brasil.

Estou pretendendo outra coisa que também não é novidade, mas impertinência. Em alguns casos, de artigos assinados por autores muito conhecidos e de acontecimentos dos quais não há menção em livros, portanto totalmente desconhecidos, priorizei a metodologia da reinvenção interpretativa do leitor.

A ideia é deixar os recortes de jornais contarem a história, e o receptor ter a mesma experiência que eu tive de descobrir por mim mesma o significado dos acontecimentos e ideias. A primeira experiência fiz em 2003, alinhavando em sequência as notícias de jornal sobre a Escola Brasileira de Arte criada em 1929 em São Paulo, que foi elogiada por Tarsila do Amaral em entrevista no jornal. Fiz isto em sala de aula e o resultado foi positivo, tivemos ricas discussões sobre as políticas educacionais, os vícios e privilégios burgueses e a pouca atenção à educação popular deixada a cargo do Terceiro Setor, isto é, da burguesia que não quer educar, mas apenas acomodar os pobres.

No começo do ano de 2008, apresentei esta sequência de textos de jornais em São Paulo em um Encontro sobre História do Ensino da Arte para um grupo de professores, não necessariamente pesquisadores. O entendimento pareceu perfeito, mas um jovem pesquisador em fase de doutorado que havia sido contratado para organizar a publicação resultante do Encontro, arrogantemente me procurou dizendo que o meu texto foi uma decepção para ele que queria encontrar nele a minha voz, a voz do pesquisador. Embora o argumento da voz do pesquisador não me convencesse por me parecer bastante conservador — por exigir para o entendimento o aval hegemônico da autoridade acadêmica que eu estava questionando — resolvi não discutir e me render, pois estava pesquisando as maneiras de comunicar uma pesquisa. Acrescentei no fim do texto algumas reflexões, que mantenho neste texto, e enviei a ele, que me respondeu dizendo que se sentia satisfeito com o meu comentário crítico à narrativa dos jornais e considerava agora o texto completo. E vocês, que dizem? Dá para um pesquisador expor sua pesquisa nua e crua? Deixar o material falar por si mesmo? É necessária a voz do pesquisador, ou apenas sua ação reconstrutora é suficiente? A voz do pesquisador precisa ser sempre explicitada? A leitura intervalar dos textos de jornais produz sentidos diferentes para cada leitor? O texto de jornal funciona como imagem? Sou entusiasta dos métodos de pesquisa em arte através da imagem, ou *art based research* ou ainda, como dizem Ricardo Marin e Joaquin Roldan, das Metodologias Artísticas de Investigação em Educação. Resolvi fazer uma experiência análoga com textos em vez de imagem. No lugar de usar as imagens para demonstrar uma pesquisa, usar os textos encontrados sem recorte, sem intervenção narrativa, em linguagem "presentacional".

*Diário de S. Paulo* — 20 de novembro de 1929
**A ESCOLA BRASILEIRA DE ARTE**
**PELO *BRASIL DE AMANHÃ***
*A Tarde da Criança acaba de fundar a escola brasileira de arte.*

A útil sociedade que há oito anos vem dando provas de alto valor artístico e patriótico acaba de aceitar a idéia de uma das mais devotas educadoras paulistas, fundando a Escola Brasileira de Arte, a fim de amparar e dirigir todas as crianças que tenham decididamente vocação artística para pintura e escultura. A Tarde da Criança já havia amparado às atividades musicais, faltava-lhe a pintura e a escultura, e agora se ofereceu a ocasião, aceitando o convite de D. Sebastiana Teixeira de Carvalho, que há 12 anos teve a idéia e estava à procura de que lhe auxiliasse uma grande empresa. No discurso dessa inteligente educadora paulista vê-se a necessidade dessa escola, pois o Brasil ainda não assentou os seus alicerces para o desenvolvimento da arte na escola primária. Os programas de ensino, diz a educadora, não atingiram o [...].[1] Dr. Amador Mendes, diretor da Instrução Pública, tem dado apoio a essa iniciativa da *A Tarde da Criança* no que lhe é possível. Amplamente procedeu a um inventario de todos os alunos dos grupos escolares da capital a fim de descobrir essas mentes privilegiadas.

Colocou à disposição da Tarde da Criança o Salão Nobre do Jardim da Infância para aí se realizar a prova eliminatória dessas crianças e deu ordens para que as inscrições dos meninos que não pertencem ao quadro escolar sejam feitas na própria Diretoria Geral da Instrução Pública. Prometeu ainda oferecer para o funcionamento da oferecida escola uma sala de um de nossos grupos centrais a fim de facilitar a freqüência das crianças de todos os bairros da capital. Bastante louvável, pois, esse gesto do diretor geral da Instrução Pública, acolhendo uma causa tão justa.

---

1. Não é possível ler três linhas do texto. [N. da P.]

Assim, dentro de pouco tempo, a novel Escola Brasileira de Arte, dará ao país ótimos frutos. A Tarde da Criança só pelo nome dos dirigentes da nova escola merece aplausos de todos. Foram convidados o Dr. Theodoro Braga para professor de pintura; o Sr. Francisco Leopoldo e Silva para professor de escultura e D. Sebastiana Teixeira de Carvalho para diretora.

**CONDIÇÕES PARA A MATRÍCULA NA ESCOLA BRASILEIRA DE ARTE**
As condições para a matrícula dessa escola são:
1º — Ser brasileiro.
2º — Menor de 13 anos, até a ocasião da prova eliminatória.
3º — Ter uma tendência decisiva para a pintura ou escultura.
A essa escola pode freqüentar qualquer criança, contanto que satisfaçam as três condições mencionadas. As crianças que não pertencem aos grupos escolares poderão fazer suas inscrições na Diretoria Geral da Instrução Pública. A prova eliminatória será feita nos dias 22 e 23, Sexta e Sábado do corrente de 9 à 1 da manhã e de 14 às 16 horas da tarde, no Salão Nobre do Jardim da Infância, sob a direção dos referidos professores e de D. Izabel de Azevedo Ihering, presidente da Tarde da Criança.[2]

*Correio Paulistano* — 22 de novembro de 1929

**ESCOLA BRASILEIRA DE ARTE**
*Inicia-se hoje a inscrição de candidatos à matrícula*

Idealizada pela professora normalista Sra. D. Sebastiana Teixeira de Carvalho e fundada pela "A Tarde da Criança", em 13 de novembro corrente, a "Escola Brasileira de Arte" começará a funcionar em 1º de fevereiro de 1930, sob a direção artística dos professores Srs. Drs. Theodoro Braga e Francisco Leopoldo e Silva. Todas as crianças, de qualquer escola e condição social, poderão inscrever-se como candidatas à matrícula na "Escola Brasileira de Arte", contanto que sejam brasileiras e não tenham completado, na ocasião da inscrição, a idade de 14 anos. As inscrições estarão abertas até o próximo dia 30 do corrente, na sede da Diretoria Geral da Instrução Pública, à travessa Beneficência Portuguesa, n. 1, das 12 às 17 horas, diariamente, por especial favor do Sr. Dr. Amadeu Mendes, diretor

---

2. Pelo Brasil de amanhã: A tarde da criança acaba de fundar a escola brasileira de arte. *Diário de S. Paulo*, São Paulo, 20 nov. 1929.

geral. As provas eliminatórias para as crianças das escolas públicas começarão hoje, a partir das 9 horas da manhã, numa das salas do "Jardim da Infância", à Praça da República, gentilmente cedida pelo Dr. Amadeu Mendes. Serão examinadores os Srs. Professores Dr. Theodoro Braga, Lopes Leão e Francisco Leopoldo e Silva. Somente as crianças que forem aprovadas neste exame preliminar terão direito à matrícula para o próximo ano na "Escola Brasileira de Arte".[3]

*Correio Paulistano* — 21 de novembro de 1929
O Sr. Dr. Amadeu Mendes, diretor geral da Instrução Pública, dirigiu aos diretores de grupos escolares desta capital a seguinte circular: Nesse sentido, rogo-vos transmitir aos alunos desse estabelecimento de desenho a oferta que a referida associação dirige às crianças brasileiras, convidando-as, sem qualquer despesa, a se inscreverem para os cursos da Escola Brasileira de Arte. As inscrições serão recebidas das 9 às 12 e é intuito da "Tarde da Criança" dar à Escola Brasileira de Arte, recentemente fundada por aquela instituição de benemerência, um caráter eminentemente popular, aproveitando as aptidões das crianças que tiverem vocação para a arte — especialmente escultura e desenho — e que desejem cultivá-la das 14 às 16 horas, no Jardim da Infância, à Praça da República, nos dias 22 e 23 do corrente mês. Atenciosas saudações. Amadeu Mendes.
Com o título *ESCOLA BRASILEIRA DE ARTE*, a mesma notícia foi publicada pelo jornal *O Estado de S. Paulo*, no mesmo dia 21 de novembro de 1929.[4]

*Diário de S. Paulo* — 22 de novembro de 1929

**DÁ-SE UM GRANDE PASSO EM PROL DA ARTE BRASILEIRA**
Os estatutos de 'A Tarde da Criança' apontam como um dos principais fins dessa instituição 'facilitar por meio de concursos ou outras formas de estímulo o desenvolvimento das aptidões artísticas das crianças e o seu aperfeiçoamento moral'", começou por nos informar D. Isabel Von Ihering, quando ontem a procuramos a fim de colhermos algumas informações acerca da Escola Brasileira de Arte, que "A Tarde da Criança" patrocina.

---

3. Escola Brasileira de Arte. Inicia-se hoje a inscrição de candidatos à matrícula. *Correio Paulistano*, São Paulo, 22 nov. 1929.

4. *Correio Paulistano*, São Paulo, 21 nov. 1929.

Foi esse o motivo por que D. Sebastiana Teixeira de Carvalho me procurou a fim de se fundar a Escola Brasileira de Arte, que tem por fim aproveitar as aptidões das crianças das escolas que revelem decidida vocação para as artes, especialmente para a escultura e desenho.

Agora, algumas palavras que esclarecem as causas que deram origem a essa escola. A professora D. Sebastiana Teixeira de Carvalho é uma professora muito moça, cheia de boa vontade, entusiasmo e inteligente. Ora, há muito tempo que a jovem professora notava entre os seus alunos decidida vocação para o desenho e escultura. Os trabalhos escolares que lhe apresentavam alguns pequenos revelavam-nos precoces artistas pela firmeza de traço, pela maneira individual de expressarem a forma por que compreendiam o mundo exterior. Por isso D. Sebastiana Teixeira de Carvalho se dirigiu ao Sr. Amadeu Mendes, diretor da Instrução Pública de S. Paulo, e lhe pediu o seu apoio. Mas este nada pôde fazer. Mandou-a falar com o secretário do Interior, que apenas respondeu com sugestões. E D. Sebastiana Teixeira lembrou-se, então, de "A Tarde da Criança". Falou comigo. A idéia era generosa. Estava dentro do programa de "A Tarde da Criança", incluída no terceiro parágrafo dos nossos estatutos. Por isso prometemos todo o apoio à jovem professora.

### A FUNDAÇÃO DA ESCOLA

Conhecedores da boa disposição do Sr. Amadeu Mendes em auxiliar qualquer iniciativa no sentido de aproveitar esses talentos infantis, que se perdem por falta de proteção, dirigimo-nos à Diretoria da Instrução Pública, onde falamos com o Sr. Amadeu Mendes. Expusemo-lhe o motivo da nossa visita, o projeto da fundação de uma escola de Belas Artes, com caráter popular, onde fossem inscritos os alunos de reconhecida aptidão para o desenho e escultura. O Sr. Amadeu Mendes aplaudiu a idéia, aliás já sugerida por D. Sebastiana Teixeira de Carvalho. Mas faltava-nos um prédio próprio. A "Tarde da Criança" não dispõe de recursos para, de um momento para o outro, resolver um problema econômico de tal importância. [...] O Sr. diretor da Instrução Pública pôs à nossa disposição uma sala do Jardim da Infância, na Praça da República, até que a "Tarde da Criança", entre os seus associados e beneméritos, consiga o dinheiro suficiente para a construção de um prédio próprio.

### AS CIRCULARES ENVIADAS AOS DIRETORES DOS GRUPOS

Mas, para a matrícula dos jovens alunos, tornava-se indispensável um concurso, do qual deviam participar todos os alunos dos grupos escolares.

Em cada grupo escolar, o diretor organizaria um concurso entre os seus alunos. Dos concorrentes, selecionaria os que revelassem vocação para a arte. E as provas, deles, remetidas à "Tarde da Criança", serviriam de base a outro concurso, mais severo, presidido por uma comissão examinadora e realizado na sala do Jardim da Infância cedida pelo Sr. Amadeu Mendes. Nesse sentido, o diretor da Instrução Pública dirigiu a todos os diretores dos grupos uma circular. Os professores atenderam ao pedido. E, na "Tarde da Criança", recebemos um maço de provas de alunos. Sobem a algumas dezenas.

### AS CONDIÇÕES DE MATRÍCULA

Tudo assente, passamos a organizar o programa da nova escola. Convidamos diversos professores para nos auxiliarem nessa empresa difícil. Os professores Dr. Theodoro Braga, Leopoldo e Silva, Lopes de Leão encarregaram-se da comissão examinadora. Encarregaram-se mais da regência das respectivas cadeiras. E, quanto às condições de matrícula, foi resolvido que, para se inscreverem, as crianças deverão ser brasileiras e não terem ainda completado 14 anos. A matrícula será gratuita. Serão aceitas crianças de qualquer condição social. Não haverá matrículas no meio do ano. A escola começará a funcionar em fevereiro do próximo ano, quando se iniciarem as aulas das escolas públicas.[5]

*Diário da Noite* — 9 de fevereiro de 1930

### FESTAS E BAILE

Chá beneficente em benefício da Escola Brasileira de Arte — Prometem revestir-se de todo brilho as reuniões sociais que se realizarão nos salões de chá das casas Mappin e Alemã, no decorrer desta semana, em benefício da Escola Brasileira de Arte.

A primeira destas reuniões será amanhã, das 15 às 18 horas, patrocinada por uma comissão de honra, que gentilmente se encarregou da festa da inauguração. A reunião de Terça-feira, dia 10, será patrocinada por uma nova comissão de honra que dedicou à imprensa paulista as homenagens dessa tarde festiva. Na Quarta-feira, dia 11, outra comissão de honra patrocina a terceira reunião social que se efetuará em homenagem às

---

5. Dá-se um grande passo em prol da arte brasileira (*Diário de S. Paulo*, São Paulo, 22 nov. 1929).

autoridades que governam o nosso Estado e que tanta simpatia têm demonstrado pela Escola Brasileira de Arte. Quinta-feira, dia 12, baile infantil à fantasia. Distribuição de prêmios, bolas e bom-bons a todas as crianças presentes. Sexta-feira, dia 13, festa de despedida, delicada surpresa para a juventude paulista.[6]

*Diário da Noite-SP* — 10 de junho de 1930
**UMA VISITA À ESCOLA BRASILEIRA DE ARTE.**
Mais de 60 Crianças, Cujas Vocações Artísticas Se Revelaram Nos Grupos Escolares, Frequentam As Aulas Criadas Por Iniciativa De "A Tarde da Criança".

**Figura 1**
Motivo de folhas de plátano, a duas cores, da aluna Edith Chagas da Escola Brasileira de Arte.
Fonte: *Diário da Noite*, 10 jun. 1930.

---

6. Festas e baile. *Diário da Noite*, São Paulo, 9 fev. 1930.

Encerrando-se hoje as aulas nos grupos escolares, realizou-se a visita à Escola Brasileira de Arte, que funciona atualmente numa sala anexa ao grupo João Kopke, pela diretoria da "Tarde da Criança" e convidados. Conforme foi noticiado, deve-se a essa sociedade beneficente a fundação da Escola. A iniciativa fazia parte até dos seus estatutos, que estabelecem, num dos seus parágrafos, o estímulo e amparo a todas as vocações artísticas. Não teria sido logo realizado, porém, se D. Sebastiana Teixeira de Carvalho, professora do grupo escolar Penha, havendo notado precoces vocações para o desenho, não tivesse procurado D. Isabel von Ihering, demonstrando-lhe a necessidade inadiável da execução do projeto. Numerosas dificuldades surgiram. Não existiam recursos. Faltavam professores. Afinal, tudo foi resolvido. E a Escola Brasileira de Arte, desde março que vem funcionando.

## 60 REVELAÇÕES ARTÍSTICAS

Esta manhã às 10 horas, numa das salas do Grupo Escolar João Kopke, à alameda Cleveland, 45, reuniram-se D. Isabel Von Ihering, presidente da "Tarde da Criança", o Sr. Theodoro Braga, professor da Escola Brasileira de Arte; D. Maria Von Ihering, D. Clotilde Kleiber, diretora do grupo, professores e jornalistas. Iam ser examinados os trabalhos feitos pelos alunos, a fim de se avaliar o seu progresso no desenho. Enquanto os trabalhos iam sendo examinados, D. Isabel Von Ihering falou-nos da Escola Brasileira de Arte. Disse-nos que contava com sessenta alunos, constituindo duas turmas. "Isso porque não cabiam todos dentro da sala, excelente e bem iluminada como vê, e que devo à boa vontade do Sr. Amadeu Mendes, que tão bem acolheu a iniciativa", explicou a distinta senhora. Se não nos tivesse cedido a sala, pelo Sr. Diretor da Instrução Pública, nada se poderia realizar. A "Tarde da Criança" não dispunha nem dispõe de recursos que lhe permitissem a construção de um prédio próprio ou alugado de uma sala como esta. E dessa forma não poderia levar a cabo a iniciativa. Felizmente, tudo se passou conforme era desejado. E assim, a Escola Brasileira de Arte está satisfazendo a sua finalidade, de receber gratuitamente os alunos dos grupos que revelem real vocação artística, preparando-os para uma escola superior. Propõe-se, sobretudo, amparar os talentos sem recursos. São os filhos dos pobres os que mais aptidões apresentam. Esses, mais que todos, carecem de amparo e estímulo.

## OS TRABALHOS

O professor Theodoro Braga analisava os trabalhos. Eram maravilhosos. Pareciam feitos por alunos de uma escola superior. Havia estilizações curiosíssimas, de "copos de leite", folhas de árvores indígenas, concepções modernistas e de cores originais, onde se revelam, com espontaneidade, as personalidades de cada um. Os trabalhos dos alunos, feitos no mês de maio, eram colocados ao lado dos que realizaram por ocasião do concurso. Desta forma pode-se julgar o progresso obtido, que é surpreendente. Havia, entre eles, motivos muito originais para azulejos, tapetes, almofadas etc. Dezenas de trabalhos passaram sob os olhos admirados dos presentes. Às 11 horas terminou a visita.[7]

*Correio da Tarde* — 28 de janeiro de 1931

## SOB O PONTO DE VISTA DA ARTE MODERNA

*Fala Ao "Correio Da Tarde" A Notável Tarsila Do Amaral*

No seu ateliê, a pintora Tarsila do Amaral posa para o "Correio da Tarde". Sobreposto, um detalhe do autorretrato da pintora.

[...] Foi o que pedimos à pintora paulista Tarsila do Amaral, solicitando-lhe uma entrevista sobre o ano de 1930 para a arte moderna em São Paulo. Tarsila do Amaral, atendendo ao nosso pedido, disse-nos o seguinte: "[...] Assim de surpresa é difícil discorrer sobre o que foi o ano artístico de 1930. Mas não há dúvida que a cidade assistiu a alguns acontecimentos bem importantes, que marcam a afirmação cada vez mais forte do movimento modernista de São Paulo. Em primeiro lugar, cumpre pôr em destaque o certame que ficou registrado nos anais da arte moderna paulista sob a denominação de 'A exposição da casa modernista Warchavchik'". Essa exposição, em que se reuniu, numa espécie de antologia do movimento moderno realizado em S. Paulo, grande documentação de nossos pintores, escultores e decoradores, no ambiente da primeira casa modernista do Pacaembu, vale pelo mais eloqüente exemplo de modernidade no país, e pode ser considerado como início de um movimento verdadeiramente coordenado, reunindo todas as manifestações do espírito contemporâneo brasileiro. E como a mais valiosa de quantas propagandas em prol das idéias novas, essa iniciativa deveria ser repetida em realizações cada vez de maior vulto, para que o público, que tanto apreciou a exposição da casa modernista, ficasse com essa impressão gravada para sempre em sua sensibilidade.

---

7. Uma visita à Escola Brasileira de Arte. *Diário da Noite*, São Paulo, 10 jun. 1930.

## EXPOSIÇÃO DE PINTURA MODERNA

Geo Charles e nosso patrício Rego Monteiro trouxeram uma Coleção bem interessante de quadros de artistas da vanguarda lá pelo meio do ano. E instalaram uma tenda bonita no prédio Glória, onde antes Brecheret fizera sua última exposição em S. Paulo. [...] Foi muito importante para a educação artística da Paulicéia esse acontecimento, pois realizado logo após a "Exposição da Casa Modernista Warchavchik", ele veio pôr em confronto os artistas modernos brasileiros perante os estrangeiros. Trazia uma amostra mais ou menos completa do que se faz presente lá fora em matéria de artes plásticas. Picasso, Braque, Lhote e tantos outros eram os nomes que assinavam essas telas, artistas que representam as grandes correntes da arte hoje predominantes em todo o mundo civilizado. Depois da evolução de Outubro, ainda nos movimentados dias de Novembro, tivemos a agradável surpresa que foi a exposição de Moussia Pinto Alves e Regina Grazz — as duas artistas granjearam considerável número de admiradores em virtude de seu trabalho, em que revelam um cunho renovador bem acentuado. Foi uma verdadeira clareira naqueles dias agitados, em que toda a preocupação era política e militar-revolucionária. Não que esta última preocupação fosse pouco importante, mas que é que o espírito sempre se manteve em liberdade, e a arte ainda nesse ambiente pode se manifestar, chamar a atenção da cidade, e impor-se... Moussia Pinto Alves interessou muito, particularmente pelos seus retratos admiráveis, e Regina Graz também fez figura brilhante com os seus "paneaux" decorativos.

## INSTRUÇÃO ARTÍSTICA-INFANTIL

Creio que não fica mal acrescentar no fim desta rápida notícia mal comentada dos acontecimentos da arte moderna de 1930 o que houve quanto à instrução artística-infantil, pois ela é manifestação contemporânea de pendores artísticos que poderão vir a ser grandes valores. Nesse particular, os trabalhos de Anita Malfatti, como professora, durante o ano, de numerosas crianças, merecem grande destaque. Ela obteve promissores resultados, cultivando principalmente a imaginação de seus alunos. Theodoro Braga, que também orientou um curso importante de desenho, promovido e patrocinado pela "A Tarde da Criança", por iniciativa de D. Isabel Von Ihering, não pode ser esquecido. A exposição desses trabalhos, que até a pouco tempo esteve aberta ao público, demonstrou sobejamente os frutos alcançados, devendo estar bem satisfeito o apreciado mestre paraense.[8]

## 2. Considerações oitenta anos depois

Nos últimos anos, tenho pesquisado a recepção do ensino do desenho e da arte através dos jornais, enfocando o período de 1920 a 1950, pois considero esse o momento da lenta transformação e modernização do ensino dessas disciplinas no Brasil. Foi quando as discussões sobre educação chegaram a um público maior de leitores de jornais. A celebração do centenário da Independência do Brasil, em 1922, provocou avaliações sobre o progresso das mais diferentes atividades, inclusive da educação. Nas Artes, todo mundo que passou por escola regular ouviu falar da Semana de Arte Moderna em São Paulo, mas poucos sabem do Movimento Regionalista no Nordeste, também modernizador. Ambos podem ser vistos como avaliações re-propositivas do nosso primeiro centenário da Independência. Ao longo desse trabalho, foi uma surpresa deparar-me com a existência de uma escola de arte para crianças e adolescentes na rede pública de São Paulo. Nunca antes havia encontrado informação sobre a Escola Brasileira de Arte de São Paulo. Desde 1990 venho me referindo a essa descoberta em palestras e conferências, pois tenho o costume de falar muito dos meus achados e ideias para só depois escrever, o que talvez demonstre que eu seja mais pesquisadora/professora do que pesquisadora/escritora. Nos últimos anos, há referências a esta escola na tese de doutorado de Edílson da Silveira Coelho[9] e de Patrícia Bueno Godoy.[10]

Se a leitora ou o leitor leu os recortes de jornais reunidos no início desse texto, ficou conhecendo a história da criação da Escola Brasileira

---

8. Sou o ponto de vista da arte moderna: fala ao *Correio da Tarde* a notável Tarsila do Amaral. *Correio da Tarde*, São Paulo, 28 de jan. 1931.

9. Coelho, Edílson da Silveira. *O nacionalismo em Theodoro Braga*: posturas e inquietações na construção de uma arte brasileira. Tese (Doutorado) — Universidade Federal do Rio de Janeiro, Rio de Janeiro, 2009.

10. Godoy, Patrícia Bueno. *Carlos Hadler*: apóstolo de uma arte nacionalista. Tese (Doutorado) Universidade de Campinas, Campinas, 2004.

de Arte, primeira escola de arte para crianças numa rede pública de ensino no Brasil. Naquela época, os ricos ainda não haviam nomeado sua filantropia de "terceiro setor do poder", mas já financiavam a arte/ educação, que também não tinha esse nome. O resto era muito semelhante: os professores se esforçavam, e quem aparece é o patrocinador. Tarsila do Amaral chegou a dizer que a iniciativa da escola foi de Isabel Von Ihering, quando foi um projeto e um sonho acalentado por doze anos pela professora Sebastiana Teixeira de Carvalho, que conhecia o que havia de melhor em educação da época, de Claparède a John Dewey. Sua filha, Susana Rodrigues,[11] fundou o primeiro ateliê para crianças em um museu brasileiro, no MASP, em março de 1948. Seu genro, marido de Susana, Augusto Rodrigues, cinco meses depois criou no Rio de Janeiro, em agosto de 1948, em parceria com a artista e educadora americana Margaret Spencer, a Escolinha de Arte do Brasil, célula inicial do movimento de escolinhas de arte, que considero a primeira institucionalização do ensino modernista de arte no Brasil dada a sua multiplicação por todo o país. A designação Arte/Educação foi criada e difundida pelo Movimento de Escolinhas de Arte.

Naquela época, outro aspecto não era diferente de hoje: muitas vezes os ricos já "patrocinavam" com dinheiro do Estado, como hoje o fazem com recursos do BNDES, da Petrobrás, quando não diretamente dos Ministérios da Cultura e da Educação. Quem pagou a adaptação das salas da Escola Brasileira de Arte no Grupo Escolar João Kopke, na Alameda Cleveland, e as manteve, foi o erário público, graças ao prestígio da diretora Clotilde Klelber. Essa era a parte mais cara. O mundo muda, mas o capitalismo é sempre o mesmo. O machismo também: duas educadoras tiveram ideia e empenharam seu prestígio para a existência da escola (Sebastiana e Clotilde), e o nome de Theodoro Braga era o mais veiculado na imprensa.

Algumas notícias falam em ensino de pintura, mas a escola se destinava mesmo ao ensino da escultura e do desenho, no amplo sentido desse termo, englobando desenho artístico, desenho decorativo e desenho industrial, especialmente as "artes gráficas", que era um dos

---

11. Ver o livro Bredarioli, Rita Luciana. *Das lembranças de Suzana Rodrigues*: tópicos modernos de arte e educação. 1. ed. Vitória: Edufes, 2007.

pontos altos da escola. Sua estrutura pedagógica correspondia a da *art and design education* da qual falavam os ingleses, propagada durante a Primeira Republica, e às escolas de artes decorativas dos franceses, onde Theodoro Braga estudara.

Além da estilização, mais da flora que da fauna, havia também desenho de modelo vivo. Theodoro Braga dizia que era cedo para este tipo de exercício, mas que achava positivo dar aos alunos algo sério, mais difícil que o trabalho cotidiano para estimulá-los.

Considero a Escola Brasileira de Arte uma escola pré-moderna, pois, apesar de Sebastiana valorizar nas crianças a "maneira individual de expressarem a forma porque compreendiam o mundo exterior", a escola era destinada àqueles considerados "talentosos" pelos testes de aptidão para ingresso.

O Modernismo não só valorizou a expressão pessoal como nos fez acreditar que todos são capazes de se expressar através da arte. Mais ainda, o Modernismo propugnou que a prática da arte é importante para o desenvolvimento da capacidade criadora que todos nós temos em diferentes potenciais. O próprio Theodoro Braga defendia o ensino do Desenho e da Arte para todas as crianças, sem considerações acerca de talento. Costumava dizer que a Escola Brasileira de Arte não era para gênios precoces, e justificava que só faziam exames de ingresso porque não havia dinheiro para aceitar todos os que a procurassem, mas que o desenho é um benefício que devia estender-se a todas as crianças, adolescentes e adultos.

Realmente a corrida para inscrições foi enorme. Para cursar o primeiro ano de funcionamento inscreveram-se 538 candidatos. Foram selecionados 60 alunos que cursaram o ano todo de 1930, terminando com a exposição a qual se referiu Tarsila do Amaral e Plinio Cavalcanti.[12]

Não consegui descobrir que fim levou a Escola Brasileira de Arte...

É comum que os jornais façam alarde da criação de instituições educacionais, mas seu encerramento em geral passa despercebido, mesmo quando faz muita falta a crianças e adolescentes.

---

12. Cavalcanti, Plínio. Escola Brasileira de Arte. *Para Todos*, 31 jan. 1931, p. 10-11. Texto localizado por Edílson Coelho.

Encontrei notícias em *O Estado de S. Paulo*, de 3 de julho de 1935, anunciando a criação da Sociedade de Educação Artística que dava cursos de música, pintura, desenho e organizava exposições de interesse para crianças e adolescentes.

Diz a notícia:

*O Estado de S. Paulo* — 3 de julho de 1935

Dentro de dois ou três meses, a Sociedade promoverá duas exposições de grande interesse infantil: uma original coleção de bonecas, bonecos e bichos de pano, trabalho de d. Duja Gross, que orientará e organizará o teatrinho de mentira (marionetes).

D. Duja Gross, formada pela "Academie del Beldenden Kunste" de Berlim, é realmente notável na habilidade com que, aproveitando retalhos de toda a espécie, compõe as mais engraçadas figuras de pano.

Será inaugurada ainda a coleção de bonecas, desenhos, livros etc., vindos do Japão, presente das crianças nipônicas.[13]

Como entre os professores é mencionado Theodoro Braga, fica a suspeita de que esta sociedade juntou o trabalho que já era feito na educação musical pela *A Tarde da Criança*, como me informou o maestro Samuel Kerr, com a Escola Brasileira de Arte que desapareceu do noticiário. Mais pesquisas são necessárias para esclarecer. Uma entrevista no *Diário da Noite*, de 20 de junho de 1935, com Gastão Worms, pintor famoso na época, sobre quem Mário de Andrade escreveu, fala do ensino de Música e Artes Visuais na Sociedade de Educação Artística.

*Diário da Noite* — 20 de junho de 1935

**GASTÃO WORMS.**

*Educar a criança no sentido da arte*

Nisso se resume o programa da Sociedade de Educação Artística que se fundou entre nós e sobre a qual falou ao "Diário da Noite" o pintor Gastão Worms.

---

13. *O Estado de S. Paulo*, São Paulo, 3 jul. 1935.

Educar a criança no sentido da arte — é dentro desse programa que se fundou entre nós a Sociedade de Educação Artística.

Quisemos ouvir a propósito desse movimento bastante simpático, que visa a formação artística da criança, um dos seus elementos, o pintor Gastão Worms. Procuramo-lo em sua residência, onde, com amabilidade, nos atendeu.

— "A idéia da fundação da Sociedade de Educação Artística pertence ao sr. Joaquim Carlos Nobre, cujas credenciais para falar sobre o assunto são indiscutíveis, do seu cérebro idealista nasceu essa iniciativa, à qual nós outros emprestamos o nosso apoio.

Objetiva a novel associação proporcionar às crianças diversões que, servindo-lhes de recreio, agucem ao mesmo tempo a sua inteligência e sensibilidade.

Teremos diversos cursos, todos eles gratuitos: coro infantil, estilização da flora e da fauna brasileira, entalhe, modelagem e escultura em madeira, para pequenos fotógrafos amadores, teatro musicado e aulas de natação. São os seguintes professores: Fabiano Losano, dr. Theodoro Braga, Ricardo Cipicchia, José Medina, Martin Braunwieser e senhorita Maria Lenk, respectivamente.

Encarreguei-me do curso de desenho e pretendo seguir um plano prático, iniciando os alunos nas belezas da natureza, e despertando nelas o sentido do belo e do sensível.

### AFUGENTANDO O TÉDIO

O fim imediato visado é afugentar o tédio, fazer com que as crianças empolgadas pelos estudos que aí se apresentam como diversões, mais e mais afastem de si a sombra angustiante do enfado. Tudo que as rodeia pode ser aproveitado como divertimento e divertindo-se, instruir-se-ão.

Incentivar na criança, de personalidade ainda em formação, a receptividade, as emoções artísticas e rasgar-lhe aos olhos e à alma todo esse mundo de exuberância natural que a cerca e de cujos encantos ela se distancia porque não os compreende.

### EXCURSÕES

Na aula de desenho começaremos com excursões, durante as quais a criança faz suas anotações, "croquis", desenhos e aquarelas. Escolheremos os motivos naturais: uma árvore, uma fruta madura, um riacho que desliza... Naturalmente consideraremos as tendências naturais.

Para estimular o gosto pela natureza, praticaremos o turismo nas férias. A música, como elemento imprenscindível a um ambiente infantil, inclue-se no programa da Sociedade, havendo duas audições semanais; exposições e palestras educativas; assistência médica etc."

**A SEDE AMPLA E AREJADA**

A nossa reportagem visitou o prédio em que funcionará, a partir de julho, os cursos da Sociedade de Educação Artística.

Situada em recanto aprazível à rua General Jardim, 32 é ampla, arejada, com janelas rasgadas para o jardim circundante.

— "O principal é o ambiente, onde as crianças se sentirão à vontade. Dir-se-ia um Clube Infantil, onde só elas reinariam.

E, terminando, quero frisar que a alma de tudo é Joaquim Carlos Nobre, dedicado amigo das crianças de S. Paulo".[14]

Finalizo esses comentários com uma questão que deve estar passando pela cabeça de alguns dos leitores: para que história da arte/educação? Victor Kon, arte/educador argentino, companheiro do Conselho Latino Americano de Educação pela Arte (CLEA) da International Society of Education through Art desde sua criação, em 1984, e de muitas lutas em prol do ensino da arte na América Latina, explica em correspondência pessoal endereçada a mim: "Nossos congressos deveriam refletir o processo que vivemos em nossa América. Na minha opinião, devemos ser conscientes de que, depois de vários séculos adaptando músicas estrangeiras, passamos a ter voz própria. Podemos falar ao resto dos povos e tomar suas contribuições, mas com consciência do que somos e de como podemos contribuir nós também. Esse conceito potencializa o papel da arte latino-americana, nossa responsabilidade como educadores e o peso de nossas organizações. Isto posto, agrego que não esqueço de nossas debilidades e inconsequências...".[15]

---

14. Worms, Gastão. Educar a criança no sentido da arte. *Diário da Noite*, São Paulo, 20 jun. 1935.

15. Kon, Victor, em email para Ana Mae Barbosa de 2 de março de 2009.

# Referências

CAVALCANTI, Plínio. Escola Brasileira de Arte. *Para Todos*, 31 jan. 1931, p. 10-11. Texto localizado por Edílson Coelho.

COELHO, Edílson da Silveira. *O nacionalismo em Theodoro Braga*: posturas e inquietações na construção de uma Arte Brasileira. Tese (Doutorado) — Universidade Federal do Rio de Janeiro, Rio de Janeiro, 2009.

CORREIO DA TARDE. sou o ponto de vista da Arte Moderna. Fala ao *Correio da Tarde* a notável Tarsila do Amaral. São Paulo 28 de jan. 1931.

CORREIO PAULISTANO. São Paulo, 21 nov. 1929.

_____. Escola Brasileira de Arte. Inicia-se hoje a inscrição de candidatos à matrícula. São Paulo, 22 nov. 1929.

DIÁRIO DA NOITE. Uma visita à Escola Brasileira de Arte, São Paulo, 10 jun. 1930.

_____. Festas e baile. São Paulo, 9 fev. 1930.

DIÁRIO DE S. PAULO. Pelo Brasil de amanhã. A tarde da criança acaba de fundar a escola brasileira de arte. São Paulo, 20 nov. 1929.

_____. Dá-se um grande passo em prol da arte brasileira. São Paulo, 22 nov. 1929.

GODOY, Patrícia Bueno. *Carlos Hadler*: apóstolo de uma arte nacionalista. Tese (Doutorado) — Universidade de Campinas, Campinas, 2004.

KON, Victor. Email enviado em 2 de março de 2009. *O Estado de S. Paulo*, São Paulo, 3 jul. 1935.

ROLDÁN, Joaquín; VIADEL, Ricardo; MARÍN. *Metodologias artísticas de investigación en educación*. Málaga: Ed. Aljibe, 2012.

WORMS, Gastão. Educar a criança no sentido da arte. *Diário da Noite*, São Paulo, 20 jun. 1935.

# PARTE II

# A Virada Modernista

PARTE II

# 6

# O Desenho na Reforma Educacional de Fernando de Azevedo

"A small group of thoughtful people could change the world. Indeed, it's the only thing that ever has."

**Margaret Mead**

**Depois de dez anos aposentada** da USP, trabalhando independentemente em diferentes projetos, voltei a ensinar em outra universidade, na Universidade Anhembi Morumbi, no Curso de Mestrado e Doutorado em Design, Arte e Tecnologia, me dedicando aos Estudos Visuais e História do Ensino da Arte e do Design. O encontro com Anna Maria Guasch na ANPAP de 2011 muito me estimulou na direção de enfrentar estas tarefas. Sua palestra salientou o valor da história para entender o presente e projetar o futuro. Durante um jantar à beira da Lagoa Rodrigo de Freitas no Rio, ela falou de suas preferências conceituais e dos artistas que mais admira, de tal forma que me identifiquei com suas preferências, como já havia me identificado com as armas de luta contra o uso da Arte como instrumento de poder que seu amigo José Luis Brea havia manejado.

Brea me foi introduzido em 2005 por minha aluna Jociele Lampert. Comuniquei-me com ele, que se mostrou interessado em vir ao Brasil, mas infelizmente antes de formalizar sua vinda ele morreu. Lamentável perda.

Tenho sido muito estimulada para pesquisar a história do Ensino da Arte, do Design e dos Estudos Visuais no Brasil pelo esforço que vem fazendo algumas pós-graduações ditas de Ensino da Arte em eliminar a nossa história e delimitar muito estreitamente o campo da Cultura Visual. Coincidentemente, a exclusão do Design do âmbito da Cultura Visual vem sendo praticada sem argumentação pelos mesmos que pretendem destruir a História. Participei de uma mesa-redonda na Annual Conference da NAEA em Seattle (2011), e pude observar que naquele ano na NAEA as mesas sobre *art and design education* foram as mais concorridas. Cultura Visual já não é algo discutível, já está assimilada na Arte/Educação americana, pois seus estudos integraram aqueles que faziam Cultura Visual, antes da Cultura Visual ter este nome.

Desde os primórdios do modernismo, houve arte/educadores americanos, como Belle Boas (anos vinte na Columbia University), que integraram diferentes meios produtores de imagens ao ensino da Arte e estenderam o campo de sentido da Arte para a Antropologia e os meios de comunicação.

Há uma grande preocupação em promover a reconciliação da Arte e do Design na Educação, relação bem estabelecida na época da industrialização inglesa e americana.

Deste tema falaram Kerry Freedman, Mary Ann Stankiewicz e Robin Vande Zander. Foi uma mesa excelente. Começou com a História do Ensino da Arte e do Design na Escola Normal de Massachusetts, hoje Massachusetts College of Art, onde eu fiz uma disciplina durante meu doutorado. Falaram de Walter Smith, que influenciou o mundo todo no início do século XX, da Nova Zelândia ao Brasil.[1] Foi analisada também

---

1. Barbosa, Ana Mae. *Arte/Educação no Brasil*. 2. ed. São Paulo: Perspectiva, 1986.

a revista *School Arts*, por Robin Zander, demonstrando que esta preocupação com o Design sempre esteve subjacente ao ensino da Arte nos Estados Unidos. Tenho buscado provar através de pesquisas que no Brasil também foi assim. A frase com a qual Kerry Freedman, a grande dama da Cultura Visual na Arte/Educação, terminou sua fala, ecoou por todo o Congresso todos os outros dias: "Art and Design Education is Visual Culture".

A África do Sul vem defendendo com grande ênfase Art e Design Education no currículo. Em um Congresso no Brasil sobre Design, organizado por Mônica Moura, na Universidade Anhembi Morumbi, um professor sul-africano disse que em sua universidade o número de professores de Design Education era quase o triplo do número de professores de outras áreas do Design. Quando perguntei por que, ele respondeu que era política do governo. Portanto, a nova onda em direção ao ensino da Arte e do Design não recomeçou nos países ricos, mas em um país em desenvolvimento.

A crise em 2008 está obrigando os países ricos a reverem suas posições.

Termino aqui meu argumento afirmando, em consonância com Kerry Freedman, que Design é Cultura Visual, ou melhor, é parte integrante dos Estudos Visuais.

A ignorância sobre nossa história está fazendo professores que orientam outros professores a negarem as raízes sociais e políticas do ensino da Arte e do Desenho nas escolas primárias e secundárias no Brasil. O Projeto para ensino do Desenho de Rui Barbosa foi o mais detalhado e mais bem embasado que se apresentou à legislação brasileira até hoje. Usava-se no Brasil a mesma palavra "DESENHO" para designar desenho artístico e design. Só na década de 1960, com as discussões para a criação da ESDI, passamos a usar desenho para a arte e design para projeto. A proposta de Rui Barbosa nunca chegou a ser aprovada oficialmente, mas como ele foi várias vezes candidato a presidente do país e sua bandeira eleitoral era a educação, seu projeto como agenda escondida resistiu nas escolas brasileiras até os inícios de 1980, portanto quase cem anos. Quem se lembra das rosáceas, das gregas, das frisas decorativas, do processo de ampliação de figuras quadriculando o papel? Tudo isso que entrou em nossa cultura visual pedagógica pelas mãos de Rui Barbosa tinha como objetivo a preparação para o trabalho. Era design antes do design. O interesse era social e político. Havia um *boom* da construção civil e os liberais lutavam pela abolição da escravatura. Queriam que a Escola Pública e as oficinas preparassem os escravos recém-libertos em Desenho Decorativo e Desenho Gráfico para serem especializados e bem pagos.

Podemos questionar a visão política e social da época, mas não podemos dizer que a preocupação do Ensino da Arte com o social só surgiu na década de 1990 do século XX por influência da Cultura Visual, como afirmou um orientador de mestrado e doutorado em artigo da revista digital *Invisibilidades*. Todas as ONGs que são eficientes na reconstrução social de crianças, jovens e adultos trabalham com Arte desde os anos 1950. Nesta época, no Recife, fui testemunha do trabalho com Arte de Solange Costa Lima com as crianças pobres de Olinda, e eu própria trabalhei com crianças dos alagados do Recife, orientada por Paulo Freire.

Rui Barbosa e André Rebouças podem ter sido esquecidos pelos que ignoram e desprezam História, mas as ONGs que estão aí batalhando pelos excluídos serem varridas da Historia é mera destruição planejada. Elas desempenham um papel tão evidente em nossa sociedade que não dá para esquecê-las.

Aliás, desde os gregos que o ensino da Arte está ligado à política e ao social. Como diz Arthur Efland,[2] os comentários de Platão e Aristóteles sobre Arte/Educação estão em seus escritos políticos, porque eram assuntos muito sérios, afetando a sobrevivência da comunidade. Nessas discussões, as artes eram valorizadas não por suas qualidades estéticas mas por seu impacto didático como instrumentos de preservação cultural.

O Ensino da Arte e do Desenho para a escola primária e secundária pública pouco tem a ver com o "belasartismo" parente do "beletrismo", como dizem os que desconhecem a história e por isso a querem destruir. Para criticar o ensino das Belas Artes e a História da Arte, estão falhando na análise crítica de nossa educação estética como um todo e

---

2. Efland, Arthur D. *A history of art education*: intellectual and social currents in teaching the visual arts. New York: Teachers College Press, 1990. p. 8.

desconhecem as mudanças ideológicas e metodológicas nas pesquisas de História da Arte.

Mesmo o ensino das Belas Artes e da História da Arte, já na década de 1960, se beneficiou da revolução pedagógica do Ensino Universitário de Arte da Universidade de Brasília, liderada no ICA por Dr. Alcides da Rocha Miranda, um dos meus mentores, que atualizou e contextualizou princípios da Bauhaus no Brasil. A ele devo parte de minha formação e o reforço dos objetivos políticos e sociais para o ensino da Arte que já havia aprendido com Paulo Freire.

Pesquisando através dos jornais o ensino do Desenho e da Arte, de 1920 a 1950, tenho plena consciência de que quando se falava em Desenho se falava de Arte e do que hoje chamamos Design.

Dentre os acontecimentos educacionais deste período, um dos mais divulgados e debatidos nos jornais foi o ensino do Desenho na Reforma educacional do Distrito Federal feita por Fernando de Azevedo, aliás, começada por Fernando de Azevedo e continuada por Anísio Teixeira, que finalmente o sucedeu na Diretoria da Instrução Pública do Distrito Federal depois que ocuparam brevemente o cargo Osvaldo Orico e Raul de Faria, dois desafetos de Fernando de Azevedo. Relutaram em nomear logo Anísio Teixeira por picuinha, porque Fernando de Azevedo o havia indicado.

Anísio Teixeira deu um belo exemplo de respeito ao trabalho do político que o antecedeu, por quem foi escolhido e apoiado para a sucessão.

Cecília Meireles afirmou categoricamente em artigo no *Jornal Manhã* de 6 de setembro de 1941:[3] "O principal ponto de referência para o estudo da educação no Brasil é a Reforma de 1928 que com o advento do período revolucionário, encontrou um ambiente de experiência promissor de resultados úteis".[4] Mas, encontrou também um ambiente hostil, reacionário, de intrigas e perseguições.

---

3. Artigo escrito, portanto, durante o Estado Novo que perseguiu muitos dos educadores e intelectuais que apoiaram esta reforma educacional.

4. Meireles, Cecília. *Obra em prosa*: crônicas de educação. Rio de Janeiro: Nova Fronteira/Minc, 2001. p. 17.

Além do mais havia a competição entre Minas, São Paulo e Rio de Janeiro pela Reforma mais moderna e eficiente. A Reforma de Ensino em direção à Escola Nova em São Paulo foi paulatina, menos corajosa, pois foi facilmente se amoldando sem luta contra os desígnios da presidência do país, como foi o caso da aceitação da volta do ensino religioso, decisão de Getúlio Vargas. Fernando Azevedo, em suas cartas a Frota Pessoa, depois de ter deixado a Instrução Pública do Distrito Federal, lamenta a falta de fidelidade de Lourenço Filho às próprias ideias, pois não só se curvou ao decreto que regulamentou o ensino religioso urdido por Francisco Campos, a quem ele criticava, e ainda aceitou ser chefe de Gabinete do próprio Francisco Campos no governo federal.[5] Quanto a Reforma Francisco Campos em Minas Gerais, foi mais estrondosa por ter importado vários educadores da Europa, porém menos radical, menos abrangente e com falta de densidade teórica. Francisco Campos usou mais "marketing", e Fernando de Azevedo mais inteligência. Nas relações internacionais, Francisco Campos privilegiou a Europa. Disfarçou a preferência mandando algumas professoras estudarem nos Estados Unidos. Fernando de Azevedo também se aproximou dos Estados Unidos, mas privilegiou as relações com a América Latina, inclusive com o México, pois conhecia e chegou a citar em texto e discursos as "Escuelas de Pintura al Aire Libre".

Quanto ao ensino do Desenho, Minas trouxe da Bélgica e da Suíça duas professoras de Desenho e Arte: Jeanne Milde e Artus Perrelet. Perrelet influenciou pouco e mal. Era inteligente, vista como filósofa e boa professora. Mas, seus ensinamentos foram distorcidos e mediocrizados.[6] Já Milde permaneceu no Brasil, mas era mais preparada na prática do que na teoria. Com o correr dos anos foi se aperfeiçoando mais teoricamente, ela própria confirmou isto a mim em entrevista que concedeu nos anos 1970, durante a qual fiquei entusiasmada com sua paixão pelo ensino e pela escultura.

Para renovar e ampliar o ensino do Desenho espontâneo para as crianças, e como iniciação ao Design nas Escolas Profissionais, Fernando

---

5. Penna, Maria Luiza. *Fernando de Azevedo*: educação e transformação. São Paulo: Perspectiva, 1987. p. 150.

6. Análise do trabalho de Perrelet em Minas consultar Barbosa, Ana Mae. *John Dewey e o ensino da arte no Brasil*. São Paulo: Cortez, 2001.

de Azevedo contou com a colaboração de Edgar Sussekind de Mendonça e de Nerêo Sampaio.[7] As escolas profissionais inibidoras da inventividade, que mais pareciam escolas militares, foram aos poucos dando lugar a ambientes propícios à exploração da técnica aliada à criação.

Nerêo Sampaio fez concurso para a cadeira de Desenho no Instituto de Educação do Distrito Federal, com muito sucesso, seguido da publicação da tese em livro *O desenho espontâneo das crianças: considerações sobre a sua metodologia*.[8] Os jornais noticiaram este concurso com muitos elogios, sendo o *Jornal do Brasil* o mais efusivo. No dia dois de outubro de 1929, publicou a seguinte manchete:

*Jornal do Brasil* — 2 de outubro de 1929

**O CONCURSO DE DESENHO NA ESCOLA NORMAL**

O Prof F. de Nerêo conquista brilhantemente o 1º lugar.[9]

A notícia trazia o nome do concorrente prof. Jurandyr Paes Leme e os nomes da banca examinadora: Pedro Paulo Bernardes, Edgar Sussekind de Mendonça e Carlos Chamberlland. A banca foi presidida pelo diretor da Escola Normal, Dr. Carlos L. Werneck, sem direito a voto.

Os jornais falaram de quatro provas: Defesa de tese, prova escrita, modelo vivo e perspectiva e prova didática, esta realizada com grande audiência na Escola Nacional de Belas Artes, inclusive com a presença de autoridades, entre elas o próprio Fernando de Azevedo. Excetuando a prova de modelo vivo e perspectiva, o concurso daquele tempo parece

---

7. Encontra-se uma diversidade na grafia do nome de Nerêo Sampaio, algumas vezes escrito também como "Nereu" ou "Nerêo".

8. Sampaio, Nerêo. *Desenho espontâneo das crianças*: considerações sobre sua metodologia. Dissertação (Cátedra) — Escola Normal do Distrito Federal, Rio de Janeiro, 1929.

Ver sobre Nerêo Sampaio como educador o livro de Ana Mae Barbosa. *John Dewey e o ensino da Arte no Brasil*. São Paulo: Cortez, 2001; e José Roberto Pereira Peres. *Nerêo Sampaio*: a importância do Ensino das Artes na formação do professor primário. TCC apresentado à licenciatura em Magistério dos anos iniciais do Ensino Fundamental com ênfase em Educação de Jovens e Adultos/ISERJ. Rio de Janeiro, 2010.

9. O concurso de desenho na escola normal. *Jornal do Brasil*, São Paulo, 2 out. 1929.

o concurso para professor livre docente da USP, Unesp e Unicamp, que acrescenta a arguição do memorial ou currículo comentado.

Dizia ainda o jornal que raros eram os exames deste tipo que despertaram tanto entusiasmo no público. E justificava acrescentando "Pode-se afirmar que estava em jogo a organização do ensino do Desenho introduzido na nossa Instrução Pública do qual o prof. Nerêo sempre foi um dos baluartes do ensino desta cadeira na Escola Normal".[10]

Nerêo Sampaio foi o arquiteto e engenheiro de muitos prédios de escolas construídos na administração de Fernando de Azevedo. Quando Azevedo assumiu o cargo de diretor de Instrução Pública, havia 270 escolas das quais 180 eram residências alugadas e mal-adaptadas. Dos 90 prédios que pertenciam à Prefeitura, somente vinte tinham sido construídos para escolas, os outros eram adaptações precárias pouco apropriadas para educação.[11] Com Fernando de Azevedo iniciou-se um período de construções de escolas intenso, o que era motivo para artigos irados dos inimigos.

Fala ainda o *Jornal do Brasil* de dois de outubro de 1929,[12] que Nerêo Sampaio era conhecido internacionalmente, representou o Brasil no Congresso Pan-Americano de Arquitetura em Buenos Aires em 1927, era membro correspondente da Sociedade de Arquitetos do Uruguai e membro efetivo do Comitê Pan-Americano de Arquitetos.

Sua arquitetura era bastante eclética. Ruth Levy comenta seu projeto para um *Grande Balneário de Luxo* com o qual concorreu ao prêmio de viagem a Europa em 1920, dizendo:

---

10. Idem.

11. Além do programa de construções de novas escolas, a comunidade continuou insistindo em adaptar casa e oferecê-la como escola, como se vê na notícia do O Jornal de cinco de julho de 1929: "PELA INSTRUÇÃO MUNICIPAL. A população de Fontinha ofereceu um prédio à prefeitura afim de nele ser instalada uma escola. Os moradores da Fontinha, um dos mais prósperos subúrbios desta capital, acabam de oferecer à Prefeitura, gratuitamente, o prédio da Estrada da Fontinha, 404, afim de nele ser instalada a escola da localidade. Trata-se de uma casa completamente nova, com todos os requisitos exigidos pela pedagogia moderna para a instalação de uma escola. O prédio oferecido possui amplos salões, com capacidade para mais de 600 alunos. A população de Fontinha, que tem para mais de 700 crianças em idade escolar, aguarda a presença do Dr. Licínio Cardoso, técnico da Diretoria de Instrução, a fim de dar seu parecer" (PELA INSTRUÇÃO MUNICIPAL, 1929).

12. O concurso de desenho na escola normal. *Jornal do Brasil*, São Paulo, 2 out. 1929.

Detalhando toda a estrutura do hotel, o arquiteto dá sempre a ideia de que adotara como modelo partido em planta dos hotéis americanos, mas apenas no que considerava racional e apropriado, dispensando sempre os elementos que eram de excelente feito estético em planta e pouco práticos na realidade. Contudo a decoração era extremamente eclética, quase um mostruário dos diferentes estilos europeus. "Salão de recepções, biblioteca e salão de leitura decorados em estilo Luiz XVI, salão de banquetes em estilo renascença italiana, o *grill room* em estilo inglês renascença". Quanto à fachada, ao contrário da modernidade e da praticidade buscada nas plantas, ou o requinte apresentado nos interiores, o arquiteto optou pelo pitoresco, em detrimento do estilo clássico.[13]

Esta opção por uma fachada não clássica era uma posição de rejeição ao neoclássico, que não aceitava também quanto aos métodos de ensino de Desenho. Ele próprio explicita: "[...] a fachada foi o primeiro ensaio que fiz de um estilo rústico, próprio para construções no litoral. A princípio julguei que seria extravagante conseguir de tamanha massa um efeito pitoresco, porém esboçado pareceu-me agradável e a preferi a qualquer aplicação neoclássica".[14] Seu projeto para um dos primeiros *resorts* brasileiros para a praia de Copacabana não foi construído, e Nerêo Sampaio perdeu a luta contra o neoclassicismo, pois o Hotel Copacabana Palace, que foi construído em 1923, tem estilo francês desenhado pelo arquiteto da França Joseph Gire.

Contudo, Sampaio foi antecipador aceitando já em 1920 o espaço moderno e o ecletismo como mostruário que o pós-modernismo revisitaria. Ele era também livre-docente por concurso da Escola Nacional de Belas Artes.

Ser professor "por concurso" na ENBA era muito valorizado na administração Fernando de Azevedo. Ele procurou aposentar os que não eram concursados e os professores que não trabalhavam, mesmo os importantes como Brício Filho, ex-deputado por Pernambuco que era catedrático da Escola Normal, assim como Osvaldo Orico e Raul de

---

13. Levy, Rute. *A exposição do centenário e o meio arquitetônico carioca no início dos anos 1920.* Rio de Janeiro: EBA, 2010. p. 99.

14. Nerêo Sampaio. Apud Levy, Rute. Op. cit., p. 99.

Faria, que se tornaram inimigos implacáveis de Azevedo. Brício Filho tinha uma coluna no *Jornal do Brasil*. Eu reproduzo mais adiante um de seus artigos. Mesmo antes do Estado Novo, Brício Filho virou censor do *Jornal do Brasil* procurando filtrar críticas a Getúlio Vargas e a seus colaboradores.

Fernando Azevedo também realocou, transferiu vários professores incompetentes que haviam conseguido seus lugares por pistolão (termo empregado para significar interferência de políticos e poderosos), o que acarretou muitos pedidos de demissão, raivas incontroláveis e muitos concursos. Conta-se que havia professores que iam para a sala de aula ler jornais com o pé em cima da mesa. De primeiro de agosto de 1928 a primeiro de fevereiro de 1929, portanto em seis meses, foram realizados 15 concursos nos quais realmente ganhava o melhor. A primeira luta para aprovar a Reforma foi contra o Conselho Municipal, porque os conselheiros queriam barganhar cargos em troca da aprovação. Conta-se que, enquanto Fernando de Azevedo lia no Conselho os termos da Reforma, os conselheiros só se preocupavam em anotar o número de novos cargos que seriam criados para negociar com o Prefeito ou com o próprio Azevedo, que foi completamente intransigente: ocupação dos cargos só por concurso. Só conseguiu aprovar a Reforma graças a interferência política no Conselho e a defesa árdua de Maurício de Lacerda, político poderoso, pai de Carlos Lacerda[15] que viria a ser adversário mortal de Getúlio no segundo mandato. A língua de Carlos Lacerda era tão ferina que o segurança de Getúlio, Gregório Fortunato, mandou matá-lo, mas foi morto em seu lugar um tenente que estava ao seu lado. Sem saída, Getúlio suicidou-se após divulgação na imprensa do atentado. Carlos Lacerda foi cassado pela Ditadura Militar de 1964, como seu pai o fora no Estado Novo, que fechou o Congresso Nacional.

Maurício de Lacerda foi um defensor das Artes. Ficou famoso nos círculos culturais da época pelo seu discurso em defesa da moralização

---

15. Membro da União Democrática Nacional (UDN), vereador (1945), deputado federal (1947-55) e governador do estado da Guanabara (1960-65). Fundador em 1949 e proprietário do jornal *Tribuna da Imprensa* e criador, em 1965, da editora Nova Fronteira. Marcado pela ferrenha oposição ao "Getulismo" e seus frutos, dentre eles, Juscelino Kubitschek. Disponível em: <http://www.frasesfamosas.com.br/de/carlos-lacerda.html>. Acesso em: 8 out. 2011.

da Escola Nacional de Belas Artes no plenário da Câmara, publicado nas atas do Congresso Nacional em 25 de setembro de 1919. Desapareciam obras do acervo e as que restavam eram abandonadas nos porões; aumentaram as disciplinas teóricas para contratar professores que nem apareciam para dar aulas. Havia até uma disciplina, "Higiene das habitações", para a qual foi contratado um advogado, secretário da ENBA.

Depois da aprovação do Projeto da Reforma pendurado de artigos inseridos pelos conselheiros, Fernando de Azevedo ainda teve de convencer o Prefeito a vetar os adendos e a respeitar as nomeações por concurso. A este respeito foi extremamente corajosa a carta de demissão que enviou em 23 de janeiro ao Prefeito Dr. Prado Junior na qual dizia:

> A reforma recentemente aprovada é de execução difícil como todas as reformas profundas, e V. Excia deve ter a consciência nítida da tarefa tremenda que tomou sobre os ombros. Mas, não há lugar para ilusões, ela ficará no papel se o governo de V. Excia procurar cargos para pessoas necessitadas de empregos em vez de procurar pessoas notoriamente capazes para os cargos... Se o merecimento real, indiscutível, não entrar como fator predominante na seleção de pessoas competentes para os novos cargos ou para as vagas que se abrirem, tão longe estará V. Excia. de melhorar a gravíssima situação do ensino no Distrito Federal, que, ao contrário aumentará as dificuldades reinantes, sobrecarregando a máquina burocrática de elementos inúteis senão prejudiciais...[16]

Sua demissão não foi aceita e os concursos se sucederam. Noticiou-se inclusive que os concursos levaram a aumentar sensivelmente a venda de livros sobre educação em espanhol e francês.

Havia também resistência contra o fato de que os paulistas estavam dominando a política no Distrito Federal (Rio de Janeiro). O presidente do país, o prefeito e o diretor da Instrução Pública eram paulistas. O presidente nasceu em Minas, mas vivia em São Paulo.

A primeira campanha negativa pelos jornais em relação a Fernando de Azevedo e sua Reforma, pois às vezes criticavam o homem para

---

16. Penna, Maria Luiza. Op cit., p. 159.

**Figura 1**
Visita de autoridades à Escola Visconde de Ouro Preto. Diretor de Instrução Pública Fernando de Azevedo, com o presidente Washington Luís e o prefeito Antonio Prado Jr. *Fonte*: Fotografia de Augusto Malta, 24 set. 1927.
*Fonte*: IEB/USP.

criticar a reforma, foi contra a prova de admissão à Escola Normal e o Desenho foi escolhido como vilão.

A reforma incluía o Desenho na escola, inclusive em todos os anos da Escola Normal; consequentemente, exigiu-se prova de Desenho do natural nos exames de admissão à escola Normal, e deslocou-se o Desenho Geométrico para a área das provas de Matemática, decisão muito acertada e defendida pelos educadores em vários países, como Estados Unidos e Suíça. Era já a visão modernista chegando pelas mãos de Sampaio e Sussekind de Mendonça.

Todos os jornais do Rio de Janeiro noticiaram o descontentamento das candidatas com a exigência da prova de desenho. A crítica do *A Manhã* foi amena, como podemos ver, mas houve outras mais agressivas ou desdenhosas, como o de Brício Filho, que usava sua coluna principalmente para criticar tudo e todos ligados a Fernando de Azevedo.

*A Manhã* — 15 de fevereiro de 1928
**UMA EXIGÊNCIA EXCESSIVA!**
O concurso de admissão ao corpo discente da Escola Normal, sempre constituiu entrave às moças que não conduzissem pistolão. Pelo menos foi assim durante o período que o pedagogo José Rangel dirigiu aquele instituto de ensino. Se há modificações para melhor, atualmente, não temos conhecimento. Com a reforma ou sem ela, as moças que se propõem a fazer aquele tirocínio, estão contando com mil dificuldades para vencer aquela prova, dadas as exigências a inovações, agora introduzidas ao concurso.
A exigência da prova prática de desenho, por exemplo, não é das menores. Toda gente sabe que desenho e pintura requerem temperamento, aplicação especial.
Não deviam constituir prova eliminatória de concurso para admissão a uma escola destinada a preparar professores. A não ser as vocações, poucas meninas saem do curso primário, por mais aplicadas ao estudo que sejam, em condições de tomar parte num concurso de que essa disciplina constitua exigência essencial.
Tem-se reconhecido o desenho, como disciplina capaz de impossibilitar qualquer carreira que não diga respeito às artes plásticas.
Há admiráveis bacharelas, médicas, musicistas e tituladas de outras muitas profissões, conquistáveis pela mulher, que não chegariam ao fim da carreira, se tivessem que fazer prova intermediária dessa utilíssima disciplina. Nem por isso, entretanto, essas moças se revelam na vida prática incapazes para a profissão que escolheram. Pelo contrário. São hábeis profissionais, que atravessam vencendo facilmente a vida. O mesmo acontece com as professoras, destinadas a ensinar curso primário à infância. Não há nenhum perigo em que essas funcionárias deixem de revelar-se exímias manejadoras do pincel. Se pintores há como o Parreiras que nunca souberam desenhar! Por que, pois, essa exigência a simples candidatas ao curso normal?[17]

---

17. Uma exigência excessiva! *A Manhã*, Rio de Janeiro, 15 fev. 1928.

**Figura 2**
Admissão à Escola Normal. Rebentam protestos contra as provas de Desenho. Grupo de candidatas em palestra junto ao portão de entrada da escola.
*Fonte*: *O Globo*, 15 fev. 1928.

## AS CANDIDATAS A MATRICULA NA ESCOLA NORMAL AMEAÇADAS

A Reforma Será Cumprida, Custe O Que Custar, Diz O Diretor De Instrução E Confirma Que A Prova Desenho Será Exigida.

Escrevem-nos do gabinete do diretor geral da Instrução Pública.

"Numa entrevista concedida ao "Correio da Manhã" que nos tem distinguido com sua simpatia, afirmou-se que a prova de desenho exigida no concurso de admissão ao 1º ano da Escola Normal constitui inovação e surpreendeu as pretendentes ao ingresso a este estabelecimento de ensino. A afirmação procurou esteiar-se em artigo votado no decreto n. 3281, de 23 de janeiro deste ano; mas foi infeliz e desarrazoada. O artigo 110 do precitado decreto determina que passarão para o primeiro ano da Escola Normal por promoção os alunos que hajam concluído o curso complementar anexo. Ora, este curso vai iniciar-se este ano e por isso mesmo o decreto n. 8281, no art. 362, diz claramente: "Enquanto não houver alunos diplomados pelos cursos complementares, criados por esta lei, a admissão às escolas normais, profissionais e domésticas será feita por concurso". O parágrafo único do mesmo artigo diz ainda clarissimamente: *As condições do concurso serão estabelecidas em instruções especiais pelo diretor geral.*

O art. 102, vetado, é que constituía no decreto uma incoerência à vista dos art. 110 e 362.

A prova de admissão é *concurso* e não mero *exame.* Afirmar que o desenho é inovação capaz de surpreender as candidatas é supor-lhe a falta de preparo em matéria do curso primário a qual devem ter estudado integralmente. Aos candidatos à admissão ao 1º ano do curso complementar anexo, o decreto não exige como condição para preferência, o curso primário constituído de cinco anos em escola pública (art. 127).

DESCONHECER a necessidade do desenho é utilizar-se uma pedagogia de trinta anos passados. Apelar para argumentar DE MANEIRA SENTIMENTAL é LEVIANDADE..."[18]

---

18. As candidatas a matrícula na Escola Normal ameaçadas: a Reforma será cumprida, custe o que custar, diz o diretor de Instrução e confirma que a prova Desenho será exigida. *O Globo*, Rio de Janeiro, 15 fev. 1928.

*Correio da Manhã* — 16 de fevereiro de 1928

## AS CANDIDATAS A MATRICULA NA ESCOLA NORMAL AMEAÇADAS
*O dr. Brício Filho e as explicações dadas pelo diretor de instrução*

A propósito da nota do diretor de instrução Pública, ontem publicada, recebemos do Dr. Brício Filho a seguinte carta:

"Solicitado pelo 'Correio da Manhã', em virtude de reclamação levantada a essa ilustrada redação, a emitir minha opinião relativamente à inclusão da prova gráfica de desenho entre as necessárias para admissão à matricula na Escola Normal, possivelmente contra a exigência, com aquela franqueza caracterizadora de todos os atos de minha vida e com aquela orientação que ainda me não levou a alienar a independência de meus pronunciamentos para cortejar os que exercem qualquer parcela de poder.

Se dúvida tivesse quanto ao ponto de vista em que me coloquei, a explicação fornecida pelo gabinete do Diretor Geral de Instrução Pública, ontem publicada nesta colunas, serviria para demonstrar que bem acertado andei quando opinei pela forma que motivou a contestação oficial. As explicações que passam a ser dadas vão demonstrar o acerto da presente afirmação.

No comunicado do gabinete estranha-se que seja qualificada como inovação a exigência da prova de desenho para a entrada no referido instituto de ensino. Não sei por que essa estranheza. Inovação, dizem os léxicos, é noção ou efeito de inovar, é coisa introduzida de novo. Ora, membro da comissão examinadora do curso, há mais de dez anos, não tive a ocasião de ver, uma só vez, o desenho figurar entre as disciplinas exigidas para aquele mister. Agora a referida matéria é arrolada entre as necessárias. Logo foi introduzida alguma coisa nova, houve ação ou efeito de inovar, houve inovação, quer queiram quer não queiram os sábios da escritura.

Na comunicação do gabinete não se compreende que ficassem surpreendidas com semelhante inovação — permitam a insistência do vocábulo — as candidatas ao concurso. Surpreender, diz o prezado amigo Aulette, é apanhar ou tomar de improviso, tomar de surpresa, cair inopinadamente sobre. Ora, as condições de preparo reclamadas para o ingresso eram as pertinentes aos conhecimentos de português, aritmética, geografia e história do Brasil. No correr do ano de 1927, enquanto as candidatas se preparavam, não apareceu qualquer explicação. Em 1 de fevereiro do corrente ano, nas vésperas do concurso, quando não havia mais tempo para um ensino complementar, apareceram as instruções reguladoras da admissão, trazendo no bojo a obrigatoriedade da prova de desenho, e não se quer admitir que isso seja "apanhar ou tomar de improviso, tomar de surpresa, cair inopinadamente sobre" as cabeças das examinadas...[19]

A resposta a Brício Filho não se fez esperar e foi publicada em todos os jornais do Rio: *A Pátria, O Imparcial, O País, Jornal do Comércio, Jornal do Brasil.*

*Jornal do Brasil* — 17 de fevereiro de 1928

### O CONCURSO DE ADMISSÃO À ESCOLA NORMAL E A REFORMA DO ENSINO

Escrevem-nos do gabinete do sr. diretor de Instrução Pública:

"Numa entrevista concedida ao 'Correio da Manhã', afirmou-se que a prova de Desenho exigida no concurso de admissão no 1º ano da Escola Normal constitui inovação e surpreendeu as pretendentes ao ingresso nesse estabelecimento de ensino.

A afirmação procurou esteiar-se, argumentando sofismaticamente, em artigo vetado no decreto 3.281, mas foi infeliz, além de desarrazoada, pois esqueceu o que está claramente determinado nos arts. 110 e 362 do precitado decreto. Ao diretor geral compete, por lei, estabelecer as condições do concurso de admissão à Escola Normal em 1928, por meio de instruções especiais. Foi o que se fez em 01 de fevereiro fluente.

Desconhecer a necessidade do desenho, já foi dito em nota anterior gentilmente publicada pelo 'Correio da Manhã', é cristalizar-se um pedagogia de 30 anos passados. Mas há cousa ainda mais grave e deplorável. O autor da entrevista reeditou suas afirmações sofismáticas, pelos mesmos termos em artigo do 'Jornal do Brasil', o que, jornalisticamente é pelo menos curioso: e não hesitou em insinuar que a Reforma do Ensino passou graças a promessas de pingues recompensas aos seus propugnadores e teve por isso apologistas num coro de entusiasmo. A insinuação é visceralmente falsa e exige imediata demonstração, tal a sua gravidade.

O diretor de Instrução repta o articulista a declarar o nome de alguém, ou de algum jornal, a quem durante toda a campanha em favor da Reforma do Ensino, tivessem sido feitas promessas de lugares para conseguir

---

19. Filho, Brício. As candidatas a matrícula na Escola Normal ameaçadas: o dr. Brício Filho e as explicações dadas pelo diretor da instituição. *Correio da Manhã*, Rio de Janeiro, 16 fev. 1928.

o apoio ao projeto então em debate. Afirmações dessa natureza, não provadas, deixam o autor de tal perfídia em situação que nos abstemos de qualificar.[20]

Mas as críticas nos jornais continuaram...

*Diário Carioca* — 23 de março de 1929[21]

**A ADMISSÃO À ESCOLA NORMAL**
*Rebentam Protestos Contra As Provas De Geometria E Desenho*
*Irregular Organização Das Comissões Examinadoras*

Foi hoje efetuada a última prova do concurso de admissão ao primeiro ano da Escola Normal. O nosso representante, tendo ali estado, antes da hora da abertura do portão para a entrada das candidatas, pode ouvir os comentários desdobrados em vários grupos. Falava-se de um lado da exigência da prova de geometria, apensa à de aritmética, quando até agora as matérias exigidas para a matrícula eram português, aritmética, geografia e História do Brasil, de acordo com o programa de escolas primárias. Embora o ponto sorteado fosse relativamente fácil e assim proposto — "Qual a área em hectares de um terreno triangular cuja base é de 1.440 metros e altura 840 metros?", comentava-se desfavoravelmente a obrigatoriedade da demonstração de conhecimentos geométricos, lançados à última hora, com surpresa das examinandas.

O descontentamento, hoje, era maior porque o concurso ia versar sobre a prova gráfica de desenho, reclamada intempestivamente, sem tempo para uma boa técnica, pois que as pretendentes à entrada naquele estabelecimento de ensino não contavam com esse extravagante acréscimo. O caso é tanto mais para ser assinalado com censuras quanto a inabilitação em uma só dessas disciplinas leva à reprovação a todas as outras. Uma examinanda que haja obtido 10 em aritmética, português, geografia e história, se tiver a infelicidade de receber nota inferior a 4 em desenho gráfico, que

---

20. O Concurso de admissão à Escola Normal e a reforma do ensino. *Jornal do Brasil*, Rio de Janeiro, 17 fev. 1928.

21. Este artigo sem assinatura foi atribuído a Brício Filho, que fora um dos professores catedráticos excluídos das bancas examinadoras. Acho o artigo muito moderado para ter sido escrito por Brício Filho, arqui-inimigo de Azevedo.

pode não ter estudado, por não contar que nas vésperas da prova isso lhe seria exigido, terá todo o seu esforço, comprovado brilhantemente por completo prejudicado, visto como as instruções publicadas por ordem da diretoria da Instituição Pública Municipal assim o determinam. Se não houver recomendação expressa para que as provas de geometria e desenho sejam simplesmente decorativas, apenas mantidas como exemplo de teimosia da administração; se a banca examinadora resolver rejeitar os desenhos imprestáveis, numerosos serão os fracassos. Por isso calorosos eram os protestos que apareciam nos diversos agrupamentos.

Outro comentário com calor formulado era o pertinente à organização das mesas examinadoras, que ficaram assim constituídas:

Português — Porto Carreiro, Brant Horta e Julio Nogueira;

Aritmética e geometria — Correggio de Castro, Lacerda Coutinho e Souza Lima;

Geografia e História do Brasil — Soares Rodrigues, Othelo Reis e Saul de Gusmão;

Desenho — Nereo Sampaio, Alice Rocha e Guilherme Santos.

Estranhava-se que tivessem sido excluídos das bancas examinadores os professores catedráticos, apenas contando uma de história, de que faz parte o Sr. Soares Rodrigues. Assinalava-se que os outros membros das comissões apuradoras do preparo das candidatas são docentes da Escola, postos em disponibilidade em virtude da nova reforma. Considerados disponíveis ficam sem trabalho, mas recebendo vencimentos. Chamados a serviço no concurso de admissão, além do que percebem em inatividade, passam a ganhar "pró-labore", assim como terão vencimentos acrescidos quando forem chamados a reger turmas na Escola Normal. E é assim que se gasta o dinheiro em nossa terra, dizia-se nas diferentes rodas formadas em frente ao edifício onde são preparadas as educadoras de amanhã. Como se vê, o concurso de admissão à Escola Normal vai sendo realizado em meio de complicações.[22]

Os jornais se acalmaram depois da prova de desenho.

Havia um nacionalismo no ar e o fato da prova ter sido sobre a folha de inhame, e não de uma planta europeia, calou alguns que não queriam ser tomados por antinacionalistas. O inhame era considerado

---

22. *Diário Carioca*, 23 mar. 1929.

nacional, provavelmente poucos sabiam que era cultivado na África, na Ásia e na Polinésia. Em um jantar em Nadi, nas Ilhas Fiji, pedi que me servissem um prato bem típico do local. Serviram-me peixe assado com inhame e fruta pão, comida muito comum na minha infância no nordeste do Brasil. Após os exames, os três principais jornais trazem as seguintes notícias:

*O Globo* — 01 de março de 1928

**OS EXAMES DE ADMISSÃO À ESCOLA NORMAL**

*A Prova De Desenho E O Ponto Sorteado*

Como tivemos ocasião de dizer, na primeira edição, realizam-se hoje, na Escola Normal, a última prova do exame de admissão.

Ao ter início a prova, que era a de desenho, notava-se o descontentamento geral e a ansiedade em saber em que constaria a referida prova, pois foi ela encaixada nos últimos dias, com decepção dos que se candidatavam ao curso da Escola Normal.

O ponto sorteado foi o n. 1, isto é, desenhar do natural uma folha de inhame. À prova de hoje não faltou nenhuma candidata.[23]

*Correio da Manhã* — 01 de março de 1928

**AS FUTURAS NORMALISTAS**

Encerrou-Se [sic] Com A Prova Gráfica De Desenho Os Exames De Admissão

Como antecipamos, com a prova gráfica de desenho, encerraram-se ontem os exames de admissão ao 1º ano da Escola Normal. O ponto sorteado para as candidatas foi a folha do inhame. Hoje, serão iniciados com a prova escrita de português, os exames de admissão ao curso complementar, anexo à mesma escola. Inscreveram-se 490 candidatas.[24]

---

23. Os exames de admissão à escola normal: a prova de desenho e o ponto sorteado. *O Globo*, Rio de Janeiro, 1º mar. 1928a.

24. As futuras normalistas: encerrou-se com a prova gráfica de Desenho os exames de admissão. *Correio da Manhã*, Rio de Janeiro, 1º mar. 1928.

*O Jornal* — 01 de março de 1928

## OS EXAMES DE ADMISSÃO À ESCOLA NORMAL

*Realizaram-Se Ontem As Provas Finais*

Efetuaram-se ontem, na Escola Normal, as provas finais de admissão, provas essas que constaram de grafia de desenho, tendo sido sorteado o ponto relativo a uma folha de inhame.

A mesa examinadora era composta dos professores srs. Fernando Nereu Sampaio, Guilherme Santos e D. Alice Rocha.

Em conseqüência da reforma da Instrução Pública foi criado o curso complementar anexo à Escola Normal.

Neste curso inscreveram-se 490 candidatos, sendo hoje iniciada a prova escrita.

Uma excelente estratégia de Azevedo foi publicar vários textos que respondiam a quase todos os ataques à Reforma. Por isso eu afirmei no início deste capítulo que esta foi mais bem embasada teoricamente, que as outras reformas da Escola Nova.

## A REFORMA DO ENSINO NO DISTRITO FEDERAL

O ilustre Sr. Fernando de Azevedo acaba de tirar em volume uma série de trabalhos — discursos e entrevistas — em que defende e encaminha as idéias e princípios que nortearam a atual reforma de ensino, na capital da República. Ao mesmo tempo aparece em volume a lei do ensino, acompanhada do respectivo regulamento.

Os dois livros se completam.

No primeiro, o Sr. Fernando de Azevedo defende as idéias, expõe as doutrinas, acompanha o processo de execução das medidas alvitradas; no segundo se contem o texto das leis, a síntese e a forma das medidas.

Através de ambos se comprovam e demonstram as virtudes e merecimentos da atual reforma que se inspirou nas lições mais adiantadas da pedagogia e tende a aproveitar todos os elementos que possam concorrer para o êxito da grande obra de educação. A seu tempo nos referimos aqui a excelência das idéias e a lucidez que lhes guiava a execução. Cabe-nos apenas em face do aparecimento dos dois volumes, registrar a sua publicação e recomendá-los a quantos procurem se inteirar da reforma de ensino na capital da República, certos de que vão encontrar o aproveitamento das lições mais modernas e das experiências mais seguras da pedagogia universal.[25]

O espírito das elites dominantes era tão retrógrado que não parou aí a perseguição à Reforma. Resolveram perseguir as professoras da Associação Brasileira de Educação (ABE) que começavam a se reunir como categoria profissional e apoiavam a Reforma. Um deputado propôs o celibato das mulheres professoras. O jornal *A Pátria* fez enquetes com professores a respeito. O professor Luís Palmeira foi totalmente contra, mas veio de Benevenuta Ribeiro, uma mulher, o apoio incondicional.[26]

*A Pátria* — 15 de fevereiro de 1928

**A IDÉIA DO CELIBATO OBRIGATÓRIO PARA AS PROFESSORAS**
*O magistério é uma profissão de renúncia. Uma mulher não pode ser, ao mesmo tempo, boa mãe e boa professora. Sou pelo celibato pedagógico — diz a diretora Benevenuta Ribeiro.*

A propósito do celibato pedagógico, inserimos hoje a opinião de Benevenuta Ribeiro, diretora da Escola Profissional Feminina Rivadavia Correa.

A brilhante educadora opina pela obrigatoriedade do celibato para as professoras. E opina com argumentos interessantes.

"O problema para ser posto em seus justos termos, diz, tem que ser discutido dentro da sociologia, da moral e da pedagogia.

Para isso precisaria tempo e meditação. Mas como "A Pátria" pede uma resposta imediata prefiro encarar o problema sob ponto de vista prático: o resultado das minhas observações.

Soa francamente favorável ao celibato das professoras, por julga-lo uma necessidade para o ensino. Não digo isso porque sou celibatária. Digo por

---

25. Os exames de admissão à Escola Normal: realizaram-se ontem as provas finais. *O Jornal*, Rio de Janeiro, 1º mar. 1928b.

26. *Jornal do Brasil*, Rio de Janeiro, 5 jul. 1929.

que é essa a minha convicção. Acho que a professora quando se casa deve isolar-se do ensino. Se enviuvar ou se a assaltarem dificuldades prementes então poderá voltar a exercer sua atividade numa escola.

Mas uma moça que se casa, que tem casa, que tem filhos, ou é má mãe, má dona de casa e boa professora, ou é boa professora e, nesse caso, má dona de casa.[27] Ou a casa ou a escola. Ou os alunos ou os filhos.

Em minha escola tenho tido exemplos frisantes. Adjuntas que são ótimas auxiliares em solteiras, casam-se e ficam péssimas. Tive adjuntas assim. Em solteiras eram tudo quanto se poderia desejar de melhor. Casadas, tiveram até que ser repreendidas pelo diretor."[28]

Contra este absurdo se insurgiu o deputado Maurício de Lacerda, que como já disse era pai de Carlos Lacerda. O projeto foi arquivado.

Mas a campanha da oposição contra as professoras continuou, chegando-se a acusar Celina Padilha de comunista, como veremos em artigo publicado no jornal *A Notícia*. Começava "a caça às bruxas", que o Estado Novo empreendeu com prisões e torturas. As primeiras acusações de comunistas aos educadores e educadoras partiram do *lobby* das escolas católicas, que se empenhou arduamente pela derrota da escola pública em sua caminhada em direção à qualidade. A revista *A Ordem* escolheu Fernando de Azevedo, Anísio Teixeira e Celina Padilha para atacar com especial esmero. Celina Padilha defendia os direitos da mulher numa sociedade que ainda não aceitara o voto feminino. Em 1930, quando sua defesa da mulher como cidadã resultou no terrível artigo que se segue, apenas o Rio Grande do Norte permitia o voto da mulher. Curiosamente, foi o Estado de nascimento de Nísia Floresta, uma positivista, lutadora pela educação da mulher em igualdade com os homens que, entretanto, teve de sair de lá para não ser expulsa. Neste caso, a sociedade rejeitou-a, mas assimilou um pouco de suas ideias.

---

27. Parece que está escrito a mesma coisa nos dois casos. [N. da P.]

28. A ideia do celibato obrigatório para as professoras: o Magistério é uma profissão de renúncia. Uma mulher não pode ser, ao mesmo tempo, boa mãe e boa professora. Sou pelo celibato pedagógico, diz a diretora Benevenuta Ribeiro (*A Pátria*, Rio de Janeiro, 15 fev. 1928).

*A Notícia* — 11 de junho de 1930

**A RAIZ DO COMUNISMO NA INSTRUÇÃO PRIMÁRIA OFICIAL**

*Uma inspetora de escolas pregando por intermédio dos jornais do "consórcio", a necessidade de adotarmos as normas subversivas de Moscou. O amor livre, o ateísmo e a entrega dos filhos ao Estado para a educação: Que é isto?*

Há dias chamamos a atenção do governo e, particularmente, da polícia para as novas modalidades da infiltração comunista no nosso meio. E destacamos, para base dos nossos argumentos, as teses impróprias que, incluídas no programa de um próximo Congresso de Educação, serão debatidas sob a presidência de honra do Sr. Fernando de Azevedo, se as autoridades ainda não houverem feito riscar da agenda da conferência os capítulos perigosos.

Citamos, então, documentos impressionantes que demonstravam a seriedade da nossa denúncia, e aludimos de passagem a penetração bolchevista no ensino carioca, por intermédio de elementos estranhos ao magistério ou a ele pertencentes.

Mas a questão não ficou circunscrita ao assunto de nossa estranheza. Agora, mais uma investida se esboça, e da parte de uma inspetora escolar muito conhecida, e cujas atitudes exibicionistas a incompatibilizam com a delicadeza de seu cargo.

No "Diário da Noite" de ontem, e que só à hora de encerrarmos os trabalhos desta edição nos foi mostrado, na parte de que vamos tratar, a Sra. Celina Padilha publica declarações de suma gravidade sob a etiqueta de definição do feminismo e da emancipação da mulher brasileira. Nós, embora sucintamente, e para não deixar ser um comentário imediato à desenvoltura dessa educadora transviada, queremos pôr em destaque as suas doutrinas atentatórias da nossa organização social, pregadas pela referida senhora na folha do Sr. Assis Chateaubriand, o serviçal disfarçado do comunismo e um dos principais agentes corruptores da República no Brasil, com a fingida independência dos seus periódicos.

Começa a Sra. Celina Padilha ferindo, em mal português, a velha tecla da emancipação da mulher, moendo no seu realejo a música batida que durante a guerra o sexo feminino, por necessidades de momento, se afirmou como um valor de peso nas atividades grosseiras antes só exercidas pelos indivíduos do sexo masculino. E um refrão estafado e que D. Celina desenvolveu com uma chatice deplorável, não merecendo aí maiores discussões. Outras já fizeram a mesma coisa. Outros tópicos da conversa jornalística da senhora Padilha é que precisam ser grifados, no sentido de que as nossas autoridades possam observar o quanto vai adiantada por aí fora a propaganda subversiva. Essa senhora prega com incrível desembaraço e ateísmo, a dissolução da família, aconselhando à mulher a permanência fora do lar e retirando ao mesmo tempo das mães o direito de educação dos próprios filhos. O que ela sustenta nesse capítulo escrito em cassange é, nem mais nem menos, a prática dos Soviets que entregaram ao Estado russo a exclusividade de educação da infância, no intuito de eliminar os vínculos de afeto doméstico que fizeram a felicidade coletiva com a organização modelar da família, base da nossa civilização.

Como na Rússia, quer a Sra. Celina Padilha que nós aqui afastemos os pequenos das suas casas e do contato dos progenitores, para que não sofram a influência destes, influência conservadora, que não agrada aos revolucionários.

Para exemplo da sua teoria quer a senhora Padilha que se note o espetáculo de luta pela vida nas moças que trabalham nas oficinas e no comércio, e, reivindica para as "bas-bleus" do magistério e das profissões liberais, a direção desse exército de criaturas que buscam pelo seu esforço os elementos de subsistência.

Fraco exemplo esse. Porque o desfile a que assistimos diariamente, de moças que pela manhã saem rumo aos seus empregos, não obedece às diretrizes ou à orientação de quem quer que seja, e muito menos dos que se revoltam contra os hábitos de moralidade da família brasileira. Essas moças representam as obreiras de uma luta individual contra a pobreza, luta pela defesa da virtude, e sem procuração a quem quer que seja para dar-lhe outra interpretação, muito menos a essa senhora Dona Celina Padilha.

Aliás, nós preferimos acreditar que a inspetora Celina Padilha está agindo mais por ignorância e exibicionismo do que por convicção. Porque se assim não fosse, seria o caso de perguntar-se aos responsáveis pelos destinos da Instituição Pública as razões que as obrigam manter num cargo de tão alta responsabilidade quem se manifesta com rebeldia diante da nossa organização social e defende postulados imorais, anti-sociais, e até ofensivos à própria mulher porque lhe negam aptidão para a formação de caracteres.

Qualquer que seja, entretanto, o fundo do objetivo da Sra. Celina Padilha, ressalta a gravidade de suas predicas no seio das escolas, onde ela é nociva, aconselhando coisas que importam na quebra das nossas tradições domésticas e valem por um credo de franca corrupção de costumes. Essa inspetora deve ser advertida, e coibida se exercer assim sua propaganda. É esse o dever dos que têm por obrigação manter a ordem social vigente. Com mais vagar, voltarmos ao assunto, mesmo porque as declarações da Sra. Celina Padilha impõem outros comentários muito mais expressivos...[29]

Só foi permitido às mulheres votarem em todos os Estados em 1932, mas somente aquelas que tivessem renda própria. Voto só para as ricas. Em 1934 todas podiam votar, mas não eram obrigadas a isto. Só os homens eram obrigados, obrigatoriedade que se estendeu às mulheres em 1946.

Penso que o horror da Ação Católica por Celina Padilha foi não só pelo seu dito feminismo, mas também por sua presença destacada como conferencista no congresso de educação judaica em 1928 no Rio de Janeiro. Um dos temas foi a educação para o judaísmo. Entretanto, nunca se pretendeu ensinar judaísmo na escola pública, mas os católicos pretendiam ensinar catolicismo e conseguiram.

Celina Padilha foi professora do professor José Reis, cientista que durante muitos anos escreveu na *Folha de S.Paulo*. Era lembrada por ele com carinho.

Com isto foi nomeado um delegado para vigiar e conter a onda dita comunista entre as professoras. Havia inclusive a foto do "caçador das bruxas" comunistas no jornal neste mesmo dia, com cara de orgulho pela "santa missão" de que estava incumbido. As lutas pela emancipação feminina começavam a assustar os conservadores.

Entre oposições mesquinhas à Reforma Fernando de Azevedo aconteceu até uma campanha contra os uniformes adotados pela Diretoria de Instrução Pública.

Do ponto de vista do Desenho, a mais eficiente reforma da Escola Nova foi a do Distrito Federal. Havia um contínuo processo de atuali-

---

29. A raiz do comunismo na instrução primária oficial: Uma inspetora de escolas pregando por intermédio dos jornais do "consórcio", a necessidade de adotarmos as normas subversivas de Moscou. O amor livre, o ateísmo e a entrega dos filhos ao Estado para a educação: Que é isto? (*A Notícia*, Rio de Janeiro, 11 jun. 1930).

**Figura 3**
O 4º delegado auxiliar Dr. Pedro Ribeiro, a quem compete examinar a pregação comunista no magistério.
Fonte: A Notícia, 11 jun. 1930.

zação dos professores para atuarem na Reforma, além do esforço da Associação Brasileira de Educadores e da Cruzada pela Escola Nova em promover cursos e palestras para os professores, e o Desenho recebia a mesma atenção que as outras disciplinas e tópicos. Entre os tópicos de discussões na Cruzada em 1929 constava: Leitura de Jornais; Jogos Pedagógicos; Museu de classe; Testes; Desenho e Trabalhos Manuais; Dramatizações; Aritmética; Linguagem; Música.

O Desenho tinha o mesmo *status* que as outras disciplinas, e significava não mais submissão ao desenho geométrico, mas a prática do desenho de imaginação, desenho decorativo, desenho industrial, desenho gráfico (ou artes gráficas) desenho de observação. As Escolas Profissionais se desenvolveram muito sob a Reforma, eram escolas de iniciação ao "design", só que esta designação não era ainda usada.

Quanto aos Trabalhos Manuais, embora tenham tido menor divulgação que o ensino do Desenho, também mereceu estudos, com o primeiro livro publicado no Brasil sobre o assunto, escrito por Coryntho da Fonseca.

Sobre o livro e o autor se publicou esta notícia a seguir:

*Diário Carioca* — 06 de julho de 1930

**OS TRABALHOS MANUAIS NA EDUCAÇÃO**

Parece não restar mais dúvida alguma sobre a vantagem de introdução dos Trabalhos Manuais nos programas de ensino, quer primário, quer secundário.

Feita essa verificação, resta saber como e com que orientação deve ser a matéria nova tratada pelos srs. Professores que, já convencidos pela propaganda já feita, não dispõem de uma fonte de esclarecimento que os oriente por sugestões e exemplos práticos que lhes permita porem em prática esse novo e valioso instrumento didático que são os Trabalhos Manuais.

Nada neste gênero há, ainda, escrito, em português, de sorte que qualquer iniciativa dessa espécie, será bem recebida pelo professorado brasileiro.

É ao encontro dessa necessidade que vem o livro do professor Coryntho da Fonseca, sob o título "A Escola Ativa e os Trabalhos Manuais" que deve ser posto à venda por todo o mês de julho ou princípios de agosto.

Foi a ele que se dirigiu a empresa, editora Companhia de Melhoramentos de São Paulo, para incumbi-lo da tarefa de escrever um volume da Biblioteca de Educação publicada sob a competente orientação do professor Lourenço Filho que rege a cátedra de Psicologia da Escola Normal de São Paulo.

A escolha foi de todo pertinente pois se trata não só de um professor esforçado como de um experimentador cuidadoso que desde 1912, vem se dedicando aos temas de educação, fazendo exercício dos cargos de diretor da Escola Profissional Souza Aguiar e da Escola Wenceslau Brás, única [...] escola normal existente, para a formação de professores de Trabalhos Manuais e de artes e ofícios, um esforço [...] na investigação, experiência e formulação de métodos de ensino, [...] dando os melhores resultados práticos...

No ano de 1914, o professor Coryntho da Fonseca, a convite de muitos professores primários do Distrito Federal, realizou um curso teórico e prático de trabalhos Manuais, do qual resultou [...] que a aplicação dos trabalhos continuasse... em madeira nas escolas primárias cariocas [...].[30]

Diz ainda a notícia que o livro sugere a aplicação dos Trabalhos Manuais em várias disciplinas no currículo, enfatizando o Português, e o autor mostra como estabelece esta ligação interdisciplinar na Escola Souza Aguiar e no Colégio Pedro II onde ensina.

Apresenta 30 desenhos e gravuras que contribuem para tornar o ensino dos trabalhos manuais mais compreensivos, diz a notícia.

Afirma ainda que os métodos do prof. Coryntho da Fonseca foram adaptados às escolas de formação de artífices do Ministério da Agricultura. Enfim, o artigo é uma louvação do livro *A escola ativa e os trabalhos manuais*, apresentado como o único sobre o assunto no Brasil e um dos melhores do mundo.

O que se depreende da notícia é que o forte do livro é o trabalho de marcenaria que vai até o envernizamento. Confirmei isso consultando o livro. Creio que eu fui sujeito dos métodos de Coryntho da Fonseca no Instituto de Educação de Alagoas, quando lá fiz a segunda e terceira séries do ginasial. Odiava a serra tico-tico, usada para recortar madeira, e detestava envernizar. Meus professores davam a opção de pintar a peça, o que eu preferia sempre. Meu avô me ajudava a fazer os trabalhos em casa. Apesar de ele ter sofrido um AVC e ter um lado do corpo semiparalisado, ele conseguia melhores resultados que eu. O Instituto de Educação de Alagoas e o de Pernambuco foram minhas melhores escolas. Apesar de serem só para mulheres, havia esforço em igualdade de gêneros no currículo. As meninas não faziam só bordado, mas usavam em trabalhos manuais os instrumentos comumente usados pelos homens naquela época, como martelo, serrote etc. Só muitos anos depois valorizei este aspecto, comparando-o aos ensinamentos das escolas de freiras que frequentei no primário e no primeiro ano do secundário. Uma era muito boa, tão boa que fechou. Tratava-se do Colégio Imaculada Conceição onde fiz meu curso primário. Mas mesmo naquele

---

30. Os trabalhos manuais na educação. *Diário Carioca*, Rio de Janeiro, 6 jul. 1930.

Colégio maravilhoso os trabalhos manuais ainda eram apenas bordados para as meninas.

Apesar disso, as freiras eram mais abertas e já havia chegado a elas os ensinamentos da Escola Nova, optavam pelo ensino através da descoberta. Tanto é assim que entrei no primeiro ano, aos sete anos, sem saber ler, tendo frequentado apenas um ano de jardim da infância aos cinco anos no Recife, que me lembro de ter adorado. Fazia muitos desenhos, bordava em talagarça sem modelo para copiar. Devia ser um Jardim da Infância que seguia a Escola Nova.

No Colégio Imaculada Conceição, elas não se assustaram com meu analfabetismo numa classe onde todas as alunas eram alfabetizadas. Não me pressionaram, não deixaram as outras perceberem e um belo dia sem saber como, para surpresa da professora, eu estava lendo. Ela achava que eu conseguiria sozinha, mas não com aquela rapidez que fiquei devendo à biblioteca do meu avô, o lugar mais bonito e mais sedutor da casa onde passei a me enfurnar. Li uma entrevista de Cecília Meireles na qual dizia ter sido uma criança solitária, o que atribuía a haver sido criada sem pai nem mãe. Muito me identifiquei com ela. Eu tinha três anos quando meu pai morreu, e minha mãe faleceu quando tinha seis. Também não tive irmãos. Mas, minha solidão foi sem drama, imaginativa, cercada de animais. Até jacaré havia na lagoa no fundo do sítio urbano de meus avós no Mutange, em Maceió.

Para meu primeiro ano ginasial minha avó escolheu o colégio das elites alagoanas, onde minha mãe estudara. Sofri muito lá. Primeiro era classista. Na minha percepção, que não sei se captava ou exagerava a realidade, as meninas, filhas de usineiros e donos de terras, que forneciam todo o açúcar do colégio, eram as destacadas, as elogiadas, tiravam boas notas embora não fossem estudiosas e suas notas passassem por uma cosmética que as valorizava. Acostumada a ser elogiada pela minha performance nas aulas pelas professoras do Colégio Imaculada Conceição, cheguei a ter um desenho, que não foi mostrado à classe, rasgado por ter sido considerado ruim pela freira em frente das minhas colegas no "Colégio das Elites", imagino que a Escola Nova em 1947 não havia chegado por lá ainda, não só por esta atitude, mas também porque o desenho era cópia de outro desenho, uma imagem de borboleta que a freira havia pregado na lousa para copiarmos.

Aos doze anos procurei me informar sobre as melhores escolas da cidade, já que não podia voltar para o Imaculada Conceição. Ele havia sido fechado.

Lutei com minha avó para mudar de escola, e descobri que naquela época as escolas públicas eram as melhores. Não sei como consegui convencer minha avó a me matricular no Instituto de Educação que tinha fama de dar muita liberdade às meninas.

O Instituto de Educação em dois anos fez um trabalho formidável comigo, me desinibiu, me resgatou da mediocridade a qual as freiras capitalistas me haviam condenado, reforçou meu ego cultural. Meu primeiro grande sucesso escolar foi ter ouvido ser lida, para todas as alunas, de todas as séries, reunidas no pátio, uma redação que eu escrevera sobre o provérbio "Água mole em pedra dura tanto bate até que fura".

Voltei a ter segurança no meu trabalho e nas minhas próprias escolhas, e até instituí aquele provérbio como uma direção a seguir. Sou até hoje muito persistente. Dificilmente desisto. Um exemplo é este livro para o qual comecei a pesquisar assistematicamente no fim da década de 1970, começo da década de 1980, em direção a uma tese de livre-docência. Para livre-docência escrevi outra coisa, mas nunca desisti de pesquisar a Arte na Escola Nova. A vida foi me jogando para outros lados, até que, já aposentada da USP, uma bolsa do CNPq me colocou nos trilhos do desejo novamente, ampliando meu tema histórico para ir além da Escola Nova e para analisar o Ensino do Desenho como precursor do Design. É o que agora apaixonadamente pesquiso.

Por que História? Aloísio Magalhães, designer culturalista, que no Brasil ideologicamente rompeu com a hegemonia da Escola de Ulm que importamos para a ESDI, usava uma metáfora interessante para defender a necessidade de história. Dizia que "[...] quanto mais puxarmos a borracha do estilingue para trás mais longe lançaremos a pedra para frente".[31]

---

31. Texto de parede da exposição "Puras Misturas", realizada no Pavilhão das Culturas Brasileiras, com curadoria de Adélia Borges, inaugurada em 11 de abril de 2010.

# Referências

A MANHÃ. Uma exigência excessiva. Rio de Janeiro, 15 fev. 1928.

A NOTÍCIA. A raiz do comunismo na instrução primária oficial: uma inspetora de escolas pregando por intermédio dos jornais do "consórcio", a necessidade de adotarmos as normas subversivas de Moscou. O amor livre, o ateísmo e a entrega dos filhos ao Estado para a educação: Que é isto? Rio de Janeiro, 11 jun. 1930.

A PÁTRIA. A ideia do celibato obrigatório para as professoras: o Magistério é uma profissão de renúncia. Uma mulher não pode ser, ao mesmo tempo, boa mãe e boa professora. Sou pelo celibato pedagógico, diz a diretora Benevenuta Ribeiro. Rio de Janeiro, 15 fev. 1928.

BARBOSA, Ana Mae. *John Dewey e o ensino da Arte no Brasil*. São Paulo: Cortez, 2001.

\_\_\_\_\_. *Arte/Educação no Brasil*. 2. ed. São Paulo: Perspectiva, 1986.

CORREIO DA MANHÃ. As futuras normalistas: encerrou-se com a prova gráfica de Desenho aos exames de admissão. Rio de Janeiro, 1º mar. 1928.

DIÁRIO CARIOCA. Rio de Janeiro, 23 mar. 1929.

\_\_\_\_\_. Os trabalhos manuais na educação. Rio de Janeiro, 6 jul. 1930.

EFLAND, Arthur D. *A history of art education*: intellectual and social currents in teaching the visual arts. New York: Teachers College Press, 1990.

FILHO, Brício. As candidatas a matrícula na Escola Normal ameaçadas: o dr. Brício Filho e as explicações dadas pelo diretor da instituição. *Correio da Manhã*, Rio de Janeiro, 16 fev. 1928.

JORNAL DO BRASIL. O concurso de desenho na escola normal. São Paulo, 2 out. 1929.

\_\_\_\_\_. O concurso de admissão à Escola Normal e a reforma do ensino. São Paulo, 17 fev. 1928.

\_\_\_\_\_. Rio de Janeiro, 5 jul. 1929.

LEVY, Rute. *A exposição do centenário e o meio arquitetônico carioca no início dos anos 1920*. Rio de Janeiro: EBA, 2010.

MEIRELES, Cecília. *Obra em prosa*: crônicas de educação. Rio de Janeiro: Nova Fronteira/MINC, 2001.

O GLOBO. As candidatas a matrícula na Escola Normal ameaçadas: a reforma será cumprida, custe o que custar, diz o diretor de Instrução e confirma que a prova Desenho será exigida. Rio de Janeiro, 15 fev. 1928.

_____. Os exames de admissão à escola normal: a prova de desenho e o ponto sorteado. Rio de Janeiro, 1º mar. 1928a.

O JORNAL. Os exames de admissão à escola normal: realizaram-se ontem as provas finais. Rio de Janeiro, 1º mar. 1928b.

_____. Pela instrução municipal: a população de Fontinha ofereceu um prédio à prefeitura afim de nele ser instalada uma escola. Rio de Janeiro, 5 jul. 1929.

PAULILO, André Luis. *A estratégia como invenção*: as políticas públicas de educação na cidade do Rio de Janeiro entre 1922 e 1935. Tese (Doutorado) — Faculdade de Educação, Universidade de São Paulo, São Paulo, 2007.

PENNA, Maria Luiza. *Fernando de Azevedo*: educação e transformação. São Paulo: Perspectiva, 1987.

PERES, José Roberto Pereira. *Nerêo Sampaio*: a importância do Ensino das Artes na formação do professor primário. TCC apresentado à licenciatura em Magistério dos anos iniciais do Ensino Fundamental com ênfase em Educação de Jovens e Adultos do Instituto Superior de Educação do Rio de Janeiro. Rio de Janeiro, 2010.

SAMPAIO, Nerêo. *Desenho espontâneo das crianças*: considerações sobre sua metodologia. Dissertação (Cátedra) — Escola Normal do Distrito Federal, Rio de Janeiro, 1929.

# Cecília Meireles, o cinema e a Educação Infantil

> "Se quisermos tentar um ensaio sobre a fisionomia poética da mulher na América, encontraremos grande dificuldade em separá-la nitidamente da fisionomia masculina, no que respeita às suas produções, nestes últimos tempos. O espírito — e a arte que é uma de suas manifestações — talvez seja essencialmente andrógino. As condições sociais, no entanto, separaram por muito tempo o homem e a mulher em campos específicos."
>
> **Cecília Meireles**

**Muito se tem escrito** sobre a atuação de Cecília Meireles na área da educação. A reunião de seus escritos de jornal sobre o assunto, no quinto volume da edição de suas obras completas, muito contribuiu para o entendimento da história da educação no Brasil dos meados dos anos 1920 ao período da ditadura do Estado Novo (1937-1945), que ela ousa criticar muitas vezes de maneira sutil, como mandava a situação de perseguição a educadores, jornalistas e intelectuais. Na crônica de seis de setembro de 1941, no jornal *A Manhã* do Rio de Janeiro, ela escreveu:

*A Manhã* — 6 de setembro de 1941
Estes dez anos diferentes que o Brasil tem vivido aconteceu coincidirem agora com uns anos bem diferentes para o resto do mundo. Sejam quais forem os resultados finais destes graves dias, o indiscutível é que o homem não está humanizado.[1]

Palavras proféticas, pois o nazismo estava em plena ascensão na Alemanha, e a perseguição aos judeus e comunistas também em toda a Europa Ocidental. Ela termina a crônica dizendo: "Qual é esta educação que tornará o homem bom sem ser débil, forte sem ser monstruoso, livre de todos os excessos e fanatismo e equilibrado ao mesmo tempo no universo a que pertence na sociedade em que vive e no indivíduo que é"?[2]

Getúlio Vargas tomara o poder em 1930 como chefe do governo provisório, sendo eleito como presidente pela Assembleia Nacional Constituinte em 1934. Deu o golpe e se tornou ditador de 1937 a 1945.

Como a obra educadora de Cecília Meireles vem sendo muito estudada, vou me restringir aqui ao aspecto internacionalista de sua atividade de "publicista" da educação, especialmente seu esforço para inter-relacionar a cultura da América Latina, o seu interesse pela educação infantil, pré-escolar e a sua grande paixão pelo cinema, tendo chegado a ser subdiretora Técnica da Instrução encarregada justamente do cinema. Farei isso através de duas entrevistas, uma feita com ela e outra feita por ela com um educador uruguaio, que viera ao Rio para a inauguração da Escola Uruguai, de volta de uma viagem de estudos à Europa e aos Estados Unidos para visitar especialmente o Teachers College da Columbia University, meca também dos escola-novistas do Brasil.

Cecília Meireles foi uma força intelectual estimuladora da Reforma Educacional de Fernando de Azevedo (1927-1930) no Distrito Federal,

---

1. Meireles, Cecília. História da educação no Brasil. In: Meireles, Cecília. *Obras em prosa*: crônicas de educação. Rio de Janeiro: Nova Fronteira/Minc, Fundação Biblioteca Nacional, 2001. p. 38.
2. Ibidem.

Rio de Janeiro, e o apoiava na política de boa vizinhança com a América Latina. Fernando de Azevedo construiu muitas escolas, e dava a cada nova escola o nome de um país latino-americano de fala espanhola. Havia por parte dos intelectuais grande interesse na comunicação entre os países que hoje constituem a Organização dos Estados Ibero-Americanos, incluindo os colonizadores Portugal e Espanha, onde Cecília dava conferências e fazia leituras de seus poemas.

No *Diário de Notícias* de 10 de julho de 1930, em sua página de educação, Cecília Meireles anuncia conferência do reitor da Universidade de Montevidéu:

Diário de Notícias — 10 de julho de 1930

**AS LINHAS GERAIS DO ENSINO SECUNDÁRIO NO URUGUAI**

O Dr. José Pedro Segundo, professor uruguaio e reitor da Universidade de Montevidéu, que se acha no Rio, como já noticiou o DIÁRIO DE NOTÍCIAS, em missão de intercâmbio intelectual com o seu colega Dr. Dardo Regules, fez ontem, na Associação Brasileira de Educação, uma interessante conferência que foi presidida pelo Dr. Cícero Peregrino, reitor da Universidade do Rio de Janeiro, e teve a presença de muitos professores dos nossos estabelecimentos de ensino.

Dissertando sobre as linhas gerais do ensino secundário no Uruguai, o reitor da Universidade de Montevidéu apresentou ao auditório um quadro exato do desenvolvimento lançado pelo seu país nesse ramo de instituição.[3]

A gravura que ilustrou esta nota no jornal é um aspecto da mesa tomado quando o professor José Pedro Segundo fazia a sua conferência, mas a imagem estava muito danificada e não pude recuperá-la. Já a entrevista que se segue com Crescencio Cóccaro, encontrada nos arquivos de Fernando de Azevedo no IEB/USP, estava mais conservada.

Correia Dias, o caricaturista, era marido de Cecília Meireles.

---

3. Meireles, Cecília. As linhas gerais do ensino secundário no Uruguai. *Diário de Notícias*, Rio de Janeiro, 10 jul. 1930e.

**Figura 1**
Entrevista de Cecília Meireles com o inspetor escolar Crescencio Cóccaro. Desenho de Correia Dias. *Diário de Notícias*, 23 jul. 1930.
*Fonte*: IEB/USP.

*Diário de Notícias* — 23 de julho de 1930

### CONVERSANDO COM O INSPETOR CRESCENCIO CÓCCARO

*Os problemas da educação em várias partes do mundo*

Preliminarmente, devo declarar que todos os discursos que se pronunciaram por ocasião da inauguração da Escola Uruguai foram excelentes. Dito isso, permitam-me acrescentar, agora que, de todos, o que mais me interessou foi o do inspetor Crescencio Cóccaro.

Por quê?

Vejam por que: todas as pessoas que falaram, tiveram, mutuamente, palavras de admiração por alguns grandes vultos do Uruguai e do Brasil; todos fizeram votos por uma perene amizade entre esses dois povos; e, se uns diziam que o Uruguai não se detinha na sua fronteira e se prolongava pelo território brasileiro, outros, por sua vez, afirmavam, com a mais sincera e comovedora convicção, que o Brasil se continuava pelo Uruguai abaixo, atraído pela simpatia da república oriental. E assim se esforçaram todos por demonstrar este afeto real, este parentesco amistoso que aproxima as terras de Artigas e de Rio Branco.

O Sr. Crescencio Cóccaro, porém, lembrou-se de dizer uma coisa ainda mais interessante que essas. Parece impossível, não é? Pois escutem; o Sr. Crescencio Cóccaro disse que, no seu país, se cuidava da revisão dos textos escolares, a fim de que não ficasse, em nenhum deles, uma linha que pudesse lembrar, de qualquer modo, qualquer luta que haja existido entre o Uruguai e outros povos...

Isto significa o seguinte: que, além de amizades presentes e futuras, evidentes e insofismáveis, o Sr. Crescencio Cóccaro ofereceu a oportunidade de nos revelar um Uruguai, que reabilita algum tempo passado que, por desgraça não tinha sido de completa cordialidade; mostra-nos um povo que não só quer ser irmão, nas horas de paz, como deseja remediar as desavenças antigas.

Essa pequena informação, no meio de um discurso, fez-me ver claramente as qualidades de educador que possui o inspetor Cóccaro. E desde aí não mais o perdi de vista.

**UMA APRESENTAÇÃO**

Eu já estava resolvida a pedir-lhe uma entrevista. Mas, para proceder por um método gradativo, comecei por pedir-lhe o discurso. O Sr. Crescencio Cóccaro, entretanto, não m'o quis dar. E sabem por quê? Simplesmente porque o inspetor nunca publicou escrito algum. E, com aquele seu ar de generosidade sem limites, simples, cordial, feliz, disse-me, sorrindo:

— "Nós somos *professorezinhos*... apenas... nada mais...".

— Por isso mesmo é tanto...

Ainda que, depois disto, eu não tivesse trocado mais nenhuma palavra com Sr. Cóccaro, a minha opinião a seu respeito já estaria devidamente consolidada. Toda a sua personalidade de educação estava naquela frase do discurso e nesta da apresentação. Feliz aquele que pode dizer: "Sou apenas um professor, e não desejo ser nada mais!".

Depois, voltando à cidade com a delegação uruguaia, tive ocasião de saber que, além da sua visão pessoal em educação é preciso atender com especial cuidado à sua formação, para manter de pé os ideais acordados.

Foi por aí, justamente, que começou a nossa palestra.

## NOTAS SOBRE O MAGISTÉRIO NO URUGUAI

O Curso Normal no Uruguai é de 6 anos, sendo 4 de ensino secundário e os dois últimos de metodologia, prática escolar etc. Terminado o curso, o normalista ainda faz um concurso, a fim de poder ser nomeado.

— "Mas, em matéria de questões de educação, tinha o ilustre inspetor uruguaio um vasto conhecimento dos problemas pedagógicos contemporâneos, acabando de realizar uma viagem pela Europa e América, em missão do seu país, justamente para observar o que, nesses assuntos, se vai realizando pelo mundo.

Com grande alegria, portanto, marcamos a palestra do dia seguinte, tanto mais que o Sr. Cóccaro me punha inteiramente à vontade dizendo:

— "As coisas que interessam não se pedem nem se concedem, por favor. É um direito. E nem ao menos terá de me agradecer."

(Vamos concordar que seja realmente um direito, Sr. Inspetor. Deixe-me, porém, também ter esse de lhe oferecer todos os meus agradecimentos!)

## A ENTREVISTA

O Sr. Crecencio Cóccaro é uma dessas criaturas em que já exteriormente se vê a natureza dadivosa e exuberante que possuem. Alto, forte, simples, com uma expressão de quem está acostumado a pousar as mãos carinhosamente na cabeça das crianças.

Sem dúvida nenhuma, quando se trata da nova orientação educacional, o problema principal que nos aparece é o da formação do professor, porque, se do professor depende esta nova era, concursos e exames, disse-nos o inspetor Cóccaro, o nosso ponto de vista é sempre este: reprovar o menos possível.

"(Ficamos pensando nos conceitos de Einstein sobre a maneira comum de examinar, em que os professores, em geral, se esforçam por fazer o aluno mostrar o que não sabe, quando justamente se deviam esforçar por fazerem-no revelar o que conhece...)".

— "Além disso, continuava ele, os concursos não provam nada... Moças com um curso belíssimo, e cuja capacidade ninguém ignora, podem fracassar, por várias circunstâncias, disputando um lugar que outras facilmente conquistam, com menos aptidões, embora, mas com mais serenidade...

(Nesse ponto ocorreu-nos a força irresistível de pistolão. Mas, não tivemos coragem para perguntar nada sobre isso, porque estamos em dúvida se é privilégio nacional...)

Quanto à prática escolar, faz-se em diversas escolas uruguaias, e não numa, apenas, como aqui.

Há um particular cuidado na promoção dos professores. Os preferidos são os que mais se dedicam à escola.

"Aqueles, dizia-nos o inspetor Cóccaro, que, nas quintas-feiras ficam preparando planos, jogos, brinquedos para os seus alunos".

Atualmente, pretende-se a unificação das classes. Parece que a opinião do nosso interlocutor não é favorável a esse respeito.

**IMPRESSÕES DOS ESTADOS UNIDOS**

De tudo quanto viu nas suas viagens, parece que são as impressões dos Estados Unidos as que mais acentuadamente se fixaram no interesse do professor Crescencio Cóccaro.

Notas sobre a organização escolar. Sobre as edificações e o aparecimento das escolas. Sobre o sentido social da educação americana.

Depois de uma referência a High School da Philadelfia a conversa se encaminha para o "Teacher's College" da Universidade de Columbia.

O "Teacher's College" dá acesso central a duas instituições. Uma, a "Lincoln School, em que se experimentam todos os métodos, sem distinção de proveniência. As classes são reduzidíssimas. Verdadeiros laboratórios pedagógicos. Em cada sala um piano... Compõem-se poesias..." E o inspetor Cóccaro descreve-nos a aula, a professora sentada com os alunos; uma outra professora tocando ao piano uma música. A primeira canta com as crianças a letra correspondente à música tocada. Depois vai substituindo as palavras, isto é, compondo outra cantiga, que se sustenta sobre arcabouço da primeira musica.

As classes têm vinte e dois alunos.

E, nesse ponto, o inspetor uruguaio nos manifesta a sua opinião: acha que as classes devem ser mais numerosas. Se é preciso pôr a criança em contato com a vida, fornecer-lhe inúmeras experiências, convém acostumá-la ao ambiente mais aproximado daquele em que terá de viver, isto é, o mundo, com toda a sua população...

Em seguida, fala-nos das classes de aperfeiçoamento magisterial. Umas de 2 anos, outras de 3, tentando estas últimas a prevalecer. Vão a essas classes, nos Estados Unidos, os professores que não saem da "High School".

Refere-se, com entusiasmo, às chamadas Escolas de Continuação (Continuation Schools),[4] destinadas às pessoas que, pertencendo a uma profissão

---

4. Agora no Brasil chamamos educação continuada.

qualquer, mas desejando ingressar noutra, fazem os estudos necessários, auxiliadas pelos patrões, que assim sentem favorecer um futuro bom operário, vendo nisso um proveito nacional.

Tem duas palavras para apreciar as aulas de costura com umas cento e cinquenta máquinas elétricas, as aulas de datilografia, com certeza de duzentas máquinas de escrever, e os Institutos de Beleza, sempre repletos de estudantes, que, assim que se diplomam, logo encontram colocação. As Escolas de Moda são, a seu ver, um triunfo americano sobre o velho prestígio francês. Rapidamente nos descreve uma das suas classes, em que as aprendizes projetam modelos de vestidos segundo um certo tipo. Ou dadas certas condições.

E fala-nos, retrocedendo à fase inicial da escola, aos Jardins de Infância americanos.

— "Em todas as Escolas dos Estados Unidos — diz —, há uma classe para crianças de cinco anos.

As crianças de cinco anos têm uma grande importância para o inspetor Cóccaro.

Parece-lhe que possuem capacidades particulares, nessa idade.

E, antes que ele nos dissesse, já tínhamos visto que, se alguma coisa o pudesse interessar mais particularmente, dentro dos assuntos educacionais, seria o problema do Jardim da Infância.

## JARDINS DA INFÂNCIA

Deixaram-lhe muito boa impressão os Jardins da Infância, de Hamburgo. Mas não teve tempo de nos pormenorizar as razões, porque logo lhe acudiu o problema uruguaio: ainda não há, na sua terra, Jardins desses em todas as escolas. E isso certamente interessa, porque insiste, com amor, nas aptidões das crianças de cinco anos, e conta-nos o seguinte:

Fez-se uma representação da história de Chapeuzinho Vermelho, com as crianças dessa idade. Não se ensinou como representar. Contou-se a história, e deixou-se a interpretação correr por conta dos pequeninos atores. Imagine-se o que aconteceu: a criança que fazia o lobo, depois do sacrifício da avozinha, escondeu atrás de uma árvore a criança que representava esse último personagem, a fim de figurar, por meio dessa ausência, que a tinha devorado.

Parece-lhe admirável esse rasgo de inteligência. E concordamos, convictamente.

Até reagindo contra a lição-modelo, existe a Escola de Tirocínio.

— "E como se adapta o professor que só assistiu ao Jardim da Infância, tendo de enfrentar o curso primário?".

— "Isso mesmo nos perguntávamos nós", explicou o inspetor Cóccaro. "Mas é que daí passam para o primeiro ano, seguem com o segundo, e, depois disso, então habilitados para trabalhar com qualquer classe.

No Uruguai há certa dificuldade em tirar do Jardim da Infância o professor que a ele se acostumou."

E como ainda se falasse na Itália, o nosso interlocutor disse:

— Há mais uma coisa interessante na Itália. Em Roma e Florença, o Instituto Superior do Magistério prepara especialmente diretores de escola, inspetores e professores para a Escola Normal".

(Ai está uma boa sugestão, pensamos nós. Mas logo em seguida refletimos que não se pode, por enquanto, pensar em coisas tão transcendentes. E... o inspetor Cóccaro também parece um pouco séptico com os resultados...)

## O DÓLAR

Não sabemos como se insinuou o dólar na nossa conversa. Mas o certo é que o Sr. Cóccaro me falou em 106 dólares, vencimento do professor americano, e no projetado aumento de vencimentos do professor uruguaio.

Fiquei um pouco pensativa. Mas não tanto que prejudicasse a atenção com o que seguia a conversa. E, precisamente nesse instante, o inspetor Cóccaro nos contava o seguinte:

— "Em Boston, os homens ganham mais que as mulheres. É muito justo, porque, em regra, são os responsáveis pela família".

Por questão de solidariedade feminina, não concordamos integralmente.

— "Pois sabe o que fizeram as mulheres em Boston? Declararam que só dariam seu voto para deputado ao cidadão que se comprometesse a igualar os vencimentos...".

Como se vê, nem exemplo podemos aproveitar...

## EDUCAÇÃO ESTÉTICA

Já vimos como na "Lincoln School" se estuda canto e música ao mesmo tempo em que se compõem pequenos trechos de verso.

Na "Junior High School", diz-nos o Sr. Crescencio Cóccaro, há cursos de interpretação musical em que se traduzem os sons em coros. Quer dizer, já não é, apenas, o ritmo, traduzido em linhas, aplicado a motivos de decoração — mas a impressão sonora transformada em impressão visual.

Falando em grande respeito da cultura musical dos alemães, e dos cursos de descrição oral das passagens de certas músicas, antes da sua execução, tem ainda referência para a Escola Profissional que funciona, na Áustria, onde foi a célebre Escola de Cavalaria, escola em que as crianças aprendem a esculpir utilizando um sabão especial para esse fim, e onde a gravura em madeira é tratada com particular carinho, bem como a arte tipográfica, e a da publicidade, na parte referente a cartazes.

## MUSEUS

As suas últimas palavras são para os museus.

Fala-nos dos museus de animais vivos de Berlim. E ambos nos concentramos um pouco emocionados sobre um pensamento comum:

— "Os museus de animais conservados são detestáveis. Ensinam a morte. Ensinam a matar."

E eu, recordando Tagore, pude concluir apenas:

— "Um pássaro empalhado não tem nada a ver com o pássaro que a natureza nos oferece. A sua personalidade não está na disposição das penas. O feitio do bico, no tamanho das patas. O pássaro é o seu movimento, o seu voo, o seu canto, as suas expressões...".

## TERMINANDO

Ao terminar a palestra, quis o Sr. Cóccaro, por extrema gentileza, fornecer-nos alguns dados sobre a situação do ensino no seu país. E disse-nos:
— "Pela lei de 26 de outubro de 1926, foram votados cem milhões de pesos para edificações escolares: 50 mil pesos para mobiliário etc.; 45 mil para livros de leitura (porque o governo uruguaio adquire as edições para as escolas); 130 mil para material escolar; 25 mil para o material científico; 10 mil para bibliotecas; 5 mil para a aquisição de lanternas de projeção; 26 mil destinados, unicamente, ao serviço de varrer a escola... Não se pagam materiais para exame. Há 27 mil pesos destinados aos examinadores; 26 mil para excursões; 200 mil para copos de leite, cantinas etc. Mas, nessa obra, gastam-se 600 mil pesos. A diferença é fornecida pelas comissões de pais. Para roupa e calçado, há uma verba de 30 mil pesos..

Mas há um projeto para elevar esses algarismos. Não nos lembramos bem se os pretendem duplicar ou triplicar, mas é qualquer coisa assim grandiosa.

## IMPRESSÃO FINAL

O Professor Crescencio Cóccaro mostrou-se, em toda a palestra como o adivinháramos pelo discurso.

Disse-nos coisas assim:

— "Nos Estados Unidos ensinam a criança a significação da vida. Ela sabe lidar com dinheiro, desde pequena... Compra o seu "copo de leite". Nós achamos que a criança, pelo próprio fato de ser criança, deve viver isenta dessa preocupação. Tem direito à sua infância..."

Não é uma opinião digna de respeito?

Mais adiante:

— "Mas, os Estados Unidos têm esta coisa excelente: são ecléticos, em métodos. Estudam tudo. E procuram dar a todas as crianças as mesmas possibilidades".

Sobre métodos, ainda, observou:

— "Na minha opinião não há método melhor que o professor perfeito. Quando se sai da aula, sentindo o contato com a alma da criança, pode-se ter certeza de que ela também ficou sentindo o contato da nossa alma..."[5]

Cecília Meireles deu sempre grande ênfase à necessidade de estabelecermos relações com nossos colegas da América Latina. Convidou para escrever e prestigiou Gerardo Seguel, chileno, arte/educador e poeta, na sua página de educação do *Diário de Notícias*, e não poupava espaço no jornal para elogiar os colegas desta parte do mundo em que vivemos.

Vejamos o que escreveu sobre Gabriella Mistral, também como Seguel, chilena, poeta e educadora, que veio posteriormente a receber o Prêmio Nobel.

*Diário de Notícias* — 19 de outubro de 1930

**GABRIELLA MISTRAL E O CINEMA EDUCATIVO**
*Gabriella é um nome que pertence a toda a América*

[...] poetisa de tão humano sentir que tem repartido o seu coração em cada verso e pensadora que tem tido nos lábios tanta palavra de fé nos destinos humanos formaram, juntas, a educadora que, de olhos fitos no futuro do mundo, calcula com exatidão toda a responsabilidade que nós, os adultos,

---

5. Meireles, Cecília. Conversando com o inspetor Crescencio Cóccaro: os problemas da educação em várias partes do mundo. *Diário de Notícias*, Rio de Janeiro, 23 jul. 1930c.

**Figura 2**
Gabriella Mistral, chilena, poeta e educadora, que veio posteriormente a receber o Prêmio Nobel.
Fonte: *Diário de Notícias*, 19 out. 1930.

temos na formação da infância, dessa infância cujos direitos ela tão bem interpretou por ocasião de uma das Convenções de Professores americanos. Dessa notável mulher, que na Liga das Nações representa com elevação o seu país, oferecemos hoje aos nossos leitores esta opinião sobre o ensino da geografia por meio do cinema:

"o mapa só fala ao geógrafo. A criança — e os adultos que ainda têm a mesma sensibilidade da infância — sente pela carta geográfica uma antipatia que eu conheci em dez anos desse ramos do ensino. Não se poderia ter inventado coisa mais inerte e mais estranha para dar a conhecer o concreto e o vital. A maravilha da ilha se transforma em grão de mostarda; o *fjord*, um arranhão azul; a linha das montanhas, uma cobrinha escura sem nenhuma sugestão. O mapa fica mais longe da criatura de dez anos que um problema teológico.

Este mapa pedante e paralítico vai se transformar, tomar corpo e viver ao lado do cinema, ofertador de paisagens viventes. Vai dar voz ao desenho dos rios; vai colorir as massas oceânicas; vai reviver, galvanizada, a serpente morta e enroscada das grandes cidades.[6]

Como Gabriella Mistral, Cecília Meireles, dentre as Artes além da Literatura, valorizava especialmente o cinema, mas nos deixou várias crônicas sobre Arte na educação de um ponto de vista geral, e nas Artes Plásticas e no Teatro em especial. Somente no jornal *A Manhã* escreveu nove artigos sobre o assunto, entre agosto de 1941 e janeiro de 1942, e acredito que escreveu muito mais entre 1929 e 1931 no *Diário de Notícias*, pois este período foi de intensa liberdade de pensar.

A inter-relação dos arte/educadores dos países latino-americanos ainda está para ser construída, apesar do Mercosul e principalmente da Bienal do Mercosul que tem uma influência muito positiva, principalmente no Rio Grande do Sul.

Houve uma extraordinária tentativa com o FLAAC (Festival Latino-Americano de Arte e Cultura) idealizado por Laís Aderne em colaboração com os professores da UnB em Brasília, no fim da década de 1980. Mais de dois mil Latino-Americanos de todas as áreas de Arte se reuniram em Brasília para celebrar nossa união. Laís Aderne, pouco tempo depois, quando era Secretária de Cultura de Brasília, organizou outro Festival Latino-Americano que não teve a importância do primeiro, pois imperaram as intrigas políticas e os boicotes contra ela. A UnB quis comemorar seus cinquenta anos em 2012 com uma reedição do FLAAC, homenageando Laís Aderne. Não teve nem de longe o mesmo fervor do primeiro. Nos anos 1970, um "grandioso" Congresso no Rio de Janeiro organizado pela mulher de um político da ditadura e dono de jornais em nada resultou, pois era mais uma demonstração de poder da organizadora que desempoderou os arte/educadores, pois convidou para as palestras

---

6. Meireles, Cecília. Gabriella Mistral e o cinema educativo: Gabriella é um nome que pertence a toda a América. *Diário de Notícias*, Rio de Janeiro, 19 out. 1930a.

principais apenas pessoas famosas e seus amigos. Restaram os anais, graças ao trabalho dedicado de Cecília Jucá, que foi além de sua tarefa de designer gráfica e funcionou como organizadora da publicação.

A criação do Conselho Latino-Americano de Educação pela Arte (CLEA), em 1984, no Rio de Janeiro, foi importante para a união dos arte/educadores. Trata-se do comitê que representa a América Latina na International Society of Education Through Art (InSEA/Unesco). Muitos membros criadores deste Conselho continuam até hoje lutando por intercomunicação e ações conjuntas, mas dificilmente se conseguem verbas para estas operações. Apesar disto, conseguimos realizar muitos Encontros e Congressos.

Um livro sobre a História do Ensino da Arte na América Latina foi organizado por Manuel Pantigoso, membro fundador e representante do Peru, que também tem Myriam Nemes como sócia-fundadora muito engajada.

Os membros fundadores, Victor Kon, na Argentina, Salomon Azar no Uruguai, Dora Aguila, no Chile e Maricha do Paraguai permanecem como os baluartes do CLEA. Perdemos, em 2008, um dos membros fundadores, a artista e educadora Olga Blinder, do Paraguai. Luís Errazuriz, do Chile, e eu também somos membros fundadores e trabalhamos muito na InSEA em favor do CLEA. Olga Olaya, que se juntou ao grupo nos anos 1990, tem sido uma força motriz da instituição e trouxe com ela seu orientador de doutorado, Ramon Cabrera, de Cuba. Os dois são uma força motriz para a instituição. A primeira vez que a secretaria do CLEA (equivale à presidência) esteve no Brasil ficou nas mãos de Lucia Pimentel, de 2006 a 2010, que realizou com o apoio da OEI um Congresso do CLEA em 2009, teoricamente muito bem embasado.

A partir de 2008, por um breve período, encontramos, na Organização dos Estados Ibero-Americanos (OEI), uma aliada para intercâmbios e ações comuns, que tem organizado e patrocinado cursos, encontros, e publicou, em 2009, um livro, *Educação artística cultura e cidadania*,[7] organizado por Lucina Jimenez, Imanol Aguirre e Lucia Pimentel.

---

7. Jimenez, Lucina; Aguirre, Imanol; Pimentel, Lucia. *Educação artística, cultura e cidadania*. Madrid: OEI/Fundação Santillana, s/d.

Ainda há muito que fazer pelo entendimento latino-americano em Arte/Educação.

Vamos ao outro tópico que apaixonou Cecília Meireles e nos interessa especificamente: o Cinema, que muitos arte/educadores esquecem que é Arte.

A Cultura Visual vem conferindo importância ao cinema na educação, mas para não mediocrizar a escolha e a recepção dos filmes, é preciso pensar que Cinema é Cultura Visual, mas antes disto é Cinema. É preciso conhecer linguagem cinematográfica, história e teoria do cinema. Segue-se uma entrevista concedida por Cecília Meirelles sobre a Cinematografia Educativa.

*O Jornal do Comércio* — 20 de agosto de 1929

**A CINEMATOGRAFIA EDUCATIVA**

*A Sra. Cecília Meirelles, entrevistada pelo O JORNAL DO COMERCIO fala sobre a próxima exposição e relata os resultados obtidos com a sua modesta "empresa" da escola de Aplicação*

A sub-Diretora técnica da Instrução, tomando a iniciativa de promover uma exposição de cinema educativo, que será inaugurada na próxima semana, ocupando várias salas da Escola "José de Alencar", no largo do Machado, pôs em foco um dos problemas mais interessantes dos novos métodos de ensino e educação, cujo emprego, entretanto, por motivos mais de ordem econômica, não tem sido ainda, mesmo na Europa e nos Estados Unidos, desenvolvido na amplitude permitida pelo atual progresso da cinematografia.

A exposição, promovida pelo Sr. Jonathas Serrano, além de reunir elementos de todas as procedências de serem observados pelo professorado, vai também proporcionar ao público uma oportunidade para compreender a importância desse poderoso instrumento educativo que já está sendo introduzido, com vantajosos resultados nas escolas primárias cariocas, apesar da escassez de recursos da municipalidade.

O JORNAL, completando as informações que já tem publicado a respeito desse certâmen, entrevistou ontem a senhora Cecília Meirelles, professora da Escola de Aplicação e membro da comissão encarregada da propaganda da exposição.

— "A reforma Fernando de Azevedo" — disse, de início, a professora — "empresta ao Distrito Federal o prestígio de poder colocar-se ao lado dos países evoluídos que, vendo na criança o valor da civilização futura, fazem a sua renovação social, cultural, filosófica, por intermédio e antecipação do processo educativo.

Esta reforma não é, internacionalmente, uma reforma de métodos. É uma reforma daquilo que, no ensino, é a própria essência. Como, porém, os métodos são os caminhos que conduzem a essa alta finalidade, é natural que esses caminhos sejam também diferentes dos das rotinas antigas, como o obriga o ambiente de constante atualidade que a reforma espontaneamente requer".

## UM NOVO LEMA

— "Um dos elementos de mais imediata importância nas escolas de hoje" — continuou a Sra. Cecília Meirelles — "é o cinema educativo. Ao lado do 'learning by doing' das escolas americanas, poder-se-ia inscrever também o 'learning by seeing'. Porque, na verdade, nós, e as crianças, também aprendemos vendo. Há uma generalizada cultura popular que em grande parte se deve a essa difusão de conhecimento que o cinema-diversão insensível, mas progressivamente faz.

O cinema nos mostra paisagens de todas as zonas, animais de todas as faunas, costumes de todos os tempos e regiões. O espírito das épocas e das raças se faz evidente através dos filmes históricos. E os tempos atuais, com os mais recentes inventos, com as mais arrojadas aventuras, podem ser vividos e compreendidos em toda a sua intensidade dentro de poucos minutos sobre uma tela próxima.

Além de instrutivo, o cinema pode ser considerado até curativo, quando projeta um Buster Keaton, e filosófico, quando apresenta Chaplin.

Mas o que interessa ao professor, em primeiro lugar, é que a criança, como o adulto, ou mais que ele, aprecia via mente o cinema. Isso e não mais, seria suficiente para afirmar que o cinema é uma necessidade das escolas.

Todos que já tiveram oportunidade de fazer uma projeção luminosa numa escola, qualquer que fosse o assunto, hão de ter observado o seguinte: que o cinema ou a simples projeção fixa tem para a criança uma realidade tão grande que as menorzinhas tentam pegar com as mãos as figuras projetadas: que, após uma projeção, a lembrança das imagens vistas é mais nítida e mais duradoura que a das mesmas imagens oferecidas por meio de uma lição falada, e mesmo pela simples apresentação de figuras.

Chego a crer que as coisas vistas por esse meio sejam mais bem observadas que na natureza quer porque a atenção esteja limitada ao campo da tela, quer porque as condições de obscuridade, [...] ajudam que as aquisições se façam com mais facilidade e proveito.

E um dos fatores básicos é talvez que a criança vai para a sala de projeções com alegria. E a alegria é uma condição favorável para aprender bem, porque é um estado orgânico de superatividade em que, com todas as energias elevadas ao mais alto grau, o indivíduo fica com a sua capacidade elevada também ao máximo."

**NECESSIDADE NATURAL**

Justificando as vantagens do novo instrumento de ensino, prosseguiu a professora:

— "A introdução do cinema nas escolas não obedece, pois, a um capricho da moda ou a qualquer intenção apenas decorativa. Obedece a uma necessidade natural a que as circunstâncias do progresso humano podem atender.

Se a nossa vida se resumisse no lugar que habitamos e nas coisas que estão mais perto de nós, seria tão fácil... [...] — conduzir a criança até essas coisas. Mas a vida se desenvolve em campos mais vastos. Nós temos de conhecer todo o mundo, e todos os homens, para compreendermos certas coisas universais. E o cinema, o cinema bem orientado, bem organizado e bem dirigido, orientado nas seleções, organizado de acordo com as capacidades a que se destina, e dirigido conforme as oportunidades, pode ser como um grande livro ilustrado, que a criança interessadamente lê, metade nas legendas, metade nas figuras. Sem esquecer que o cinema falado completará ainda mais o ideal pedagógico transportando a criança, como num sonho, para ambientes, como se o fizesse realmente, dentro da vida."

**O QUE HÁ ENTRE NÓS**

Interrogada sobre o que, nesse sentido, há feito entre nós a Sra. Cecília Meirelles informou que algumas escolas do Distrito Federal já possuem aparelhos de cinematografia, ou, pelo menos, lanterna de projeção fixa. E acrescentou:

— "Se tudo ainda não está resolvido em matéria de filmes adequados, alguma coisa já se tem feito nesse particular. E não é possível exigir mais, em tão pouco tempo.

Agora, para que fique o professorado a par do que existe em matéria de aparelhos cinematográficos, bem como do seu funcionamento, conservação etc., a Diretora de Instrução resolveu organizar, na Segunda quinzena deste mês, uma exposição relativa ao assunto. A escola 'José de Alencar' no Largo do Machado, onde se começa a preparar o futuro Museu Central, foi o local escolhido para essa exposição. Nela os inspetores escolares apresentarão: os aparelhos existentes nas escolas primárias, fotografias de escolas, aspectos de aulas, reuniões de Circuito de Pais, sopa escolar, copo de leite, gabinetes médico e dentário, enfim, todos os melhoramentos que, em benefício das crianças, foram e estão sendo introduzidos nas escolas. Além disso, deverão os inspetores apresentar gráficos estatísticos ou informações sugestivas de qualquer obra de iniciativa do distrito."

## DETALHES DA EXPOSIÇÃO

Continuando, detalhou a Sra. Cecília Meirelles:

"Como a exposição se realiza no local em que se inicia a obra do Museu Pedagógico Central, haverá uma sala em que ficarão as realizações desse Museu. Em outras salas serão expostos exemplares dos decretos da reforma (leia regulamento), programas dos vários cursos (primário, complementar anexo, profissional e normal), modelos de uniformes, plantas, maquetes e fotografias dos prédios escolares já concluídos ou em construção etc., etc.

Já aderiram à exposição prometendo enviar aparelhos e demais artigos de que são importadores ou fabricantes, as seguintes firmas: Theodor Wille & Cia., Casa Lohner S.A, John Jurges & Cia., Fox Film, Meister Irmãos, Botelho Film, Pathé Baby, A. E. B. Kodak.

Ofereceram também apoio, pondo à disposição da comissão organizadora valiosos donativos das respectivas especialidades os seguintes estabelecimentos: Villas Boas & Cia., Vasco Ortigão & Cia. (Parc Royal), Papelaria Americana, Casa Mattos, Cardinale & Cia., Marcenaria Brasil, Papelaria União e Casa Pratt.

A Urania Film apresentará os tipos de aparelhos de projeção mais modernos, de medida Universal, contentando-se a fazer correr filmes instrutivos.

A General Electric iluminará todo o recinto da exposição, sendo que uma parte pelo moderno sistema de luz sem sombras. Instalará também um aparelho de rádio do tipo mais moderno e, dando o seu completo apoio a essa iniciativa pedagógica fará distribuir sorvetes preparados nos seus aparelhos de refrigeração.

Os floristas do Mercado Municipal se ofereceram para ornamentar diariamente a exposição.

Como todos os dias chegam novas adesões de amigos do cinema Educativo, tudo faz prever que o certame terá uma repercussão excepcional. Durante todo o tempo que funcionar a exposição haverá demonstrações do manejo de qualquer dos aparelhos expostos.

É de esperar que não só o professorado, que constitui, por assim dizer, a parte diretamente interessada pelo assunto, como todas as famílias que têm filhos nas escolas, e todas as pessoas que se interessam realmente pelo progresso do seu país, visitem essa próxima exposição.

Agora, mais que nunca, a escola deseja ser um lar para as crianças. Os que sentirem a grandeza desse desejo, devem procurar saber como a escola se esforça para o realizar".

**VANTAGENS DAS PROJEÇÕES**

Insistindo sobre a importância pedagógica do cinema, frisou a Sra. Cecília Meirelles as vantagens das projeções:

— "Animadas: muita coisa, senão quase tudo, pode ser aprendido só pelo cinema. É uma opinião um pouco ilimitada, mas sincera: observação do crescimento das plantas, da vida de todos os animais (e os insetos: formigas, abelhas, e os peixes no seu ambiente submarino), com todos os detalhes mínimos como se consegue em filmes pacientemente elaborados. E os exemplos morais. E a vida higiênica etc. Sem esquecer filmes que se organizam mostrando a vida das crianças de hoje, as suas escolas, o seu trabalho, para efeitos de solidariedade etc. Mas isso é longo e não se consegue de uma hora para a outra. Não conheço os filmes que sei que há, no estrangeiro, dedicados a essa especialidade."

Referindo-se depois às projeções fixas, explicou a professora:

"Tem a vantagem de uma fácil organização. Podem servir de atração aos centros de interesse da classe e, em muitos casos, serem produzidas pelos próprios alunos. Podem ser de interesse geral, quer sobre assuntos históricos (comemoração das datas realmente importantes), quer sobre fatos atuais: febre amarela, a campanha contra a tuberculose e outras propagandas. Podem também revestir-se de um caráter mais divertido e serem, então pequenas histórias em quadros, inclusive desenhadas pelos primeiros alunos e acompanhadas de legendas escritas por eles, ou sem legendas, para que eles as imaginem, isto é, propriamente, já o problema da 'interpretação' da projeção. Problema vasto: qualquer projeção pode servir de pretexto a qualquer lição, e, portanto, dar origem a que se reproduza a coisa projetada ou que com ela se tenha revelações: uma composição, uma representação etc."[8]

A exposição se realizou e teve grande sucesso. O *Jornal do Comércio* oito dias depois dá notícia da exposição que estava se realizando, fazendo uma descrição que, embora aborrecida, resolvi reproduzir aqui para que se tenha uma ideia dos aparelhos e empresas existentes no Brasil naquela época.

*Jornal do Comércio* — 28 de agosto de 1929
**EXPOSIÇÃO DE CINEMA EDUCATIVO**
A exposição de cinematografia educativa, que funcionará até o fim do corrente mês, no edifício da Escola José de Alencar, no Largo do Machado, das 14 às 23 horas, tem sido largamente visitada, não só por membros do magistério diretamente interessados em obter todos os informes relativos à cinematografia educativa, como também por outros elementos, desejosos de conhecer as indiscutíveis vantagens do cinema pedagógico.
Nas vastas salas do citado, além dos aparelhos de projeção fixa e animada, acham-se também expostos alguns trabalhos escolares, que revelam o adiantamento e a capacidade dos alunos dos nossos cursos profissionais e primários.
Damos a seguir a lista dos expositores.
Vestíbulo — Escola Visconde de Mauá: — Expõe modelagens em gesso, mecânica, mecânica agrícola, trabalhos em madeira (entalhação, torneira etc.), produtos de apicultura e avicultura. Laticínios.
Escola Rivadavia Correia: (profissional feminina) — Modelagem de frutas, legumes etc. Flores artificias.
Escola Orsina de Fonseca (profissional feminina) — Uma grande cesta de rosas. Narcisos.
Escola Paulo de Frontin (profissional feminina) — Além de rendas, chapéus etc., expõe interessantes fotografias de alunas copiando, no Jardim Zoológico, atitudes de garças, para a confecção de um painel, também exposto.

---

8. Meireles, Cecília et al. A cinematografia educativa: a Sra. Cecília Meirelles, entrevistada pelo *Jornal do Comercio* fala sobre a próxima exposição e relata os resultados obtidos com a sua modesta "empresa" da escola de Aplicação. *Jornal do Comércio*, Rio de Janeiro, 20 ago. 1929.

Escola Visconde de Cayru (profissional masculina) — Uma vitrine, e trabalhos de tornearia.
Escola Bento Ribeiro (profissional feminina) — Flores.
Instituto João Alfredo (profissional masculina) — Apresenta instrumentos de eletrotécnica e fotografias de interiores das suas oficinas, com aspectos de alunos trabalhando.
Escola de Comércio (Amaro Cavalcanti) — Catalogação de produtos agrícolas e industriais.
Escola de Aplicação (primária) — Desenhos — contribuição infantil.
Escola Álvaro Baptista (profissional masculina) — Apresenta a edição da Lei e Regulamento do Ensino, em vitrines também executada nessa escola.
O professor Delgado de Carvalho expõe estereogramas para o estudo da geografia física.
*Primeira sala* — Aparelhos de projeção fixa — Expositores: Lutz Ferrando: 3 aparelhos tipos 5F, 5C, 4B. Epidiascópio Leitz.
Meister Irmãos: 2 epidiascópios, 1 episcópio, 1 micro-projetor, 1 banco óptico.
Casa Lohner: 1 epidiascópio, 1 aparelho para filme fixo e dispositivos de vidro, 1 aparelho para dispositivos de vidro, 1 aparelho Zeiss.
Theodoro Wille: 1 epidiascópio, 1 aparelho para filmes fixos.
A sub-Diretoria Técnica expõe 1 fenasticópio de Plateau aparelho precursor do cinema que obteve o movimento pela sucessão de imagens, e 1 plenakásticor [?] de *Segunda sala* — A Segunda sala foi reservada para a exposição de plantas, fotografias e maquetes das novas edificações escolares e encerra projetos da Escola Normal quase concluída, grupos escolares de Copacabana e o "Estados Unidos", o novo prédio da escola Rivadavia Corrêa, e maquetes desta mesma escola e da "Paulo de Frontin". Estão também expostas fotografias dos grupos escolares. "Argentina" e "Uruguai", mostrando aspectos de quase todas as dependências. Há um esboço de grande painel, para ser executado em azulejos, que será colocado no grupo escolar "Estados Unidos".
*Terceira sala* — Nesta sala, acham-se os seguintes aparelhos e acessórios do tipo Pathé Baby: um aparelho para filmes de 10 a 20 metros, com corrente elétrica, com um dispositivo super-Baby para filmes de 100 metros; com um magneto, produzindo a própria luz, uma moto-câmera para filmar, um aparelho super-Baby com motor, um aparelho completo e moto-câmera, pertencentes ao 2º distrito escolar, e mais condensador Pathex, lentes Hermagis, vitrolas portáteis etc.

*Quarta sala* — Na quarta sala as casas Lutz Ferrando e Hermany instalaram a primeira um gabinete médico e a Segunda um gabinete dentário, de acordo com os tipos adaptados pela Diretoria de Instrução.

Uma cadeira para otorrino, estojo para exame de vista, perímetro do contorno visual, instrumental cirúrgico e quadro anatômico.

No gabinete dentário figuram um armário vestiário, um autoclave, um esterilizador de água, gaze e curativos, um lavatório modelo, aparelhos de diathermia e raios ultravioleta.

*Quinta sala* — A Quinta sala está ocupada pela casa Lutz Ferrando com um gabinete de esterilização, em que figuram tipos modernos de aparelhos dessa especialidade.

Nesta sala encontram-se ainda a instalação de "Copo de Leite da Escola José de Alencar" e nas suas paredes, como nas da anterior, acham-se expostos quadros murais reproduzindo aplicações de "centros de interesses" e fotografias relativas a círculos de pais, aspectos de gabinetes médico e dentário, já instalados nas escolas municipais.

*Sexta sala* — A Sexta sala, que é a mais vasta, foi reservada para os aparelhos de projeção animada, tipos de maior alcance. Expositores: Urania-Film, com dois aparelhos para grande metragem, dois de tipo médio, próprios para escola e um portátil Breslau; "A. E. G.", com quatro aparelhos grandes comportando 800 metros de filme, um portátil para 400 e um tipo médio; Óptica Inglesa, com um projetor portátil De Vry, um aparelho pequeno da mesma marca, projeção falada, do sistema Vitafone aparelhos da Kodak, de que a casa é representante no Brasil e uma vitrola elétrica "Sonata", de fabricação nacional, acompanhada de discos reproduzindo peças cívicas; Pathé Fréres, com um aparelho portátil de medida universal; Theodoro Wille com um projetor portátil de medida universal, marca "Monopol", especial para escolas [...], um Kinobox para projeção fixa de filmes e um aparelho Kinox.

Figuram nessa mesma sala os seguintes aparelhos pertencentes a escolas municipais; um "Magister", da Escola "Nilo Peçanha", e outro da Escola Normal, um Debrie, pertencente à Sub-Diretoria Técnica, e outro da Escola "Amaro Cavalcanti", um Kinobox, da Sub-Diretoria Técnica que serviu durante a campanha contra a febre amarela, ilustrando conferências médicas por todo o Distrito Federal; um Kinox manual da Escola "General Mitre", um Pathé Fréres, da Escola "Quintino Bocayuva", um Kinox elétrico da Escola "Cesário Motta"; outro da Escola "Floriano Peixoto"; dois kinoxes manuais, um da Escola "Prudente de Moraes", outro pertencente ao 16º distrito escolar; dois aparelhos "simplex", um do Instituto "Ferreira Vianna" e outro da Escola "Visconde de Mauá".

A Embaixada Italiana expõe um aparelho de projeção animada "Impianto Littorio".

*A iluminação* — A iluminação externa do edifício e das salas foi instalada pela General Electric, empregando os sistemas de "luz direta difusa" e "semi-direta" com o propósito de mostra as vantagens de uma boa iluminação. A General Electric contribuiu também com uma radiola, uma geladeira elétrica e um bebedouro higiênico de água gelada, próprios para serviços de assistência escolar.

*Material para secretaria* — a casa Pratt cedeu, por todo o tempo de funcionamento da Exposição os seguintes objetos da sua especialidade para os serviços de secretaria: um bureau, um arquivo de aço, um duplicador "Gestetner" uma máquina de escrever. Além disso, pôs à disposição da Sub-Diretoria Técnica um especialista para duas horas por dia, manejar o duplicador atendendo a qualquer serviço necessário.

Programa para hoje — A Sub-Diretoria Técnica organizou para hoje o seguinte programa:

Madeiras do Pará, filme do Museu Agrícola e Comercial, reduzido na metragem e adquirido pela Filmoteca da Sub-Diretoria Técnica.[9]

O cinema escolar não se iniciou no Brasil em 1928, com a Reforma Fernando Azevedo, mas foi esta reforma que deu ao cinema na escola um desenvolvimento que até então não se tinha visto. Entre 1916 e 1918, houve o projeto Cinema Escolar, criado pelos Inspetores Escolares do Distrito Federal (Rio de Janeiro) José Venerando da Graça Sobrinho e Fábio Lopes dos Santos Luz.[10] Eles produziam os scripts e contratavam alguém para filmar, pois não dominavam a tecnologia. Produziram vários filmes, e eu tive a curiosidade de ver um deles na CENP, da Secretaria de Estado da Educação, em 1983, época em que trabalhei lá por seis meses, mas fui obrigada a me demitir depois de fazer com Claudia

---

9. Exposição de cinema educativo. *Jornal do Comércio*, Rio de Janeiro, 28 ago. 1929.

10. Ferreira, Amália. *O cinema escolar na história da educação brasileira*: a sua ressignificação através da análise de discurso. Dissertação (Mestrado) — Programa de Pós-Graduação em Educação, Universidade Federal Fluminense, Niterói, 2004.

Toni e Gláucia Amaral o Festival de Inverno de Campos de Jordão direcionado para os professores de Arte de São Paulo. Não foi possível aguentar o cerceamento de ações justamente no início da segunda democratização do Brasil, depois da segunda ditadura que sofremos. Um exemplo da mesquinharia política aconteceu em uma reunião, quando me ofereci para convidar Paulo Freire para conversar conosco. Não aceitaram. Perguntei por que, pois imaginava que todos tivessem estado como ele e como eu contra a ditadura. A resposta foi "Porque se a gente deixar, você domina tudo aqui". Confesso que neste dia me convenci que a universidade era mais aberta, pois não me cerceava desde que eu trabalhasse sem dinheiro, o que fiz quase a vida toda. Havia também no acervo da CENP filmes produzidos por Humberto Mauro, que também junto com Roquete Pinto ajudou a construir a história do cinema na educação.[11]

A Escola Nova deu muita importância ao cinema, embora tenha enfrentado uma séria oposição dos conservadores que faziam as piores acusações contra o cinema, como anos depois se fariam acusações à televisão por banalizar a educação e ao computador por subjugar o aluno. A escola aceitou com muita dificuldade a imagem em paridade

---

11. Ver artigos e livros de Marília Franco sobre a História do Cinema na Educação. Sobre Humberto Mauro ela diz: "[...] em 1937 foi criado o INCE — Instituto Nacional de Cinema Educativo, dentro do Ministério da Educação e Saúde. Para ele, foram nomeados: como diretor, Edgard Roquette Pinto (um dos signatários dos manifestos e pioneiro das comunicações no Brasil); e como diretor técnico, o cineasta Humberto Mauro, que ficou na função até sua aposentadoria, em 1974. Ao contrário de muitas iniciativas renovadoras que duram pouco e acabam sem deixar rastros, o INCE deixou uma produção de mais de 500 filmes sobre as mais variadas temáticas e nos mais variados formatos, tanto pelas criações geniais de Humberto Mauro, quanto pela integração ao seu acervo de inúmeras produções de outros cineastas. De fato, mudando de nome ou de alocação institucional (DFC — Departamento do Filme Cultural/ INC; Donac — Diretoria de Operações Não Comerciais/Embrafilme e Fundação do Cinema Brasileiro), esse trabalho voltado para a educação só foi encerrado em 1990, com as iniciativas arrasadoras do governo Collor na área das artes e da cultura. É importante destacar que grande parte desse acervo, sejam filmes ou documentos de trabalho, encontra-se preservada nos arquivos hoje pertencentes ao CTAV — Centro Técnico Audiovisual, órgão do Ministério da Cultura com sede na Av. Brasil, no Rio de Janeiro. Também vários títulos estão disponíveis em DVD, embora não seja muito fácil ter acesso a esse material" (Franco, Marília. Hipótese-cinema: múltiplos diálogos. Disponível em: <http://www.educacao.ufrj.br/artigos/n9/2_hipotese_cinema_e_seus_multiplos_dialogos_8_a_3.pdf>. Acesso em: 15 jan. 2013).

de importância com as outras linguagens. Venâncio Filho, em 1941, defendia o cinema contra a ideia de que "[...] a visão cinematográfica evita o esforço da inteligência, oblitera a percepção pela fascinação que exerce, é espetáculo para iletrados, torna a realidade dispersa e fraca pela concentração que obtém, falseando a noção do tempo: enfraquece a capacidade de abstração, abaixando o nível intelectual".[12] Replicando estas críticas infundadas, dizia Venâncio Filho:

> O cinema educa sempre. Educa o grande público. A toda hora e no mundo inteiro.
> Mas o que acontece em geral é que o filme escolar é aproveitamento de coisas feitas com outro destino. E quando é encomendada, a película, paciente retêm tudo que passa diante dela, passivamente, sem qualquer propósito de interessar a criança.[13]

Ele não viveu o bastante para ver a enorme sedução que os estúdios Disney exercem com seus filmes para crianças, embora sua crítica aos filmes didáticos fosse pertinente até os anos 1980. Com a evolução digital, e consequente barateamento do processo de produção de vídeos, houve uma enorme mudança de qualidade e de interesse nos filmes usados nas escolas, que muitas vezes são pesquisados e filmados pelas próprias crianças.

Na área de Artes Visuais, o vídeo como produção e como ampliação do universo cultural da criança tem tido um protagonismo relevante na escola.

Cecília Meireles não defendia apenas o cinema nas Escolas, mas a imagem de uma maneira geral e toda a tecnologia que havia na época para a reprodução de imagens, como já havia falado na entrevista que reproduzi, e como se comprova neste seu Comentário de 15 de julho de 1930, um ano depois da Exposição Cinematográfica.

---

12. Venâncio Filho, Francisco. *A educação e seu aparelhamento moderno*. São Paulo/Rio de Janeiro/Recife: Porto Alegre: Editora Nacional, 1941. p. 58.

13. Ibidem, p. 59.

*Diário de Notícias* — 15 de julho de 1930

**AS PROJEÇÕES FIXAS NAS ESCOLAS**

Um dos auxiliares mais importantes para o professor moderno, todo mundo o sabe — é o cinema. Com projeções interessantes, seguindo a prática já vastamente indicada pela pedagogia, ou experimentando novos rumos, pode-se conseguir do aluno um rendimento maior e mais seguro, apresentando-lhe quase natural mil coisas atraentes, que lhe estimam a curiosidade, e que, por várias circunstâncias, a não ser por esse meio, talvez nunca os seus olhos pudessem ver.

Não é porém apenas o cinema propriamente dito esse elemento de valor altamente sugestivo. As projeções fixas, quer por meios de "dia-positivos, quer por figuras ou desenhos, são de resultados importantíssimos, e em alguns casos mais úteis ainda que o cinema.

Neste caso, pode-se tirar grande vantagem de colaboração do aluno organizando coleções de gravuras sobre determinado assunto, de modo a construir uma sequência interessante, unindo-se o elementos entre si por legendas curtas, claras e exatas, que podem ser do próprio aluno — simples e proveitoso exercício de redação.

Também se pode reconstruir qualquer lição por meio de projeções dessa natureza, conseguindo-se que as crianças, em trabalho de colaboração, lhe desenhem as passagens principais, acompanhando-as ou não das legendas, pois também se pode fazer dessas legendas exercício de redação oral.

Foi o que sucedeu, certa vez, espontaneamente: as crianças que preparavam os desenhos pediram-nos que os deixássemos depois, durante a projeção como se fossem os personagens. Chamavam a isso "cinema falando", e ficavam enormemente satisfeitas com a "inovação" introduzida na escola, tal como estava sucedendo, naquele momento, na cidade.

Como quer que seja, as projeções devem durar, em média dez minutos, para não fatigar o aluno.

A prática ensinará ao professor mil maneiras interessantes de as utilizar, bem como de as coligir.

É uma forma de aproveitar os desenhos que entusiasmam os seus autores, por sentirem como que a completação do trabalho, vendo-os, depois de executados, construir um todo harmonioso. E é um ótimo estímulo sempre que se deseja a colaboração da criança para obra de conjunto.

Como, além disso, elas mesmas se encarregam de reconhecer as qualidades e os defeitos dos desenhos a projetar, como, com o seu direito de crítica habilmente, aproveitado, irão distinguindo cada vez melhor os bons e os maus trabalhos, tanto seus como dos colegas, segue-se que a todos os professores conviria um interesse mais intenso pelas projeções fixas, em que têm um auxiliar de primeira ordem na sua tarefa de educar.[14]

É verdade que de início o cinema foi valorizado na educação como facilitador, como confirmam os discursos dos escola-novistas, mas Cecília Meireles já via também o papel cultural do cinema na escola, o que se depreende de algumas destas citações já transcritas acima, mas que é oportuno reiterar:

*Jornal do Comercio* — 28 de outubro de 1929
Um dos elementos de mais imediata importância nas escolas de hoje — continuou a Sra. Cecília Meirelles — é o cinema educativo. Ao lado do "learning by doing" das escolas americanas, poder-se-ia inscrever também o "learning by seeing". Porque, na verdade, nós, e as crianças também aprendemos vendo. Há uma generalizada cultura popular que em grande parte se deve a essa difusão de conhecimento que o cinema-diversão insensível mas progressivamente faz.
Além de instrutivo, o cinema pode ser considerado até curativo, quando projeta um Buster Keaton, e filosófico, quando apresenta Chaplin.
Mas o que interessa ao professor, em primeiro lugar, é que a criança, como o adulto, ou mais que ele, aprecia via mente o cinema. Isso e não mais, seria suficiente para afirmar que o cinema é uma necessidade das escolas.[15]

Com a democratização das tecnologias, isto é, com o barateamento econômico das câmeras digitais e celulares, se pode explorar o cinema também como expressão.

Curiosamente, ao contrário das outras formas de Arte, o cinema foi introduzido nas escolas como cultura para ser visto e analisado, e só depois se estimulou o cinema como expressão, como criação, como um

---

14. Meireles, Cecília. As projeções fixas nas escolas. Comentário. *Diário de Notícias*, Rio de Janeiro, 15 jul. 1930d.

15. *Jornal do Comercio*, Rio de Janeiro, 28 out. 1929.

**Figura 3**
Foto de Cecília Meireles encontrada na internet.
*Fonte*: <http://pbondaczuk.blogspot.com.br/2011/10/prisao-por-Cecília-meirelles-n-esta.html>.
Acesso em: 7 jul. 2013.

fazer nas salas de aula. As outras Artes Visuais, como Pintura, Desenho, Escultura, Gravura, Instalações etc., foram introduzidas nas escolas como expressão pelo modernismo, e só depois com o pós-Modernismo entraram nas escolas como cultura a ser decodificada, fruída e significada.

Agora é muito fácil e barato levar o cinema para a sala de aula: os DVDs podemos alugar, e os aparelhos são tão baratos que dá até para o professor levar de sua casa sem medo de uma grande perda se quebrar. Além disto, o Youtube e os downloads de sites de cinema na internet são quase sempre gratuitos.

Quando em 1984 decidi ministrar uma disciplina de Pós-Graduação na Escola de Comunicação e Artes da Universidade de São Paulo, sobre Educação através do Cinema, era caro alugar os filmes, e muitas vezes fomos para as salas de distribuidoras de filmes na "boca do lixo" para ver as películas do programa, porque a ECA não tinha dinheiro ou não queria pagar.

O programa era extenso.

Vimos vários filmes que abordavam Educação, Ensino de Arte, História do Ensino da Arte com adolescentes. A maioria dos alunos de Mestrado, Doutorado e Especialização eram professores de adolescentes, daí o recorte. Tive a colaboração de um colega para ministrar a disciplina.

Os filmes eram associados aos problemas mais evidentes naquela época. Posso dar alguns exemplos. O problema de classe social era enorme. A USP era branca, e seus alunos vinham das caras escolas particulares, mas ensinavam aos pobres da escola pública. Durante a ditadura, havia se operado uma separação enorme entre a universidade e a escola pública onde os alunos das universidades iriam ensinar. Preparávamos professores que não conheciam a classe social dos alunos aos quais eles ensinavam, e se conheciam, não era como iguais, mas apenas como classe subalterna, os filhos das empregadas domésticas de suas casas. A classe média era muito menor que a de hoje e os mecanismos de inclusão na formação de professores não existiam como as cotas para negros e indígenas, nem o sistema de bônus no vestibular para os alunos da escola pública, e muito menos o ProUni, que paga mensalidade para bons alunos nas universidades particulares.

Por isso, um dos pontos do programa da disciplina Linguagem Cinematográfica e Educação[16] era: "Classe social: a Arte como disciplina e adorno", estudado através do romance *O Atheneu*, de Raul Pompeia. Este problema de classe social permeou todas as aulas e filmes estudados. Os problemas da adolescência, os anos de descoberta, vimos em *O jovem Torless*, um dos filmes que ouvi serem discutidos por Paulo Emílio Sales Gomes nos encontros de cinema da Universidade de Brasília, onde ele ensinou em 1965, e foi demitido pela ditadura militar. Eu também.

---

16. Fonte de pesquisa: Arquivos da Pós-Graduação da ECA-USP; exame de qualificação para mestrado de Maria Christina de Souza Lima Rizzi.

A violência dos e entre os adolescentes estudamos analisando três filmes: *Kes*,[17] *A caminho da Laranja Mecânica*[18] e *If*.[19]

A Educação Feminina vimos através do filme de *Das tripas coração*, de Ana Carolina, no qual o piano jogado de uma janela alta recusa a arte na Educação como babado cultural. Também analisamos textos do livro *Women take issue*,[20] editado pelo Centro para Estudos Culturais Contemporâneos, criado em 1963 por Richard Hoggart e Stuart Hall, que eu conheci e frequentei em 1982, durante minha permanência de um ano em Birmingham. Também lemos capítulos do livro *Unpopular Education; schooling and social democracy in England since 1944*,[21] do mesmo Centro que iniciou os Estudos Culturais nas universidades.

Quando vi o filme *O sorriso de Monalisa*, pensei que se tivesse sido produzido[22] antes, teria se encaixado no nosso tema "Inculcação da feminilidade na educação da mulher", pois ele apresenta a educação permitida e prescrita para a jovem americana rica e burguesa dos anos 1950, que queria conhecer de Arte só o suficiente para movimentar sua vida social. Há uma frase lapidar para o ensino da Arte neste filme. A professora mostra um quadro de Pollock e diz "vejam, não importa se gostam ou não, vejam!". Isto é o que nos compete, acirrar o olhar de tal modo que ele se sobreponha às ideias inculcadas pelas normas e limitações que a sociedade nos impõe. O discurso de convencimento estético é abominável. Mata a liberdade de gostar.

---

17. *Kes*, filme inglês, conta a história de um menino que vive em um bairro pobre da cidade que, maltratado em casa e ridicularizado na escola, acha uma forma de se abstrair de sua dura realidade treinando um falcão. O diretor é Ken Loach.

18. Filme britânico de 1971, dirigido por Stanley Kubrick. É um filme que trata da violência pessoal e do Estado, da violência física e psicológica assim como do contexto.

19. Sobre um revolucionário líder estudantil na Inglaterra dos anos 1960. O filme venceu a Palma de Ouro no Festival de Cannes de 1969.

20. The Center for Contemporary Cultural Studies University of Birmingham. *Women take issue*. London/Melbourne/Sydney/Aukland/Johannesburg: Hutchinson, 1980.

21. The Center for Contemporary Cultural Studies University of Birmingham. *Unpopular Education; schooling and social democracy in England since 1944*. London/Melbourne/Sydney/Aukland/Johannesburg: Hutchinson, 1981

22. Produzido em 2002-2003 e dirigido por Mike Newell, narra o episódio de uma professora ensinando História da Arte em um *College* de jovens ricas nos Estados Unidos, e seu desejo de que suas alunas inteligentes tivessem uma profissão. Porém, casar com rapaz de família rica, ter filhos, e ficar em casa era o destino ou desejo delas.

Já a educação masculina foi estudada através de *Lição de amor* (1975), de Eduardo Escorel, baseado no livro *Amar, verbo intransitivo*, de Mário de Andrade.

O trabalho final dos alunos foi escolher um filme em cartaz que discutisse o comportamento em sociedade, porque eram poucos os sobre Educação ou Arte/Educação na época; e escrever um texto sobre tal filme, apresentando-o à turma.

Maria Christina de Souza Lima Rizzi, aluna da Especialização em Arte/Educação na época, escolheu *Bete balanço* (1984): "[...] um filme brasileiro escrito e dirigido por Lael Rodrigues e estrelado por Débora Bloch. O filme conta as aventuras e desventuras de Bete (Débora Bloch) ao deixar Minas Gerais à procura do sucesso como cantora no Rio de Janeiro".[23]

O filme pôs em pauta a discussão do lesbianismo que inflamou os debates acerca de preconceitos na sociedade, na educação, na escola, no ensino da Arte etc.

O cinema foi para mim quando adolescente, e continua sendo para a grande maioria dos adolescentes, o lugar da educação emocional que a escola esquece de abarcar.

Mas, no início dos anos 1930, um perigo ameaçava o cinema: os regimes totalitários o espreitavam como eficiente propaganda junto aos jovens e ao povo. É assim que, em 1930, o *Diário de Notícias*, de 8 de outubro, anuncia:

*Diário de Notícias* — 8 de outubro de 1930

**O CINEMA EDUCATIVO NA ESPANHA**
*A formação de um comitê de Propaganda*

MADRID, Agosto (comunicado epistolar da United Press) Constituiu-se aqui recentemente um comitê de cinema educativo, formado por elementos de alto destaque nos meios políticos, sociais, científicos e literários que trabalhará para a próxima construção de um conselho e conselhos parciais para a criação de cinematecas destinadas principalmente aos

---

23. Informação da própria Maria Christina de Souza Lima Rizzi em 2012, com consulta a *Wikipedia* para relembrar os atores e diretor.

habitantes das pequenas povoações rurais, privadas até hoje dos benefícios do cinema.

Procurará fomentar a produção nacional e a reprodução nos filmes de hábitos regionais, monumentos e panoramas das diversas regiões da Espanha.

O primeiro trabalho deste comitê será o de relacionar-se com o instituto Internacional da Sociedade das Nações, abordar em Espanha quantos problemas apresenta o cinema em relação à cultura organizando as estruturas precisas e apoiar no próximo Congresso Espanhol Americano a cinematografia, quando se refira ao cinema cultural, educativo etc.[24]

Não tardou que a Guerra Civil da Espanha utilizasse o cinema como veículo de propaganda, assim como o Nazismo, o Fascismo e o Estado Novo de Getúlio também o fizeram.

Outro foco da atenção de Cecília Meireles foi a Educação infantil, os Jardins da Infância, como eram chamados, e a qualidade da formação de professores para as crianças pequenas. Cecília Meireles criou no Rio de Janeiro, em 1934, o Centro Infantil do Pavilhão Mourisco, considerado a primeira Biblioteca Infantil do Brasil com conotações de Centro Cultural. Havia aulas de Artes Plásticas, sessão de cinema toda semana, contavam-se histórias, e Cecília, ela própria, lia poemas para as crianças. Como conhecia muito bem o cenário literário, artístico e educacional de toda a América Latina, suponho que conhecia o movimento de bibliotecas e as Escuelas de Pintura al Aire Libre estimuladas por José Vasconcelos no período de 1916 a 1932 no México.

Era amiga de Alfonso Reyes, quando ele foi Embaixador do México no Brasil (1930 a 1934. Esteve também no Brasil de 1935 a 1936 por nove meses como comissionado para assuntos econômicos e brevemente em 1938), que era amigo e companheiro intelectual de Vasconcelos e provavelmente fez Cecília conhecê-lo. Vejo alguma semelhança entre seu programa no Pavilhão Mourisco e a política cultural de José Vasconcelos, que esteve no Brasil em 1922 para as celebrações dos cem anos da nossa Independência.

---

24. O Cinema educativo na Espanha: a formação de um Comitê de Propaganda. *Diário de Notícias*, Rio de Janeiro, 8 out. 1930.

**Figura 4**
Pavilhão Mourisco, Rio de Janeiro.

*Fonte*: Madalena, Maria. *O Pavilhão Mourisco*. Blog Cecília Meireles. Disponível em: <maCecíliameireles2009.blogspot.com/2009/04/o-pavilhao-mourisco.html>. Acesso em: 11 jun. 2012.

O prédio conhecido como Pavilhão Mourisco foi construído nos primeiros anos do século XX para ser uma Casa de Música, mas lá funcionou um restaurante. Para se tornar biblioteca, o prédio foi adaptado pelo marido de Cecília, o artista português Correia Dias. Funcionou menos de quatro anos. Ela foi demitida como diretora do Pavilhão Mourisco pelo Estado Novo em 1937, sob a acusação de que havia um livro comunista na biblioteca. Era *As Aventuras de Tom Sawyer*, de Mark Twain. A invasão do local foi truculenta e o prédio fechado, posteriormente usado pelo Clube Botafogo e destruído em 1952. Era o Estado Novo operando sua vingança contra a escritora e educadora libertária. Em seus artigos de jornal, apoiou a Revolução que levou Vargas ao poder, mas era muito crítica das decisões sobre educação. Lutou enfaticamente contra o ensino de religião na escola pública, decretado em 1931. Há um excelente artigo de José Damiro Moraes, intitulado "A cultura liberta. O catolicismo escraviza", titulo que me disse ser baseado numa frase de Cecília Meireles, na qual ela discute uma palestra de Edgar Sussekind de Mendonça sobre educação e religião proferida na Liga Anticlerical.[25]

O artigo é resultado de pesquisa sobre a posição de Cecília Meireles contra o ensino da religião em escolas públicas. Diz ainda que ela

> [...] em outro momento, elaborou uma apreciação sobre a obra de Francisco Ferrer y Guardia, descrevendo o evento que lembrava o 22º aniversário da morte desse educador anticlerical, assassinado pelo governo espanhol em outubro de 1909.[26]

---

25. Meireles, Cecília. Um tema de palpitante atualidade: Conferência do professor Edgar Sussekind de Mendonça sobre a escola e a religião. *Diário de Notícias*, página de Educação, 9 out. 1931b.

26. Moraes, José Damiro. A cultura liberta, o catolicismo escraviza: Cecília Meireles e o ensino religioso nos anos 1930. In: CONGRESSO DA ANPED, 30., GT História da Educação, n. 2, 2007. Disponível em: <www.anped.org.br/reunioes/30ra/trabalhos/gt02-3209--int.pdf>. Acesso em: 18 de mar. 2013.

Em correspondência com o autor, ele me enviou dois recortes da página de educação de Cecília Meireles. Segue um pequeno trecho do *Diário de Notícias*, na página de Educação, dirigida pela Cecília Meireles em que noticiava:

"UM TEMA DE PALPITANTE ATUALIDADE
*Conferência do professor Edgar Sussekind de Mendonça sobre a escola e a religião*

Diante de um público numeroso, realizou-se ontem a conferência do professor Edgar Sussekind de Mendonça na Liga Anticlerical do Brasil.

Essa conferência que faz parte da série anunciada por aquela associação versou sobre 'A Escola e a Religião'.

Depois de algumas considerações de ordem geral, entrou o conferencista no assunto de sua palestra, começando por dizer que considerava doloroso para um professor pronunciar uma conferência sobre o assunto, que já devia ter passado em julgado, e que realmente já estava esquecido se um ministro da revolução, traindo a postulados mais elementares de qualquer programa liberal, não tivesse ressuscitado o problema religioso, tentando conduzi-lo à escola [...]" (*Diário de Notícias*, 9 out. 1931b).

"ANIVERSÁRIO DA MORTE DE FERRER
*A sessão solene em homenagem à memória do fundador da escola leiga*

Realizou-se ontem, às 20 horas, na sede da Liga Anticlerical, a comemoração em homenagem ao 22º aniversário da morte de Francisco Ferrer.

Perante numerosa assistência falaram sucessivamente o dr. Francisco Alexandre, que presidiu a mesa, abrindo a sessão a professora D. Isabel Cunha, o dr. José Oiticica e d. Maria

No Pavilhão Mourisco, Cecília Meireles pôs em pratica os princípios que defendeu em um artigo que escreveu no *Diário de Notícias*, no dia 9 de julho de 1930, sobre a *Maison des Petits*, escola de aplicação do Instituto Jean Jacques Rousseau (IJJR) em Genévè, dirigido na época por Claparède.

O IJJR era a vanguarda europeia da educação infantil. Lá trabalhava Piaget, que posteriormente mudou seu nome ou fechou-o para no seu lugar criar uma Faculdade de Ciências Pedagógicas, onde realizou suas pesquisas.

A dra. Helena Antipof, assistente de Claparède no Instituto Jean Jacques Rousseau (IJJR), já se encontrava trabalhando no Brasil quando Cecília Meireles publicou o artigo sobre a Maison des Petits, laboratório teórico-prático do IJJR para formação de professores de educação infantil. Transcrevo aqui o referido artigo:

*Diário de Notícias* — 9 de julho de 1930

**A FORMAÇÃO DA JOVEM EDUCADORA**

*Como se trabalha na Suíça, na Maison des Petits*

A Maison des Petits, essa casa em que se aprende a respeitar a criança e a conduzi-la, pelo amor esclarecido à descoberta e ao desenvolvimento de suas possibilidades, representa na Suíça, um laboratório, da infância, onde futuras professoras ensaiam as suas aptidões observando e experimentando alunos e métodos.

---

Lacerda de Moura que produziram brilhantes orações sobre a vida e a obra do fundador da escola leiga.

O dr. Edgar Sussekind de Mendonça usou também a palavra para explicar a razão porque deixara de fazer sua anunciada conferência sobre 'A Educação e o Espírito Religioso', marcando-a definitivamente para a próxima quarta-feira, dia 28 do corrente, no mesmo local.

Falou por fim o dr. Lins de Vasconcelos, secretário da Coligação Pró-Estado Leigo, relatando o trabalho que vem sendo realizado por essa agremiação e concitando a todos os presentes a trazerem sua cooperação.

Encerrada a sessão, o dr. Francisco Alexandre declarou estar sobre a mesa para receber as assinaturas dos presentes o pedido que será endereçado ao diretor de instrução para que seja dada a uma escola primária do Distrito Federal o nome de Francisco Ferrer" (*Diário de Notícias*, 22 out. 1931a).

Com o fim de divulgar a finalidade e as realizações da Maison des Petits, suas diretoras, as senhoras Audemars e Lafendel[27] publicaram um pequeno livro interessantíssimo para os pais, os professores, e todos os que se interessam por compreender a alma infantil e os processos atuais de educação. É dessa obra que extraímos a seguinte passagem, que encerra algumas observações e conselhos dignos de atenção pela autoridade de quem os escreveu.

O Instituto JJ Rousseau, criado em Genebra em 1912, escola de ciência em educação e ao mesmo tempo laboratório de investigação, sentiu inicialmente a necessidade de constituir um meio educativo, onde se pudesse fazer a verificação prática dos aperfeiçoamentos e reformas sugeridas pelo conhecimento mais profundo da psicologia da criança. Com esse fim fundou em 1913 a casa da criança.

As alunas que pensam dedicar-se especialmente à educação das crianças menores praticam nela durante 1, 2, 3 anos segundo o fim que pretendem alcançar.

O programa do trabalho infantil que acabamos de trabalhar indica muito claramente o das jovens educadoras.

Enfrentando desde o primeiro momento os problemas práticos, iniciam-se elas no trabalho pessoal. Durante o tempo de que dispões (3 manhãs por semana) as alunas do primeiro ano se repartem, desde o começo, pelos cinco grupos do primeiro plano.

Cada uma delas sucessivamente consagra mais ou menos um mês aos estudos das diferentes atividades; no fim do mês apresenta um resumo das suas observações, das dificuldades que surgiram, dos problemas que tiveram que resolver.

Impõe-se uma colaboração incessante: a aluna que estudou e colecionou os desenhos de uma criança deve conhecer as manifestações desta mesma criança, suas diversas atividades; para isso, pede informações às companheiras que estão encarregadas de outros grupos: construção, modelagem, cálculo, línguas etc. e assim pode conhecer com certeza o desenvolvimento da criança e traçar sua monografia.

Estuda-se, pois, praticamente, toda a evolução das atividades infantis, servindo o quadro dos períodos de desenvolvimento como guia precioso para precisar as observações.

---

27. Trata-se do livro de Mina Audemars e Louise Lafendel. *La Maison dês Petits de l'Institute Jean-Jacques Rousseau*. Neuchatel: Delachaux et Niestle S.A., s/d.

No decorrer das suas ocupações a criança multiplica as suas perguntas, colocando a educadora na obrigação de responder.

Assim por exemplo: na aula da construção: Por que se sustentam os barcos na água? (François). Como é que o funicular pode subir o morro? Na aula de línguas, como que sai o carvão da terra? (Louis). Na aula de modelagem, Daniel examina sua mão e ao fechá-la apertando o barro, exclama, recordando as dobradiças de uma porta: meus dedos fazem como as portas. E assim por diante.

Este é um dos problemas mais interessantes para o educador: Conhecidas as necessidades da criança, saber alimentar e estimular seu espírito de curiosidade. É preciso estar-se disposto a dar informações sobre todos os assuntos que lhes interessam. Para isso é necessário documentação.

Possuímos uma biblioteca bem provida que está à disposição das alunas que tem de por-se em condições de saber fazer e alimentar a curiosidade científica no período do conhecimento.

As lacunas do segundo ano, que aspiram ao diploma da casa da criança, encarregam de assumir a responsabilidade de pequenos grupos de criança de 6 a 7 anos. Também estudam um tema particular que elas mesmo escolhem; este ano uma delas escolheu o ensino da leitura e se iniciou no método Decroly; outra escolheu a iniciação matemática, e a terceira especializou-se principalmente para informar as crianças sobre a origem da navegação. Com este fim organizou uma série de ilustrações, outra de uma série de narrações e construiu pequenas máquinas destinadas a fazer com que a criança compreenda a força e o papel do vapor.

Toda a organização e o ambiente da casa as conduz a esta lei pedagógica: uma lição deve ser uma resposta (Dr. Claparède).

Cada dia de trabalho dá lugar a palestras, discussões, induz o aluno a novas investigações, e estimula o desejo de aperfeiçoar-se. Reúne-se uma vez por semana um curso de 2 horas, com cada grupo de alunas (primeiro e segundo ano). As alunas adiantadas apresentam trabalhos pessoais relativos aos seus ensaios de prática; todas juntas estudam o material empregado com a criança, os diferentes métodos de ensino Froebel, Montessori, Dewey, Decroly, etc.

A aluna que quiser pode iniciar-se praticamente nestes métodos, reservando-se uma pequena sala para esse fim. O material completo está a sua disposição e pode organizar um ensaio com um pequeno grupo de crianças.

Reservam algumas horas por semana para preparação do material de ensino, jogos educativos de toda espécie, por exemplo: Tendo uma aluna notado um defeito qualquer de linguagem em uma criança, estudou para preparar por meio de ilustrações exercícios próprios que o corrigissem.

Tem também de aprender a conhecer a guiar a criança nos seus brinquedos ao ar livre, no trabalho de jardinagem, nos seus passeios, visitas aos museus, oficinas, etc...

O campo e experiências é muito grande. Só podemos falar aqui do trabalho feito sob a nossa direção e é necessário consultar o programa do Instituto Rousseau para inteirar-se da grande quantidade de cursos e ensinamentos que se oferecem às alunas.

A educadora digna deste nome deve ser viva, entusiasta, livre de interesses pessoais e de idéias fragmentárias e pré concebidas. Deve possuir as qualidades indispensáveis de espírito curioso, investigador, experimentador, e se deixará sempre levar pelo amor e pela dedicação à criança. Sem se deixar dominar ou encadear por nenhum método procurará não unir-se à letra que mata, mas ao espírito que vivifica.

As leis de psicologia da criança ditar-lhe-ão as leis da psicologia do professor. Aí estão algumas delas deduzidas da nossa prática diária e formuladas com nossas alunas no decorrer de nossas palestras.[28]

De certa forma, Cecília Meireles, com este artigo, já estava preparando a vinda de Claparède ao Rio de Janeiro, em setembro de 1930. Sua visita foi amplamente divulgada e comemorada nos jornais da cidade.

O interesse pelo ensino da infância demonstra a despretensiosidade de Cecília Meireles, e seu genuíno comprometimento social. Daí abordar como um dos centros da entrevista com Crescente Coccaro o tema dos Jardins de Infância, e ao escrever sobre o Instituto Jean-Jacques Rousseau escolheu falar também sobre o Jardim da Infância da instituição.

A defesa da Educação Infantil universal e de qualidade foi um dos ideais defendidos pela Escola Nova. Na França, na década de 1930, foram muitas as pesquisas desenvolvidas acerca da aprendizagem de crianças de 2 a 5 anos. Acerca de uma dela nos fala Venâncio Filho:[29]

---

28. Meireles, Cecília. A formação da jovem educadora: como se trabalha na Suíça, na Maison des Petits. *Diário de Notícias*, Rio de Janeiro, 9 jul. 1930f.

29. Venâncio Filho, Francisco. *A educação e seu aparelhamento moderno*. São Paulo/Rio de Janeiro/Recife/Porto Alegre: Editora Nacional, 1941. p. 26-27.

Em uma escola de Paris foi feito um ensaio curioso e útil, exposto no Congresso Internacional da Infância, reunido em Paris em 1931, no sentido de determinar os jogos preferidos das crianças, postos objetos e material á sua livre escolha.

A experiência, feita de novembro de 1928 a junho de 1929, deu o seguinte resultado:

| | |
|---|---|
| Areia | 191 vezes |
| Albuns de imagens | 82 vezes |
| Brinquedos rolantes | 66 vezes |
| Potes de tinta "ripolin" | 62 vezes |
| Conchas | 56 vezes |
| Animais | 54 vezes |
| Bonecas | 47 vezes |
| Pérolas | 32 vezes |
| Cubos | 29 vezes |
| Coisas de casa | 27 vezes |
| Bastões de cor | 26 vezes |
| Camas | 25 vezes |
| Bastonetes | 2 vezes |
| Botões de ajustar | 15 vezes |

Piaget, quando iniciou suas pesquisas sobre epistemologia, encontrou um terreno ávido para recebê-las na Europa.

Cecília Meireles, em 1930, já defendia e esclarecia um dos princípios básicos que dominaram o modernismo no ensino da Arte: o espontaneísmo. Vejamos este seu artigo na coluna Comentário.

*Diário de Notícias* — 10 de outubro de 1930

**LIBERDADE E ESPONTANEIDADE**

Fala-se sempre, em pedagogia moderna, na liberdade e na espontaneidade das crianças: mas, a essas duas palavras, pelo seu uso frequente na linguagem, está acontecendo, como a muitas outras que, com o correr do tempo vão adquirindo uma expressão nublada, meio incerta, e capaz de facilmente gerar as maiores confusões. Por isso, convém definir como se compreende, em pedagogia, a liberdade e a espontaneidade da criança e a aplicação que essas duas faculdades se faz, educativamente falando.

Muitos pais não compreendem que se possa dar tanta atenção à espontaneidade de seus filhos. Parece-lhes — e não é difícil resvalar-se nesse erro — que a escola que se baseia na espontaneidade do aluno é uma escola de certo modo anárquico, na expressão da desorientação com que se costuma empregar a essa palavra. Na verdade, a escola atual não pretende ser, como a antiga, um obstinado governo de adulto exercido prepotentemente sobre a infância, mas um núcleo onde os que têm mais experiência oferecem suas aquisições aos que têm menos, e assim se esforçam todos juntos por um alegre convívio, em que as energias dos alunos vão sendo estimuladas sem que eles se apercebam disso, ao mesmo tempo que se obtém a verificação desse fecundo estímulo no resultado dos trabalhos realizados.

Assim se compreende a espontaneidade da criança: no rumo que o professor sabe imprimir à sua atuação, de modo a favorecer constantemente as suas íntimas aspirações. A vantagem de semelhante prática, se não fosse provada pelo rendimento obtido e pela eficiência do desenvolvimento psicológico, estaria nesta frase com que uma menina manifestou a sua imensa alegria de saber ler: "Eu sempre soube ler... A mamãe é que pensava que eu não sabia...".

O que se cria com alegria tem um poder extraordinário sobre a vida. Sente-se — e é da natureza humana senti-lo — um infinito prazer em reconhecer a íntima capacidade, o poder de realização, a quantidade de energia de que se é senhor. Todos os métodos que simplificam o esforço infantil na aprendizagem dos primeiros anos têm essa principal vantagem de fazer a criança sentir em si a capacidade de aprender. Os antigos métodos, áridos, difíceis, oprimiam o aluno: davam-lhe a impressão de sucumbir sob inacessíveis conhecimentos.

Quando assim é aproveitada a espontaneidade da infância, depois de a terem fecundado, permitindo-lhe desenvolver-se até a plenitude, está a criança em condições de ter direito à liberdade.

Essa é outra palavra que frequentemente assusta os pais. Por que será que sempre acontece, as mais belas tomarem, às vezes, significados dúbios, que atemorizam os que as ouvem?

Liberdade da infância não significa uso pernicioso de poderes adquiridos, impulsividade desenfreada. Nada disso. Liberdade significa apenas seleção consciente de deliberações a tomar ou de orientação a seguir.

Assim, uma criança se servirá da sua liberdade na escola para escolher este ou aquele modo de trabalho, essa ou aquela atividade, estes ou aqueles companheiros. Como a sua espontaneidade já foi devidamente definida, aperfeiçoada, pela maternal vigilância da professora, daí se segue que essa liberdade é uma consequência de todo um preparo educativo, e, como tal, não pode senão dar os melhores resultados.[30]

São a espontaneidade e a liberdade de expressão que presidirão o modernismo no ensino da Arte, cujo ensaio durante a Escola Nova foi interrompido e só voltaria a dominar o discurso sobre a aprendizagem da Arte depois da queda do Estado Novo.

O modernismo em Arte e Educação teve uma escritora como Cecília Meireles escrevendo nos jornais para convencer o público da necessidade do "aprender" fazendo. A virada pós-moderna, que acrescentou ao fazer Arte a necessidade do ver Arte e a necessidade de ampliar a visão da Escola para além de seus muros, tomando em consideração a cultura dos alunos, a cultura do meio, a cultura historicamente organizada e a cultura contemporânea, não encontrou nenhum apoio nos meios de comunicação.

O mundo de hoje está precisando que intelectuais de prestígio, ouvidos pelo público, se engajem na defesa da Arte na Educação.

Poucas mulheres receberam a homenagem da sociedade capitalista que Cecília recebeu; ter sua imagem, palavras de poemas e desenhos seus estampados no dinheiro, papel-moeda de circulação nacional, o cruzado novo. As notas circularam apenas por três anos (19 de maio de 1989 a 30 de setembro de 1992). Foi um impacto ver o rosto de uma mulher poeta no lugar de alegorias sem nenhuma pessoalidade. O design gráfico do cruzado novo foi de Aloísio Magalhães,[31] um dos primeiros designers culturalistas do Brasil. Ele e Lina Bo Bardi foram defensores do design e

---

30. Meireles, Cecília. Liberdade e espontaneidade. Coluna Comentário. *Diário de Notícias*, Rio de Janeiro, 10 out. 1930b.

31. Informação do Banco Central, em e-mail recebido em 26 de março de 2013.

"Subject: Banco Central Responde — Demanda 2013112015

Prezada Senhora ANNA MAE TAVARES BASTOS BARBOSA:

Em resposta a sua consulta, informamos que o designer, criador da cédula de 100 cruzados novos, foi Aloísio Magalhães.

Atenciosamente,

Mirian Silva Pourre

Departamento de Atendimento Institucional

Divisão de Atendimento ao Cidadão

DDG: 0800-9792345"

das artes populares. O design da nota que homenageia Cecília Meireles[32] foge da iconografia modernista típica, de clareza primordial e limpeza de traços que caracterizou a Escola de Ulm no Brasil. Já apresenta algumas características do Design Gráfico pós-moderno, com superposições de imagens e de imagem e texto. O curioso é que aponta a relação de Cecília Meireles com a criança pequena, o que pretendo destacar neste texto.

**Figura 5**

Cruzado Novo — NCz$ 100,00 (Cecília Meireles). Retrato de Cecília Meireles (1901-1964), tendo, à esquerda, a reprodução de desenho de sua autoria, ao qual se sobrepõem alguns versos manuscritos extraídos de seus "Cânticos".
Fonte: Site Banco Central do Brasil.

---

32. Cruzado Novo entrou em circulação no dia 15 de janeiro de 1989, na segunda reforma monetária do presidente José Sarney. A nova moeda substituía o Cruzado, sendo que um Cruzado Novo valia 1.000 Cruzados. Durou apenas 14 meses, até a reforma monetária do governo Collor, que reimplantou o Cruzeiro pela terceira vez. Foram aproveitadas as cédulas de mil, 5 mil e 10 mil Cruzados, carimbo para o novo padrão monetário. O carimbo adotado era um triângulo com as palavras "Cruzado Novo" em duas linhas próximas à base do triângulo.
Chancelas — Ministro da Fazenda: Mailson Ferreira da Nóbrega.
Presidente do Banco Central: Elmo de Araújo Camões.
Estampa: A; Série Normal: A0001/A6772; Série de Reposição: *0001/0002
Estampa: A; Série Normal: A6773/A8794; Série de Reposição: *0003; Série de Reposição: Da série A8601 foram carimbadas de Cruzeiro as cédulas de números 000001 a 005000. Informações coletadas no site do Banco Central do Brasil.

**Figura 6**

Cruzado Novo — NCz$ 100,00 (Cecília Meireles). A gravura, à esquerda, representa o universo da criança, suas fantasias e o momento da aprendizagem. O painel é completado, à direita, com a reprodução de desenhos feitos pela escritora, representativos de seus estudos e pesquisas sobre folclore, músicas e danças populares.

Fonte: Site Banco Central do Brasil.

## Referências

AUDEMARS, Mina; LAFENDEL, Louise. *La Maison dês Petits de l'Institute Jean-Jacques Rousseau*. Neuchatel: Delachaux et Niestle S.A., s/d.

CAVALCANTI, Henrique. *O Pavilhão Mourisco*: o motivo por que chamamos de Mourisco um pedaço de Botafogo. Blog Rio de Janeiro Antigo. Rio de Janeiro, 2010. Disponível em: <http://rioantigofotos.blogspot.com.br/2010/02/o-pavilhao-mourisco-o-motivo-porque.html>. Acesso em: 12 maio 2012.

CRESPO, Regina Aida. Cultura e política: José Vasconcelos e Alfonso Reyes no Brasil (1922-1938). *Revista de História*, São Paulo, ANPUH, v. 23, n. 45, p. 187-207, 2003.

DIÁRIO DE NOTÍCIAS. O Cinema Educativo na Espanha: a formação de um Comitê de Propaganda. Rio de Janeiro, 8 out. 1930.

FERREIRA, Amélia. *O cinema escolar na história da educação brasileira*: a sua ressignificação através da análise de discurso. Dissertação (Mestrado) — Programa Pós-Graduação em Educação da Universidade Federal Fluminense, Niterói, 2004.

FRANCO, Marília. *Hipótese-cinema*: múltiplos diálogos. Disponível em: <http://www.fe.ufrj.br/artigos/n9/2_hipotese_cinema_e_seus_multiplos_dialogos_8_a_3.pdf>. Acesso em: 15 jan. 2013.

JIMENEZ, Lucina; AGUIRRE, Imanol; PIMENTEL, Lucia. *Educação artística, cultura e cidadania*. Madrid: OEI/Fundação Santillana, s/d.

JORNAL DO COMERCIO. Exposição de Cinema Educativo. Rio de Janeiro, 28 ago. 1929.

JORNAL DO COMERCIO. Exposição de Cinema Educativo. Rio de Janeiro, 28 out. 1929.

MADALENA, Maria. *O Pavilhão Mourisco*. Blog Cecília Meireles. Disponível em: <maCecíliameireles2009.blogspot.com/2009/04/o-pavilhao-mourisco.html>. Acesso em: 11 jun. 2012.

MEIRELES, Cecília. História da educação no Brasil. In: _____. *Obra em prosa*: crônicas de educação. Rio de Janeiro: Nova Fronteira/MINC, Fundação Biblioteca Nacional, 2001.

_____. Aniversário da morte de Ferrer: a sessão solene em homenagem à memória do fundador da escola leiga. *Diário de Notícias*, Rio de Janeiro, 22 out. 1931a.

_____. Um tema de palpitante atualidade: Conferência do professor Edgar Sussekind de Mendonça sobre a escola e a religião. *Diário de Notícias*, Rio de Janeiro, página de Educação, 9 out. 1931b.

_____. Gabriella Mistral e o cinema educativo: Gabriella é um nome que pertence a toda a América. *Diário de Notícias*, Rio de Janeiro, 19 ou.t 1930a.

_____. Liberdade e espontaneidade. Coluna Comentário. *Diário de Notícias*, Rio de Janeiro, 10 out. 1930b.

_____. Conversando com o inspetor Crescencio Cóccaro: os problemas da educação em várias partes do mundo. *Diário de Notícias*, Rio de Janeiro, 23 jul. 1930c.

MEIRELES, Cecília. As projeções fixas nas escolas. Comentário. *Diário de Notícias*, Rio de Janeiro, 15 jul. 1930d.

_____. As linhas gerais do ensino secundário no Uruguai. *Diário de Notícias*, Rio de Janeiro, 10 jul. 1930e.

_____. A formação da jovem educadora: como se trabalha na Suíça, na Maison des Petits. *Diário de Notícias*, Rio de Janeiro, 9 jul. 1930f.

_____ et al. A cinematografia educativa: a Sra. Cecília Meirelles, entrevistada pelo *Jornal do Comercio* fala sobre a próxima exposição e relata os resultados obtidos com a sua modesta "empresa" da escola de Aplicação. *Jornal do Comércio*, Rio de Janeiro, 20 ago. 1929.

MORAES, José Damiro. A cultura liberta, o catolicismo escraviza: Cecília Meireles e o ensino religioso nos anos 1930. In: CONGRESSO DA ANPED, 30., *GT História da Educação*, n. 2, 2007. Disponível em: <www.anped.org.br/reunioes/30ra/trabalhos/gt02-3209--int.pdf>. Acesso em: 18 de mar 2013.

NEVES, Margarida de Souza; LÔBO, Yolanda Lima; MIGNOT, Ana Chrystina Venâncio. *Cecília Meireles*: a poética da educação. Rio de Janeiro: Ed. PUC-Rio/Loyola, 2001.

OLIVEIRA, Ana Maria Domingues. Representações do feminino na obra de Cecília Meireles. In: _____; CAIRO, Luiz Roberto Velloso (Orgs.). *Américas*: ensaios sobre a memória e representação literária. Assis: FCL/Assis/Unesp/Publicações, 2007,

PIMENTA, Jussara S. *Fora do outono certo nem as aspirações amadurecem*: Cecília Meireles e a criação da Biblioteca Infantil do Pavilhão Mourisco (1934-1937). Dissertação (Mestrado em Educação) — Pontifícia Universidade Católica, Rio de Janeiro, 2001.

SHIMIDT, Maria Auxiliadora. História com pedagogia: a contribuição da obra de Jonathans Serrano na construção do código disciplinar da História do Brasil. *Revista Brasileira de História*, São Paulo, v. 24, n. 48, p. 189-211, 2004. Disponível em: <http://www.scielo.br/pdf/rbh/v24n48/a09v24n48.pdf>. Acesso em: 10 jan. 2012.

VENÂNCIO FILHO, Francisco. *A educação e seu aparelhamento moderno*. São Paulo/Rio de Janeiro/Recife/Porto Alegre: Editora Nacional, 1941.

# 8

# Gerardo Seguel e o latino-americanismo

"Muito foi vivido intensamente, o que grava melhor os passos, na memória. Mas às vezes é difícil distinguir entre o que desejamos e o que propusemos."

**Elisabete de Oliveira**

**Numa palestra memorável** no CCBB de São Paulo, em março de 2011, o designer Philippe Starck advertiu os brasileiros sobre a responsabilidade política, cultural e criativa que o Brasil tem já que despontava como país emergente com força para influir nos destinos do mundo. Vejo a importância destas categorias de responsabilidades serem discutidas desde o século XIX, principalmente em relação ao Ensino da Arte.

Chega dos países que não souberam se comportar bem quererem exportar suas mazelas como novidade para nós. Chega de copiar ideologias, métodos, sistemas. Temos também de evitar a tentação de igualmente exercer poder sobre outros países.

Passamos no Brasil todo o século XX tentando aproximar-nos dos outros países latino-americanos, mas sonhando com a Europa, ultimamente com a Espanha, mais acessível do ponto de vista linguístico. Fiquei surpresa em 2011 com o grande número de alunos brasileiros em Barcelona. Passei por lá de volta de Girona onde ministrava um curso, e percebi que a Associação de Estudantes Brasileiros era muito ativa e informada. Me convidaram para uma palestra. Havia estudantes de todas as áreas: Direito, Medicina, Economia, Educação etc., e para meu enorme prazer, a aula foi dada no edifício Casa Amatller, do arquiteto Puig I Cadafalch, onde funciona o Consulado Brasileiro, no Passeig de Gràcia, 41, ao lado da Casa Batlló, de Antonio Gaudí.

Os dois prédios se irmanam no tempo e se confrontam na forma, ambos desafiando nossos sentidos e seduzindo pela empatia. A Europa nos fascina.

Felizmente em nossa luta pela descolonização foi impossível cortarmos o cordão umbilical com a Europa. Isso não seria desejável. Buscamos redirecionamento de atitude para um equilíbrio intercultural de forças. Tentamos antropofagiar[1] a Europa, e em muitos casos só conseguimos copiá-la e macaqueá-la. Diante da prevalência do capitalismo, resta-nos hoje termos consciência das relações históricas que estabelecemos de submissão, diálogo, ruptura e privilegiar as inter-relações culturais de igualdade.

Outro dia, lendo uma entrevista de Alfredo Bosi, na *Revista É*, do Sesc, deparei-me com afirmações sobre o ensino da Literatura que são aplicáveis também ao ensino das Artes e das Culturas Visuais. Dizia ele:

> Agora, de minha parte, eu continuo achando que, *na história, o antes vem antes do depois.*
> Existe certa experiência cumulativa pelo tempo...
> E, se você não conhece esse fluxo que vem do passado, fica parecendo que cada geração, digamos, inventou a roda. Você não sabe por que certos temas voltam, e voltam de maneira diferente. Você fica sem apoios de comparação quando seu estudo é todo assim fragmentado.[2]

---

1. Referência ao movimento Antropofágico deflagrado por Oswald de Andrade nos anos 1920.

2. Bosi, Alfredo. *Revista É*, São Paulo, ano 16, n. 7, p. 14, jan. 2010.

Mirzoeff,[3] a quem achava eurocêntrico, se redimiu numa entrevista a Inês Dussel dizendo:

> Y el otro punto es que creo que hay que enseñarles historia a los estudiantes. Los jóvenes hoy tienen una relación con la historia distinta de la que nosotros teníamos, y tiene que ver, al menos en parte, con una comprensión diferente del lugar del futuro, aunque también se predica algo distinto sobre el pasado... Hay que argumentar por qué es importante historizar, porque ya no es más evidente por sí solo.
> La cultura actual suele decir que, si está en el pasado, ya no importa. Tenemos que argumentar mejor que el pasado no es sólo pasado sino que sigue activo en el presente. El tema con la historia es que "no pasó", sino que sigue aquí.

Uma área de estudos sem História é facilmente dominada e manipulada.

## 1. Pesquisa em jornais e revistas

As revistas e jornais são fontes ambíguas de informações históricas, diferentemente dos livros que buscam argumentar com improváveis certezas.

A diversidade de posições políticas, críticas, ideológicas dos artigos de uma revista provoca choque de ideias, ambiguidades, incertezas. Por isso, estou pesquisando há quase seis anos em revistas e jornais brasileiros dos anos vinte aos anos cinquenta a história do ensino da Arte em meu país. Aconteceu durante estas décadas a modernização do Ensino da Arte no Brasil pós-antropofágico. Tínhamos consciência de nossa condição de colonizados e nos propúnhamos a superá-la através da assimilação e transformação, isto é, aprender com a Europa e transformar

---

3. Entrevista de Inês Dussel com Nicholas Mirzoeff. *La cultura visual contemporánea*: política y pedagogía para este tiempo. Buenos Aires: Propuesta Educativa 31, 2009. p. 69-79.

o que aprendêssemos para privilegiar nossa própria cultura, que sabíamos ser bem diferente da cultura de nossos colonizadores. A dominação cultural do colonizador empodera-no, e nos submete; quando submetidos, a cultura do colonizador nos desempodera.

Foram diálogos como estes que tivemos em Girona, com os alunos de Joan Vallés e Roser Juanola. Extremamente críticos acerca da educação e da vida contemporânea, os alunos do mestrado em Educação Artística da Universidade de Girona são, por outro lado, inventivos e operativos em direção a uma relação democrática e não submissa, questionadora e não apenas sedutora, entre professores e alunos.

Como diz Humberto Maturana:

> A democracia é um projeto de convivência que se configura momento a momento, porém, para viver isso, tem-se que dar lugar à sinceridade. Não é um âmbito de luta. Não se ascende democraticamente ao poder. Não existe poder. E enquanto pensamos que tudo o que está em jogo é uma luta pelo poder somente o que vamos criar são dinâmicas tirânicas, vamos passar de uma pequena tirania a uma outra pequena tirania.[4]

Nas minhas pesquisas de jornal e revistas, cheguei à conclusão de que o período mais rico em discussões sobre cultura e educação no Brasil foi o que transcorreu entre os anos 1927 a 1936. Como já foi dito, em 1937 instalou-se no Brasil uma ditadura ferozmente anticomunista e, segundo alguns, pró-nazista, sob o comando de Getúlio Vargas. Perseguiram todos ao que discordavam e instalaram a censura em todos os meios de comunicação.

Foi no período de efervescência democrática (1927 a 1936) que os esforços para estabelecer relações com a América Latina se agudizaram. Como já disse, as novas escolas construídas no Rio de Janeiro, capital do Brasil na época, tinham nomes de países latino-americanos, e os presidentes dos países homenageados vinham ao Brasil inaugurar os edifícios,

---

4. Texto enviado em 15/12/2012 por e-mail por Hélio Rôla, do Ceará, sem referências bibliográficas.

fazer discursos e dar entrevistas a jornais e revistas. A relação com o México foi potencializada pelas visitas de José Vasconcelos ao Brasil.

A escritora Cecília Meireles tinha uma página de Educação no *Diário de Notícias*, onde frequentemente escreviam escritores latino-americanos.

Passei muito tempo pesquisando quem era Gerardo Seguel, que em 1930 escreveu na página dirigida por Cecília Meireles.

Descobri que ele foi também, como a própria Cecília Meireles, um ativista da integração ibero-americana. Circulou por onde hoje circulamos motivados pela OEI, Organização dos Estados Iberoamericanos, com esperanças semelhantes, desejos de integração e espírito internacionalista democrático.

Gerardo Seguel era professor de Desenho na Escola Normal "José Abelardo Nuñez", do Chile, poeta e intelectual importante em seu país. Publicou o livro *Fisonomia del mundo infantil*,[5] que se trata de um estudo sobre o desenho infantil. No Brasil nos anos 20 temos estudos semelhantes feitos por Nerêo Sampaio,[6] Sylvio Rabello[7] e Edgar Sussekind de Mendonça. Segundo L. H. Errázuriz, esse foi o primeiro livro dedicado de forma específica ao tema no Chile. Diz Errázuriz sobre o livro de Seguel:

> Este pequeno livro, que foi publicado em Santiago no ano de 1929 pela Imprenta El Esfuerzo, contém, entre outros temas, referências específicas às etapas da arte infantil, suas vinculações com a arte primitiva, uma breve resenha sobre o valor educativo do cine e a reprodução de desenhos em preto e branco. Cabe destacar que na bibliografia desta obra se citam autores tais como Freud, Dewey e Ferrière. Neste sentido há que se ter presente que o interesse pela atividade artística criadora das crianças esteve fortemente influenciado pelas ideias pedagógicas da nova educação, a qual, pela sua concepção ativa de escola, privilegiou a espontaneidade

---

5. Errázuriz, Luís Hernán. *Historia de um área marginal*: la enseñanza artística em Chile, 1797-1993. Santiago: Ediciones Universidad Católica de Chile, 1994. p. 126.

6. Ver em Barbosa, Ana Mae. *John Dewey e o ensino da Arte no Brasil*. São Paulo: Cortez, 2001.

7. Ver Rejane Coutinho em: Barbosa, Ana Mae (Org.). *Ensino da arte*: memória e história. São Paulo: Perspectiva, 2008.

e participação da criança nos processos educativos. Em consequência, as teorias de Rousseau, Ferrière, Dewey, para nomear apenas alguns, serão chaves para compreender a origem deste movimento.[8]

É curioso que a revolução educacional dos anos 20/30 ficou conhecida entre nós no Brasil por Escola Nova, enquanto Seguel e muitos hispano-americanos a chamavam de Nova Escola ou Escola Ativa e nos Estados Unidos foi designada Progressive School.

Não estranho Seguel ter colaborado no Brasil com o *Diário de Notícias*, na página de Educação, dirigida por Cecília Meireles. Ambos tinham um perfil intelectual semelhante: eram poetas, críticos de literatura, professores e apaixonados pela modernização da educação, especialmente pelo cinema na escola. Além disso, não apenas defendiam a integração latino-americana, mas também tinham ação e trânsito cultural entre a América Latina, Portugal e Espanha, publicando em revistas e jornais ibero-americanos. Ainda mais, Seguel, como Cecília, era um entusiasta da Reforma Fernando de Azevedo[9] no Distrito Federal (Rio de Janeiro) e escreveu um belo artigo, elogiando-a na revista *Seara Nova*, de Portugal, em 1930, intitulado "Significado social da revolução brasileira". Foi seu primeiro artigo naquela revista. Em 1931 escreveu mais três artigos na *Seara Nova*: "Simon Bolívar, La accion del magisterio en la América Latina" e "Um congresso pedagógico em Espanha", aos quais não tive acesso. Esta revista era tão importante que, apesar de ser republicana, conseguiu sobreviver durante a ditadura em Portugal. Seu primeiro editorial depois da Revolução dos Cravos (25 de abril de 1974) foi escrito por Saramago. Mesmo assim, ironicamente, a democracia não tem aliviado os problemas que enfrenta para sobreviver.

Neste período, Seguel morava na Espanha. Visitou os mais importantes centros educacionais europeus da época. Uma visita sua consta do livro de visitantes do Instituto de Orientação Profissional em Portugal, naquele tempo dirigido pelo pedagogo Faria de Vasconcelos, que também

---

8. Errázuriz, Luís Hernán. Op. cit.

9. Fernando de Azevedo era sociólogo, foi um dos criadores da Universidade de São Paulo. Foi diretor-geral da Instrução Pública do Distrito Federal, o equivalente a ministro da Educação entre os anos de 1926 a 1930.

escreveu acerca do Desenho da criança, assunto recorrente entre os pioneiros da época, e deu palestras sobre este tema no Instituto Jean Jacques Rousseau em Genévè, de fama internacional. O IJJR era tão famoso naquela época quanto a Escola da Ponte de Portugal ou as escolas de Reggio Emilia o são hoje. Faria de Vasconcelos também trabalhou com grande sucesso na Bolívia, tendo se casado com uma boliviana.

Comprovei que Seguel efetivamente viveu no Brasil em 1930, pois consta no texto "Notas de viaje a Ouro Preto", de Jules Supervielle, publicado na *Revista Sur*, a seguinte frase: "Sábado 12 de julio de 1930. Sin embargo mañana dejaré esta ciudad que conozco tan mal todavía [referia-se ao Rio de Janeiro] [...]. Rumbo a Ouro Preto con mi amigo Gerardo Seguel, amigo de Neruda y de Díaz Casanueva, notables poetas chilenos los tres".[10]

Além disto, Seguel entrevistou Claparède na chegada dele ao Rio, ainda no navio, no dia 14 de setembro de 1930. Eis a entrevista:

*O Jornal* — 14 de setembro de 1930

**UM EMINENTE PEDAGOGO SUÍÇO HÓSPEDE DO RIO**
*O professor Claparède, vindo ontem pelo "Conte Rosso", concede rápida entrevista ao O Jornal*

Claparède, o grande psicologista suíço de renome universal, desde ontem está no Rio.
É uma notícia auspiciosa esta, para os nossos homens de estudo e de cultura.
Na biografia latina não existe obra mais notável sobre o assunto do que "La psychologie de L'enfant et pedagogie experimentale", de Claparède, hoje na sua undécima edição na língua original, além de tantas traduzidas para os idiomas dos povos cultos. Notáveis como sua obra escrita, são as suas pesquisas originais no domínio neuro-biológico, entre as quais avultam os estudos sobre agnosias, sono, histeria, ergografia, associação de idéias, diagnóstico das aptidões e "testes" mentais.
O seu laboratório de psicologia da Universidade de Genebra tem oferecido ao mundo científico trabalhos notáveis de discípulos seus, bem como o

---

10. Supervielle, Jules. Notas de viaje a Ouro Preto. *Revista Sur*, Buenos Aires, ano 1, p. 74-75, 1931.

Instituto de Ciências de Educação ou o Instituto Jean Jacques Rosseau, por ele fundado, onde a seu lado pontificam outros educadores de renome, como Piaget, Bovet, Léon Wather e mme. Antipoff, os dois últimos contratados pela Universidade de Minas Gerais.

Viajou o acatado mestre suíço no "Conte Rosso" que aportou à Guanabara às últimas horas da noite, atracando ao cais do porto já aos primeiros minutos de hoje.

Tivemos a bordo do luxuoso transatlântico italiano oportunidade de ouvir o grande professor suíço que pela primeira vez viaja para a América do Sul. Modesto, extremamente simpático e acolhedor, o professor E. Claparède atendeu-nos, prazerosamente, dizendo-nos sobre a visita que ora nos faz:

— Há muito alimento o desejo de visitar o Brasil de que tantas e tão boas notícias me vão ter às mãos, enviadas que são por antigos discípulos que aqui residem. Tive sempre esperança de realizar essa viagem, não o fazendo, há mais tempo, em virtude dos afazeres incontáveis que me impossibilitaram de deixar a Suíça. Quando, porém se me apresentou oportunidade não vacilei em aceitar o convite que me foi feito por carta dirigida pelo Sr. Gustavo Lessa. E parti incontinente para cá, aonde afinal chego cheio de satisfação.

Falou-nos após o grande professor de seus antigos discípulos hoje residentes no Brasil. Referiu-se a Radescky, polonês de origem, mas brasileiro naturalizado, mme. Antipoff,[11] Francisco Reis e outros, elogiando-os pela aplicação que sempre demonstraram e pelo talento revelado. Espera agora vê-los todos e abraçá-los com saudade.

Tratando das conferências que deve realizar aqui, disse-nos o professor Claparède:

— Minha partida, como já afirmei, foi feita sem demora, logo após o recebimento do convite que me foi feito. Assim, não organizei as conferências, nem se quer as esbocei. Aqui é que vou tratar de tudo, organizando então um pequeno curso.

Falara-nos o velho mestre enquanto o navio vencia a distância, que separava o ancoradouro do cais do porto. Atracado no navio, foi ele invadido por

---

11. Dos seus ex-alunos, quem mais influência exerceu no Brasil, especialmente na Arte/Educação, foi Helena Antipoff, que criou a Fazenda Rosário que existe até hoje em Minas Gerais e é um dos mais antigos exemplos de educação inclusiva. A profa. Zaíra Milne foi sua aluna e trabalhou muitos anos com seus princípios de inclusão na Inglaterra, com jovens com dificuldade de aprendizagem.

inumerosas pessoas, entre as quais antigos discípulos do velho professor, que dele se acercaram, forçando-nos assim a encerrar a entrevista.[12]

No mesmo dia, Seguel escreveu no *Diário de Notícias* um longo artigo sobre a importância de Clapárède para a Educação, que também transcrevo em parte:

*Diário de Notícias* — 14 de setembro de 1930

### O PRESTÍGIO DE CLAPARÈDE NA NOVA EDUCAÇÃO

O fundador do "Instituto Jean Jacques Rosseau", de Genebra, nasceu em Champel, na Suissa, a 24 de março de 1873; fez seus estudos em Genebra e Leipzig, doutorando-se em medicina. A prática a que se dedicou, em Genebra, da psicoterapia, determinou-lhe o destino de grande psicólogo que agora é. As experiências ali realizadas foram, na verdade, os primeiros passos para a formação da sua personalidade [...].

Em 1912, com a fundação do Instituto Jean Jacques Rosseau, acompanhado de Bovet, Ferrière e principalmente de seu célebre discípulo Jean Piaget, não só se estabelece o tipo do novo educador, como também se pode dizer que, desse Instituto surge em grande parte a atmosfera que impregna a atividade da Nova Escola. O Instituto Jean Jacques Rosseau revela claramente o sentido da moderna pedagogia na divisa que o define: "Aprenda o mestre como a criança".

### O PRESTÍGIO DE CLAPARÈDE NA NOVA EDUCAÇÃO

Tão verdadeiro é, para a Nova Educação, o prestígio de Eduardo Claparède que, sem a sua obra investigadora, talvez a pedagogia moderna continuasse apenas com muitas pesquisas esparsas, todas de grande valor, sem dúvida, mas talvez desorganizadas. E o melhor testemunho desse fato está nestas palavras que o pedagogo espanhol Domingos Barnés dedica a Claparède no princípio do seu livro: "O desenvolvimento da criança"; "De tal maneira tem influido Claparède nos pedagogistas contemporâneos que não só os vemos recolherem suas conclusões, indicando-lhes ou não a

---

12. Seguel, Gerardo. E. Claparède. Um eminente pedagogo suíço hóspede do Rio: o professor Claparède, vindo ontem pelo "Conte Rosso", concede rápida entrevista ao *O Jornal*. *O Jornal*, Rio de Janeiro, 14 set. 1930.

procedência. Como também — o que para nós tem mais valor — recolhendo os problemas que ele, originalmente descobre, e ainda adotando a mesma forma de os tratar".

Quando a nova educação avança já por diversos caminhos, resumindo seus elementos no conjunto doutrinário que hoje constitui já um todo orgânico, foi o psicólogo Claparède quem primeiro perguntou a si mesmo: "Para que serve a infância?" Toda a sua obra, como a obra de toda a psicologia atual — outra coisa não é que uma resposta a esta frase, que era também uma oculta pergunta unânime.

## A ESCOLA SOB MEDIDA

Como em Kerschensteiner, em Krieck[13] e em John Dewey, encontramos em Claparède, Bovet e Piaget a organização filosófica desta educação que bem merece o nome de nova, porque, na verdade, não prolonga ou acomoda ao presente as idéias do seu século passado, — mas pelo contrário, combate-as energicamente, aproveitando, apenas, as experiências herdadas, e recebendo-as numa posição psicológica antagônica à de outrora.

Deve-se Claparède a expressão mais clara sobre o conceito do *paido-centrismo*: e uma pedagogia baseada nos interesses da criança, como ponto de partida, que os conheça e os sirva respeitando-os através das suas diferentes variações. A ele melhor do que a ninguém devemos o reconhecimento dos valores infantis, quando nos diz que a criança não é uma miniatura do homem, senão uma fase da vida humana com interesses próprios, e que tem, portanto, seus direitos. Investiga, então, Claparède, as diversas fases da vida infantil, situando em cada uma os interesses dominantes: a psicologia descobre as necessidades espirituais, a que a pedagogia atende por meio de seus instrumentos; o mestre e o ambiente escolar.

As variações desses interesses, que são claros sintomas de funções naturais, dividem-se segundo o psicólogo em: *interesses* e *aquisição*, até os 12 anos; de *organização*, até os 18 anos e, posteriormente, de *produção*.

---

13. Ironias da história, Seguel se converteria ao Comunismo e Krieck ao Nazismo pouco tempo depois. O pedagogo e filósofo Ernst Krieck foi um dos mais relevantes pensadores e teorizadores do movimento nacional-socialista. Ao findar a guerra, exilou-se na Argentina, onde ainda colaborou na revista de ideias políticas *Der Weg*, aí mantida por exilados alemães. Ali morreu, em 1947, inteiramente fiel aos ideais que proclamou. O prof. António José de Brito dedicou há anos um estudo à filosofia de Ernst Krieck baseado em *Educação política nacional* (do qual há uma tradução espanhola, da Editorial Labor) e *Nacional-Socialismo e ciência*, este de E. Krieck e B. Rust. Durante o nazismo, ele foi reitor da Universidade de Heidelberg. Publicou ainda *Personalidade e cultura*, *Progresso e educação* e *Filosofia da educação*.

Formulada, dessa maneira a infância, Claparède em seu livro "A escola sob medida", passa a falar-nos, com abundantes argumentos, da necessidade de submeter a escola às medidas da criança.

Bem sabe que as leis que reformam o ensino são manifestações efêmeras e vazias de qualquer significado transcendental se não as acompanha o fervor coletivo do magistério. Assim podemos interpretar aquelas palavras do prefácio de um de seus livros: "O fato de ser a pedagogia, mais do que nenhuma outra disciplina, obra das "autoridades" (eclesiásticas e civis) explica claramente o tradicionalismo que a caracteriza. Já se viu algum dia, uma autoridade fazer uma revolução? Não foi, certamente, o Papa que fez a Reforma, nem um Luiz de França que derrubou a Bastilha".

Numerosos são os aspectos da personalidade deste homem, e muitas suas virtudes pedagógicas; não poderíamos enumerá-las todas neste reduzido artigo. Mas, por essas qualidades todas e que, quando se fizer a história da Nova Educação, Claparède aparecerá como uma das figuras mais importantes e admiradas desta época.[14]

Depois da temporada no Brasil e na Espanha, Seguel voltou para o Chile, mas não sei exatamente em que ano. Os amigos dizem que havia se tornado comunista na Espanha. Não sei ainda se ele participou na Guerra Civil Espanhola. Morreu cedo, em 1950,[15] aos 48 anos, e deixou duas obras sobre poetas chilenos, citadas até hoje, e livros de poesia. Portanto, o ensino da Arte o esqueceu, mas a Literatura guarda sua memória e o comemora. Em 2004, a revista digital *La Tercera* anuncia várias celebrações do dia do livro no Chile, entre elas uma que incluía Seguel:

*La Tercera* — 23 de abril de 2004
La Universidad de Temuco organizó para hoy un singular espectáculo: Viaje a la Memoria en el Centenario de Neruda, que pondrá en escena un encuentro imaginario entre el vate y los poetas Gerardo Seguel, Juvencio

---

14. Seguel, Gerardo. O prestígio de Claparède na nova educação.. *Diário de Notícias*, Rio de Janeiro, página Educação, 14 set. 1930a.

15. O diário chileno *La Hora*, em 7 de julho de 1950, com o título "Gerardo Seguel: Elegía y adiós", dedica um tributo a este escritor que foi vice-presidente da Aliança de Intelectuais do Chile.

Valle y Pablo de Alón, quienes también vivieron en la ciudad hacia 1920. En la sala Ufro, a las 20.00.[16]

Encontrei dois artigos dele em um dos livros de recortes de Fernando de Azevedo, no Instituto de Estudos Brasileiros da Universidade de São Paulo (IEB/USP). Posteriormente, encontrei, no *Diário de Notícias*, mais um artigo assinado por ele, datado de 13 de julho de 1930. Creio que os três artigos também tenham sido publicados em 1930, pois não encontrei nenhum outro datado de outros anos. Curiosamente, encontrei também no IEB/USP uma carta de Cecília Meireles para Fernando de Azevedo, de 20 de julho de 1931, que diz: "Junto com esta carta envio a pedido de meu amigo prof. Gerardo Seguel um número da *Revista Pedagógica de Madrid* em que vem um artigo sobre sua reforma. Isto servirá para lhe demonstrar mais uma vez que não houve, apenas, mas continuará a haver um grupo de criaturas dispostas a defender essa obra que o Sr. quis oferecer ao Brasil".[17] Acrescentava ainda o endereço de Gerardo Seguel — Españoleto, 12, Madrid — numa delicada sugestão para Fernando Azevedo responder a ele.

Contudo, Seguel já era conhecido de Fernando de Azevedo, pelo menos através dos artigos que encontrei nos riquíssimos livros de recortes que Fernando de Azevedo legou para a posteridade. Transcrevo a seguir pequenos textos de um dos artigos de Seguel:

*Diário de Notícias* — 10 de julho de 1930

**OS LIMITES DA ESCOLA DO TRABALHO**

A escola tem sido, sem dúvida uma das mais acentuadas preocupações humanas destes últimos tempos, talvez porque nela vemos refletir-se toda uma época. Apesar das hesitações naturais que sofre, hoje já podemos extrair a substância espiritual que a anima, buscar seu denominador comum. É por isso mesmo que já podemos evitar as confusões prejudiciais ou as subordinações interessadas.

---

16. *La Tercera*. Santiago, 23 abr. 2004.
17. Meireles, Cecília. Carta de Cecília Meireles para Fernando de Azevedo, 20 jul. 1931.

Sem dúvida de muito longe vem a Nova Educação, elaborando-se a cada passo que dava, até encher sua medida ideal.

Por isso, em todas as formas da nova educação encontramos algo que nos fala das outras preocupações da vida atual. Do ponto de vista histórico, a zona onde começa a ser visível o espírito da educação ativa, é Pestalozzi, nele, apesar do caráter marcadamente finalista da "Casa de Educação para os Pobres", se salva pela abundância fervorosa da alma desse educador; continua-se com Froebel o mesmo sentido educativo. Depois deles ninguém manteve os verdadeiros tributos pedagógicos assim tão puros, até a época atual, quando uma imensa quantidade de preocupações afins lhe emprestam sua solidariedade. A atual educação, mais do que um corpo metodológico, significa um novo conceito da vida infantil e da vida total, sobretudo representa uma esperança da humanidade...

Esta atitude é francamente solidária com a *Escola Intuitiva* de Pestalozzi. Dessa aspiração e do ambiente de atividade nasce agora com Bovet o nome de *Escola Ativa*, com Claparède o de *Educação Fundamental*: na Itália com Lombardo Radice, denominando-se *Escola Serena*, e na Alemanha, com Kerchensteiner, *Escola do Trabalho*, e posteriormente, na Rússia, *Escola Produtiva*. No fundo inicial todos estes nomes obedecem ao mesmo princípio de constante atividade criadora que deve proporcionar a escola e é só em algumas particularidades que eles se diferenciam, particularidades que, às vezes, não passam de simples nomes diversos mas que, em outras, obedecem a interesses estranhos à educação que penetraram o campo desta. Mas já é hora de assinalá-los para manter íntegro o prestígio da intenção essencial...

Ao novo sentido da atividade, associa-se o conceito já expresso por Locke: "Nada existe no intelecto que não tenha passado antes pelos sentidos". E Dewey, nos Estados Unidos dizia: "Não existe nenhum trabalho manual que não precise de um complexo exercício psíquico" [...].

Neste setor da escola do trabalho, encontramos agora os pedagogos russos Bolskij e Pistrak.[18] Eles respeitam o processo educativo no seu sentido de extensão ou seja em fases sucessivas: mas o saturam de preocupações industrialistas. Obedecem ao desejo de fazer predominar na sociedade o tipo de produtor manual. As idéias de Dewey, embora mais

---

18. Pistrak, Moisei. *Fundamentos da escola do trabalho*. São Paulo: Brasiliense, 1981. Trata-se de um pedagogo russo cuja obra só foi traduzida no Brasil em 1981, graças aos problemas educacionais propostos ao país pelo movimento dos sem-terra.

amplas, pertencem na sua intenção a este conceito, dominante também nos Estados Unidos.

Não pode ser estranha, a quem penetrar, sem partidarismo, interessado no estado psicológico da América do Norte e da Rússia, essa fraternização básica dos seus sistemas educativos, porque ambos os países obedece a um exercício de predomínio materialista na vida humana. Trata-se de duas sociedades de diferentes orientações, mas dentro do mesmo plano psíquico (Assim se explicam facilmente os elogios de Dewey, quase sem reservas, à escola soviética) [...].

Sem ir mais longe, na Reforma do Distrito Federal, encontram-se ligeiros rasgos neste sentido que através de Dewey se deixaram ver. Igualmente na organização mexicana.

A nova educação não compreende o direito de fazer das crianças o que se quiser.

A educação — como diz Wineken[19] — pertence ao domínio do espírito e não aos acidentes políticos. Não há dúvida de que a humanidade caminha para uma mais justa distribuição do seu tesouro material e espiritual [...] mas nós não podemos usar a escola como militante, e determinar, à nossa vontade, um tipo social prematuramente escolhido.[20]

Seguel termina um de seus artigos com a citação do pedagogo espanhol Domingo Barnés, que foi ministro da Educação na Espanha do período republicano, impulsionador de experiências educacionais admiráveis. Até hoje há na Espanha certa nostalgia pela perda da vitalidade educacional que dominava a segunda República (1931-1939). Estive em 2008 em um evento que finalizou um curso de atualização de professores em Madri e todos que falaram se referiam com entusiasmo ao modelo educacional da República. É, pois, com a frase citada por Gerardo Seguel

---

19. Gustav Wyneken (1875-1964) escreveu o livro *Escola e cultura juvenil* (1912). Foi influenciado por Martin Buber e influenciou Walter Benjamim (que passou um período em sua *boarding school*), Píer Paolo Pasolini, Bruno Bettelheim, o movimento judaico de educação para jovens da Áustria e da Polônia, assim como o início dos kibutz em Israel. Foi um dos primeiros educadores a tratar de sexo e erotismo na pedagogia. Foi condenado por abraçar dois alunos nus. Depois de 1934 desapareceu até sua morte em 1964, mas continuou influenciando filmes, ficção e educação.

20. Seguel, Gerardo. Os limites da escola do trabalho. *Diário de Notícias*, Rio de Janeiro, 10 jul. 1930b.

de um herói educacional da República espanhola que termino este artigo, desejando que se intensifiquem os diálogos interculturais na Arte/Educação ibero-americana, ressignificando nossa relação para além do neocolonialismo.

> A vida está tecida de sonhos e muitos destes sonhos foram sonhados na infância. A criança espreita para reviver no homem enfraquecido; no homem melancólico ou nostálgico; no homem cansado; quando sobrevém o medo e também quando florescem sentimentos novos[21].

## Referências

BARBOSA, Ana Mae. *John Dewey e o ensino da Arte no Brasil*. São Paulo: Cortez, 2001.

BOSI, Alfredo. *Revista É*. São Paulo, n. 7, ano 16, jan. 2010.

DUSSEL, I.; MIRZOEFF, Nicholas. *La cultura visual contemporánea*: política y pedagogía para este tiempo. Buenos Aires: Propuesta Educativa 31, 2009.

ERRÁZURIZ, Luís Hernán. *Historia de un área marginal*: la enseñanza artística em Chile, 1797-1993. Santiago: Ediciones Universidad Católica de Chile, 1994. p. 126.

LA TERCERA. Santiago, 23 abr. 2004.

MATURANA, Humberto. Texto recebido via e-mail em 15 dez. 2012.

MEIRELES, Cecília. Carta de Cecília Meireles para Fernando de Azevedo, 20 jul. 1931.

PISTRAK, Moisei. *Fundamentos da escola do trabalho*. São Paulo: Brasiliense, 1981.

ROS, R. María Cardá; CAPELL, Heliodoro Carpintero. *Domingo Barnés*: biografía de un educador avanzado. Boletín de la Institución Libre de Enseñanza, n. 12, 1991.

---

21. Ibidem.

SEGUEL, Gerardo. O prestígio de Claparède na nova educação. *Diário de Notícias*, Rio de Janeiro, página Educação, 14 set. 1930a.

_____. Os limites da escola do trabalho. *Diário de Notícias*, Rio de Janeiro, 10 jul. 1930b.

SEGUEL, Gerardo; CLAPARÈDE, E. *Um eminente pedagogo suíço hóspede do Rio*: O professor Claparède, vindo ontem pelo "Conte Rosso", concede rápida entrevista ao O Jornal. *O Jornal*, Rio de Janeiro, 14 set. 1930.

SUPERVIELLE, Jules. *Notas de viaje a Ouro Preto*. Revista Sur, Buenos Aires, ano 1, 1931.

# 9

# Edgar Sussekind de Mendonça:
## A Educação em museus e o ensino do Desenho Gráfico

"That is what learning is. You suddenly understand something you've understood all your life, but in a new way."

**Doris Lessing**

**Em busca por informações** acerca de Edgar Sussekind de Mendonça andei no Rio importunando um de seus familiares. No entanto, nem cheguei a entrevistá-lo, pois morreu antes que eu pudesse marcar a data da entrevista.

Fiquei com uma dívida com Sussekind, queria deixar um lembrete para os arte/educadores, designers e museólogos, mostrando o quanto ele foi importante para nossas áreas, principalmente por ser um educador político.

Desde cedo ele e o irmão Carlos atuaram politicamente. Criaram o Grêmio Euclidiano ainda quando alunos do colégio Pedro II, em 1911, no calor da hora do julgamento do assassinato ou morte por legítima defesa de Euclides da Cunha.

Tomei conhecimento de sua atuação como defensor da memória de Euclides da Cunha através de meu tio Paulo Malta Ferraz, literato e Juiz de Direito da Vara de Família no Rio, que estudou o processo jurídico que inocentou quem matou Euclides da Cunha. Meu tio ficou revoltado com as difamações à memória de Euclides, embora concordando juridicamente com o veredito. Lembro-me de sua admiração pelos jovens irmãos Carlos e Edgar Sussekind de Mendonça e por Francisco Venâncio Filho, também um dos criadores do Grêmio Euclidiano.

Sussekind de Mendonça em sua vida profissional lutou desde cedo pelo ensino laico, o que derivou em campanha aberta contra o ensino religioso nas escolas públicas, mesmo que os pais tivessem o direito de recusá-lo para seus filhos. No Congresso de Educação no Ceará em 1934, por defender este ponto de vista, foi agredido fisicamente pelos "capangas das sacristias", como ele passou a chamar os agressores. Dom Helder Câmara,[1] naquela época integralista, liderou um movimento para mandar uma mensagem dos congressistas para a Constituinte a fim de que incluíssem a obrigatoriedade do ensino religioso nas escolas públicas na Constituição. Apesar da agressão sofrida naquele Congresso, Sussekind conseguiu barrar a aprovação do ensino religioso obrigatório na Constituição. Entretanto, desde 1931, Getúlio Vargas já havia

---

1. Moraes, José Damiro de. *Armanda Álvaro Alberto*: pensamento e ação nos anos 1930. Disponível em: <http://www.sbhe.org.br/novo/congressos/cbhe4/individuais-coautorais/eixo06/Jose%20Damiro %20de%20Moraes%20-%20Texto.pdf>. Essa militância a favor da secularização foi abraçada pelos irmãos Sussekind, atitude que gerou consequências, o confronto físico entre integralistas e Edgar na VI Conferência Nacional da Associação Brasileira de Educação (ABE), realizada em fevereiro de 1934 no Ceará. O episódio ocorreu após a conferência do padre Hélder Câmara, discurso que motivou o conferencista Ciro Vieira da Cunha a propor que se telegrafasse à Assembléia Constituinte solicitando a adoção do ensino religioso facultativo nas escolas. O posicionamento contrário de Edgar Sussekind, inclusive citando o regimento interno, impediu que tal proposta fosse aprovada. Isso serviu para que ocorressem agressões ao intelectual carioca assim que se encerrou a sessão. Sobre esse acontecimento, *A Lanterna*, de 22 de fevereiro de 1934, destacava a "revoltante violência clérico-integralista no Ceará" em que "o Dr. Edgar Sussekind de Mendonça foi covardemente agredido pelas capangas das sacristias". E conclamava: "Urge intensificar o movimento anticlerical, para fazer frente às hordas vaticanescas [sic]" (*A Lanterna*, São Paulo, 22 fev. 1934. Disponível em: <www.sbhe.org.br/.../Jose%20 Damiro%20de%20Moraes%20-%20Texto.pdf>. Acesso em: 28 set. 2009).

**Figura 1**
Edgar Sussekind de Mendonça sendo preso em São João do Miriti, Rio de Janeiro, durante o Estado Novo, por ser ator em uma peça que não fora submetida à censura. Desta vez foi logo libertado, mas passou muito tempo na cadeia durante a Ditadura Vargas.
*Fonte*: <http://pedacosdanossahistoria.blogspot.com.br/>. Acesso em: 7 jul. 2013.

instituído o ensino religioso nas escolas, provocando muitas críticas dos educadores, entre elas um artigo de Cecília Meireles no *Diário de Notícias*[2] do Rio de Janeiro, que escandalizou principalmente por ter vindo de uma mulher. O que Sussekind evitou é que se tornasse matéria constitucional e obrigatória.

Nossa Constituição de 1988 não exige, mas permite o ensino religioso em escola pública, e a discussão continua quase a mesma da década de 1930, pelo que podemos ver nas notícias com destaque no

---

2. Citado no capítulo 7 deste livro.

*UOL*, que transcrevo em pé de página.[3] Aliás, as críticas descabidas e exageradas à Escola Nova feitas pelos primeiros cursos de Pós-Graduação

---

3. "O ensino religioso que aborda uma doutrina específica pode gerar discriminação dentro das salas de aula", segundo José Vaidergorn, sociólogo da Universidade Estadual Paulista (Unesp). O ensino religioso identificado com uma religião não é democrático, pode ser considerado discriminatório", disse em entrevista à Agência Brasil. De acordo com Vaidegorn, o ensino voltado para uma determinada religião pode constranger os alunos que não compartilham dessas ideias. O professor ressalta ainda a possibilidade de que, dependendo da maneira que forem ministradas, as aulas de religião podem incentivar a intolerância entre os estudantes. "Em vez da educação fazer o seu papel formador, o seu papel de suprir, dentro das suas condições, as necessidades de formação da população, ela passa a ser também um campo de disputa política e doutrinária."

As aulas de religião estão previstas na Constituição de 1988. No entanto, um acordo entre o governo brasileiro e o Vaticano, em tramitação no Congresso Nacional, estabelece o ensino católico e de outras doutrinas.

O presidente da CNTE (Confederação Nacional dos Trabalhadores em Educação), Roberto Leão, contesta a justificativa apresentada na lei de que o ensino religioso é necessário para a formação do cidadão. "Não podemos considerar que a questão ética, a questão moral, o valores sejam privilégios das religiões", ressaltou. A presença do elemento religioso não faz sentido na educação pública e voltada para todos os cidadãos brasileiros, segundo ele. "A escola é pública, e a questão da fé é uma coisa íntima de cada um de nós."

Ele indicou a impossibilidade de todos os tipos de crença estarem representados no sistema de ensino religioso. Segundo ele, religiões minoritárias, como os cultos de origem afro, não teriam estrutura para estarem presentes em todos os pontos do país. Além disso, as pessoas que não têm religião estariam completamente excluídas desse tipo de ensino, como destacou o presidente da Atea (Associação Brasileira de Ateus e Agnósticos), Daniel Sottomaior: "Mesmo que você conseguisse dar um ensino religioso equilibradamente entre todos os credos você ia deixar em desvantagem os arreligiosos e os ateus."

Sottomaior vê com preocupação a possibilidade de a fé se confundir com os conhecimentos transmitidos pelo sistema educacional: "Como o aluno pode distinguir entre a confiabilidade dos conteúdos das aulas de geografia e matemática e o conteúdo das aulas de religião?"

Para o presidente da CNBB (Conferência Nacional dos Bispos do Brasil), dom Geraldo Lyrio Rocha, a religião é parte importante no processo educacional. "Uma educação integral envolve também o aspecto da dimensão religiosa ao lado das outras dimensões da vida humana", afirmou" (Daniel Mello. Ensino religioso em escolas públicas pode gerar discriminação, avalia professor. Agência Brasil. *UOL*. 23 ago. 2009).

"A Justiça do Rio de Janeiro anulou o edital de um concurso público para a contratação de 500 professores de ensino religioso para a rede estadual de ensino. A decisão ocorreu após uma ação popular movida em 2003 pelo ministro do Meio Ambiente Carlos Minc, na época deputado estadual. Cabe recurso" (*UOL*, 23 set. 2009).

Na ação, Minc alegou que o governo privilegiou algumas crenças religiosas em detrimento das demais, ao transferir a definição sobre o conteúdo das aulas às autoridades dessas religiões. Na sentença, a juíza Simone Lopes da Costa, da 10ª Vara da Fazenda Pública do Rio, concorda com Minc e diz que o Estado "limitou-se a editar uma resolução frontalmente em Educação, que provocaram o expurgo de pesquisas sobre os escola-novistas, tiveram origem nos grupos católicos das pós-graduações das PUCs e da própria USP. Eu fui discriminada por ter escrito sobre a Escola Nova. Para completar, quero lembrar que o movimento em favor da extinção da obrigatoriedade da Arte na escola dos anos 1970-80 foi liderado pelos mesmos educadores que execravam a Escola Nova. Hoje penso que pelo fato de a Escola Nova valorizar tanto as Artes, o grupo de educadores hegemônicos católicos de 1970-80 queria jogar na lata de lixo as Artes junto com a Escola Nova, e punir as Artes exilando-a nos Museus. Felizmente, diferentemente dos anos 1930, nos anos 1970-80 havia educadores católicos a favor das artes, como Paulo Freire e Alfredo Bosi, achando que os pobres precisam tanto de Arte como os filhos dos intelectuais e dos ricos da elite.

Além da campanha desenvolvida pela FAEB e AESP, devemos especialmente a Alfredo Bosi a permanência da obrigatoriedade do ensino da Arte na Lei de Diretrizes e Bases da Educação de 1996. Convidada para discutir no Senado a Lei de Diretrizes e Bases, e sabendo que era discriminada pelos que eram contra a obrigatoriedade da Arte, pedi a Alfredo Bosi para ir a Brasília nos representar. Não só sua defesa foi brilhante, mas ainda voltou no mesmo voo com Demerval Saviani, que, juntamente com Eunice Durham, eram os mais radicais contra a Arte; e conversando não sei se o convenceu da necessidade da Arte, mas pelo menos o tornou menos agressivo a respeito. De Eunice Durham

---

contrária à lei geral". O ministro sustentou que o currículo das disciplinas deveria ser definido após debates públicos e ressaltou que apenas religiões com estrutura hierárquica, como a católica e a protestante, poderiam apontar as autoridades que seriam responsáveis pela orientação disciplinar.

Segundo a juíza, "não há nos autos notícia de que a sociedade civil ligada a diversos segmentos religiosos tenha sido questionada acerca da organização, bem como do conteúdo da matéria ensino religioso".

De acordo com a Lei de Diretrizes e Bases da Educação, o ensino religioso é facultativo e sua regulamentação cabe aos Estados e municípios. No entanto, Simone Costa observou que o edital não determinou sequer a formação necessária ao professor que fosse ministrar as aulas.

"Patente o insubsistente sistema do ensino religioso na forma do edital proposto, eivado do vício de nulidade, pois contrário à lei. Ademais, não há prova da existência das vagas que foram oferecidas", concluiu a magistrada" (*UOL*, Da Redação. Confederação questiona lei que institui ensino religioso público no Rio. 23 set. 2009).

ouvi a seguinte frase: "Farei todo o possível para que Arte não seja disciplina obrigatória".

Há um artigo de Olinda Evangelista, "Ação Católica e formação docente na década de 1930",[4] que analisa a perseguição dos grupos católicos contra o Instituto de Educação da Universidade de São Paulo, criado por Fernando de Azevedo. Conseguiram fechá-lo e colocaram no lugar a Faculdade de Educação. Ao chegar a São Paulo, em 1967, vinda do Recife e da convivência com Paulo Freire, foi muito difícil entender o reacionarismo da Faculdade de Educação da USP. Só muito tempo depois entendi que ela fora criada sobre os despojos censurados politicamente de uma instituição avançada do ponto de vista da política, da teoria e da práxis, para impedir a disseminação das ideias de Fernando de Azevedo, para evitar que ele ganhasse poder. A partir dos anos 1990, a Faculdade de Educação da USP se pluralizou, mas nunca convidaram Paulo Freire para dar um curso. A Escola de Comunicações e Artes é que nos anos 1980 por meu intermédio o convidou, e sua disciplina de Pós-Graduação foi a que atraiu maior número de alunos em toda a história da ECA: 120 alunos se matricularam e frequentaram com constância as aulas, mas o livro que resultou do curso se perdeu misteriosamente nos meandros da editora da casa e nunca foi publicado. Outras coisas curiosas e inexplicáveis contra o curso também aconteceram. Até piadas em colunas sociais de jornais foram publicadas...

Sussekind de Mendonça escreveu vários livros, dos quais dois interessam especialmente aos arte/educadores de museu e aos designers. Um deles é "A extensão cultural nos museus",[5] que os interessados podem encontrar na Biblioteca Nacional e na Biblioteca da Faculdade de Educação da Universidade de São Paulo. O outro é um livro didático para Ensino de Desenho em dois volumes,[6] que li nos anos 1990 na Biblioteca Municipal Mário de Andrade em São Paulo. Procurei-o

---

4. Evangelista, Olinda. Ação Católica e formação docente na década de 30. *Educação e Filosofia*, v. 16, n. 31, p. 9-28, jan./jun. 2002.

5. Mendonça, Edgar Sussekind de. *A extensão cultural nos Museus*. Rio de Janeiro: Imprensa Nacional, 1946.

6. Mendonça, Edgar Sussekind de. Curso de Desenho para o Ensino Secundário. São Paulo: Editora Nacional/Biblioteca Pedagógica Brasileira, 1936. t. 1 e 2.

em outras bibliotecas em São Paulo, durante o período em que a Biblioteca Mario de Andrade esteve fechada para reforma, eu não o encontrei. Falava para todo mundo da minha necessidade deste livro. É uma espécie de compulsão que tenho: falar dos achados e dos buracos negros do tema quando estou em estado de pesquisa. Uma pesquisadora extremamente generosa com os outros pesquisadores, Malú Villas Boas, encontrou um exemplar em um sebo no Rio de Janeiro e me deu de presente.

Mas, falarei primeiro do livro ou opúsculo sobre Extensão Cultural em Museu, que é, na realidade, uma monografia acerca de educação em museus, ou melhor, de mediação cultural, e foi escrito para um concurso a fim de ocupar a chefia da extensão cultural do Museu Nacional. Deram-lhe o limite de cinquenta páginas e 35 dias para escrever a monografia, dos quais gastou 25 pesquisando. A diretora deste museu na época, Heloísa Alberto Torres, convidava as pessoas a fazerem concurso, portanto não fazia como hoje fazem os diretores de museus, colocando quem querem nas direções dos departamentos de educação, ou pior, terceirizando o setor. Quando fui diretora do MAC/USP pela primeira vez houve concurso para admitir os catorze arte/educadores que lá deixei, muitos deles com mestrado e doutorado. Quando entrei no MAC, havia apenas dois arte/educadores, uma das quais estava em desvio de função, administrando o pequeno espaço expositivo que havia ao lado da reitoria da USP. Ambos haviam sido convidados a trabalhar, e não tinham nenhum apresso por Arte/Educação. Eram jovens da fina flor da sociedade, que queriam pôr um pé no museu através do que estava em oferta para depois mudarem para uma posição que considerassem mais prestigiosa no museu ou fora dele, como realmente o fizeram se tornando depois um deles inimigo da Arte/Educação, o que é comum quando a usam como escada, e a outra, uma muito bem-sucedida galerista. Felizmente durante minha gestão foi criada a Coordenadoria de Museus da USP, que tornou obrigatório o concurso para todas as vagas. Um dos problemas da Arte/Educação nas instituições é servir de escada para o alpinismo acadêmico. Entram na área por considerarem mais fácil e haver vagas, mas têm desprezo pela educação. Sorte nossa quando finalmente encontram lugar em área que consideram de mais prestígio. O pior é quando são mal-sucedidos na escalada e têm que aguentar trabalhar em Arte/Educação a vida toda se torturando e torturando os outros por se achar mais importante do que nós, os dedicados, que consideram ralé.

Edgar Sussekind de Mendonça já era funcionário público do Ministério de Agricultura, mas para ser transferido para outro setor do funcionalismo público, o Museu Nacional, foi levado a fazer concurso. Ele já havia tido a experiência de trabalhar com Lúcio Costa quando este foi diretor da Escola Nacional de Belas Artes por curto período, em 1931. Nesta época, ainda não haviam se separado a Escola Nacional de Belas Artes e o Museu Nacional de Belas Artes. Seu cargo era de Secretário, mas uma de suas funções seria a organização da extensão cultural no ensino das Belas Artes e no Museu. Como sabemos, infelizmente, o projeto de Lúcio Costa e seu grupo não foi plenamente implementado.

No livro, Sussekind faz a defesa da educação supletiva, hoje conhecida no Estado de São Paulo como Educação de Jovens e Adultos (EJA), embora acrescente que a educação supletiva não atenua senão de leve a impressão de que no Brasil a educação popular é considerada irrelevante. Continuamos da mesma maneira, pois em 2009 o secretário de Educação do Estado de São Paulo, o mesmo Paulo Renato que quando ministro quis acabar com as universidades públicas e quase o conseguiu, baixou uma resolução eliminando o professor de Arte do Ensino de Jovens e Adultos, entregando o Ensino da Arte aos professores de Língua Estrangeira.

Em seu livro, Sussekind acrescenta ainda uma crítica à terminologia Educação Supletiva, por parecer um apêndice da educação, quando toda a educação pública deveria ser popular no Brasil. Defende ainda a extensão cultural nas escolas como parte do currículo, e salienta o papel educativo dos museus. Chega a dizer que a função dos museus é preservar, investigar e educar, sendo esta última a função social mais importante dos museus. Menciona a este respeito o artigo "A função educativa dos museus", publicado na revista *Estudos Brasileiros*, de seu companheiro desde o colégio Francisco Venâncio Filho, que era também um educador famoso na época. Cita de Anísio Teixeira a seguinte frase: "Trata-se de difundir a cultura humana, mas de fazê-lo com inspiração, enriquecendo e vitalizando o saber do passado com a sedução, a atração, o ímpeto do presente".[7] Sussekind de Mendonça chega a perguntar, baseando-se em T. R. Adam: Devem os museus se contentar em suplementar apenas os instrumentos de educação já existentes ou declarar-se uma instituição inicial de educação popular? Conta ainda que no Congresso da Museums Association em Leeds, em 1936, houve um apelo para que daquela data em diante fosse o museu considerado sócio solidário na tarefa educativa, e não apenas sócio benfeitor. Entretanto, até hoje presenciamos os museus atuarem como sócios benfeitores, pois os educativos de museus não conversam com as escolas e se mantêm na soberba posição de superiores, ditando o que deve ser a visita sem nenhuma atenção pelos interesses de professores e alunos. Sussekind discorre longamente sobre o que os museus devem à escola. Resumo sua explanação aos seguintes itens:

a) Comunicabilidade crescente entre o material exposto e o público através de fotografias, cinema e outras tecnologias. Este item, do ponto de vista das Artes, pode ser interpretado na atualidade como a necessidade de contextualização que só passou a ser considerada com o pós-modernismo, o qual ainda não venceu a pedante maneira de fazer exposições sem referências, de forma *clean*, ou ao modo do "cubo branco", difundido no mundo modernista pelo Museu de Arte Moderna de Nova York. Foi o próprio MOMA que liderou a crítica contra Barnes e sua coleção por várias razões políticas (explicitadas no capítulo sobre Lowenfeld), mas também pelo modo como estabelecia o discurso expositivo de sua coleção intercalando entre os quadros formas desenhadas em ferro, como se fossem vinhetas ou espaço de respiração entre uma obra e outra. Isto era um crime contra a ideologia visual *clean* do MOMA.

Nos inícios do século XXI, uma exposição de Vermeer no Museu Metropolitan de Nova York constituiu-se num exemplo lapidar de contextualização. Ao lado dos quadros havia vitrines com copos e jarras produzidos em Delft, na mesma época em que vivia Vermeer. Vários

---

7. Teixeira, Anísio. Educação para a democracia. Apud Mendonça, Edgar Sussekind de. Op. cit., p. 12.

virginais ocupavam as salas onde estava o quadro de Vermeer, representando uma mulher tocando virginal.

Quando em 1989, a convite de Rudá de Andrade, organizei com Marcos Sampaio e Malú Villas Boas a exposição do centenário de Oswald de Andrade que intitulamos "Trajetória do Olhar", fiz questão de encenar num tablado uma foto de Oswald rodeado das coisas que mais gostava na casa dele. Conseguimos localizar com os familiares todos os objetos e quadros na foto, e até a cadeira onde ele estava sentado. Mas não tivemos o mau gosto de querer representar o Oswald como boneco, a exemplo de horríveis representações de pessoas em museus, como o do Padre Cícero no Cariri. Isto é coisa de museólogo que não conhece Arte e faz questão de dizer que museologia é uma ciência. Para evitar a "ciência", prefiro me referir a Estudos de Museu. Só não encontramos uma moringa de barro, mas Malú Vilas Boas, com seus dotes notáveis de pesquisadora, conseguiu uma similar, melhor dizendo, uma igualzinha, em um dos muitos mercados onde pesquisou.

O ar de desprezo com que a elite fulminou nosso esforço só foi superado pelo irônico cumprimento ("parabéns pelo buxixo") que me dirigiu uma ex-aluna, hoje importante professora de História da Arte. Talvez agora, já no ocaso do pós-modernismo, ela entenda o que eu estava fazendo.

Voltemos ao texto de Sussekind.

b) Ampliação da coleta de exemplares, do raro e maravilhoso para o comum e familiar; esclarece citando Roquette-Pinto: "A história natural das maravilhas deve ceder lugar à história natural das banalidades".[8] Poderíamos falar hoje de ampliar a coleta do excepcional para os objetos da vida cotidiana. O acervo do Museu da Casa Brasileira em São Paulo, por exemplo, mostra apenas os móveis da classe dominante, que nem sempre sabia escolhê-los para sua casa pelo valor artístico e histórico da peça. Onde está a história dos móveis da classe média e da classe pobre? Não foram coletados por não terem sido considerados raros, maravilhosos, extraordinários.

---

8. Pinto, Roquette. Apud Mendonça, Edgar Sussekind de. Op. cit., p. 15.

c) Unificação do material pertencente a um mesmo fenômeno natural ou social. Diz ele que este é o princípio pedagógico dos projetos relativamente totais que fornecem temas para os projetos da escola renovada. Veja o leitor que naquela época já estava em prática a pedagogia de projetos, tão aclamada hoje em dia.

d) Ecologia dominando taxonomia. Em vez da preocupação classificatória, a preocupação deveria ser contextual, diz ele: "Foi longa a caminhada dessa adaptação crescente das instituições como os museus, outrora segregados por estreita definição de seus propósitos culturais, a uma sociedade renovada pela técnica. De lojas de curiosidade ou para usar uma expressão mais franca, de hospitais ou cemitérios de coisas, chegaram a ser, ou pretender ser, a síntese objetiva onde se sumariam, a princípio, as maravilhas e raridades, e depois a exemplificação representativa da natureza e sociedade circundantes".[9]

A necessidade de contextualizar através de um conjunto de informações é ressaltada, citando o discurso de José Veríssimo na inauguração do Museu Goeldi no Pará: "[...] assim [através da informação disponível] o museu deixa de ser uma ampla lição de coisas para ser uma documentada e não menos ampla lição de fatos".[10] Provavelmente, Veríssimo com esta frase também estava ironizando o método intuitivo, em moda na época, que se baseava no Brasil no livro *Lição de Coisas*, do americano Calkins, traduzido para o português por Rui Barbosa.

e) Renovação dos temas de visitas escolares aliada à renovação da exibição do acervo.

f) Psicopedagogia aplicada aos museus, com visitas pautadas nas peculiaridades de cada tipo de público e de cada situação local: "Se lhe somarmos os ensinamentos da psicologia da publicidade teremos quase todo o fundamento psicológico em que se baseiam as relações de um museu moderno para com o seu variadíssimo público".[11]

A parte do livro em que ele se refere aos museus internacionais demonstra o seu conhecimento da educação nos mais importantes museus

---

9. Mendonça, Edgar Sussekind de. Op. cit., p. 12.
10. Veríssimo, José. Apud Mendonça, Edgar Sussekind de. Op. cit., p. 33.
11. Mendonça, Edgar Sussekind de. Op. cit., p. 16.

da época, e destaca especialmente o trabalho educativo do Victoria and Albert Museum. Quando fiz uma espécie de estágio neste museu, em 1982, ainda era excepcional o programa educativo. Colocavam objetos que não tinham valor museal, como xícaras com pequenas falhas ou pedaços quase imperceptíveis quebrados, para serem pegos e sentidos diretamente através do tato — tão pouco usado nos museus, mas que é um dos órgãos de nossa mente. Vi uma aula baseada em dramatização de um chá da aristocracia do século XIX, com as crianças vestidas com roupas da época, usando também um jogo de porcelana da época e até uma toalha na mesa da mesma época.

Sussekind considera a ambiência como indispensável a todos os museus "[...] que não pretendam um merecido lugar entre as relíquias de um museu de museus [...]",[12] e recomenda o uso dos mesmos recursos tecnológicos das feiras de amostra. Com ambiência ele quer significar cenografia ou expodesign, para melhor comunicação e contextualização.

Recomenda que os encarregados da educação em museus sejam professores primários, e os denomina "orientadores". Não sei quando nem como surgiu a designação desempoderante de "monitores" para esta função. Afirma que os professores de museu devem ter formação específica dada pelo próprio museu, e se refere ao curso com esta finalidade, ministrado no Museu Nacional.

Uma questão que me é muito cara, a cultura popular integrada no ensino, é também tema eleito por Edgar Sussekind de Mendonça. Atribui muito justamente à Reforma Fernando Azevedo e aos esforços de Anísio Teixeira a divulgação do conhecimento das artes populares nas escolas. Critica os limites aristocratizados da Escola de Belas Artes pelo seu interesse exclusivo pelas Artes Maiores, excluindo de suas coleções a produção do povo. Tudo continua no mesmo. Meu projeto Interculturalista no MAC, que convivia com uma variedade enorme de exposições de código alto de brasileiros e estrangeiros, foi completamente rechaçado pelos guardiões canônicos.

---

12. Ibidem, p. 25.

Só o Sesc em São Paulo pode se dar ao luxo de ter um projeto multiculturalista. Já eram multiculturalistas por terem de atender a seus associados, que vão do dono da loja ao empregado que a varre. Quando as teorias multiculturalistas chegaram ao Brasil, muito depois que já dominavam o mundo desenvolvido, aliás, depois de minha saída do MAC, os agentes culturais do Sesc souberam muito bem se apropriar das teorias e ampliá-las competentemente na prática.

Só ousaram até agora fazer exposições da Cultura Visual do povo em museus da elite o Emanuel Araújo e o MAC do meu tempo, que fizeram várias; o Centro Cultural Santander de Porto Alegre com a magnífica mostra "Somos", de Janete Borsoi; e o Centro Cultural Banco do Brasil SP, que fez uma ou duas exposições. Continua o muro intransponível entre o erudito e o popular.

Um grupo de cidadãos de São Paulo processou a Prefeitura por ter abandonado a coleção de arte popular doada por Rossini Perez ao Museu do Presépio, que funcionava no prédio apelidado de Oca no Parque Ibirapuera. A prefeitura fechou o Museu do Presépio, quando tudo que ele precisava era renovação. Entregou o prédio a Edmar Cid Ferreira para as suas caras exposições de Arte, um banqueiro que a justiça posteriormente decidiu obrigar a pagar as suas dívidas. Ele era comemorado e homenageado por todos os galeristas, a maioria de artistas, curadores e todos os conselheiros da Bienal. Quis se meter na Arte/Educação, conseguindo até dinheiro público para uma Bienal de Arte Infantil que felizmente não se realizou, pois desde o início decidiram fazê-la sem os arte/educadores. Devia haver alguma infeliz e antieducacional jogada de marketing por trás...

A Prefeitura de São Paulo, já que foi obrigada a salvar a coleção de Rossini Perez pela intervenção de um processo jurídico, resolveu expandir o conceito do antigo Museu do Presépio e criar o Pavilhão das Culturas Brasileiras, em um prédio desocupado do Ibirapuera onde exposições muito boas de arte e culturas populares, designers, artesãos etc. têm sido apresentadas. Contudo, seguimos o modelo europeu e norte-americano branco: dar visibilidade a diferentes códigos culturais em espaços separados. Museus de Arte de código europeu e norte-americano branco para os ricos, museus de tudo para todos.

O artista erudito pode se apropriar do popular, mas a produção do povo não tem entrada nos mesmos espaços dos ricos e famosos. Parece a piada contra o racismo que contam no Nordeste:

> Uma socióloga norte-americana vai entrevistar um rico senhor de terras para uma pesquisa, e pergunta:
> — O senhor tem preconceitos de raça?
> — Não, nenhum — ele responde.
> — Se sua filha casasse com um homem negro e pobre o senhor aceitaria?
> — pergunta novamente a pesquisadora.
> Aí ele diz:
> — Claro que aceitaria, contanto que ele reconhecesse seu lugar.

No Brasil se pratica o *apartheid* artístico como até hoje se pratica o preconceito de raça e gênero.

Para os especialistas em estudos culturais é bom saber que Sussekind de Mendonça traduziu para o português uma parte do *O mundo da criança*, coleção de mais de quatro mil páginas que, a partir de sua publicação, tornou-se presente nas casas familiares de classe média e classe alta no Brasil por muitos anos. Esta coleção foi um dos primeiros produtos editados para crianças no Brasil que se aproxima do que viria se chamar de Estudos Culturais.

Edgar Sussekind de Mendonça casou-se em 1928 com Armanda Álvaro Alberto, educadora revolucionária, uma das três mulheres signatárias do Manifesto dos Pioneiros da Escola Nova de 1932, redigido por Fernando de Azevedo e assinado por 26 educadores.

Ela criou em 1921 uma escola comunitária em São João do Meriti, na baixada fluminense, já naquele tempo (anos 1920) uma região muito pobre do Rio de Janeiro. Chamou-se primeiro Escola ao Ar Livre, talvez numa alusão às Escuelas de Pintura al Aire Libre do México que, como podem ler em outro artigo deste livro, funcionou com muito sucesso e fama internacional no México de 1916 a 1932. Armanda Álvaro Alberto era muito atualizada, conhecendo as melhores experiências internacionais. Outros pensam que era assim chamada por priorizar o contato com a natureza e as atividades ao ar livre. Talvez, os que assim pensam não conheçam a experiência das Escuelas de Pintura al Aire Libre.

Pouco depois tomou o nome de Escola Proletária de Meriti e, finalmente, Escola Regional de Meriti.

Atribui-se a Lúcio Costa a construção do prédio da Escola em 1928, de "[...] estilo pronunciadamente doméstico e que tudo faz para ser chamada escola-casa de família, frequentada diariamente pelas mães dos alunos, que por sua vez, são procuradas pela professora-visitadora".[13]

A escola, que dava duas refeições diárias, foi apelidada pela comunidade de "escola mate com angu", pois estes eram os componentes da primeira refeição, logo que os alunos chegavam.

Encontrei referências de que em 1933 a Escola Regional de Meriti era considerada Escola Regional modelo e uma visita a ela integrava os cursos para professores regionais da Sociedade Amigos de Alberto Torres.

Tanto Edgar como Armanda eram de família de intelectuais. Edgar era filho de Lúcio Mendonça, do Supremo Tribunal Federal, escritor e um dos criadores da Academia Brasileira de Letras. Sua mãe Anita Sussekind de Mendonça era pintora. Armanda era filha de Álvaro Alberto. Seu irmão também Álvaro Alberto da Motta e Silva, participou da criação do CNPq e foi seu primeiro presidente.

Armanda e Edgar foram presos como comunistas pelo Estado Novo de Getúlio Vargas, em 1935. Ela foi companheira de Maria Werneck e Olga Benário na prisão, e testemunhou a perversidade contra esta militante, enviada grávida para os campos de concentração nazistas, onde morreu.

Tive o privilégio de conviver com Maria Werneck na mesma sala por um ano na Universidade de Brasília. Contou muitas histórias e sua convivência valeu por um curso intensivo de política brasileira e de conscientização feminista.

---

13. Mendonça, Edgar Sussekind de. Apud Mignot, Ana Christina Venâncio. Decifrando o recado do nome de uma escola em busca de sua identidade pedagógica. *Revista Brasileira de Estudos Pedagógicos*, Brasília, v. 74, n. 178, p. 622, set./dez. 1993.

No fim dos anos 1945, Edgar Sussekind de Mendonça voltou a ensinar no Curso Normal do Instituto de Educação, referência nacional para a formação de professores.

Em 1956, escolhi como prêmio por ter passado no segundo lugar no Concurso para professora do Estado de Pernambuco estagiar um semestre no Instituto de Educação do Rio de Janeiro nas classes de alfabetização, já uma influência de Paulo Freire.

Fiquei tão entusiasmada que consegui por três anos seguidos ficar ensinando nas classes de alfabetização, na época em que a professora seguia com o mesmo grupo de alunos da primeira à quarta série. Arte era disciplina diária nas classes de alfabetização do Instituto de Educação do Rio e também nas minhas classes.

A contribuição de Edgar Sussekind de Mendonça para o ensino do Desenho Gráfico foi muito importante para a modernização dessa área. Seus livros didáticos, especialmente o primeiro tomo, insiste no desenho gráfico e no grafismo da criança. Apresenta um ensaio sobre a livre expressão do desenho da criança comentando os estágios evolutivos, e propõe muitas atividades ligadas ao desenho de ilustrações e tipografia. Procura demonstrar como a diferença de impressão influi na interpretação de uma figura. Seu livro *Curso de Desenho para o Ensino Secundário* foi publicado na coleção Biblioteca Pedagógica Brasileira dirigida por Fernando de Azevedo que teve um catálogo riquíssimo contemplando todas as áreas de ensino com muitos autores jovens na época que se tornaram importantes depois.

Um exemplo é Pedro Calmon, que escreveu uma *História da civilização brasileira para a escola primária*. Os exemplares dos livros eram numerados. O *Curso de Desenho para a Escola Secundária*, tomo I, que Malu me deu tem o número 0437. Sussekind não somente influenciou o desenvolvimento do Design Gráfico no Brasil pelos livros didáticos que publicou e foram largamente usados nos cursos secundários, mas principalmente pelas mudanças metodológicas que operou quando ocupou cargos de direção em escolas profissionais. É de se destacar principalmente sua atuação na Escola Profissional Álvaro Baptista em um momento áureo para a educação no Brasil, o período da reforma Fernando Azevedo.

O artigo a seguir publicado no *Correio da Manhã*, no Rio de Janeiro, no dia 17 de março de 1929, escrito pelo cronista habitual Paulo Gustavo, revela as mudanças propiciadas pela atuação de Edgar Sussekind de Mendonça no ensino profissional de Desenho, como era designado o que a partir da década de 1960 passamos a chamar Design.

*Correio da Manhã* — 17 de março de 1929

**AS COISAS NO ENSINO PROFISSIONAL**

*Como uma "esplendida inutilidade" se vai transformando em um estabelecimento técnico.*

Diz o povo, no seu nunca desmentido bom senso, que "as coisas, melhorando, acabam por ficar boas". E, realmente, as coisas melhorando, talvez não cheguem a ótimas ou a "muito ótimas", super-superlativo agora em moda, mas é quase certo que, no mínimo, chegarão a boas. Pelo menos, há esperanças disso.

Estas reflexões nos vieram quando, há pouco tempo, visitamos, em companhia do professor dr. Miguel Calmon, a Escola Profissional Álvaro Baptista. O leitor naturalmente conhece esse estabelecimento. É uma escola de artes gráficas, ali na Avenida Mem de Sá, próximo a rua do Rezende. O que o leitor talvez não saiba é a fama que essa escola possui. Quando se dizia que um funcionário era malandro, perguntavam logo se era de Álvaro Baptista; quando se contava que tinha havido um "rolo" entre funcionários, juravam todos que o stadium da luta de box fora o Álvaro Baptista; se alguém provava que não podia trabalhar, por doente, lembravam-lhe, imediatamente, um lugarzinho na Álvaro Baptista; quando os diretores da instrução queriam mostrar que o ensino profissional precisava ser reformado, apelavam para a escrituração da Álvaro Baptista, evidenciando que um aluno desse estabelecimento ficava mais caro à Prefeitura do que o sr. Epitácio à República. Ainda na oração proferida pelo dr. Fernando de Azevedo no Rotary Club, a 11 de dezembro de 1927, encontramos este trecho:

"A Escola Álvaro Baptista, outra *esplendida inutilidade*, pelos veios de sua organização, é outro exemplo não menos significativo da desordem do nosso aparelhamento escolar..."

A essa escola dirigiu-se, em 1926, a Associação dos Funcionários do Ensino Profissional para publicar uma revista de ensino técnico. Atenderia, assim, a uma real necessidade da educação nacional, a qual contaria com um orgão para a propaganda do ensino profissional e proporcionaria trabalho aos alunos, bem como renda à escola.

Sabem os leitores o que sucedeu?

A revista não chegou ao 4º número e, assim mesmo, os 3 que vieram a público, ninguém sabe o que custaram. Não havia um aluno que soubesse trabalhar na linotipo velhíssima que lá havia. O 1º número levou 3 meses para sair. Não fossem os esforços dos diretores da Associação, secundados pelos srs. Cunha Mello e Aldo Magrassi, sendo que este levou até um irmão para auxiliá-lo, e nunca viria para a rua. Os diretores da revista foram para lá, por vezes e, sem paletó, perderam horas e horas *a* procurar um *a* ou um *y* no meio de milhares de tipos empastelados. Uma calamidade!

E a causa dessa calamidade?

Falta de bons mestres? Falta de material? Os mestres eram hábeis. O material não era o desejável, mas já bastaria para se fazer alguma coisa. Qualquer oficina particular faria com ele uma África.

A Escola Álvaro Baptista sofria, antes de tudo, desse mal comum a todas as outras — ser órgão de um aparelho descontinuado, desarticulado, que era a instrução pública do Rio. Particularmente, matava-a a falta de uma direção que, entendendo-se bem com o corpo docente, sobretudo com os mestres, e conseguindo entusiasmá-lo, chegasse a organizá-la.

Veio, enfim, a reforma e articulou todas as escolas, tornando o nosso ensino público um organismo para viver em perfeita harmonia com o meio social. Infelizmente, por razões que não vêm ao caso, foi parar a Alvaro Baptista nas mãos de um homem cheio de qualidades, mas que jamais entrara em uma escola profissional, e que, na qualidade de político, que era, não fez mais que alistar os mestres e professores como eleitores. Ao se anunciar, porém, a primeira eleição para o Conselho Municipal, vagou-se o lugar do diretor da escola em questão, para o qual foi nomeado o dr. Edgar Sussekind de Mendonça.

A nomeação desse professor, que então dirigia a Escola Souza Aguiar, está perfeitamente enquadrada dentro das exigências regulamentares, porque além de professor que se vinha dedicando ao ensino profissional, é o dr. Sussekind um "técnico especialista", pois já dirigiu uma oficina gráfica, de que foi sócio. É verdade que a oficina não deu "grandes lucros", mas quem não sabe que o comércio e indústria também dependem um pouco de sorte?

Cremos que a nomeação do dr. Sussekind data apenas de novembro. Foi, pois, uma agradável surpresa para nós encontrarmos a Escola Álvaro Baptista, tão pouco tempo depois, tão diferente. Desde a entrada, em que deparamos com tudo aberto — antigamente... que medo, que escuridão, quanta teia de aranha — percebemos que as coisas ali tinham melhorado sensivelmente.

Apesar de estarem em férias, mestres e alunos trabalhavam, ativamente, no meio da maior alegria, ganhando honestamente a sua diária. Já não há teias de aranha, nem máquinas enferrujadas, nem tipos empastelados. Estes foram vendidos aos quilos e adquiridas novas partidas. As maquinas não tem tempo para enferrujar. Tomem óleo e tomem trabalho! E que alegria quando um livro fica pronto, quando um milheiro de cadernos é terminado! Não julgue o leitor que está tudo bom, absolutamente. Tudo está muito longe ainda da perfeição. Mas, por que não confessar que melhorou notavelmente?

E, no entanto, o prédio ainda é o mesmo, pequeno e impróprio, completamente inadaptável para qualquer escola, os mestres são os mesmos, o material, com o acréscimo de uma linotipo e de uma maquina de impressão AA, também é o mesmo, o mesmíssimo... Que misteriosa força pois foi essa que transformou, tão rapidamente, uma escola medíocre em um promissor estabelecimento?

Que soube seu atual diretor fazer para alcançar tão animadores resultados? Em 1º lugar, soube inspirar confiança aos seus superiores, dos quais conseguiu meios com que aparelhar melhor a escola. Em segundo, soube inspirar confiança também aos seus subordinados e, principalmente, entusiasmá-los.

Mas, sem dúvida a maior vitória do diretor da Álvaro Baptista foi a conquista de um precioso elemento, o mestre Fabrício César de Souza, que conhecemos, há anos, completamente desanimado e que hoje se dedica inteiramente ao ensino profissional, empenhando-se nessa benéfica batalha pela reabilitação da escola a que pertence. Mestre habilíssimo, conhecedor perfeito de sua profissão, tinha, entretanto, perdido todo o entusiasmo pelo ensino técnico. Bastou, porém, que surgisse à frente da escola um professor ativo e dedicado, sobretudo decidido e cheio de força de vontade, "double" em hábil administrador, sempre de bom humor, como é o dr. Sussekind de Mendonça, para que ele juntamente com Aldo Magrassi, César de Freitas e os outros mestres readquirisse a fé antiga e, com maior ardor, se entregasse ao trabalho, dando vida às oficinas da Álvaro Baptista.

Se todos os diretores de escolas profissionais se convencerem de que é essa a primeira condição de sucesso para as suas administrações, se se convencerem de que é mais importante entusiasmar o corpo docente no progresso, na obra educativa da escola, do que tomar conta do livro de ponto, o nosso ensino profissional estará no bom caminho.

Ao sairmos, nós e o dr. Miguel Calmon fomos presenteados com exemplares de obras impressas na escola durante as férias. Uma delas — veja o leitor como o destino é caprichoso! — intitulava-se "Sinhá Moça". Realmente era o entusiasmo dos moços a seiva nova e exuberante da mocidade que fazia reviver uma escola, que tivera os seus dias de progresso, mas que decaíra a ponto de ser taxada pelo próprio diretor de Instrução de "esplendida inutilidade".

É inútil dizer que ao dr. Sussekind de Mendonça (que se achava na escola no momento) e aos mestres que nos acompanharam expressamos a nossa ótima impressão (sem trocadilho).

São os primeiros frutos de uma reforma, que tem defeitos, mas que tem muitas incontestáveis qualidades, e de uma administração entusiasta, hábil e sensata.[14]

Paulo Gustavo mostra que, já naquele tempo, existiam as mesmas mazelas de hoje na nomeação e condução da educação pública, da qual a pior é serem os cargos de ministro e secretário de educação dados a quem quer se eleger ou ajudar na eleição de algum candidato. Os professores são os profissionais mais numerosos do país. Numa cidade pode não ter médico ou juiz, mas não falta professor. Por isso, são cobiçados como eleitores e até como massa de manobra. Se tivéssemos consciência de nossa preponderância numérica e nos uníssemos, talvez tivéssemos poder para realmente mudar a educação popular, e não ficaríamos à mercê de pacotes amarrados por interesses políticos ou econômicos mesquinhos que desabam sobre nossas cabeças.

As artes gráficas ou desenho gráfico entre 1927 e 1950 se desenvolveram muito no Brasil. Para isso, havia os Liceus de Arte e Ofícios, as

---

14. Gustavo, Paulo. As coisas no ensino profissional: como uma "esplendida inutilidade" se vai transformando em um estabelecimento técnico. *Correio da Manhã*, Rio de Janeiro, 17 mar. 1929.

Escolas Profissionais Femininas e Masculinas e as Escolas de Artífices, onde o desenho era matéria central. Embora as mulheres não pudessem por algum tempo estudar e trabalhar nas oficinas de tipografia, elas eram treinadas em desenho tipográfico e ilustrações nas escolas antes mencionadas. A desculpa de não se dar educação nem emprego às mulheres em tipografia era de que o peso dos tipos e máquinas seria prejudicial a elas. Minha interpretação é de que era espaço proibido para mulheres porque eram empregos razoavelmente bem-remunerados.

Rafael Cardoso nos lembra que, na época de que estamos tratando (1920 a 1950), "[...] as capas de peças editoriais demonstravam pioneirismo e originalidade e que em poucos lugares do mundo desenvolveu-se tão cedo e com tanta riqueza as soluções na Arte de integrar textos e imagens nas capas das publicações".[15]

Andrea Pereira Gomes de Souza, em sua dissertação de mestrado *Catálogos de exposições artísticas paulistanas: o design gráfico entre 1912 e 1950*,[16] encontrou 182 catálogos de arte neste período, a metade nos arquivos do IEB/USP, que demonstram estas qualidades de que fala Cardoso. A pesquisadora ficou surpresa com o numero de catálogos encontrados e chegou a afirmar que quando propôs o tema para pesquisa de mestrado, imaginava que iria encontrar uma quantidade restrita.[17] Naquele tempo, em São Paulo, havia apenas uma instituição específica de Arte, a Pinacoteca do Estado, e outra que tinha acervo de arte, mas era um museu histórico, o Museu Paulista, conhecido como Museu do Ipiranga, Museu do Grito ou Museu da Independência. Mas, muitas exposições eram feitas em lugares temporários. O edifício Glória foi um deles.

Termino este capítulo lembrando ao leitor que a capacidade conceitual e administrativa de Edgar Sussekind de Mendonça transformou uma escola decadente numa escola renovada e atuante.

---

15. Cardoso, Rafael. O design brasileiro antes do design. São Paulo: Cosac Naïfy, 2005. Apud Souza, Andrea Pereira Gomes de. *Catálogos de exposições artísticas paulistanas*: o design gráfico entre 1912 e 1950. Dissertação (Mestrado em Design, Arte e Tecnologia) — Universidade Anhembi Morumbi. São Paulo, 2013. p. 98.

16. Souza, Andrea Pereira Gomes de. Op. cit.

17. Idem, p. 136.

## Referências

A LANTERNA. São Paulo, 22 fev. 1934. Disponível em: <www.sbhe.org.br/.../Jose%20Damiro%20de%20Moraes%20-%20Texto.pdf>. Acesso em: 28 set. 2009.

EVANGELISTA, Olinda. Ação Católica e formação docente na década de 30. *Educação e Filosofia*, v. 16, n. 31, jan./jun. 2002.

GUSTAVO, Paulo. As coisas no ensino profissional: como uma "esplendida inutilidade" se vai transformando em um estabelecimento técnico. *Correio da Manhã*, Rio de Janeiro, 17 mar. 1929.

MELLO, Daniel. Ensino religioso em escolas públicas pode gerar discriminação, avalia professor. Agência Brasil. *UOL*, 23 ago. 2009.

MENDONÇA, Edgar Sussekind de. Curso de Desenho para o Ensino Secundário. São Paulo: Editora Nacional, Biblioteca Pedagógica Brasileira, 1936. t. 1 e 2.

_____. *A extensão cultural nos museus*. Rio de Janeiro: Imprensa Nacional, 1946.

MIGNOT, Ana Christina Venâncio. Decifrando o recado do nome de uma escola em busca de sua identidade pedagógica. *Revista Brasileira de Estudos Pedagógicos*, v. 74, n. 178, set./dez. Brasília: 1993.

MORAES, José Damiro. *Armanda Álvaro Alberto*: pensamento e ação nos anos 1930. Disponível em: <http://www.sbhe.org.br/novo/congressos/cbhe4/individuais-coautorais/eixo06/Jose%20Damiro%20de%20Moraes%20-%20Texto.pdf>. Acesso em: 2 jan. 2013.

SOUZA, Andrea Pereira Gomes de. *Catálogos de exposições artísticas paulistanas*: o design gráfico entre 1912 e 1950. Dissertação (Mestrado em Design, Arte e Tecnologia) — Universidade Anhembi Morumbi, São Paulo, 2013.

UOL. Da Redação. Confederação questiona lei que institui ensino religioso público no Rio. 23 set. 2009.

# 10

# As exposições infantis:
## Modernismo e Culturalismo

"Gallery education takes up the task of expanding the exhibiting institutution and to politically constitute it as an agent of societal change. Exhibition spaces and museums are understood as modifiable organizations".

**Carmem Mörsch**

**Em setembro de 2011,** deparei-me com a notícia de que um pequeno Museu em Oakland, Califórnia, o Museum of Children's Art (Mocha), havia cancelado uma exposição de desenhos de crianças palestinas porque alguns desenhos mostravam tanques atirando em civis e soldados israelenses em atitudes agressivas.

A radicalização política está tão exacerbada que de repente desenhos de crianças podem ser considerados tão perigosos que são censurados. Já tinha me acostumado à voz do povo sugerir que desenho é para retardados, significação implícita quando alguém pergunta: "Entendeu ou quer que desenhe?". Com o meu otimismo, passei a julgar esta pergunta positiva por implicitamente afirmar que o desenho é uma comunicação mais universal que a palavra e que pode ser mais bem entendido pelos que têm alguma deficiência de inteligência.

Nos inícios do modernismo, o desenho infantil tinha um valor intrínseco celebrado: o valor da expressão livre de amarras sociais e de dogmas estéticos.

Exposições e coleções de Arte Infantil foram argumentos que ajudaram a fazer o público entender e aceitar a arte "espontaneamente" construída dos artistas expressionistas.

Portanto, exposições e coleções de Arte Infantil foram álibis para a aceitação do Expressionismo na Arte e da Pedagogia Centrada na Criança do Modernismo.

Em 1928, em plena reforma da educação comandada por Fernando de Azevedo, uma exposição de arte de criança entusiasmou o Rio de Janeiro: a de crianças japonesas.

Gerou vários artigos e muitas notícias de jornal. O mais interessante foi o de Porciúncula Moraes,[1] um artista paisagista esquecido, mas de boa qualidade, dominando pinceladas que anunciavam o expressionismo. Transcrevo em seguida parte do artigo:

---

1. Só encontrei obras expostas de Porciúncula Moraes no Palácio do Governo de São Luís, no Maranhão. O prédio estava em reforma, mas a museóloga foi me encontrar especialmente para mostrar os dois quadros do acervo. Porciúncula de Moraes se definia como impressionista. É dele próprio o texto que se segue, retirado de um catálogo de uma de suas exposições individuais em 1980, intitulada "Palheta Sonora".

"Como era natural, o impressionismo teve sua evolução dominante em Paris, dando em seguida outras modalidades subsidiárias como o neoimpressionismo, divisionismo etc.

Creio que um dos principais introdutores do impressionismo no Brasil foi o pintor Eliseu Visconti, e em seguida, os pensionistas estudantes de pintura da escola nacional de Belas artes, que voltavam de Paris com um impressionismo tipicamente parisiense. É justo citar o comerciante de arte, Jorge Freitas, da Galeria Jorge, á rua do Rosário, onde expunha constantemente belos quadros de bons impressionistas franceses. Houve também por aquela época uma grande exposição de arte mandada pelo governo francês, com todas as tendências, desde os clássicos até os impressionistas: só não veio a Gioconda.

Inconformados com a orientação acadêmica do salão nacional de Belas Artes, eu, Mário Túlio, Querino da Silva e outros colegas, todos expositores do salão de Belas Artes, inauguramos no Liceu de Artes e Ofícios, nos anos de 1923, 1924 e 1925, o salão da primavera, com tendência impressionista e catálogos prefaciados, respectivamente, por Gomes Leite, Murillo Araujo e Hermes Fontes. Foram salões muito concorridos e apreciados.

*O Jornal* — 24 de junho de 1928.

## A MENSAGEM POLICROMA DAS CRIANÇAS DA TERRA DO SOL NASCENTE

*O "canon" universal das crianças e a sua tendência futurista*

O desenho deve ser encarado como ponto de partida para todos os conhecimentos. É um sentimento inato nas crianças. Muitas vezes ainda não falam. Já tentam manchar sobre a mesa, com os próprios alimentos, formas curiosas do seu mundo. Ninguém contestará que as crianças antes da escrita deveriam aprender o desenho. Antes de estudar o idioma de um povo, estudar o idioma de todo o mundo.

A criança logo que a luz a deslumbra começa a desenhar! Vai desenhando tudo na proporção do seu entendimento; homens, animais, casa, árvores, navios e o que mais conheça. Investida de um forte espírito de síntese e de coragem, desconhece as dificuldades objetivas. Uma das primeiras figuras desenhadas é a clássica estilização da figura humana

---

Cultura dá cultura, vendo, porém tudo isso, assimilando o que havia de melhor e com grande anseio de renovação dirigido á nossa luz, comecei a pintar nosso impressionismo. É evidente que outros pintores nossos acolheram o impressionismo a seu modo.

Entrei em 1920, no Salão Nacional de Belas Artes, com grande paisagem "Ultimo beijo" sendo muito apreciada. Continuei expondo e progredindo na mesma tendência, buscando sempre a nossa luz. Em 1925, apresentei no salão 'Gramado em Festa' ar livre surpreendente! Luminoso, sem notas, tons escuros para contraste. Até o grande mestre Rodolpho amoedo, autor de obras notáveis como o "Ultimo Tamoio" falou: "Não pinto assim, como essa transparência e leveza de tons, mas o reconheço como um belo trabalho e voto premiação que o distinga". Mais tarde, apresentei "Colheita do Algodão" grande ar livre, com varias figuras num campo de algodão. Fez grande sucesso pela variedade de tons que apresentava na luz e na sombra, e foi o quadro mais apreciado de todo salão: a consagração do meu impressionismo. Vieram depois de muitas outras obras que figuraram em salões estaduais, nacionais, internacionais e individuais, vazadas em todos os gêneros e assuntos. Lembro-me do juízo de dois saudosos cronistas de *O Globo*, Horácio Cartier, vendo muitos dos meus quadros de flores escreveu: "Porciúncula pinta as flores mais belas do que realmente são." E Orestes Barbosa, com o seu humorismo pitoresco, disse-me: "Não deixa que te chamem Moraes. Você é Porciúncula!"

Só fui á Europa em 1972, com minha obra artística já realizada e dei graças a Deus por isso, senti, se é possível, três alegrias simultâneas: ter aquelas obras famosas diante dos olhos; ter minha obra já realizada sem desejo algum de modifica-la; ter a convicção de que no Brasil já se pode estudar tudo no setor de belas artes. Como Sorolha fizera em Espanha um impressionismo espanhol, eu fiz no Brasil um impressionismo brasileiro: guardadas apenas, as diferenças de meios e promoções" (Moraes, 1980, p. 14-15).

em partes. Existe na arte das crianças uma certa lei natural, um "canon" podemos dizer, quanto a representação das formas mais comuns. Em milhares delas, as interpretações coincidem num mesmo sistema de estilização. A figura humana por exemplo, evolvendo da síntese dos palitos é assim representada: a cabeça por um círculo, o tronco por uma elipse, dois palitos para as pernas, com extremidades quadradas representando pés, ordinariamente em sentidos opostos, e dois para os braços com ramificações nos extremos para os dedos, isso em número indeterminado à vontade do artista... Alguns observando mais a anatomia partem as pernas e os braços atendendo as principais articulações. Outros, cogitando de detalhes, juntam dois pequenos círculos ou simplesmente pontos para os olhos, um traço vertical para o nariz e um horizontal para a boca. Ainda outros cogitam das orelhas, dos cabelos e dos dentes, dependendo essas diferenciações da idade, do adiantamento e principalmente — da tendência artística seguida. Quando executam composição onde haja superposição de planos, não admitem corpos opacos. Absolutamente. Numa figura de chapéu, a cabeça deve ser vista em transparência: é lei inflexível. Essa força de intuição bem dirigida e aprimorada revela o que vemos na exposição de desenho e pintura das crianças japonesas atualmente franqueada ao público, na Escola Deodoro, junto ao Largo da Glória. É uma mostra de arte singularíssima, que deve ser visitada não só por todos os colegiais, como, também pelos educadores, artistas e demais pessoas de sensibilidade que desejem gozar de uma emoção estética ingênua, singela e sã. Há um sabor para cada cultura, um entusiasmo para cada entendimento.

Vem correndo paralelamente àqueles arabescos ingênuos e infantis a força ancestral da cultura artística japonesa.

A sua influência se acentua em variadas escolas, Monet, o grande Monet, não foi indiferente aos mestres nipônicos, Hiroshige e Hokusai, quando pesquisava para o impressionismo a síntese e unidade ambiente.

A jovem exposição se pronuncia numa tendência geral para o decorativo. Uns preocupando força de síntese vão-se avizinhando da planimetria do cartaz, outros deslocando fortemente as massas ingressas pela seara de Cezanne: ainda outros pela riqueza de matrizes fragmentam as notas cromáticas, invadindo assim o divisionismo de Segantini.[2] Há os expressionistas, que tratam com rigor exagerado a nota que deve caracterizar o

---

2. Giovanni Segantini, 1858-1899.

**Figura 1**
Trabalho de criança japonesa apresentado como ilustração no artigo de Raymundo Porciúncula de Moraes.
Fonte: *O Jornal*, 24 jun. 1928.

motivo: na passagem de um trem o que toma mais importância é a cauda de fumo significando a velocidade, o dinamismo.˙

As leis cromáticas quanto as complementares são observadas em grande número de trabalhos com felicidade.

Além do mais, a exposição tem um aspecto muito variado, figuram trabalhos a óleo, aquarela, guache, nanquim, lápis em vários tons, xilogravuras e pintura de mosaicos. Sendo a graciosa mostra constituída de trabalhos colecionados em várias escolas do Japão, com exceção de poucas cópias de desenhos clássicos, todos denotam ser tomados do natural em notas alegres, vividas e sentidas.

Os trabalhos mais realizados, em perspectiva aérea e linear, abordando maiores dificuldades técnicas, não são nem por isso os mais interessantes: neles transparecem mais acentuados os conselhos dos mestres. O curioso, o original, é a criança já com algum conhecimento, debatendo-se com a Natureza na luta da interpretação.

Nas realizações preconcebidas, nas intenções sistematizadas, o novo, a arte, tem mais de três mil anos.

Aceitando que cada artista vê o mundo a seu modo, procurando portanto, formas estranhas, formas originais para expressar novas sensações, é levado assim a nos dar o novo verdadeiro, o novo legítimo, o novo atualíssimo que é o pessoal. Donde se conclui que a arte das crianças é nova, novíssima.[3]

Acompanhou a exposição uma carta das crianças japonesas divulgada em todos os jornais, como mensagem de paz e amizade, uma faceta de otimismo muito comum entre as duas Grandes Guerras, período de efervescência cultural no ocidente.

*Jornal do Comércio* — 13 de junho de 1928
Temos a honra de vos informar de que estes desenhos foram colecionados em todo o Japão, pelas agências da Companhia Manufaturada de "Calpis", com o auxílio da Associação Educadora de Arte Nova e que depois de emoldurados foram exibidos na grande Exposição Memorial no último verão.
Desejaríamos imensamente ter o feliz ensejo de ver os vossos desenhos e, por conseguinte, se quiserdes ter a bondade de nos remeter alguns exemplares, ficaremos satisfeitíssimos. No caso de concordardes conosco, fareis o obséquio de endereça-los à Embaixada Imperial do Japão, no Rio de Janeiro.
Aceitá-los-emos com desvanecimento, enviando-os depois à Exposição Memorial, de onde faremos exibi-los nas principais escolas do país por meio da referida Companhia.
Aguardaremos com ansiedade notícias de haverem sido recebidos favoravelmente os nossos respeitosos cumprimentos e confiamos que dest'arte estabeleceremos relações de amizade.
Concluído, esperamos que a nova geração, em toda a parte onde reinar paz e bem-estar, fará o que estiver ao seu alcance para promover a amizade internacional.
Acrescentaremos que por esta mensagem estamos empregando o nosso tempo em prol do bem da Humanidade e do fortalecimento da Paz Internacional.

---

3. Moraes, Raymundo Porciúncula de. A mensagem policroma das crianças da terra do Sol Nascente: O "canon" universal das crianças e a sua tendência futurista. *O Jornal*, Rio de Janeiro, 24 jun. 1928.

**Figura 2**
Um dos trabalhos das crianças japonesas mais reproduzidos nos jornais da época da exposição de 1928.
Fonte: *Revista da Semana Rio de Janeiro*, jun. 1928.

Praza a Deus fazer desta mensagem uma benção!
Afetuosamente vos agradecem os vossos irmãozinhos do País das Cerejeiras Floridas.
Tókio, Abril de 1928.[4]

Ironias da História: mais ou menos dez anos depois o Japão entraria na Segunda Guerra Mundial. Na verdade, o intercâmbio dos desenhos era marketing de uma empresa, secundada por associações educacionais, uma prática usada pelo capitalismo também hoje que explora universidades públicas, sindicatos e associações de classe. A exposição produziu

---

4. *Jornal do Comércio*. Rio de Janeiro, 13 jun. 1928.

vários artigos comovidos e imagens no *Jornal do Comercio*, no *O País* e outros jornais.

Muito se tem dito que a exposição que Herbert Read trouxe ao Brasil, e esteve no Rio de Janeiro, São Paulo e Belo Horizonte de 11 de outubro de 1941 a janeiro de 1942, foi inspiração para artistas como Augusto Rodrigues, Margaret Spencer, Alcides da Rocha Miranda, Clóvis Graciano e outros se entusiasmarem para criar a Escolinha de Arte do Brasil em 1948. Fala-se muito, mas conhece-se pouco desta exposição. Infelizmente o catálogo traz poucas imagens. Consegui nos arquivos de Marion Richardson algumas imagens impressas em jornal de péssima definição e visibilidade, mas encontrei um cuidadoso relatório ao British Council escrito por Mr. Church responsável pela exposição no Brasil.

O relatório inicia explicitando o conselho organizador desta exposição composto por:

- Sir Lionel Faudel — Phillips — Presidente (Ele morreu antes da exposição chegar ao Brasil);
- Mrs. Durell (Nommie Durell da Nova Sociedade de Professores de Arte);
- Miss Audrey Martin (ex-presidente da Sociedade de Professores de Arte);
- Mr. Herbert Read (crítico de arte);
- Mr. Barclay Russell (Nova Sociedade de Professores de Arte).

Presente na primeira reunião estava o Major A. A. Longden, diretor da divisão de Artes Visuais do British Council. Essa reunião foi realizada no dia 7 de novembro de 1940. Foi decidido que uma exibição de artes de adolescentes circularia pelos Estados Unidos, Canadá e possivelmente por "outros domínios" [*sic*]. Decidiram que o núcleo inicial da exposição seria os desenhos que foram coletados para uma exposição na Saint Martin School. Foi decidido que deveria se evitar expor nos meses quentes de verão, que a mostra deveria constar de aproximadamente 160 obras e que deveria se dar preferência a aquarelas. A exposição apresentou no Brasil 200 obras. Discutiu-se se a exposição deveria ter um tema ou se deveria ser organizada de acordo com uma história ou uma ideia, e não se chegou a nenhuma conclusão. Decidiu-se que as obras deveriam ser penduradas de acordo com a idade dos estudantes, mas que seria bom tentar mostrar o desenvolvimento de uma criança através do tempo. O catálogo deveria ser subdividido de acordo com a idade, e todos concordaram em convidar Herbert Read para escrever o texto. Continuando, o próprio Herbert Read sugeriu que se deveriam pedir indicações de escolas com boa produção à Society of Art Teachers e a Art Teachers Guild, cujos trabalhos, todos concordaram, "cobrem tudo o que é interessante". Foi acordado também que Major Longden e Mr. Herbert Read deveriam fazer visitas a algumas escolas para selecionar os trabalhos a serem enviados ao British Council, para posterior seleção do comitê. Os trabalhos de St. Martin deveriam ser revistos na semana seguinte pelo Major Longden e por Mr. Herbert Read. Vieram ao Brasil apenas nove trabalhos dos adolescentes da St. Martin School. Decidiu também convidar para o comitê Mr. Tomlinson e Miss Richardson, o que foi aprovado unanimemente com entusiasmo. Marion Richardson era uma estrela da Arte/Educação, e o seu próprio chefe Tomlinson havia escrito sobre ela e seu trabalho. A maioria dos trabalhos que estavam na exposição no Brasil era de escolas supervisionadas por ela, e havia até um trabalho de uma de suas alunas particulares. Foi lembrado por Miss Martin que os trabalhos da St. Martin School incluíam somente crianças de 12 a 18 anos. Foi decidido que o comitê deveria ter como objetivo a inclusão de trabalhos de crianças de todas as idades, isto é "desde tão cedo quanto se tornam interessantes os trabalhos". Determinou-se que o título da exposição seria "A arte das crianças britânicas", mas o catálogo em Português, impresso na Grã-Bretanha, tem o nome de "Exposição de desenhos de escolares da Grã-Bretanha". Pediu-se ao Major Longden para escrever a Mr. Wellington em Edinburgo, e pedir a ele alguns trabalhos da Escócia de vital interesse. Mrs. Durell perguntou se a exposição poderia ser mostrada na Inglaterra antes de ir para o exterior, e Mr. Barclay Russell sugeriu que o British Institute of Adult Education poderia ser o local da exposição no país.

O Presidente do comitê, embora achasse a ideia interessante, argumentou que a exposição podia perder interesse da imprensa no exterior se fosse apresentada na Inglaterra antes de ser apresentada nos Estados Unidos. Este argumento demonstra o objetivo de engrandecer e atrair notícias positivas nos jornais de outros países para a educação e o poder criador da Inglaterra. Também fica claro que o alvo principal eram os Estados Unidos. Ficou combinado que Major Longdon escreveria ao diretor da Galeria Nacional do Canadá pedindo uma lista de centros onde se pudesse fazer a exposição. Ele já havia escrito ao diretor do Museu de Arte de Boston, professor Constable, pedindo os nomes de diretores de galeria de artes em Washington, Nova York, Filadélfia e St. Louis. Propuseram mandar a exposição depois pra Austrália, Nova Zelândia e África do Sul. Mrs. Durell também sugeriu a América do Sul, e todos concordaram, apesar de ser a única parte do mundo que não estava diretamente ligada à colonização inglesa e falava outra língua diferente. Contudo, como a exposição iria ficar viajando por 18 meses ou mais, foi sugerido que seria melhor preparar duas exposições: uma para Estados Unidos, Canadá etc., e outra pequena para América do Sul, embora a seleção devesse ser feita ao mesmo tempo. Desta determinação se conclui uma pitada de menosprezo pela América do Sul em relação aos países colonizados pela Inglaterra. Durante muitos anos na área das artes plásticas também sofremos preconceito igual. Vinham para o Brasil exposições de artistas famosos europeus, mas de obras secundárias. Foi decidido que as obras seriam emolduradas, porém as molduras não seriam envernizadas.

Há um longo relatório sobre a reação do público às exposições realizadas em 1941 e 1942 no Canadá, nos Estados Unidos e na América do Sul, mas vou me restringir ao relatório que dá conta da recepção da exposição no Brasil. No Rio de Janeiro, a exposição foi realizada em outubro de 1941 no Museu de Belas Artes, e Eric E. Church foi responsável pela organização. Em sua opinião "[...] a exposição foi a melhor propaganda que poderia haver, não excluindo a British Fashion, muito mais cara, que também foi enviada ao Brasil".[5] Mais uma vez uma referência ao objetivo da exposição como publicidade da Inglaterra.

---

5. British Council. *Report on the British Council Exhibitions of Children's Drawings*. Document 984/1, Inglaterra, 1941/1942b, s/p.

**Figura 3**
Uma das imagens do catálogo da Exposição de Desenhos de Escolares da Grã-Bretanha no Rio de Janeiro, São Paulo e Belo Horizonte, 1941/1942. Idade da criança: 8 anos.
*Fonte*: British Council, 1941-1942.

**Figura 4**
Um dos trabalhos que constavam do catálogo da Exposição de desenhos de escolares da Grã-Bretanha no Rio de Janeiro, São Paulo e Belo Horizonte (1941/1942). Nota-se que escolheram publicar no catálogo trabalhos que refletissem o cotidiano da Inglaterra. Idade da criança: 10 anos.
*Fonte*: British Council, 1941/1942a.

Continuando, Eric E. Church diz: "[...] a exposição criou uma profunda impressão aqui, como mostram os recortes de jornais. Estão pretendo fazer uma exposição similar de trabalhos escolares brasileiros que eu tenho muito medo sofrerá grandemente pelo contraste com a nossa exposição".[6] Pessimismo ou preconceito esta suposição de que, comparada com a deles, uma exposição de nossas crianças seria inferior? Em 1940, muitas instituições já haviam desenvolvido atividades de Arte para crianças dentro do ideário modernista. No Rio, o Centro Infantil do Pavilhão Mourisco de Cecília Meireles já havia apresentado um bom trabalho, entre 1934 e 1937, a Escola Nova já apontava o desenho espontâneo como um dos pilares da educação, e os Parques Infantis criados por Mário de Andrade continuavam funcionando sob a vigilância cívica de Nicanor Miranda. A coleção de desenhos infantis e juvenis (até 14 anos)

---

6. British Council. *Report on the British Council Exhibitions of Children's Drawings*. Document 984/1, Inglaterra, 1941/1942b, s/p.

de Mario de Andrade (IEB) é do ponto de vista imaginativo melhor que os poucos desenhos que o catálogo da exposição de 1941-42 vinda da Inglaterra mostrou.

O relator traduz em inglês um artigo do jornal *Correio do Brasil*, de 16 de outubro de 1941, muito elogioso, comentando a presença do ministro da educação Gustavo Capanema e do professor Osvaldo Teixeira, diretor da Escola de Belas Artes, na abertura da exposição. Traduz também partes de artigos nos periódicos: *Diário de Noticias*, *A Criança* e *Diário da Noite*, de 15 de outubro.

Do jornal *A Manhã*, de 15 de outubro de 1941, destaca um artigo de Mucio Leão, da Academia Brasileira de Letras, e o artigo de Manoel Bandeira, também da Academia, salientando essas frases: "Nunca em toda minha vida eu tive em uma exposição de artes plásticas uma mais deliciosa, uma mais completa ou mais alta revelação de poesia";[7] "Se sai da exposição com mente e corpo melhorados".[8]

O *Correio da Noite* fez entrevistas com os artistas que visitaram a exposição. O relatório destaca frases de Manoel Santiago, que disse: "[...] as crianças não têm ideias preconcebidas quando elas expressam suas emoções. O trabalho delas mostra uma deliciosa ingenuidade que é um estágio do desenvolvimento cultural. Por isso é tão ridículo quando um adulto estupidamente copia as crianças".[9] Mestre Prescilliano Silva, caracterizado pelo autor do relatório como distinguido artista da Bahia, disse: "[...] eu estou cheio de entusiasmo por essa exibição, isto é o real Modernismo".[10]

Celso Kelly, um dos nomes mais conhecidos no mundo educacional da época, afirmou: "[...] uma vez mais eu encontrei argumentos para minha tese de que se devem dar às crianças tinta em lugar de lápis".[11] O artista Pancetti disse: "[...] minha intenção, agora que ganhei o prêmio de viagem para 1942, é ir a Londres para estudar com essas crianças".[12]

---

7. Idem.
8. Idem.
9. Idem.
10. Idem.
11. Idem.
12. Idem.

Augusto Rodrigues, que viria a ser um dos criadores da Escolinha de Arte do Brasil, disse: "[...] isto pelo menos vai servir para mudar tudo que se tem feito por aqui".[13] Comenta ainda artigos da revista *Vamos Ler*, de 23 de outubro de 1941, e da revista *O Cruzeiro*, de 11 de outubro de 1941, ambos muito elogiosos. O programa de conferências que foi organizado em conjunção com a exposição teve como palestrantes Aníbal Machado, definido como escritor e crítico de arte; Heloisa Marinho, professora de psicologia educacional no Instituto de Educação; Celso Kelly, também professor do Instituto de Educação. Falaram ainda membros da Associação Brasileira de Educação e membros da Associação de Artistas Brasileiros. Esta última associação organizou na galeria um entretenimento de desenho pra crianças, no qual participaram Lourenço Filho, Georgina de Albuquerque, Celso Kelly e Pelegrino Junior. A exposição foi filmada pelo Ministério de Educação, Instituto Nacional de Cinema Educacional. Esse arranjo foi feito pelo professor Lourenço da Silva. O relator afirma que a Academia Brasileira de Letras fará um pronunciamento sobre a exposição.

O relatório sobre os eventos no Rio de Janeiro sofre de indecisão de tempo verbal. Algumas informações foram escritas no futuro e a maior parte foi escrita no passado. Já o relatório sobre os acontecimentos em São Paulo foi integralmente uma avaliação do que se passou.

A exposição em São Paulo, programada para 10 dias, foi estendida para 15 dias, de 1 a 15 de dezembro. Aconteceu na Galeria Prestes Maia, no Centro de São Paulo, naquele tempo muito *chic* e sofisticado.

Mr. Church conseguiu os seguintes patrocínios:

- Conselho de Orientação Artística — Diretor Dr. Gomes Cardim;
- Salão de Maio — Dr. Flávio de Carvalho e Sr. Carlos Prado;
- Família Artística Paulista;
- Sindicato dos Artistas Plásticos;
- Associação Paulista de Imprensa.

---

13. Idem.

A publicidade começou entre 17 e 21 de novembro, e foi intensa.

O relatório diz que houve alguma dificuldade de encontrar as pessoas certas pra as conferências. Faz referências especialmente a Dr. Mario de Andrade e Sr. Sergio Millet, que não estavam na cidade. O programa final ficou assim:

*4 de dezembro*: Dr. Flávio de Carvalho — "A percepção da criança". Teve uma audiência de 200 pessoas.

*8 de dezembro*: Dr. Antônio Picarollo — "Velhas crianças no desenho". Informou-se que este senhor era muito conhecido nos círculos educacionais em São Paulo, e teve mais público que a conferência anterior.

*9 de dezembro:* Dr. Nicanor Miranda e Sr. Di Fiori [sic] — "Visita guiada e comentada a exposição". O relatório diz que foram muito bem-sucedidos, e a palestra muito interessante por discutir e analisar os desenhos expostos. Acrescenta: "Este tipo de publicidade é muito boa e penso deveria ser desenvolvida em outros centros onde a exposição está sendo mostrada".[14]

Como vemos, o relatório insiste várias vezes em destacar a publicidade para exposição, que por sua vez era uma publicidade da Grã-Bretanha. Tenho em minhas mãos os apontamentos manuscritos em italiano do artista Ernesto De Fiori sobre esta exposição. Foi um presente de Walter Zanini, sempre muito generoso com as pesquisas dos colegas. Ainda não consegui decifrar o manuscrito. Fica para outro artigo, ou capítulo de outro livro que desejo muito organizar sobre o que pensam os artistas no Brasil sobre a aprendizagem da Arte. A chamada "virada educacional" do século XXI atingiu beneficamente muitos artistas, que antes davam aula só para ganhar dinheiro com enorme desprezo pela aprendizagem, mas hoje pelo menos respeitam o que fazem.

*10 de dezembro:* Dra. Betti Katzenstein — "Os problemas psicológicos no desenho infantil". Informa o relatório que "[...] essa *lady* é muito conhecida em São Paulo como psicóloga da criança e era muito muito conhecida nos círculos na Alemanha antes do Hitlerismo".[15] Tive vários

---

14. Idem.
15. Idem.

encontros com a Dra. Betti quando eu dirigia e ensinava na Escolinha de Arte de São Paulo. Alguns de meus alunos foram enviados por ela, que seguia bem de perto o desenvolvimento do desenho de seus clientes me pedindo mais frequentemente comentários verbais e pessoais do que relatórios escritos. Fui várias vezes ao seu consultório conversar sobre os meus alunos. Ela dava especial valor à arte, para o equilíbrio entre emoção e razão. Cheguei a atender uma pré-adolescente com problemas de aprendizagem que ela me encaminhou. Sabia que eu não dava aulas particulares, mas pediu para eu fazer uma exceção e trabalhar na casa da menina, que era muito inteligente, para melhor sentir o meio ambiente e tentar romper barreiras. O trabalho foi um sucesso e não muito longo.

*15 de dezembro:* Sra Noemy da Silveira Rudolfer — "Os problemas psicológicos no desenho infantil". Segundo o relatório, foi a palestra mais interessante desta série. Ela analisou mil e duzentas opiniões de crianças sobre as várias seções da exibição. "Isto representou um tremendo grau de trabalho de sua parte e de suas assistentes Dona Cecilia Castro e Silva e Dona Aparecida de Oliveira. As conclusões as quais chegou dona Noemy são tão interessantes que foi pedido a ela para enviá-las ao British Council".[16]

Ainda segundo relatório, a melhor indicação de sucesso da exposição foi o número de visitantes, cuja frequência cito a seguir:

*Dezembro*
1 — Segunda: 700
2 — Terça: 1.600
3 — Quarta: 1.673
4 — Quinta: 2.224 (Palestra)
5 — Sexta: 1.483
6 — Sábado: 1.428 (Palestra)
7 — Domingo: 3.592
8 — Segunda: 1.532 FERIADO (Palestra)

---

16. Idem.

9 — Terça: 1.296 (Palestra)
10 — Quarta: 1.126 (Palestra)
11 — Quinta: 1.341
12 — Sexta: 1.480
13 — Sábado: 1.286
14 — Domingo: 4.223
15 — Segunda: 1.026 (Palestra)
Total — 26.010 | Média Diária — 1.734

Pelo teor do relatório, se conclui que a exposição conseguiu maior sucesso em São Paulo que no Rio e em Belo Horizonte, mas historicamente a versão conhecida da exposição foi a do Rio de Janeiro, graças à publicidade que dela fez Augusto Rodrigues e o Movimento Escolinhas de Arte, que atribuem ao impacto desta exposição o impulso para criação da primeira Escolinha de Arte no Rio de Janeiro, que só se deu 7 anos depois.

Em São Paulo a exposição foi prolongada por mais cinco dias, conforme informado anteriormente, e nestes dias extras teve 9.356 visitantes. Também do ponto de vista da repercussão em jornais, a exposição em São Paulo foi mais importante. Podemos listar 12 resumos de artigos incluídos no relatório:

*Jornal Planalto*, 15 de novembro de 1941.
*Jornal da Manhã*, 28 de novembro de 1941.
*A Gazeta*, 29 de novembro de 1941.
*Diário da Noite*, 29 de novembro de 1941.
*Diário do Povo*, 30 de novembro de 1941.
*Correio Paulistano*, 30 novembro de 1941.
*Diário da Noite*, 15 de dezembro de 1941.
*A Gazeta*, 1º de dezembro de 1941.
*Diário de S. Paulo*, 2 de dezembro de 1941.
*Correio Paulistano*, 3 de dezembro de 1941.
*O Estado de S. Paulo*, 12 de dezembro de 1941.
*Diário de S. Paulo*, 12 de dezembro de 1941.

Em Belo Horizonte, a exposição foi apresentada na Sociedade Brasileira de Cultura Inglesa, com a presença do prefeito de Belo Horizonte e presidente da sociedade antes mencionada, Dr. Juscelino Kubitscheck. Os patrocinadores da exposição foram a Sociedade de Belas Artes de Minas, a Associação de Professores da Escola Elementar (estou traduzindo ao pé da letra do inglês), a Sociedade Brasileira de Cultura Inglesa e a Universidade de Minas Gerais. Era reitor o professor Mario Casassanta.

A série de conferências que movimentaram os espectadores teve como palestrantes:

15 de janeiro de 1942: Mr. Mario Matos, que falou sobre o humor inglês.

16 de janeiro de 1942: Professor Charles H. Hindley, diretor executivo da Sociedade Brasileira de Cultura Inglesa em Belo Horizonte. O relatório diz que ele "falou inspirado nas pinturas".

28 de janeiro de 1942: Professora Helena Antipoff, que falou sobre a arte das crianças e sua psicologia. Ela foi grande defensora da Arte na educação inclusive de alunos excepcionais, isto é, superdotados, deficientes físicos e mentais.

31 de janeiro de 1942: Professor Magalhães Drummond, que falou sobre o espírito harmonioso inglês.

Diz o relatório que a exposição foi vista em Belo Horizonte por pelo menos uma pessoa dentre cada grupo de 60 residentes da cidade, que tinha naquela época duzentos e quarenta e dois mil habitantes. O relatório lista apenas três artigos de jornais, dois do *Estado de Minas*, de 13 de janeiro e 16 de janeiro, e um da *Folha de Minas*, de 14 de janeiro de 1942.

Um breve exame no relatório da recepção desta exposição nos Estados Unidos não me pareceu ter atingido tão grande público e gerado tantos artigos de jornais quanto no Brasil. A exposição esteve em Savannah, New York e Columbus na Geórgia.

No Brasil, o que mais impressionou foi a liberdade de expressão e o chamado modernismo das crianças; nos Estados Unidos as obras surpreenderam pelos temas frequentemente ligados à guerra.

Pelo relatório, não consegui saber se as exposições que foram para os Estados Unidos e para o Brasil eram diferentes.

Transcrevo o texto de Herbert Read para Introdução ao catálogo:

A natureza transicional de nosso tempo não se reflete tão claramente em nenhuma outra esfera de atividade quanto em educação. Nos últimos trinta ou quarenta anos as instituições educacionais foram reformadas, chegaram a tornar-se irreconhecíveis, não só devido ás noções variáveis dos fins da educação, como também por causa de nosso crescente conhecimento da base psicológica da pedagogia. Os princípios da educação se modificaram, não menos do que a metodologia de disciplinas determinadas. E durante todo esse tempo, tem havido uma espécie de guerra civil entre esses assuntos, cada um deles clamando por uma situação que lhe é devida, num currículo já excessivo, é natural que o ensino da arte e sua situação no currículo também tenham participado da competição entre as diversas matérias do programa. Se bem que a posição definitiva da arte, nos programas de ensino, seja uma questão ainda longe de solução, todavia foi-lhe reconhecido certo grau de importância especialmente nos estagio primários. Chegou-se a esse reconhecimento de valor, em consequência da reforma profunda e revolucionaria que se operou, na concepção do ensino da arte, tanto na Europa como na América. A história desse movimento recua há uns cinquenta anos atrás, quando apareceram Ebenezer Cooke e James Sully, pioneiros da reforma. Mas foi o professor Cizek de Viena, quem primeiro demonstrou as vantagens estéticas e psicológicas de libertar o impulso criador que existe em todas as crianças. Coube-lhes, ainda, a tarefa difícil de reivindicar o valor estético dos desenhos produzidos nessas circunstâncias. Durante esse mesmo período de quarenta anos, ocorreu uma apreciação cada vez maior da arte primitiva, ao mesmo tempo ia surgindo um desenvolvimento inteiramente revolucionário na pintura moderna. Ambas as circunstâncias ajudaram a trazer a arte infantil para o critério geral da apreciação estética.

Tendo se iniciado num centro comum, é interessante observar como esse movimento se desenvolveu nos diversos países. E aqui, nesta exposição que mandamos da Inglaterra, está parcialmente mostrado o testemunho desse fato. Não chegaremos a avançar a pretender que andamos [sic] mais depressa que os outros povos. Começamos comparativamente atrasados e o movimento não teve o encorajamento e estimulo que lhe foram proporcionados noutros países, como por exemplo, nos Estados Unidos, onde há muito existem organizações como o Conselho Federado de Educação Artística e a Sociedade Nacional para o Estudo da Educação. Mas, nos últimos anos nossas autoridades de ensino tem mostrado uma atitude mais avançada, especialmente em Londres, onde Miss Marion Richardson revolucionou os métodos de ensino da arte. Criou-se mais recentemente a Sociedade para Educação Artística que vai absorver a Associação dos Professores de Arte e a Nova Sociedade de Professores de Arte, assim como elementos de natureza menos especializada. E a Sociedade, esperamos conseguirá, não só assegurar o reconhecimento adequado que se deve ao ensino da arte, como também uma orientação da arte, orientação inteiramente nova, na vida e atividade da comunidade como um todo.

Já está evidenciado que, embora a arte infantil reflita as peculiaridades de ambientes de cada um, ainda assim não chega a assumir, em parte alguma do mundo, um caráter nacional. A criança exprime características universais da alma humana, ainda não estragada pelas convenções sociais e por preconceitos acadêmicos. Portanto, os visitantes que conhecem arte infantil de seu pais não encontrarão nestes desenhos de crianças inglesas qualquer nota de originalidade. Não é da natureza da criança ser original. O que faz é expressar diretamente sua individualidade, individualidade de uma criatura que vê e sente, não de alguém que pensa e inventa. A distinção é da maior importância e agora sabemos que o defeito dos velhos métodos de ensino estava precisamente em ignorar isso. Exigia-se da criança que usasse faculdades de observação e análise completamente estranhas ao estágio de desenvolvimento mental dos pré-adolescentes.

Os novos métodos, que lograram tanto êxito não excluem necessariamente a observação e o espirito analítico — há paisagens e estudos de flores, nesta exposição que revelam faculdades extraordinárias desse gênero — mas o objetivo desses métodos é conseguir, de qualquer maneira o prazer da criança, quando lhe dão um lápis ou pincel e lhe permitem plenamente que explore a seu modo a riquíssima combinação de cores e de tons. Só se consegue isso, deixando que a atividade se torne instintiva. Em outras palavras: cumpre deixar que a criança descubra seu próprio potencial artístico. A função principal do professor passa a ser sugerir. Antes de mais nada é preciso criar uma atmosfera que induza a criança a exteriorizar a fantasia rica e cheia de vida que esta na sua mente. O primeiro aspecto positivo, resultante da criação dessa atmosfera, é a confiança que a criança toma em si mesma, mas há um aspecto negativo, ou melhor preventivo, que exige, de parte do professor, um cuidado e habilidades enormes. A criança é um animal imitativo e assimila com uma facilidade incrível, não só as idiossincrasias do professor, como artista, mas também os refinamentos e maneirismos de revistas, livros e filmes cinematográficos, de tão ampla difusão. É inteiramente impossível excluir por completo essas influências e talvez não seja de bom alvitre exclui-las. Mas o bom professor pode levar a criança ao reconhecimento, baseado em percepção e sensibilidade, do que é natural e espontâneo, no trabalho da própria criança. Neste ponto, convém citar trecho de uma carta de uma professora, a cuja orientação são devidos muitos dos trabalhos mais notáveis desta exposição — Miss Sullivan da Escola secundária de Warrington:

"Para contrabalançar as influências de preciosismo e uniformidade que derivam da vida em uma cidade industrial, procuramos dar a nossos alunos compensações por meio de experiências visuais e emocionais. Achamos que o melhor meio, aliás o único exequível, consiste em coloca-los numa atmosfera, onde a faculdade criadora dos alunos pode ser preservada e, se necessário — como é habitualmente o caso de alunos de escolas secundárias — re-descobertas. Tal atmosfera não é artificial e é em grande parte criada pelos próprios alunos.

Acredito firmemente que a essa atmosfera propícia se deve o tipo específico de trabalho produzido. Todas as pinturas e desenhos tem alguma coisa de fantasia, ás vezes parecem material pictórico de sonho. Não é que estejam vivendo uma experiência irreal. Acontece que uma parte da personalidade de nossos alunos, a qual não recebe estímulos de sobrevivência nos programas acadêmicos, tem oportunidade de reviver [...].

O ponto a considerar é que a atmosfera necessária para a atividade criativa feliz é criada em grande parte pelos próprios alunos. Na verdade, os próprios alunos podem ser os melhores críticos de si mesmos. Em duas das escolas, representadas na exposição Hall School, de Weybridge, e Sir John William Perkins School, de Chertsey chegou-se á instituição de um excelente sistema de critica coletiva, orientada pelo professor. Essa critica de grupo, longe de trazer sentimentos de falso orgulho, tem como primeiro resultado retirar dos trabalhos escolares qualquer vestígio de refinamento ou preciosismo, dando-lhes uma qualidade a que se pode chamar de realismo social: os temas escolhidos pelas crianças tendem, não para fantasias individuais, mas para incidentes dramáticos, tocados de um grande apelo coletivo.

Todos os tipos de escolas, das famosas instituições como Eton e Chaterhouse às escolas elementares do East End de Londres, todas elas apresentam uma contribuição para o nosso certame. Todavia, nem uma classificação desta coleção se refere a classificação de escolas.

A única maneira possível de classificar as peças apresentadas seria a dos tipos psicológicos. E esses tipos quando lhes é dada livre expressão, distribuem-se de maneira muito uniforme, sem referencia á classe ou categoria social do aluno. É verdade que certas escolas podem, por exemplo, demonstrar, nos seus trabalhos, a preocupação obsedante da guerra. Não é provável que essa circunstância seja devida ao choque da guerra, pois as crianças nunca fazem reportagens.

É mais natural procurar-se a causa na influência exercida pelas revistas infantis e juvenis, além da imprensa e cinema. Trata-se de uma daquelas formas de refinamento que o professor não pode excluir da mentalidade de seus alunos. As poucas pinturas desta exposição tendo a guerra como tema, proveem de áreas comparativamente remotas do teatro mais intensivo da luta. Note-se que o realismo desses trabalhos é mais imaginativo do que documentário.

Os oitos desenhos, escolhidos para ilustrar este catálogo, de forma alguma esgotam os tipos que serão vistos, na exposição. Servem apenas para indicar os variados aspectos da arte infantil. E, se a presente exposição despertar interesse pela significação educativa dessa arte terá cumprido sua finalidade. Mas o objetivo principal do British Council, mandando uma exposição desta natureza [sic] ao Novo Mundo, durante a maior crise de nossa historia, é dar a vós, os visitantes, uma indicação de nossa vitalidade e esperança. As crianças que fizeram esses desenhos e pinturas serão adultos num mundo após-guerra. E acreditamos que o senso do belo e a atitude de amor á vida, expressos na infância desses homens do futuro, hão de florescer num mundo para sempre livre da tirania e das guerras odiosas de conquista.[17]

Este texto foi escrito em 1941, portanto dois anos antes da publicação do livro *Education through art*, escrito por Herbert Read,[18] que deu status intelectual aos estudos de Arte/Educação. Como vemos, a ideia da classificação dos tipos psicológicos já estava em gestação e aceitava como benéfica a influência das imagens de livros, revistas, filmes na produção plástica da criança.

---

17. Read, Hebert. Introdução. In: British Council. *Exposição de desenhos de escolares da Grã--Bretanha*. Grã-Bretanha: Knapp, Drewett & Sons, 1941/1942. p. 5-8.

18. Read, Herbert. *Education through art*. London: Faber, 1943.

Estavam em plena guerra, e os ingleses se preocupavam com uma exposição de arte de crianças. Não sou ingênua e já reconheci o objetivo de angariar simpatia, atenção, confiança e admiração dos outros povos, mas me faz entender o espírito protetor da infância que levou os ingleses a evacuar as crianças de lugares perigosos e abrigá-las, cuidadas por seus professores, em igrejas e outras instituições de pequenas cidades. Quando morei em Birmingham, em 1982, cidade que foi arrasada pelos nazistas porque era industrial, conheci uma família que teve esta terrível experiência de embarcar seus filhos em vagões cheios de crianças para irem viver, cuidados algumas vezes por estranhos, por tempo indefinido longe deles. Alguns países europeus são muito cuidadosos com as crianças, e mostraram muita solidariedade com elas desde a Primeira Guerra Mundial. Havia programas internacionais de ajuda. O historiador Ernst Gombrich participou de um deles — Save the Children, em 1920, logo depois da Primeira Guerra Mundial. Contou que, embora filho de pais abastados, a falta de comida era tão grande em Viena naquela época que ele foi considerado em estágio crítico de desnutrição. A família de um marceneiro que fabricava esquifes na Suécia, onde a alimentação era menos controlada, o acolheu e só o devolveu nove meses depois curado, até "[...] da sua pitada de snobismo [...]".[19]

A exposição de desenhos de escolares da Grã-Bretanha comandada por Herbert Read impressionou os artistas brasileiros defensores do modernismo que começaram a provocar os educadores, mas só depois da queda do Estado Novo houve movimentos sistematizados de reconstrução da expressão em direção a um ensino moderno de Arte baseado na liberdade de criar para crianças, adolescentes e estudantes universitários.

Em 1964, de 17 a 27 de agosto, a Escolinha de Arte do Brasil fez outra exposição de "Desenhos e Pinturas de Crianças Inglesas". Num pequeno folder, a introdução à Exposição diz:

> Em 1941, quando as forças nazi-fascistas ameaçavam destruir a liberdade do mundo, a Inglaterra enviava, ao Brasil, uma mensagem de confiança no

---

19. Gombrich, Ernest. *A lifelong interest*: conversations on art and science with Didier Eribon. London: Thames & Hudson, 1993. p. 30.

futuro através de pinturas e desenhos de suas crianças. Essas pinturas e desenhos revelavam a criança em plenitude no exercício de sua capacidade criadora e demonstravam a excelência dos novos métodos de ensino de arte. Artistas e educadores brasileiros sentiram mais que todos, a importância dessa mensagem e por ela inspirados criaram, em 1948, a Escolinha de Arte do Brasil que atualmente lidera, no país e na América Latina, amplo movimento de integração das atividades criadoras em todo processo educativo. Cabe agora, à Escolinha de Arte do Brasil, a honra de apresentar ao público brasileiro essa nova exposição de crianças inglesas, trazida até nós pelo British Council. Além do valor da exposição que os seus olhos verão com encantamento, essa é mais uma oportunidade que temos de, publicamente, manifestar nossa admiração pelo país amigo e a nossa saudação aos educadores ingleses que tanto vêem [sic] contribuindo para que a criança, através da arte, possa vir a ser, no amanhã, o homem livre — capaz de preservar a paz.[20]

A esta introdução segue-se a apresentação escrita por Herbert Read na qual repete alguns princípios referidos no texto de 1941. O texto de 1964 é mais sucinto, e talvez por isso mais contundente. O leitor pode comparar os dois:

Muito embora a arte da criança possa refletir as peculiaridades do seu meio ambiente e do seu modo de viver, ela nunca possui um caráter especificamente nacional. A criança exprime características universais da mente humana numa fase em que esta não foi ainda atingida por convenções sociais nem preconceitos acadêmicos. Por conseguinte, o espectador familiarizado com a arte das crianças do se próprio país não há de encontrar, nestes desenhos vindos da Grã-Bretanha, nenhum aspecto excepcionalmente original. Não é a "originalidade" que é inerente à natureza da criança, mas sim a expressão direta da sua própria individualidade; a individualidade de um ser que vê e sente, mas não a originalidade de um ser que pensa e inventa. Esta diferença é importante, e sabemos agora que as deficiências dos métodos antigos do ensino de arte eram causadas por essa tendência errônea. Exigia-se da criança o uso de faculdades de observação

---

20. Exposição de Pinturas e Desenhos de Crianças Inglesas. *Folder de exposição*. Rio de Janeiro: Escolinha de Arte do Brasil/British Council, 17 a 27 ago. 1964, s/p.

e de análise inteiramente fora do alcance da fase do desenvolvimento mental na pré-adolescência.

Os novos métodos, que têm obtido um completo sucesso, não excluem, necessariamente, a observação e a análise; por exemplo, há nesta exposição estudos de flores e desenho de paisagens que revelam capacidades realmente extraordinárias neste sentido. Mas o objetivo principal do novo método é do conservar, a qualquer preço, o prazer que a criança encontra nessa atividade plástica que é o manejo de um lápis ou de um pincel e a exploração de cores. Isto só pode ser conseguido permitindo que a atividade se torne instintiva — ou seja, permitindo à criança que descubra suas próprias forças potenciais. O papel principal do professor se torna sugestivo. O que é necessário, antes de mais nada, é criar um ambiente que induza a criança a exteriorizar o rico e animado mundo de imagens que povoa a sua mente. Para o aspecto positivo desta exteriorização é necessário criar na criança a confiança em si mesma, mas existe, também, um aspecto negativo — ou melhor, preventivo — do problema, que exige do professor uma grande habilidade e um tanto ainda maior. A criança é um pequeno animal que imita e que absorve com incrível facilidade, não somente as peculiaridades individuais que o professor, na sua qualidade de artista, possa ostentar, mas também a sofisticação tão amplamente difundida nos livros, nas revistas e nos filmes. Excluir completamente essas influências é de todo impossível, e talvez até indesejável; mas um bom professor poderá conduzir a criança a uma identificação, baseada na percepção e nas sensações, daquilo que há de autêntico e não sofisticado na sua obra.

O ambiente adequado para uma agradável atividade criadora é proporcionado, em grande parte, pelas próprias crianças, e suas obras poderão encontrar nas próprias crianças os seus melhores juízes e críticos. Em algumas das escolas representadas na presente exposição tem sido aplicado pelos professores, com absoluto êxito, um sistema de "crítica em grupo", este sistema, longe de estimular um falso orgulho ou prejudicar a espontaneidade, é responsável por uma completa ausência de sofisticação na obra das crianças tendem a ser não tanto fantasias individuais, mas sobretudo incidentes dramáticos com um apelo coletivo.

Todos os tipos de escolas contribuíram para esta coleção; mas nenhuma classificação das obras nela incluídas terá qualquer relação com uma classificação das escolas. A única classificação possível poderá ser feita de acordo com os tipos psicológicos representados, e chegaremos então facilmente à conclusão de que esses tipos psicológicos, quando se exprimem livremente, estão representados de uma maneira bastante uniforme em todas as escolas.[21]

O último parágrafo de 1964 é uma reescrita do parágrafo em defesa dos tipos psicológicos como classificatórios do desenho do texto de 1941:

> A única maneira possível de classificar as peças apresentadas seria a dos tipos psicológicos. E esses tipos quando lhes é dada livre expressão, distribuem-se de maneira muito uniforme, sem referência á classe ou categoria social do aluno.[22]

A diferenciação dos tipos visuais e *haptic* que ele desenvolveu em seu livro *Education through art* ainda é considerada pelos estudiosos do desenho infantil.

O primeiro parágrafo do texto de 1964 também está redigido de outra forma no texto de 1941. Vejamos:

> Já está evidenciado que, embora a arte infantil reflita as peculiaridades de ambientes de cada um, ainda assim não chega a assumir, em parte alguma do mundo, um caráter nacional. A criança exprime características universais da alma humana, ainda não estragada pelas convenções sociais e por preconceitos acadêmicos.[23]

Enfim, Read já desmentia o mito modernista da originalidade como valor do desenho da criança e aponta para a ideia de individualidade do sentir e do ver, de certo modo destruindo a frase clichê a qual afirmava que a "criança desenha aquilo que sabe e não aquilo que vê".

---

21. Read, Herbert. Apresentação. In: Exposição de Pinturas e Desenhos de Crianças Inglesas. *Folder de exposição*. Rio de Janeiro: Escolinha de Arte do Brasil/British Council, 17 a 27 ago. 1964, s/p.

22. Read, Herbert. Introdução. In: British Council. *Exposição de desenhos de escolares da Grã--Bretanha*. Grã-Bretanha: Knapp, Drewett & Sons, 1941/1942. p. 8.

23. Read, Herbert. Introdução. In: British Council. *Exposição de desenhos de escolares da Grã--Bretanha*. Grã-Bretanha: Knapp, Drewett & Sons, 1941/1942. p. 6.

A educação foi um dos instrumentos de consolidação do Modernismo artístico no Brasil.

A última exposição modernista de arte infantil de grande sucesso no Brasil foi organizada por José Alberto Nemer, e apresentada em diversos Estados do Brasil. Considero-a modernista porque era baseada na relação entre desenhos e pinturas de crianças e obras de artistas. Como vimos no texto do ano de 1928, aqui reproduzido, este era o argumento daqueles que valorizavam a Arte Infantil naquele tempo: os trabalhos das crianças se assemelharem às obras dos artistas modernistas. Os artistas modernistas, por seu lado, valorizavam a Arte Infantil para mostrar que aquilo que criavam era genuíno e expressão autônoma do ser e do viver. Tive o prazer de apresentar a exposição de Nemer no Museu de Arte Contemporânea de São Paulo em 1989, quando era diretora, durante o congresso sobre O Ensino da Arte e sua História. Naquele momento de transição de valores e teorias colocamos uma estratégia modernista — a exposição de desenhos de crianças ao lado de uma estratégia pós-moderna no mundo da Arte/Educação: o Congresso. Os Congressos não começaram no pós-modernismo, mas se multiplicaram com ele e continuam se multiplicando para além dele.

As exposições e as coleções de Arte Infantil organizadas a partir de 1890 foram para o ensino modernista de Arte o mesmo que os Congressos de Arte/Educação foram para o ensino pós-moderno de arte: um meio de convencer o público e os professores da importância da Arte na Educação. Nas exposições modernistas se queria convencer da importância da expressão, e nos congressos pós-modernistas da importância de ir além da expressão e encaminhar o ensino da Arte em direção a se entender a Arte como Cultura também, e consequentemente, se levar à leitura das imagens.

Se o modernismo apresentava ao público a Arte das Crianças, o pós-modernismo se voltou para a prática de apresentar Arte para Crianças. No início, os museus produziam para crianças exposições muito similares às exposições para adultos, a mesma limpeza do "cubo branco", apenas com mais ludicidade. No MAC/USP, sob minha direção, foram várias as exposições de artistas modernistas e contemporâneos para crianças organizadas por Renata Santa'Anna. Entre as melhores estavam as de Picasso e de Tarsila do Amaral, ambas acompanhadas de publicação de livros. Era um modelo inspirado no que o Centro Pompidou fazia na época. Posteriormente, eles ampliaram a ação para crianças, destinando a elas um prédio anexo. Quanto ao MAC/USP, cancelou as exposições para crianças depois do bem-sucedido trabalho de Mariangela Serri em espaço reservado para isto no anexo da Cidade Universitária. Reinstalou-se o preconceito contra a Educação.

Foi com a divulgação dos Estudos Culturais que as exposições para crianças começaram a lançar mão de muitas variáveis para a contextualização, não apresentando só obra de arte, mas também design, cartazes e outros elementos da cultura visual e material sem hierarquização. São essas exposições que classifico de "culturalistas".

Uma das primeiras exposições pós-modernas e culturalistas de alta qualidade para crianças, não mais de desenhos e pinturas feitas pelas crianças, mas da cultura infantil, foi a de Gláucia Amaral, "Labirinto da Moda: uma aventura infantil", primeiramente mostrada no Sesc Pompeia em 1996. Foi apresentada também no Museu do Estado da Bahia e nos Sescs de São Carlos, Santos e Bauru.

Foi uma exposição de Arte e Cultura Visual no melhor estilo dos Estudos Visuais ou Cultura Visual "radicante",[24] que já vínhamos praticando no ensino da Arte da Escola de Comunicação e Artes da Universidade de São Paulo. A influência da Comunicação e de Richard Hoggart, que a meu convite viera dar curso na USP, expandiu as fronteiras do ensino da Arte. Convivi por duas vezes em Banff, Canadá, com Richard Hoggard, criador do Centro de Estudos Culturais Contemporâneos (CCCS, 1964) da Universidade de Birmingham, Inglaterra. Quando o conheci, eu já havia estado no Centro criado por ele e Stuart Hall em Birmingham, cidade na qual fiz o equivalente a um pós-doutorado (1982).

Meu entusiasmo pelas discussões e pesquisas que ocorriam no CCCS foi enorme, talvez porque já vinha de uma convivência com as ideias revolucionárias sobre Cultura de Gilberto Freyre, Paulo Freire, Aloísio Magalhães e Abelardo Rodrigues ainda no Recife, da experiência

---

24. Termo usado por Nicolas Bourriaud.

de trabalhar com Alcides Rocha Miranda na UnB e com o grupo de Comunicação da ECA, que sempre colaborou ativamente com a Arte/Educação.

A entrada da Exposição "Labirinto da Moda: uma aventura infantil" se fazia através da obra de Rafael Soto, autor também do mural da entrada do edifício da Unesco em Paris.

Transcrevo aqui parte do texto que escrevi para o catálogo da Exposição "Labirinto da Moda" que já dava pistas do que hoje me faz afirmar a pós-modernidade e o culturalismo da exposição, e requer para ela o estatuto de Cultura Visual.

**Figura 5**
Exposição "Labirinto da Moda", Sesc Pompeia. Curadoria de Gláucia Amaral. Obra "Penetrável de plástico". 1983. Jesus Rafael Soto. Tiras de PVC e teto pintado. Coleção Museu de Arte Contemporânea/USP.
Foto: divulgação.

A intimidade de Gláucia com o espaço e os objetos que o constituem me faz ver em o Labirinto da moda: uma aventura infantil não apenas uma exposição, porém uma instalação da qual ela não é somente a curadora, mas também a artista.

Avançando para além da pós-modernidade, não apenas cita outros artistas, mas se apropria metaforicamente de suas obras, colocando-as em um contexto no qual ganham outros significados além daqueles auferidos isoladamente... O "Penetrável — 1983" de Jesus Sotto, torna-se o começo,o des-cortinamento do discurso e a essência,o fio da trama. A obra urdimento de Renato Imbroisi transforma-se na declaração de princípios estéticos que presidem a instalação/exposição e toda a obra de Gláucia, que é baseada na afirmação despreconceituosa da interrelação do erudito com o popular, das práticas artesanais e indústrias com a arte, da tradição com a contemporaneidade.

Seus códigos estéticos transformam esta exposição em um manifesto contra a repressão que, tendo como meio de expressão a linguagem da vestimenta infantil, leva á consagração da liberdade de agir, criar, reinventar, reciclar, reinterpretar, adaptar, etc. Esta liberdade é configurada através do trabalho de arte educadores, estimulando as crianças no Brechó a experimentar diferentes roupas e complementos através da relação como próprio corpo ao final do percurso histórico e fenomenológico que a artista-curadora propõe à nossa memória.

A artista-curadora começa pela história, apresentando a roupa couraça, tolhedora do movimento, instrumento de tortura do adulto sobre a criança, baseada na concepção de que a criança era um adulto em miniatura e que, portanto, urgia faze-la superar os defeitos com que nascerá. As diferenças em relação ao adulto eram todas consideradas defeitos temporários e à sociedade e à educação competia reprimi-los.

Johanna Schopenhauer, no século XIX, descreve a tortura da roupa lembrando que era obrigada a carregar uma armadura chamada vestimenta e uma enorme torre de cabelo mantida por fios de ferro e crina, coroada com pedaços de plumas e flores, que acrescentavam muitos centímetros á sua pequena pessoa e a impedia de tocar no solo.

E tudo isto acontecia mesmo depois dos primeiros movimentos libertadores da educação, cujo patrono foi Jean-Jacques Rousseau.

Não é, portanto, por acaso que a artista-curadora escolhe citações de Rousseau para iniciar, nesta instalação/exposição, sua caminhada em direção á libertação da criança através da roupa o que historicamente, só veio a ocorrer uns 150 anos depois da publicação do Emílio (1762).

É somente no século XX que a roupa da criança ganha maleabilidade, ainda uma consequência das conquistas do mundo adulto. Foram os artistas que começaram a mostrar a maleável integração da roupa com o corpo. A roupa dos retratos deixa de ser símbolo de status para ser símbolo de individualidade da pessoa retratada.

São exemplos desta atitude pictórica o retrato de Olga em um chapéu com pena, de Picasso (1920), o retrato de Maria Ricotti de Kees Van Dongen (1925) e o retrato da condessa Ganay de Foujita (1923), no qual a roupa de seda se confunde com o corpo para que sejam enfatizados o cabelo, os olhos e as mãos da personagem, e ainda, o retrato de Peggy Guggenheim de Alfred Courmes (1926), o extraordinário retrato de madame Boucard, da russa Tâmara de Lampicka (1931) que vestia suas clientes para depois retratá-las e, finalmente a obra de Raoul Dufy, Poirets fashion show at The Races Club (1925). Este painel representando pessoas tal qual manequins portando roupas supostamente de Poiret, equivale em comentário social a releitura da multidão de Anna Heylen na exposição de Gláucia, embora esta última tenha um cunho mais lúdico que a imagem produzida por Dufy, onde a roupa é vista como mistura de criação e trivialidade.[25]

A moda, mesmo para adultos, só ganha interesse dos historiadores com o surgimento das teorias da estética do cotidiano e da história das mentalidades. Mesmo assim, a tese de doutorado sobre moda como fenômeno social de Gilda de Mello e Souza[26] só foi publicada uns 25 anos depois de ser defendida.

No século XIX, no Brasil, há o caso raríssimo de Araújo Porto Alegre, que em seu programa de história da arte, ministrado nas aulas de Belas Artes, incluía a moda e costumes de teatro como objeto de análises. Por falar em história da arte, perguntei um dia a Gláucia como havia se interessado pela estética da roupa, pela roupa como obra de arte, e ela me respondeu que havia sido através de sua avó russa, dos bordados que ela fazia e da roupa típica de sua terra que lhe mostrava. Isto me remete

---

25. Barbosa, Ana Mae. Labirinto da moda ou reinventar-se através da moda em Gláucia Amaral. In: _____ et. al. *Labirinto da moda*: uma aventura infantil. Catálogo de exposição. São Paulo: Sesc, 1996. p. 30-31.

26. Souza, Gilda de Mello e. O *espírito das roupas*: a moda no século XIX. São Paulo: Companhia das Letras, 1987.

a Ernest Gombrich, cujo interesse pela arte começa pelo encantamento com os bordados e roupas eslovacas vendidas a sua mãe por Mr. Motorick, um protegido do arquiteto tcheco Jan Kotera. O impacto deve ter sido tão grande sobre Gombrich criança que, ao publicar *The sense of order*, o Gombrich historiador reproduz a cores dois bonés eslovacos ricamente bordados num livro que tem apenas 15 fotos coloridas, em um total de 458 imagens.

William Morris foi responsável pela flexibilidade do olho moderno para as artes inapropriadamente chamadas menores, mas poucos de seus seguidores se interessaram especificamente pela roupa da criança. Somente as mulheres artistas de Glasgow o fizeram, especialmente Jessie Newbery (1864-1948), que na Glasgow School of Art, advogava a democratização do bom gosto na roupa da criança, defendendo o uso de tecidos bonitos, porém baratos, e o mínimo de contas e bordados em favor de um corte elegante e solto para facilitar os movimentos (1910-1920).

Mas os homens poucos se interessavam naquele tempo pela criança, mesmo os que elegeram a moda e suas circunstâncias como tema. Assim é que entre as famosas e magníficas fotos de vitrines de Eugéne Arget (1925) não há referência à criança, como também não há nas celebradas fotos de moda de Man Ray. Gláucia enveredou por um tema pouco explorado — como sempre, guiada por sua inquietude, inventividade, capacidade de ver onde os outros não viram, talento para os encadeamentos lógico-sensíveis e interesse pelo social.

Conduzindo-nos a perceber a relação processo produto do fio às muitas significações da roupa infantil, a artista-curadora revelava, através da radiografia do processo, o ator invisível, o trabalhador das oficinas de roupa, da tecedeira à costureira, que usa da velha máquina manual às sofisticadas máquinas de overloque da indústria contemporânea.

Nesta instalação/exposição o vedor adulto ou criança ia sendo levado pela trama do espaço a perceber outras tramas, como as que se desenvolvem entre massificação e individualidade, passado e contemporaneidade, opressão e liberdade, máquina e artesanato, imitação e imaginação, códigos hegemônicos e códigos das minorias, olhar e ação, indústria cultural e arte, brinquedo e escola. Contudo, a oposição enfrentada com mais constância nesta exposição foi a representação da alegria e das convenções da festa. Tudo isto tendo como matéria o pano, o tecido e a identificação do pensamento da artista-curadora com Rousseau.

Essa instalação/exposição era uma alegoria rousseauniana aos múltiplos conflitos que exigem do ser humano um constante equilíbrio entre trabalho e natureza, reflexão e invenção, causas e consequências e, principalmente, entre o eu e o outro em busca de reconciliação para restaurar a totalidade social, tendo como objetivo a felicidade aqui e agora. Fotografias, cinema, reproduções de obras de arte, tecidos tensionados, tecidos-minhoca, espelhos, vitrines, chuvas de trapos, chuvas de retroses, bonecas, casulos voadores, fitas voadoras, sombras chinesas, a festa e a "sacralizada" obra de arte original — tudo isso trabalhava para levar a criança a aprender através do objeto e da imagem, a ter consciência desta aprendizagem, a se perguntar acerca do mundo que a cerca, da roupa que veste, da roupa de sua classe social, da vida que vive etc.

**Figura 6**
Vitrine de bonecas negras na moda na Europa no início do século XX. Eram caras, e só as crianças ricas podiam tê-las; assim como eram caras as bonecas de "biscuit", como a loura que está ao lado do fogão. Uma estereotipia social é desmentida pela curadora: a tendência de ver as mulheres negras ao lado do fogão.
Foto: divulgação.

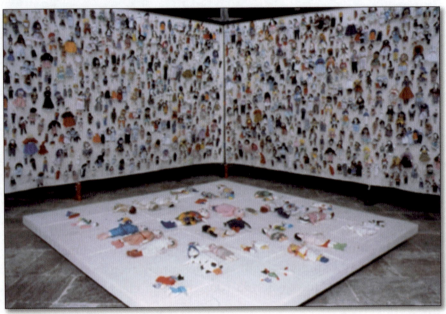

**Figura 7**
Painel de bonecas de pano com as quais brincam as crianças pobres no Brasil. A exposição teve seis edições e em cada lugar Gláucia Amaral, atenta ao contexto, identificava bonequeiras locais e enriquecia os painéis com a produção delas.

No fim do texto que escrevi para o catálogo da Exposição, propus uma pesquisa ao grupo organizador do Labirinto da Moda: uma aventura Infantil, que reproduzo aqui:

> A apresentação da criança através da roupa na arte e no cinema, na fotografia e nas revistas, tão bem desvendada na instalação/exposição leva a um desafio: pesquisar a representação da roupa para a própria criança. Desejo ardentemente que esta instalação/exposição resulte em um estudo cultural sobre o que pensa a criança da moda desenhada para ela, o que significa a roupa para a criança. É fácil dizer que hoje elas só pensam em usar marcas hegemônicas e internacionais. Será verdade, ou isto é o que a publicidade quer que acreditemos? Será pedir muito a você, Gláucia, que é uma artista processo/produto, uma artista que é uma obra de arte an-

dante, capturando o olhar de todos pela individualidade estética da roupa que cria para si própria, que veste soberanamente?[27]

É claro que Gláucia devolveu para mim a provocação de fazer a pesquisa. Passei umas trinta horas observando as crianças no momento mais excitante do "fazer" no brechó. Além das minhas anotações de observadora participante, também tenho em mãos 100 entrevistas curtas com crianças visitantes da exposição que nunca tive tempo de analisar. O questionário foi aplicado com ajuda de uma criança, hoje um educador, Arthur Rizzi Cintra,[28] na época com 10 anos. Na entrada perguntávamos à criança quem escolhera a roupa que ela estava usando e que tipo de roupa mais gostava de usar. Na saída a mesma criança deveria descrever a roupa que mais gostou e a que escolheria para ela, podendo desenhar uma se quisesse.

Noventa e oito por cento na entrada disse que gostava mais de camiseta e short (era verão), e nenhuma manteve na saída a mesma resposta. A maioria escolheria alguma do brechó (62%), ou da exposição (11%), e algumas inventaram novas roupas (27%).

As propostas de "fazer" na exposição foram o Brechó e o Manifesto. O Brechó era um lugar de rica variedade de roupas, sapatos, adereços etc., onde as crianças se caracterizavam e iam tirar fotos, dançar ou representar, com DJs ou educadores de Artes Cênicas estimulando-os. Foi um grande sucesso.

Outro momento de fazer foi o Manifesto que se situava ao fim da exposição, onde grandes mesas, tesouras, tecidos e cola convidavam as crianças a fazerem colagens que podiam levar para casa ou deixar nos painéis de exibição no local.

Por muito tempo discuti esta exposição para demonstrar a meus alunos os processos da Abordagem Triangular: Produção (fazer), Contex-

---

27. Barbosa, Ana Mae. Labirinto da moda ou reinventar-se através da moda. In: Amaral, Gláucia. *Labirinto da moda:* uma aventura infantil. Catálogo de exposição. São Paulo: Sesc, 1996. p. 32.

28. Arthur Rizzi Cintra é hoje recém-formado em Pedagogia, é Arte/Educador e trabalha na Escola Grão de Chão.

tualização e Leitura da obra ou do campo de sentido da Arte e da imagem de outras mídias e categorias (Figura 8). Os educadores que orientavam o educativo, Maria Christina de Souza Rizzi,[29] Ana Amália Barbosa e Cildo Oliveira, usaram a Abordagem Triangular para ampliar a compreensão e a imaginação cultural de crianças e adultos em diálogo direto ou por meio do excelente e diversificado material educativo constituído de folders baseados na Pedagogia Questionadora de Paulo Freire. A Pedagogia Questionadora estabelece o equilíbrio entre a Pedagogia Crítica e a Pedagogia Criadora.

**Figura 8**
Havia duas obras do artista japonês Hishnuma na exposição; a outra era uma roupa em forma de peixe.

---

29. Rizzi, Maria Christina de Souza. Reflexões sobre a Abordagem Triangular no Ensino da Arte. In: Barbosa, Ana Mae. *Ensino da arte*: memória e história. São Paulo: Perspectiva, 2008. p. 335-348. Ela escreveu sua tese de doutorado sobre o material educativo desta exposição.

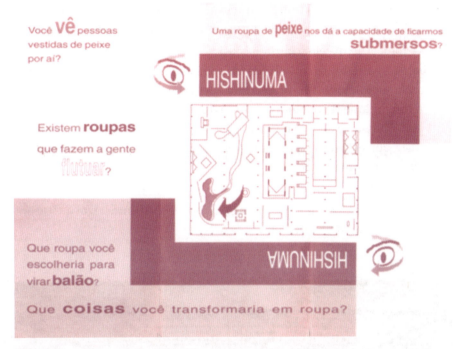

**Figura 9**
Este é o fôlder para estimular a pensar sobre as obras de Hishinuma. "Existem roupas que fazem agente flutuar?", é a pergunta que está ilegível.

A Pedagogia Questionadora questiona a sociedade, as normas impostas, as agendas escondidas, os próprios valores de professores e alunos, mas ao mesmo tempo não imobiliza, propõe respostas criadoras que correspondem às necessidades do contexto e do tempo, ampliando a imaginação e os fazeres dela derivados.

A imaginação é uma função mental cada vez mais importante para a sobrevivência interna e social do ser humano, e a Arte é sua válvula propulsora. Estudiosos da Literatura, mais afiados no debate crítico, têm afirmado que através da imaginação se descobre o que não existe na realidade. Steve MacQueen dá a entender que o cinema é a mais importante de todas as Artes para o desenvolvimento da imaginação: "Cria imagens que as pessoas nunca viram ou imaginaram que veriam, possivelmente porque precisavam de outra pessoa que as imaginasse por elas"[30].

A tônica de excelência da exposição de Gláucia estava justamente no diálogo entre a provocação da imaginação e o poder de contextualização. Naquele tempo, fins do século XX, os educadores nas escolas tinham muita dificuldade de entender a contextualização, reduzindo em sala de aula este rico processo de cognição e de ampliação cultural apenas à vida do artista que estavam estudando. Operavam a escolarização da cultura em vez de sua ampliação.

O equilíbrio entre Arte e Entretenimento/História e Cultura foi perfeito nesta Exposição, que deflagrou as relações entre Arte e Cultura Visual para a infância brasileira.

**Figura 10**
Uma das vitrines onde eram expostas as roupas infantis. Núcleo temático da exposição "Labirinto da Moda" culturalmente e vivencialmente contextualizada.
Fonte: material de divulgação da exposição no Museu do Estado da Bahia, 1996.

---

30. McQueen, Steve. Fazer filmes é só trabalho.. *Folha de S.Paulo*, caderno Ilustrada, 16 mar. 2012.

**Figura 11**
Aspecto do Brechó — um dos momentos do fazer — no qual as crianças tinham roupas, sapatos, acessórios e experimentavam trocar de roupa até encontrar o look ideal para dançarem em um baile ou participarem de jogos dramáticos.

Hoje, a cultura expositiva para a criança continua deixando de lado a produção da própria criança. As raras exposições de desenhos, pinturas, vídeos ou instalações feitas pelas crianças só interessam aos pais e aos avós. Como vivemos um momento de multiplicação de teorias e revisitação de posições anteriores, acredito que o interesse pelo desenho da criança está voltando, embora com uma nova tônica: o estudo dos processos mentais envolvidos no ato de desenhar. Um Congresso em Outubro de 2011 na Columbia University (NY) tinha este objetivo.

Por outro lado, no rico processo das revisitações temos o movimento do Arts Based Research in Art Education baseado principalmente nas ideias de Elliot Eisner de 1981, e em uma exposição por ele organizada que correu os Estados Unidos nos anos 1980, na qual mostrava o processo de ensino/aprendizagem através da fotografia das crianças trabalhando e de seus trabalhos, levando-nos a entender pelas imagens a proposta dos professores. Os estudiosos da Universidade de Granada, liderados por Ricardo Marin, vêm ressignificando a linguagem fotográfica e a linguagem de vídeo como testemunho de pesquisas e de construção de conhecimentos. Vêm se multiplicando os ensaios visuais que têm como base a criança trabalhando, suas expressões faciais e corporais quando pintam, desenham, projetam e veem imagens, quando reagem ao mundo que as cerca, à multicultura que as envolve.

A dissertação de mestrado de Clarissa Urbano,[31] na Universidade Anhembi Morumbi, e a tese de Ana Amália Tavares Bastos Barbosa,[32] na ECA/USP, incluíam exposições que demonstravam a função da imagem como narrativa de pesquisas. Nestes dois trabalhos as imagens das crianças mudam em função da diversidade das propostas de trabalho, da diversidade de espaços que descobrem, e da diversidade de aspectos da vida com os quais se deparam. A expectativa, o prazer, a perplexidade, a dúvida são demonstrados através das fotografias do início do processo de trabalho até sua conclusão. O que as atividades significam para elas está cabalmente demonstrado em seus semblantes, posições corporais, risos, raivas, recusas e vitórias.

A melhor maneira de convencermos os outros do que afirmamos verbalmente, das nossas teorias, de nossas convicções, do resultado de nossas pesquisas, é comprová-los através da imagem.

## Referências

BARBOSA, Ana Amália. *Além do corpo*: uma experiência de arte/educação. Tese (Doutorado) — Universidade de São Paulo, São Paulo, 2012.

---

31. Urbano, Clarissa Souza Palomequé. *Ecologia*: arte e design. Dissertação (Mestrado) — Programa de Pós-Graduação em Design, Arte, Moda e Tecnologia, Universidade Anhembi Morumbi, São Paulo, 2011.

32. Barbosa, Ana Amália. *Além do corpo*: uma experiência de arte/educação. Tese (Doutorado) — Universidade de São Paulo, São Paulo, 2012.

BARBOSA, Ana Mae. Labirinto da moda ou reinventar-se através da moda. In: AMARAL, Gláucia. *Labirinto da moda*: uma aventura infantil. Catálogo de exposição. São Paulo: Sesc, 1996. p. 28-32.

_____; CUNHA, Fernanda Pereira (Org.). *Abordagem Triangular no ensino das artes e culturas visuais*. São Paulo: Cortez, 2010.

BRITISH COUNCIl. *Exposição de desenhos de escolares da Grã-Bretanha*. London: 1941/1942a.

_____. *Report on the British Council Exhibitions of Children's Drawings*. Document 984/1. Inglaterra, 1941/1942b.

_____. *Fine Arts Committee*: the art of British Children. First Meeting held at 3, Hanover Street, W1. Document 985/1, 7 nov. 1940.

EXPOSIÇÃO DE PINTURAS E DESENHOS DE CRIANÇAS INGLESAS. *Folder de exposição*. Rio de Janeiro: Escolinha de Arte do Brasil/British Council, 17 a 27 ago. 1964.

GOMBRICH, Ernest. *The sense of order*. 2. ed. London: Phaidon Press, 1994.

_____. *A lifelong interest*: conversations on art and science with Didier Eribon. London: Thames & Hudson, 1993.

JORNAL DO COMERCIO. Rio de Janeiro, 13 jun. 1928.

McQUEEN, Steve. Fazer filmes é só trabalho. *Folha de São Paulo*, caderno Ilustrada, 16 mar. 2012.

MORAES, Raymundo Porciúncula de. *Palheta sonora*: pintura, poesia, música. Rio de Janeiro: Edição do Autor, 1980.

_____. A mensagem policroma das crianças da terra do Sol Nascente: o "canon" universal das crianças e a sua tendência futurista. *O Jornal*, Rio de Janeiro, 24 jun. 1928.

READ, Herbert. Apresentação. In: EXPOSIÇÃO DE PINTURAS E DESENHOS DE CRIANÇAS INGLESAS. *Folder de exposição*, Rio de Janeiro: Escolinha de Arte do Brasil/British Council, 17 a 27 ago. 1964.

_____. *Education through art*. London: Faber, 1943.

_____. Introdução. In: BRITISH COUNCIL. *Exposição de Desenhos de Escolares da Grã-Bretanha*. Grã-Bretanha: Knapp, Drewett & Sons, 1941/1942.

REVISTA DA SEMANA. Rio de Janeiro, jun. 1928.

RIZZI, Maria Christina de Souza. Reflexões sobre a abordagem triangular no ensino da arte. In: BARBOSA, Ana Mae. *Ensino da arte*: memória e história. São Paulo: Perspectiva, 2008. p. 335-348.

SOUZA, Gilda de Mello e. *O espírito das roupas*: a moda no século XIX. São Paulo: Companhia das Letras, 1987.

URBANO, Clarissa. *Diálogos entre ecologia, arte e design*. Dissertação (Mestrado) — Programa de Pós-Graduação em Arte, Design, Moda e Tecnologia, Universidade Anhembi Morumbi. São Paulo, 2011.

## Teses e dissertações importantes para o entendimento da História do Ensino da Arte no Brasil e o Modernismo

AMARAL, Claudio Silveira. *John Ruskin e o desenho no Brasil*. Dissertação (Doutorado) — Universidade de São Paulo, São Paulo, 2005.

ARAÚJO, Roberta Maira de Melo. *O ensino de arte na educação feminina no Colégio Nossa Senhora das Dores (1885-1973)*. Dissertação (Mestrado) — Universidade de São Paulo, Escola de Comunicação e Artes, São Paulo, 2004.

AZEVEDO, Fernando. *Movimento escolinhas de arte*: em cena memórias de Noemia Varela e Ana Mae Barbosa. Dissertação (Mestrado) — Universidade de São Paulo, Escola de Comunicação e Artes, São Paulo, 2000

BARRETO, Carolina Marielli. *Profissionalização Feminina e Ensino de Artes*: um diálogo com a Escola Profissional Feminina de São Paulo. Dissertação (Mestrado) — Unesp, Instituto de Artes, São Paulo, 2007.

BENETTI, Téoura. *História da escolhinha de artes do Centro de Artes e Letras da Universidade Federal de Santa Maria*. Dissertação (Mestrado) — UFSM, Centro de Educação, 2007.

BREDARIOLLI, Rita Luciana Berti. *Das lembranças de Suzana Rodrigues, tópicos modernos de Arte e Educação*. Dissertação (Mestrado) — Universidade de São Paulo, Escola de Comunicação e Artes, São Paulo, 2004.

_____. *XIV Festival de Inverno de Campos do Jordão*: variações sobre temas de ensino da arte. Dissertação (Doutorado) — Universidade de São Paulo, Escola de Comunicação e Artes, São Paulo, 2009.

COUTINHO, Rejane. Sylvio Rabello e o desenho infantil. Dissertação (Mestrado) — Universidade de São Paulo, Escola de Comunicação e Artes, São Paulo, 1998.

_____. A coleção de desenhos infantis do acervo Mário de Andrade. Tese (Doutorado) — Universidade de São Paulo, Escola de Comunicação e Artes, São Paulo, 2002.

CUNHA, Fernanda Pereira da. *Educação pelo olhar*: aspectos das tecnologias do ensino intuitivo e da informática na arte/educação. Dissertação (Mestrado) — Universidade de São Paulo, Escola de Comunicação e Artes, São Paulo, 2004.

DUARTE, Maria de Souza. *Educação pela Arte numa cidade nova*: o caso de Brasília. Dissertação (Mestrado) — Universidade de Brasília, Brasília, 1982.

FERRAZ, M. Heloisa Toledo. *A Escola Livre de Artes Plásticas do Juqueri*. Tese (Doutorado) — Universidade de São Paulo, Escola de Comunicação e Artes, São Paulo, 1989.

FERREIRA, Ilza Leal. *As escolas experimentais de São Paulo na década de 60*: sua contribuição na formação do cidadão. Dissertação (Mestrado) — Universidade de São Paulo, Escola de Comunicação e Artes, São Paulo, 1992.

FOERSTE, Gerda M. Schütz. *Arte/Educação*: pressupostos metodológicos na obra de Ana Mae Barbosa. Dissertação (Mestrado) — UFGoiás, Goiânia, 1996.

PINHO, Margarida Góes de Araújo. *O ensino de Artes Plásticas nos Ginásios Estaduais Vocacionais*: 1961-1969. Dissertação (Mestrado) — Universidade de São Paulo, Escola de Comunicação e Artes, São Paulo, 1983.

SALLES, Heloísa Margarido. *Prática interdisciplinar no ensino de arte*: estudo de caso. Colégio Equipe anos 70. Dissertação (Mestrado) — Universidade de São Paulo, Escola de Comunicação e Artes, São Paulo, 1992.

VITORIANO, Vicente. *Newton Navarro*: um flâneur na direção da arte e da pedagogia da arte no Rio Grande do Norte. Tese (Doutorado) — Programa de Pós-Graduação em Educação, Departamento de Educação/CCSA/UFRN, 2003.

# PARTE III

# A Formação Modernista dos Professores de Arte no Brasil

# 11

# O Teachers College e sua influência na modernização da Educação no Brasil

> "The transformation of society, at the heart of both feminism and socialism, will not take place until feminist strategies are acknowledge and fully integrated into the struggle [...]. There is I know a certain danger that when women's issues are expanded too far they will get swallowed up by amorphous liberalism."
>
> **Lucy Lippard**

**A institucionalização do ensino** da Arte e do Desenho no Brasil se deu à margem da colonização direta de Portugal. Éramos dominados pelos portugueses, mas fomos modelados pelos franceses. Aliás, no século XIX os portugueses de Lisboa reclamavam que o Brasil tinha um ensino da Arte melhor que o deles próprios. Nosso ensino superior de Arte esteve tanto tempo sob a tutela da França, que chegamos ao ponto de esquecermos a França e ficarmos apenas conservadores. Mas em relação ao ensino primário e secundário públicos, seguimos mais diretamente o Instituto Jean Jacques Rousseau da Suíça, que era um dos líderes da Escola Nova; a Inglaterra e os Estados Unidos, através de Walter Smith, no que diz respeito à iniciação ao Design; e por fim o Teachers College da Columbia University de New York.

Como diz um dos documentos arquivados na sua biblioteca de livros e documentos raros, o *Teachers College* foi fundado em novembro de 1894, em frente a um asilo e um pasto de vacas, e foi em pouco tempo incorporado à Columbia University.

**Figura 1**
O Teachers College quando foi construído em 1894. Vista do sudeste.
*Fonte*: Arquivo da biblioteca do Teachers College [Foto B141].

**Figura 2**
Teachers College 25 anos depois de sua inauguração. Vista do sudeste.
Fonte: Arquivo da biblioteca do Teachers College.

Duas mudanças estavam ocorrendo em educação:

1) A educação popular estava se desenvolvendo, aumentando de 9.900.000 estudantes em 1880, para 12.700.000 em décadas depois;

2) A taxa de analfabetismo tinha baixado de 17% em 1880, para 11% na virada do século.

As Faculdades (*Colleges*) de Educação Superior eram 350 em 1880, e 500 em 1890. A coeducação se desenvolvia. Em 1886 a primeira mulher foi contratada como inspetora escolar de Nova York.

Os fundadores do TC foram Grace Hoadley Dodge, filantropista executiva de empresas e feminista; Nicholas Murray Butler, filósofo e estudioso de educação, que defendia especial treinamento para professores;

James E. Russell, reformador da educação e designer da educação profissional, que assumiu o papel de primeiro Diretor do TC.

A criação do Teachers College evoluiu de um processo iniciado e liderado por Grace Dodge, que criou a Working Girls Society; a YWCA (Young Women's Christian Association); a Travelers Aid para expansão da cultura e proteção das mulheres pobres; e finalmente a Industrial Education Association, que rapidamente se transformou no New York College for the Training of Teachers e depois Teachers College. A IEA era comprometida com a capacitação principalmente das mulheres para as artes manuais e domésticas. Grace Dodge sentiu necessidade de formação mais ampla para professoras, e o contexto desenvolvimentista dos Estados Unidos na época tornou o Teachers College um empreendimento bem-sucedido. A incorporação à Columbia University não foi difícil, pois a mulher de um importante mantenedor da Columbia University, Mary Nash Agnew, era amiga e companheira de lutas sociais de Grace Dodge. O prefeito William R. Grace nomeou as duas como membros do New York City Board of Education. Elas se tornaram as primeiras mulheres a ocupar este cargo, e William Grace foi por três anos do Conselho do TC. Portanto, na base da criação do TC esteve o movimento feminista americano, no qual se envolveram mulheres ricas com fácil acesso ao poder dominado pelos homens. Elas usavam uma linguagem que associava certo assistencialismo ao desenvolvimentismo, ambos aliados a uma ação política eficiente, uma política de resultados individuais, sociais, comerciais e industriais.

Foram contratados pelo Dean Russell os professores Paul Monroe — historiador da Educação lido até hoje, e Edward Lee Thorndike. Este último chegou em 1899, com 25 anos, e em cinco anos se tornou professor titular. Alguns o classificam como psicólogo behaviorista, mas eu acho mais adequado designá-lo como psicólogo da aprendizagem. Fez seu doutorado na Columbia, mas antes fora aluno de Wllliam James em Harvard. Foi um dos primeiros psicólogos a usar animais nas pesquisas.

John Dewey foi convidado entre 1904 e 1906, como professor de filosofia da educação. Foi primeiro membro da Faculdade de Filosofia na Columbia, e desde 1900 também integrava o grupo de professores da Faculdade de Educação. Estava em posição de influenciar o TC. Mais tarde, quando o departamento de Educacional Research foi estabelecido no TC foi um dos sete professores contratados em primeiro lugar. O discípulo dele, Kilpatrick, foi contratado em 1913.

No currículo havia Domestic Arts, Art Education em Museus e Voice Training em Educação Física. Pelas cartas e projetos que li na biblioteca de documentos raros do TC, pude entender que seus criadores tinham a missão de educar não só os americanos, mas que já começaram com o propósito de influir internacionalmente na Educação das outras Américas.

Uma carta de cinco de novembro de 1915 de Arthur Brown do Committee on Cooperation in Latin America, convida o Diretor do TC, prof. James Russell, para integrar um grupo que realizaria um Congresso de Educação no Panamá, de 10 a 20 de fevereiro, e conferências em Lima, Santiago, Buenos Aires e Rio de Janeiro, ficando oito dias em cada cidade. Esse Committee representava a Agência de Missionários em trabalho nas Índias Ocidentais, México, Américas do Sul e Central. Acompanhando a carta, enviou também um documento de 12 páginas datilografadas explicando os objetivos do trabalho de educação na América Latina, que resumidamente eram: conversão de alunos, treinamento de líderes nativos para a Igreja e influenciar na vida da comunidade em direção à difusão do cristianismo. O documento traz uma análise histórica das universidades de São Marcos (1551) no Peru, reconhecendo-a como a mais antiga, criada 87 anos antes da Universidade de Harvard, e lembrando que mesmo a mais nova das importantes universidades da América Latina, a de Santiago (1838), era mais velha que a maioria das instituições de ensino norte-americanas. Mas, critica todo o sistema latino-americano de ensino como dogmático, cujo primeiro objetivo era fazer os homens submissos à Igreja Católica e ao Estado. O que queriam era trocar uma religião por outra, e despendiam esforços para isto. A viagem duraria ao todo 84 dias, dos quais 44 no navio.

Respondendo a essa carta, Russell escreve ao secretário do Committee, Rev. S. G. Inman, em 30 de novembro de 1915. Ele não menciona o convite para acompanhar a missão à América Latina, mas elogia o documento recebido, que realmente era historicamente detalhado. Entretanto, Russell delicadamente exprime sua ideia de que uma educação missionária deveria ser em "todo lugar": treinar para a cidadania contribuindo para a estabilidade política. Fica subentendido que se opunha ao estreito objetivo de formatar para esta ou aquela religião. Diz ele na carta: "O melhor serviço que o movimento missionário evangélico pode prestar em minha opinião é disseminar ideais democráticos".[1] Termina sugerindo que o documento inclua comentários sobre o movimento de Escoteiros como uma força em direção à boa cidadania.

Russell não acompanhou essa expedição "civilizatória" por que se operou do apêndice. Pelo menos esta foi a desculpa. Os objetivos internacionais do TC eram mais amplos, menos religiosos e mais científicos.

Em Art Education, Arthur Dow era a estrela do TC e um dos mais famosos professores dos Estados Unidos até 1922, ano em que morreu. Suas cartas burocráticas de agradecimento e de pedidos são sempre especiais, incluem reflexões sobre conceitos ou questionamentos. Numa das cartas defende a arte na escola pública porque atinge a todos os cidadãos, e dá muita importância ao Desenho à mão livre por seu valor para a educação geral. Em outra, agradece as bolsas (*grants*) em alguns cursos para promover a instrução nas Artes, dizendo que produzirão bons resultados para elevar o gosto estético de uma sociedade favorecida. Portanto, se interessava em ampliar os horizontes estéticos dos cidadãos comuns e dos ricos também.

Às vezes era irônico.

Uma carta de Arthur Dow, de 13 de janeiro de 1920, para Dr. Russell, o diretor do TC, diz: "Uma neta de Abraham Lincoln quer entrar numa classe de brancos para estudar fotografia. Ela está agora num estúdio de cinema no centro (downtown), área que vai deixar porque há "gente de cor demais". How is that for a Lincoln story!?",[2] questiona Dow.

Não conheço a história de Nova York, mas o curioso é que *downtown*, que inclui Greenwich Village e Wall Street, não é hoje área dos afrodescendentes. O Harlem, muito próximo ao TC, é que o é.

---

1. Carta datilografada encontrada nos arquivos de documentos raros do Teachers College, 30 de novembro de 1915.

2. Carta datilografada encontrada nos arquivos de documentos raros do Teacher College, 13 de janeiro de 1920.

Arthur Dow valorizava a expressão livre da criança pequena, mas propunha exercícios de composição baseados em: linha, *notan*, e cor para os maiores.

*Notan* é um termo japonês usado para descrever as nuances de claro e escuro nas cores, e não somente no preto e branco, embora Dow fosse muito interessado nos graus de cinza. Para o pesquisador japonês Akio Okasaki,[3] quem melhor definiu *notan*, ao analisar os métodos de Dow, foi Robert Saunders (1966), que disse "Por 'notan', ele [Dow] significava o balanço da luz e da escuridão do objeto quer fosse um edifício, uma pintura ou a natureza. O termo 'notan' significa mais que o termo 'valor' como elemento do design moderno na Alemã Bauhaus. Ele [Dow] cuidadosamente acrescentava dois hifens para traduzir *notan*: Dark-and--Light".[4] Também não se pode reduzir *notan* à relação luz e sombra — um fenômeno da natureza, enquanto *notan* se refere à visualidade construída. Dow foi aluno de Ernst Fenolosa, especialista e colecionador de Arte japonesa que dirigiu o Departamento de Arte Oriental do Museu de Arte de Boston, para o qual doou sua coleção. Fenolosa passou alguns anos no Japão como professor de filosofia política na Tokio Imperial University. Ele influenciou os próprios japoneses a voltarem a considerar, ensinar e valorizar a Arte do Japão nas escolas num período de excessiva ocidentalização. Haroldo de Campos era um admirador de Fenolosa e tinha todos os seus livros. Tive boas conversas com ele sobre a recusa de Fenolosa ao naturalismo como base do ensino da arte, ideia que ele substituía pelo domínio da estrutura do que se via e do que se fazia.

Prometi a Haroldo que iria escrever sobre Fenolosa como influenciador do Ensino da Arte nos Estados Unidos e no Japão, mas outros interesses se impuseram. Haroldo me cobrava frequentemente o estudo sobre Fenolosa.

Em carta de 17 de novembro de 1915, Dow pede ao Diretor Russell para comprar a coleção de slides de Fenolosa. Diz que a mulher de Fe-

---

3. Okasaki, Akio. Dow's conception of teaching art: "Harmonious composition" and "Notan". *Insea World Congress*, Brisbane, p. 5, 25 set. 1999.

4. Saunders, Robert. A history of the teaching of art appreciation in public schools. In: Ecker, D. (Org.). *Improving the teaching of art appreciation*. Columbus, Ohio: The Ohio State University, 1966. p. 1-48.

nolosa enviara a coleção de 1.200 slides para ele examinar. Tratava-se de slides fotografados em museus e coleções particulares por especialistas, e muitos fotografados pelo próprio Fenolosa. Ele propõe que se paguem duzentos dólares por toda a coleção que, segundo ele, valeria 800 dólares. Lamenta não poder comprá-la pessoalmente e argumenta contra a possibilidade de se desmembrar a coleção, demonstrando respeito pela história cultural de um historiador da Arte e de uma época. Não consegui descobrir se a coleção foi comprada, nem se ainda existe.

Também importante como professora de Art Education da Columbia University foi Belle Boas que naquela época já questionava a hegemonia da Pintura e trabalhava com seus alunos não só com obras de Arte, mas também com análise e produção de pôsteres comerciais. Belle Boas era diretora de Artes Visuais da Escola Horace Mann, escola de demonstração pedagógica do TC, quando publicou em 1926 seu livro *Art in the school*[5] dedicado à memória de Arthur Dow.

No início do século XX o TC tornou-se rapidamente uma instituição de liderança no Ensino da Arte, não só graças a Dow, Dewey e Boas, mas muitos professores contribuíram para isso, assim como ex-alunos que não fincaram seus nomes na História. Margaret Mathias, por exemplo, ex-aluna de Art Education do TC, espalhou a ideologia de seus mestres quando foi supervisora do sistema escolar.

Na base dos ensinamentos de todos estava a ideia de que era preciso fazer arte e apreciar também. Mathias colocava o problema da seguinte maneira:

> Se nós esperamos construir uma sociedade com apreciação de arte e alguma habilidade para resolver problemas de Arte, um curso de arte adequado deve proporcionar o desenvolvimento da habilidade de auto-expressão e de entender a expressão dos outros.[6]

O interessante é que desde cedo o TC se preocupou em organizar cursos extracurriculares de educação em museus, que chamavam de

---

5. Boas, Belle. *Art in the school*. New York: Doubleday/Page & Company, 1926.
6. Mathias, Margaret. *The begining of art in public schools*. New York: Scribner, 1924. p. 1.

Museum Guidance, com um professor chamado Cornell que era muito elogiado (segundo um pedido de repetição do curso que encontrei). Cobravam doze dólares pelo curso, mas não descobri a duração. Havia cursos avulsos de *lettering* — algo que poderia ser definido como desenho caligráfico que às vezes incluía design gráfico, mas privilegiava o traçado manual de letras. Miss Tannahill dava outro curso avulso de *color print* para criação de cartazes.

Para atuar internacionalmente o TC procurou estabelecer convênios com instituições mais poderosas economicamente, como a Carnegie Corporation.

Uma carta de 20 de abril de 1927, de Russell dirigida a Carnegie Corporation of New York, agradece o apoio econômico dado aos cursos de artes no TC e pede financiamento para estender os conhecimentos e a formação em Arte/Educação do TC para todo o país, e outros países também. Chama a atenção para a importância da educação estética para a sociedade, não só para estimular criadores desde a infância, mas também para formar os consumidores ameaçados pela produção em massa.

Provavelmente teve sucesso, porque dois anos depois o *Jornal do Brasil*, de 5 de julho de 1929, publicou uma entrevista com Delgado de Carvalho sobre a ida de professores brasileiros para os Estados Unidos, na qual ele dá a entender que a Columbia University recebia subvenções da Carnegie Corporation a qual se dispôs a pôr nossos professores em contato com o Teachers College. Eis parte da entrevista:

Jornal do Brasil — 05 de julho de 1929

**AMPLIANDO OS HORIZONTES DA NOSSA CULTURA.**

A Associação Brasileira de Educação está cogitando de enviar anualmente 10 professores brasileiros para visitar as universidades americanas — diz-nos, em entrevista, o professor Delgado de Carvalho.

**UM OFERECIMENTO DA CARNEGIE ENDOWEMENT.**

E o professor Delgado de Carvalho, na sua conversa fluente e despretensiosa, prossegue:

— mais do que nunca, durante a minha recente excursão aos Estados Unidos, lembrei-me de trabalhar para que os nossos professores pudessem enxergar o que eu estava vendo e observando nos museus e nas universidades americanas. E veio-me a ideia de apelar para a famosa filantropia americana. Indaguei daqui, dali, e procurei me aproximar das instituições subvencionadas pela Carnegie Endowement, como a União Pan-Americana, o Instituto Internacional de Educação e a Universidade de Columbia. Ciente dos caminhos a seguir, escrevi um ofício àquela Fundação sugerindo um convite aos professores brasileiros para visitarem os Estados Unidos durante as suas férias, permitindo-lhes ver o que lá existe em condições de auxiliar cada qual no aperfeiçoamento de sua especialidade. A resposta à minha sugestão, que era feita em nome da A B.E. (Associação Brasileira de Educação) — e tenho muito orgulho em recordar que fui seu primeiro presidente — não podia ser resolvida senão depois de determinada assembleia anual que se realizaria em maio, dois meses, portanto, após o meu regresso. Ela foi aceita na época oportuna, conforme me informou em carta o doutor Rowe, diretor da União Pan-americana; a Carnegie Endowement se propondo a facilitar a visita de 10 professores brasileiros aos estabelecimentos que mais lhe possam interessar nas cidades do Atlântico, custeando-lhes a estadia nos Estados Unidos durante 5 semanas e os pondo, finalmente, em contato com os professores do Teachers College da Universidade de Columbia para trocar impressões e eliminarem quaisquer dúvidas. Os dez professores que gozariam destas vantagens seriam indicados pela ABE.

**UM OFERECIMENTO DA ASSOCIAÇÃO NACIONAL DE EDUCAÇÃO.**

Um segundo oferecimento gentil partiu da Associação Nacional de Educação de Washington instituição que conta com mais de 200 mil associados, a qual tomará sobre sua acolhida os enviados da A B.E. servindo-lhes de guia.

**AS CONDIÇÕES PARA A VISITA NOS ESTADOS UNIDOS.**

O oferecimento da Carnegie Endowement é somente para o próximo ano. É certo, porém — insinua o professor Delgado — que diante de um resultado feliz deste primeiro ensaio, o convite se repetirá todos os anos.

Atendendo a isso, é sugestão contida na carta do Sr. Rowe, de se escolher somente dois ou três subgrupos de assuntos para não dispersar esforços; o conselho diretor da ABE acaba de votar a regulamentação para a ida dos professores aos Estados Unidos no próximo mês de janeiro, ficando aberta na sua sede as inscrições para os que desejarem se aproveitar desta excursão. A inscrição irá até 30 de setembro e logo depois de encerrada uma comissão nomeada "ad hoc" pelo Conselho Diretor, escolherá de acordo com as credenciais apresentadas, dez nomes de professores, os quais deverão estudar determinados assuntos e entregar na sua volta um relatório à ABE.

**AS DESPESAS DA VIAGEM MARÍTIMA.**

Não custeando a Carnegie Endowement senão as despesas de estadia nos Estados Unidos, fui procurar o Senhor Frank Mumson, diretor da "Mumson Line" e pedir-lhe um abatimento nas passagens em seus navios para estes professores. O sr. Mumson não me deu ainda uma resposta definitiva, mas tenho comigo a certeza que ele se decidirá a grande redução pedida, como ele acaba de conceder aos estudantes americanos embarcados em Nova York na semana passada e que vem estudar cousas brasileiras.[7]

Os intercâmbios entre professores continuaram, pois no ano seguinte um artigo do *Diário de Notícias*, de 10 de julho de 1930, nos dá notícias da segunda visita de educadores norte-americanos ao Brasil.

*Diário de Notícias* — 10 de julho de 1930

**A MELHOR APROXIMAÇÃO ENTRE O BRASIL E OS ESTADOS UNIDOS**

*Chega hoje á noite, pelo "Western World" a segunda turma de professores norte-americanos*

Uma feliz iniciativa do nosso Instituto Histórico e Geográfico em combinação com o Institute of International Education, de Nova York, iniciou, no ano passado, um proveitoso intercâmbio de professores entre os Estados Unidos e o Brasil, para cursos e estudos de assuntos especiais de cada pais.

A primeira turma de professores norte-americanos aqui chegou, a 11 de junho de 1929 no "Southern Cross". Tão evidentes foram os resultados colhidos que, regressando á sua patria, eles fizeram as mais francas referencias ao Brasil e aos brasileiros em todos os meios universitários.

---

7. Delgado de Carvalho et al. Ampliando os horizontes da nossa cultura: a Associação Brasileira de Educação está cogitando de enviar anualmente 10 professores brasileiros para visitar as universidades americanas — diz-nos em entrevista, o professor Delgado de Carvalho (*Jornal do Brasil*, Rio de Janeiro, 5 jul. 1929).

Em novembro do mesmo ano, partiu do Rio o primeiro grupo de representantes do nosso magistério, cujo aproveitamento, na grande republica, está sendo conhecido, desde meses, através de entrevistas, relatórios e conferencias.

Vem agora a segunda turma norte-americana que deve desembarcar hoje, á noite, nesta capital tendo viajado no "Western World".

Constituem esse grupo os seguintes professores: Frank Spaulding, decano da Escola de Educação (instituto correspondente ao que se poderia chamar aqui de Escola Normal Superior), da Universidade de Yale; Umylsteker, especialista em línguas romanas: Victor Vray, da Universidade de Evanston; Miss Leeds Darnel, da Universidade de Columbia; Miss K.Bott, da Escola Secundária de Central Falls; miss Slack, da Universidade de Evanston; miss Hatch, professora de História; miss Eckert e miss Baily, da Escola de Comércio de Gloucester (Estado de Massachusetts); e mrs. Miller, diretora de escola pública elementar.

O professor Frank Spaulding[8] vem especialmente interessado em observar os nossos problemas didáticos.

Os cursos estão organizados de acordo com o seguinte programa: I — Evolução histórica do Brasil durante os séculos XIX e XX — pelo dr. Pandiá Calogeras; II — A atual situação econômica do Brasil, aspectos internacionais — pelo dr. Carlos Delgado de Carvalho.

III — Desenvolvimento sociológico do povo brasileiro — pelo dr. Carneiro Leão; IV-Geografia física do Brasil; trabalhos dos geólogos americanos — pelo Dr. Arrojado Lisboa; V — Literatura brasileira, suas influências estrangeiras e tendências atuais — pelo Dr. Afrânio Peixoto.

Os cursos serão feitos em inglês, todas as manhãs, ficando as tardes livres para passeios e visitas dos professores às escolas, institutos, museus etc.[9]

Mas, desde 1916, alunos brasileiros receberam diploma de mestrado no Teachers College. Encontrei uma lista explícita e detalhada dos vinte brasileiros que concluíram mestrado no TC, de 1916 a 1956:

---

8. Spauding era o mais importante deles. Publicava muito e muito se escrevia sobre ele. Era uma figura pública e poderosa.

9. A melhor aproximação entre o Brasil e os Estados Unidos: chega hoje à noite, pelo "Western World", a segunda turma de professores norte-americanos (*Diário de Notícias*, Rio de Janeiro, 10 jul. 1930).

Alvarenga, Anyta — 1956
Alves de Almeida, Isaias — 1931
Ardayne, Júlia Collins — 1932
Bruce, John Lee — 1916
De Abreu, Maria José — 1954
Dias, Lygia Siqueira C. — 1955
Chagas, Agnes Stewart Waddell — 1947
Goes, Joaquim Faria — 1936
Guimarães, Ignacia Ferreira — 1928
Gorenstín, Fanny — 1948
De Freitas, Joseph Cursino — ?
Jardim, Lúcia — 1952
Marshall, Simone Paulette — 1952
Martins, Octavio A. L. — 1940
Pinheiro, Maria Rosa Sousa — 1948
Ribeiro, Marcia de C. Martins — 1947
Scheeffer, Ruth Nobre — 1951
Teixeira, Anisio Spinola — 1929
Verderese, Olga — 1965
Viegas, Celina — 1952

O primeiro mestre brasileiro formado pelo TC, em 1916, foi John Lee Bruce, de acordo com a lista anteriormente referida. Pelo nome parece que era descendente dos americanos que se mudaram para o Brasil, muitos para São Paulo, outros para a Amazônia, depois da Guerra de Secessão Norte-americana. Vários dos educadores brasileiros que fizeram mestrado no TC que constam desta lista foram importantes no Brasil — como Celina Viegas, de São João del Rei, em Minas Gerais, que viveu até os 110 anos, a maior parte deles trabalhando como educadora. A casa em que viveu conhecida como Solar dos Viegas foi tombada pelo Patrimônio Histórico.[10] Outra mineira, Ignacia Ferreira Guimarães, foi personagem

---

10. Processo n. 018/2000. Notificados: Dr. Milton de Resende Viegas e outros. Objeto: tombamento voluntário do imóvel situado a rua Dr. José Mourão, n. 77 — Centro, São João del Rei. *Fonte*: IPHAN. Relator: conselheiro José Antônio de Ávila Sacramento.

importante da educação em seu estado. Anísio Teixeira foi ministro da Educação, criou universidades, foi perseguido no Estado Novo e na Ditadura Militar de 1964. Ele foi um dos mais ativos e influentes educadores do Brasil. Sua estranha morte em um poço de elevador deixou dúvidas que tenha sido um homicídio político, e não um mero acidente. Isaias Alves de Almeida especializou-se em algo que estava muito na moda na época: os testes psicológicos e cognitivos. Trabalhou com Anísio Teixeira até que o Estado Novo os separou. Ambos eram baianos. Joaquim de Freitas Goés Filho,[11] que dirigiu o Senai na Bahia, de 1948 a 1960, continuou trabalhando com Teixeira até 1971, quando publicaram um pequeno e primoroso texto juntos sobre a educação como proposta para a criação de um Centro de Estudos de Pós-Graduados de Educação na FGV no Rio de Janeiro. A paulista Olga Verderese foi professora, mas já era enfermeira formada na segunda turma da Universidade de São Paulo quando fez seu mestrado no TC. Fundou a Associação Brasileira das Enfermeiras Diplomadas e foi muito influente no Ensino Universitário de Enfermagem do nordeste ao sul do Brasil. Também professora da Escola de Enfermagem da USP, Maria Rosa de Sousa Pinheiro foi extremamente competente e engajada, impedindo a prisão de alunos durante a ditadura militar dos anos 1960 e 1970. Octavio A. L. Martins especializou-se em estatística de volta ao Brasil. Ruth Scheeffer Nobre[12] foi professora em universidades no Rio, se dedicando principalmente à Psicologia comunitária e a psicologia do adolescente. Outros foram bem-sucedidos como escritores de ficção e poesia, enfim, a safra do TC trabalhou duro e melhorou a educação em varias áreas no Brasil, não só como professores, mas também como gestores.

Em um dos relatórios não assinados, consultados por mim na biblioteca de documentos raros do TC, há uma relação numérica dos alunos latino-americanos no TC. Trata-se de alunos regulares de formação inicial ou *undergraduated* — como se chama nos Estados Unidos —, não de alunos de mestrado ou de cursos de curta duração ou ainda de cursos especiais.

---

11. Teixeira, Anísio; Goés Filho, Joaquim Faria. *A tradição da Fundação no campo dos estudos das Ciências Sociais.* Rio de Janeiro: Fundação Getúlio Vargas, 1971. p. 29.

12. Scheeffer, Ruth Nobre. *Curso de noções de psicologia da adolescência.* Rio de Janeiro: Fundação Getúlio Vargas, s/d.

ALUNOS DE GRADUAÇÃO LATINO-AMERICANOS NO TC ATÉ 1957
Argentina: 4
Brasil: 14
Chile: 7
Colômbia: 4
Equador: 1
Guiana Inglesa: 3
Paraguai: 1
Peru: 3
Venezuela: 1

Numa outra lista de alunos estrangeiros até 1959, vemos que o número de alunos brasileiros aumenta em dois anos de 14 para 88. Esta última lista, entretanto, não especifica se são alunos de mestrado, de graduação ou ainda se inclui ambos.

ALUNOS ESTRANGEIROS ATÉ 1959
Alemanha: 179
Bolívia: 3
Brasil: 88
Chile: 69
Colômbia: 21
Cuba: 125
Equador: 9
Filipinas: 426
França: 108
Guiana Inglesa: 19
Havaí: 489
Índia: 237
Inglaterra: 228
Jamaica: 125
Japão: 220
Paraguai: 5
Peru: 33
Porto Rico: 684
Turquia: 109
Uruguai: 33
Venezuela: 31

Como se pode ver, o número de estudantes dos países ocupados pelos americanos durante o pós-guerra é o maior. No Brasil, o intercâmbio com o TC mais famoso foi apelidado de "Embaixada de Minas Gerais" (1927-28), a ida de cinco jovens professoras de Belo Horizonte para lá estudarem.

Das reformas educacionais feitas em nome da Escola Nova ou Escola Ativa no Brasil, a mais divulgada, mais comemorada, foi a de Minas Gerais quando Francisco Campos era Secretário do Interior. Ele deu grande ênfase à reformulação do ensino primário, secundário e normal. É difícil explicar como um ideólogo de direita, articulador do golpe do Estado Novo em 1935, que contribuiu para a redação dos AI-1 e AI-2 da Ditadura Militar de 1964, esteve ligado à implantação da Escola Nova no Brasil. Ele defendia a ideia de reprimir os excessos da democracia pelo desenvolvimento da autoridade. Nada mais oposto ao ideário da Escola Nova.

Para Campos, foi criado no governo provisório de Getúlio Vargas o Ministério de Educação e Saúde ocupado por ele pouco tempo (1930-1932). Francisco Campos foi, portanto, o primeiro ministro de Educação do Brasil. Depois exerceu com mão de ferro o cargo de ministro da Justiça do Estado Novo, período em que liberdades individuais não eram respeitadas e torturas eram praticadas pelo governo. Com a entrada do Brasil na Segunda Guerra Mundial no bloco dos Aliados contra o nazismo e fascismo, Francisco Campos começou a mudar de lado e sua retórica se tornou menos autoritária, com isso conseguiu um lugar na Comissão Jurídica Interamericana, onde atuou até 1955.

O artigo a seguir, que explica muito bem a natureza dos estudos feitos pelas professoras mineiras no TC, me foi dado por uma das professoras da Embaixada de Minas Gerais que estudou no Teachers College — professora Alda Lodi — a quem entrevistei acompanhada de uma amiga de adolescência, Vera Chaves que foi Secretária de Cultura de Brasília. O problema é que o recorte não trazia nem o jornal nem a data da publicação. Ouso desobedecer às regras da ABNT e reproduzi-lo sem referências.

### MINAS NO COLÉGIO DE PROFESSORES DA UNIVERSIDADE DE COLUMBIA

Desde que o senhor Francisco Campos se tornou secretário do Interior no atual governo de Minas, sua principal preocupação foi reorganizar o ensino público [...].

Dois gestos, entretanto, do atual secretario do Interior de Minas precisam de ser assinalados, porque possuem mais força de ser do que as suas brilhantes exposições de motivos. Um é o convite a professores belgas, suíços e franceses para virem ensinar naquele Estado as lições da escola ativa. E o outro que inspira este artigo, é o de ter enviado, em setembro de 1927, cinco professoras mineiras para se aperfeiçoarem na Universidade de Columbia, em Nova York.

## PROFESSORAS MINEIRAS NOS ESTADOS UNIDOS

Essas professoras, que ainda não regressaram ao Brasil, são dd Ignacia Guimarães, Alda Lodi, Amelia Monteiro, Lucia de Castro e Benedita Valladares Ribeiro. D. Ignacia Guimarães já estivera por iniciativa propria em 1922-1924, nos Estados Unidos onde cursara a Universidade George Peabody em Nashville, Tenessee. Era, ao partir de Minas, em 1922, diretora de um grupo escolar da capital; ao voltar, em 1924, foi leccionar metodologia na Escola Normal de Belo Horizonte. Do seu aproveitamento na Universidade George Peabody fala o convite pessoal que recebeu com oferta de uma bolsa de viagem (Macy's Scholarship) para continuar seu curso no Colégio de Professoras da Universidade de Columbia.[13]

Devendo, assim, tornar á América do Norte, d. Ignacia Guimarães recebeu do sr. F. Campos a incumbência de conduzir até o Teachers College quatro professoras que ali iriam aperfeiçoar-se. Foi assim que lá foram ter, em setembro de 1927, de Benedicta Valladares Ribeiro, Lucia de Castro, Alda Lodi e Amélia Monteiro.

Ao chegar em Nova York, essas moças logo deram uma prova de força de vontade. Hospedando-se em um edifício da própria universidade, destinado á moradia das brasileiras, cada uma foi morar em quarto separado, em andar diferente, passando ali dias sem se encontrarem afim de mais facilmente adquirir a pratica da conversação inglesa.

## ESPECIALIZAÇÕES

Matriculadas no Colégio de Professores de Columbia,[14] enquanto d. Ignacia Guimarães prosseguia o seu curso universitário, cada uma de suas companheiras resolveu aperfeiçoar ramos da ciência da educação. Assim, d. Alda Lodi se dedicou á aritmética, geometria, desenho e métodos gerais de ensino, especializando-se na organização e direção das bibliotecas escolares.

---

13. Teachers College que não era só de professoras, mas de professores também.
14. Teachers College.

Esse capítulo das bibliotecas escolares, que tanto tem preocupado os americanos, é para nós de importância primacial. Em matéria de livros didáticos, nossa situação é deplorável. Então para as escolas primarias e normais, o mal do teorismo, sem ciência e sem arte, continua grave apesar das tentativas feitas para remedia-lo. Todos os dias há novos livros aprovados e adoptados pelos conselhos de instrução publica. Mas desses livros raro é o que escapa á falta de graça e de interesse, sem falar nas noções cientificas, erradas ou incompreensíveis, e no descuido artístico, as vezes lastimável. É, talvez, por isso que o sr. F. de Campos anda agora empenhado na criação de bibliotecas escolares. E a Associação Brasileira de Educação cuida de rever os nossos livros didáticos.

D. Benedicta Valladares Ribeiro estuda os novos métodos de ensino de Geografia, de Historia e de Moral.

D. Lucia de Castro se dedicou á linguagem, á leitura e á escrita, estudando também problemas sociais relacionados com a escola.[15]

Quando entrevistei D. Alda Lodi — uma mulher de modos aristocráticos e hospitalidade mineira —, perguntei por que ela fora se especializar em Desenho. O que ela me contou é que arte contaminava todas as atividades do Teachers College. Das professoras que foram na Embaixada de Minas Gerais, a única que ao sair do Brasil já havia decidido ficar um pouco mais e fazer o Mestrado foi Ignacia Ferreira Guimarães. Como comprova a lista dos mestres brasileiros do TC aqui incluída, ela conseguiu terminar o mestrado em pouco tempo.

Em um curso sobre História do Ensino da Arte, uma das minhas orientandas, a mineira Roberta Maira De Melo Araújo, professora da Universidade Federal de Uberlândia, se entusiasmou com a Embaixada de Minas Gerais e a elegeu como tema de seu doutorado; mas terminou por se dedicar a análise de uma das professoras do grupo, Benedita Valladares Ribeiro. Uma das razões é que eu a informei que seu acervo estava cuidadosamente preservado pela filha Mercedes Valladares Guerra, professora da Universidade Federal de Minas Gerais. Trata-se de um rico

---

15. Sá, Carlos. *Minas no colégio de professores da Universidade de Columbia.* Artigo de jornal cedido por Alda Lodi. *Fonte:* Deconhecida, s/d. Consta no jornal que Carlos Sá é do Departamento Nacional de Saúde Pública e da Associação Brasileira de Educação.

arquivo para a compreensão da Educação em Minas Gerais, com muitas cartas de Benedita Valladares escritas para a família quando estava no TC. Selecionei da tese de Roberta Melo algumas cartas que falam especificamente dos estudos no TC; mas a tese[16] merece ser publicada e lida, pois as cartas são uma magnífica radiografia do que pensava uma jovem de 22 anos, nos anos 1920, acerca dos Estados Unidos e o Brasil, suas surpresas, suas comparações de comportamento, sua crença na educação, suas fantasias e projetos para o futuro etc.

Benedita Valladares em uma das primeiras cartas se mostra chocada como a repressão ao comportamento das alunas. O imaginário das jovens brasileiras era povoado pela fantasia acerca da liberdade das mulheres nos Estados Unidos, mas ela se decepcionou. Entretanto, o movimento feminista americano era muito ativo e ganhava cada vez mais visibilidade naquele momento, o que Benedita Valladares vai percebendo aos poucos.

> O regulamento deste internato, como o de todos os internatos americanos, é muito severo. Há horas de silêncio, horas marcadas para as refeições; se qualquer das moças aqui residentes quer dar um passeio, á noite, e acha que não voltará antes das 10 horas, tem de assinar em um livro, dizendo aonde vae e a que horas volta, e, se passar desta hora, não pode entrar, fica na rua. As moças menores de 23 annos (eu e Lúcia) não podem passear nos Parques Riverside Drive e Morning side Drive, depois do anoitecer, e não podem ir na Coney Island e outros parques de diversões, nem mesmo durante o dia, *sem a companhia de um homem*. E eu que imaginava que aqui a mulher, em todo e qualquer logar, podia prescindir do homem. Estou desilludida!... Não é permittido também fumar. Se uma moça (menor de 23 annos) quer dar um passeio em companhia de um homem, precisa pedir licença à directora social (Miss Brown) e dizer onde vai. Há muitas outras regras ainda, muito interessantes [grifo meu].[17]

---

16. Araújo, Roberta Maira de Melo. *Benedicta Valladares Ribeiro (1905-1989)*. Tese (Doutorado) — Programa de Pós-Graduação em Artes Plásticas, Escola de Comunicação e Artes, USP, São Paulo, 2010.

17. Valladares, Ribeiro Benedicta. Apud Araújo, Roberta Maira de Melo. Op. cit., p. 67.

Na tese Roberta M. M. Araújo manteve as cartas na grafia da época, que eu mantenho também, pois se trata de citação. Já nos artigos de jornal que transcrevo, optei por atualizar a

Em outra carta, 14 dias depois, já havia percebido que o rigor não era tão drástico.

> O boato, que ocorreu a meu respeito, de que eu não poderia andar desacompanhada, nem mesmo dentro do Whittier não é verdadeiro, ou, por outra, é muito exagerado... Há, de facto, aqui, um regulamento que prohibe as moças menores de 23 anos sahirem sozinhas; mas é só... para inglês ver. Miss Brown (é a directora social) disse-me, um dia, em conversa, que não acha conveniente que uma mocinha vá sozinha, á cidade (down town), mas que 2.está muito direito. De forma que, quando tenho que ir á cidade, arranjo uma companhia, tenho ido ao cinema, umas 2 ou 3 vezes, só com a Lucia, e não há inconveniente nenhum as moças todas andam sozinhas; como já me disseram a sra. do dr. Sampaio e muitas outras pessoas. A mulher aqui tem os mesmos direitos e a mesma liberdade, quase, que o homem! Aqui perto ando sozinha. Vou ao Banco, faço umas comprinhas... sem dar satisfação a ninguém.[18]

Sua percepção para as conquistas sociais, e os direitos das mulheres foi se desenvolvendo. Já sobre a questão dos negros, nas cartas transcritas por Roberta M. M. Araújo, há apenas uma menção:

> Vou passar uma semana muito divertida... e trabalhosa. O dr. Del Manzo organizou, para o nosso curso de Comparative Education, uma excursão, a diversas cidades norte-americanas, para visitarmos escolas de todos os tipos: normaes, secundárias e profissionais, primárias, rurais etc. As despesas das passagens e hotéis são feitas pelo International Institute. Temos que pagar apenas as nossas refeições.
> Partimos amanhã, à tarde, para Baltimore em trem de ferro. Ficaremos nesta cidade 4 dias, visitando não sei quantas escolas. Seguiremos, depois, para Washington, onde permaneceremos 2 dias [...] iremos a Hampton, no Estado de Virginia, em um vapor. Diz o dr. Del Manzo que esta parte da viagem é muito bonita. Ahi visitamos o Hampton Institute, a 1ª escola

---

grafia. Mercedes Valladares Ribeiro é mãe de Benedicta; Antonio Ribeiro, seu pai, e Domingos, seu irmão.

18. Idem, p. 68.

profissional dos E. Unidos, apezar de ser para negros. (É uma escola agrícola e industrial, tendo também um curso normal, para preparar professores para a escola de negros, no Sul) De Hampton iremos a Philadelphia e, no dia 9, à noite, estaremos de novo aqui.[19]

O *Hampton Institute* foi uma das primeiras escolas universitárias para negros nos Estados Unidos. Viktor Lowenfeld nos anos 1940 dirigiu o Departamento de Arte daquela instituição — que hoje se chama *Hampton University*. Ele, por ser judeu da Áustria, viveu em um país dominado pelos nazistas, conhecia a dor da perseguição racial. Sempre foi muito solidário com a luta dos negros nos Estados Unidos. Como arte/educador ele se empenhou em tornar a Arte elemento central da educação naquela instituição. É importante notar a política do TC de levar estrangeiros ao Hampton Institute — vitrine da educação dos afrodescendentes, cuja alta qualidade não era o suficiente para perdoar a segregação, mas dava boa impressão.

Continuando esta carta diz:

> É provável que, em Washington, estejamos com o Presidente Coolidge. Por falar nisto, no dia 8 vae haver eleições. Gostaria de estar aqui no Whittier Hall para ver como é que as americanas votam e se levam a serio esta questão. Diz Miss Diller que, em Philadelphia, onde estaremos no dia 8, é muito interessante a eleição, e vou ver se consigo ver as mulheres votando.[20]

O interesse quase testemunhal de Benedita Valladares pelo voto feminino se explica pelo fato de que as mulheres não votavam no Brasil, só começaram a votar em 1934. Era com se ela esperasse uma modificação qualquer nas mulheres que votavam. E tinha razão, o sentimento de dignidade muda as pessoas. Fico fascinada com a curiosidade, a inteligência e a capacidade de renovar as ideias desta jovem mineira nos anos 1920.

Uma das coisas que ela admirava era a capacidade de os americanos criticarem sua própria cultura e política. Kilpatrick, para ela, era um dos

---

19. Idem, p. 73.
20. Idem, p. 74.

mais críticos. Conheci o método de projetos de Kilpatrick — um excelente tradutor das ideias de Dewey para a prática cotidiana das escolas — nas aulas de Paulo Freire, ainda no início dos anos 1960 no Recife.

> [...] Dr. Kilpatrick há poucos dias disse — em aula — que a milhares de americanos que nunca viram e nunca verão, já não digo um paiz estrangeiro mas, nem ao menos, as fronteiras do seu próprio paiz. V. pode comprehender como é possível que no meio de tanta civilização, elles sejam tão ignorantes do resto do mundo, tão indifferentes ou adversários mesmos — e é isto que eu chamo de provincianismo [...] Influe tambem — e muito — para isto, o facto do americano ser, no geral, tão materialista, tão pouco dado a leituras. Elle se deixa levar pela vida intensa, pela ansia por dinheiro e conforto material que, aqui são os objectivos de quase todo o mundo, a não ser jornais e livros americanos.[21]

Insiste na capacidade crítica de Kilpatrick:

> Há dias, conversamos [Benedicta e sua amiga Miss Jane] a respeito dos E. Unidos (o que originou a conversa foi o Dr. Kilpatrick ter dito em aula que os E. Unidos é actualmente o paiz mais "disturbing" do mundo) e ella repetiu, com muita graça o que sua amiga inglesa dizia dos americanos que vão à Europa, nos "tours" de verão... Diz ella, a amiga ingleza, que os americanos quando visitam um monumento de arte ou um castelo antiquíssimo da Europa, soffrem sempre um desilusão e dizem: Oh! Mas que cousa pequena, baixa! Na minha terra as casas são altas, altíssimas! Em New York, há casas com muitos andares!
>
> Este provincianismo impressiona muito os americanos que não o são e especialmente os educadores (só os leaders, naturalmente). Não há, creio, logar nenhum no mundo em que se fale tanto em "better understanding of other people", em "international understanding and friendship!" [...] Parece até uma ironia! Como disse o Dr. Del Manzo, um dia nós só falamos no que não temos... Dr. Kilpatrick, Dr. Rugg, Dr. Johnson, Miss Reed não passam quasi uma aula sem se referirem a isto! E todos os outros professores também. Dr. Kilpatrick e miss Reed falam, porém, de modo a quasi

---

21. Idem, p. 78.

irritar os americanos! Dr. Kilpatrick contou-nos o caso de uma pequenina japonesa que ouviu, muitas vezes, em casa, referencias à lei americana que prohibia a entrada dos orientaes no território americano; aconteceu que nesta mesma ocasião uma escola americana enviou à escola que esta menina frequentava uma boneca (é costume aqui fazerem as creanças dos diferentes paizes enviarem presentes umas para as outras, com o fim de desenvolver "better understanding of other people") [...] A japonezazinha, ouvindo os paes se referirem à América com ódio e rancor, e, ao mesmo tempo, vendo a boneca enviada pelos americanos, ficou sem saber o que pensar, e, um dia, afinal. Disse: Odeio a América, mas amo os americanos! Coitado do Dr. Kilpatrick! Contou esta história com emoção! E acrescentou: Os srs. não veem que esta lei foi insultar a milhões de indivíduos e que todos estes indivíduos hoje nos odeiam?! E depois disse: São leis semelhantes a estas que estão fazendo com que o nosso paiz esteja ficando cada vez mais odiado no estrangeiro e o resultado é que se não mudarmos de "policy", o mundo todo talvez se ligue um dia contra elle! (os E. Unidos). [...] Algumas americanas ficaram indignadas em ouvi-lo falar assim![22]

Outro aspecto do Teachers College que Benedita Valladares admirou foi a possibilidade de os professores divergirem, sustentarem diferentes teorias e socialmente conversarem pacificamente. Agora, em pleno século XXI, quase cem anos depois da experiência de Benedicta, isto é impossível no Ensino da Arte no Brasil: poucos discutem posição teórica e todos pontificam. A luta pelo poder dentro e fora das universidades, concursos de ingresso na carreira, bolsas, visibilidade em congressos, trânsito em editoras e cargos governamentais, está levando professores a quererem e fazerem o possível para acabar com os que não pensam igual — e até acabar com própria Arte na escola se isto der prestígio. Não há divergência intelectual: há guerra, formação de quadrilha para as bancas de concurso, e os jovens é que sofrem, pois não podem ser independentes, são pressionados a se aliar a este ou aquele grupo.

[...] divergência de opinião entre os professores, é uma das características do Teacher's College. Do mesmo modo, os alunos têm pleno direito de

---

22. Idem, p. 80.

discordarem e discutirem com os professores, tanto quanto quiserem; não resultando nenhum desaffecto, em nenhum dos 2 casos. Em relação aos *social studies*, há aqui 2 grupos: um, que pensa que as matérias que constituem mais especialmente os *social studies* — geog., historia + *civics* — devem ser ensinadas separadamente nos *upper grades* — 4º, 5º, 6º e *high school*.

[...] dr. Rugg é considerado o chefe dos que pensam que as matérias que constituem os "social studies" devem ser estudadas conjuntamente, no mesmo período. Rugg vae mais longe do que nenhum outro — elle não admite horários na escola primária, todo o ensino gira em torno dos chamados centros de interesse (ou projects), envolvendo, ao mesmo tempo, o ensino de todas as matérias. Acho a sua ideia (semelhante à de Decroly) teoricamente magnifica, mas duvido que possa ser aplicada nas escolas públicas, com o "average" teacher). Miss Read também pensa como eu [...] Rugg garante que o methodo pode ser adaptado nas escolas públicas; não conheço ainda os argumentos em que elle se baseia para affirmar isto. Só depois de conhecer ambos os lados, é que poderei ter uma opinião definitiva [...]. Além disto, pretendo visitar mtas escolas, agora que já não tenho nenhuma dificuldade em entender o inglez e que já sei, mais ou menos, distinguir numa escola ou methodo bom ou um ruim, Na escolha dos cursos, arranjei tudo de modo a ter 2 dias livres na semana, só para poder observar o maior tempo possível na Horace Mann e visitar outras escolas, particulares e publicas[23].

Este debate sobre Estudos Sociais tivemos aqui no Brasil durante a ditadura militar, mas ele foi mais político que teórico. Naquele ano de 1928, o professor Harold Rugg havia publicado com Ann Shumaker o livro *The Child-Centered School*, baseando as ideias sobre o ensino da arte no trabalho que Florence Cane fazia na Walden School.[24] As cartas de Benedicta falando das aulas da Escola Horace Mann — escola laboratório ou de demonstração do Teachers College — são longas e muito interessantes, mas estou economizando a citação das cartas para que a tese de Roberta ao ser publicada cause impacto. Só não resisto a comentar mais dois trechos das cartas:

---

23. Idem, p. 85-86.
24. Informação dada por Efland, Arthur D. *A history of art education, intellectual and social currents in the teaching of visual arts*. New York, 1990.

Apezar de não ter ainda estudado a pedagogia do desenho, tenho uma ideia de como o ensino é feito aqui, ideia esta baseada nas aulas de desenho que tenho assistido na H. Mann e nas conversas sobre o assumpto que tenho tido com a Fanny (a minha amiga). A ideia que tenho é que o ensino aqui é "espontâneo", bastante semelhante ao do dr. Nereu. Espantou-me muito, por isto, ler na carta da Luiza que não é este o systema preconizado pelo Classroom Teacher. Vou examinar esta questão.[25]

Realmente a metodologia usada por Nereu Sampaio, a quem Benedita Valladares se refere, era inspirada em John Dewey, mas em seus primeiros livros — como *Educação & Sociedade* — no qual as recomendações eram mais naturalistas, tornando-se o desenho de observação o único estímulo para a expressão da criança.

Logo que entrou no TC, Dewey, mais maduro, aceitava e estimulava os métodos de Arthur Dow que promovia o desenvolvimento da percepção e criação, mas dava alguma instrução. Inclusive buscava desenvolver a apreciação da Arte. Alguns viam o mútuo apoio entre Dow e Dewey como estratégia política de sobrevivência e não concordância teórica. Frederick C. Moffatt[26] afirmou que a união dos dois visava vencer o medo dos inimigos: de um lado os acadêmicos da teoria da Arte e do lado oposto os diluidores da Arte sob pretexto do ensino prático. Segundo Moffatt para Dow o agente central da aprendizagem era o professor, e a mente o mais importante receptor; já para Dewey seria o aluno o principal agente, e os sentidos, os receptores privilegiados da aprendizagem. Quando Benedicta Valladares esteve no Teachers College, Dow já havia morrido (1922) há sete anos, e muitas das práticas defendidas por ele já começavam a mudar no TC sob a influência de Harold Rugg — professor de Benedicta que era mais expressionista e que discordava dos ensinamentos de Dow. A jovem Benedicta percebeu esta tendência a um mais radical espontaneísmo da Escola Horace Mann. The Classroom Teacher do qual Benedicta está falando na citação acima era um livro didático em doze volumes, publicado em 1927-28 por Milo B.

---

25. Ribeiro, Benedicta Valladares. Apud Araújo, 2010, p. 87.
26. Moffatt, Frederick C. *Arthur Wesley Dow (1857-1922)*. Washington: Smithsonian Institution Press, 1977. p. 109.

Hillegas (*editor*-in-*chief*), Thomas H. Briggs (*editor, junior-high-school section*) e sessenta outros importantes educadores, com a introdução do diretor do Teachers College William L. Russell. Na área de Arte oscilava e pendia mais para a influência de Dow do que para o expressionismo.

O mesmo entusiasmo que Benedicta Valladares teve com a educação para professores do Teachers College era partilhado por Jane Betsey Welling quando aluna de graduação do TC, curso que iniciou em 1913. Contudo, voltou ao TC para fazer mestrado e doutorado, em 1929, ano em que Benedicta deixou o TC. Em texto publicado por Peter Smith diz:

> Quando retornei para minha "alma mater" em torno de 1929 para fazer o mestrado eu tinha me tornado um numero em uma cadeira. Ninguém sabia meu nome exceto os documentos. Ninguém se importava se eu em carne e osso estava lá ou não. Toda informalidade fora embora. O método expositivo para grandes grupos estava em plena ascensão. As notas e testes eram anunciados por números. Ninguém conhecia ninguém, nem muito de qualquer coisa, exceto as rotineiras. As aulas expositivas eram sobre como e o que ensinar.[27]

Betsy foi uma das muitas mulheres na *art education* norte-americana que foram muito influentes no seu tempo, mas apagadas pela História, apesar de terem escrito vários livros — alguns usados nos cursos de formação de professores ao longo de muitos anos. O livro de Peter Smith que traz este depoimento tem mais quatro capítulos sobre a cegueira acerca da colaboração das mulheres na Arte Educação: isto é o preconceito de gênero, problema para o qual as arte/educadoras do Brasil ainda não acordaram, ou então não estariam sendo tão docilmente manipuladas por alguns homens que penetraram nas universidades do planalto central e estão inspirando outros homens em outras universidades com as táticas da dominação. Eles, ao mesmo tempo autoritários e sedutores, proíbem que o alunado — formado principal-

---

27. Welling, Jane Betsey. Apud Smith, Peter. *The history of American art education*. Connecticut: Greenwood Press, 1996. p. 129.

mente de mulheres — leia e cite este ou aquele livro e as constrange a citar o que eles próprios escrevem. Perseguiram atrozmente uma jovem e inteligente professora que queria trabalhar com diferentes linhas de Arte/Educação, a ponto de obrigá-la a mudar de unidade universitária, mudar seu objeto de estudos e o rumo de sua carreira. Não precisavam disto para ganhar poder, mas ela se constituiu em instrumento para demonstrar este poder. Também não precisavam instituir uma falsa batalha a favor da Cultura Visual que já vinha se incorporando ao ensino da Arte no Brasil. Foi uma batalha encenada como marketing para uma guerra já vitoriosa.

A divergência de opiniões sobre o TC de Benedicta e Betsey tem que ver com o diferente contexto das duas alunas e com a diferença dos cursos que comentam. Nos Estados Unidos dos anos 1970, quando fiz meu mestrado e doutorado naquele país, os cursos de graduação para professores ou licenciatura como chamamos aqui eram mais orientados para a construção de uma prática, e os mestrados e doutorados mais formais e intelectualizados. Um dos meus melhores professores do Doutorado da Boston University nos disse que uma disciplina de pós-graduação que não exija dos alunos pelo menos a leitura de nove páginas por dia, inclusive fim de semana, não seria uma disciplina ministrada por um professor sério. Portanto, para cada disciplina, um aluno deveria ler 1.350 páginas. O curso que Benedita comentava tão positivamente era de formação de professores e o que Betsey estava fazendo e criticando negativamente era de mestrado.

Por último, cito algumas linhas de uma carta de Benedicta que Roberta transcreve em sua tese:

> Tenho a impressão que o dr. Antônio Carlos está dando um grande impulso a instrucção. Todos os n° do Minas que me chegaram às mãos quase só falam em escola, em professor. Só no de 4 de abril vem a creação de 370 escolas rurais! Fiquei enthusiasmada! Estou com vontade de mostrar este Minas ao dr. Handel, que vive a falar que todos os paizes da América do Sul precisam imitar o México.[28]

---

28. Ribeiro, Benedicta Valladares. Apud Araújo, 2010, p. 79.

Curiosamente ela elogia o governador de Minas Gerais da época — um democrata liberal — e não o seu secretario, Francisco Campos, que ano após ano foi se tornando um político cada vez mais autoritário. Sempre me perguntei como Francisco Campos, um político repressor e ditatorial, se empenhou tanto para trazer a Escola Nova para seu Estado. A carta de Benedicta responde à pergunta: era a vontade política do governador Antônio Carlos Ribeiro de Andrada que comandava o seu Secretário do Interior em direção à defesa da Escola Nova ou Escola Ativa. Comprovando sua ideologia democrata, Antônio Carlos abandonou a política no início do Estado Novo por abominar ditaduras, enquanto Francisco Campos tornou-se o político poderoso do Estado Novo ditatorial. Quanto ao México ser invocado como modelo de boa educação pelo prof. Handel, ele tinha razão: depois da Revolução de 1910 eles avançaram muito em educação. As Escuelas de Pintura al Aire Libre foram um exemplo deste avanço. Em ensino de Arte não havia nada mais avançado nos Estados Unidos em 1928.

Por último quero lembrar que a biblioteca do TC é uma das melhores do mundo sobre Educação no Brasil dos anos 1920 aos anos 1950. Pesquisei em várias bibliotecas estrangeiras excelentes para os estudos latino-americanos, como a Biblioteca do Congresso em Washington; a Biblioteca do Instituto Ibero-Americano em Berlim; a Coleção Latino-Americana Nettie Lee Benson, conhecida como Biblioteca Latino-Americana da Universidade do Texas em Austin; e as bibliotecas da Universidade de Yale — mas sobre educação dos anos 1920 até o fim do Estado Novo, a do TC é a melhor. Continuo pedindo aos meus amigos que vão estudar no Teachers College que me enviem o *xerox* deste ou daquele livro antigo. Tenho um caderno com os títulos e números dos livros nas estantes que não consegui ler, mas continuam me interessando.[29]

A História da Arte/Educação do Teachers College teve altos e baixos. No fim dos anos 1980 quase fecharam o Departamento de Art Education. Mas resolveram fazer mais uma tentativa e contrataram para dirigi-lo Judith Burton, pesquisadora e professora inglesa que ensinava na Boston University. Ela não só renovou o departamento, mas em 2012 podemos dizer que o tornou a mais importante Pós-Graduação em Art

---

29. Fui Fulbright Fellow no Teachers College de dezembro de 1991 a junho de 1992.

Education de Nova York e uma das melhores dos Estados Unidos. Um dos trunfos de Burton é se manter fiel à pesquisa e não cair em dogmatismos da moda. Foi muito crítica dos exageros do Disciplined Based Art Education — movimento financiado pelo J. P. Getty Trust —, assim como da hegemonia da Cultura Visual que se seguiu. Ela veio ao Brasil dar um curso no Museu de Arte Contemporânea da USP, ao mesmo tempo que Monique Briere — canadense, autora de livros didáticos ligados ao movimento DBAE. Burton havia publicado com Arlene Lederman e Peter London em 1988 *Beyond DBAE: the case for multiple visions of art education*.[30] Esse livro é contra o DBAE e a favor do fazer artístico de crianças e adolescentes.

Muitos alunos fizeram os dois cursos e vinham me reclamar que eram posições antagônicas. Mas eu, que as convidei, queria isso mesmo: que ouvissem os dois lados e refletissem — uma prática implementada no Teachers College desde sua criação, que foi percebida pela jovem mineira Benedicta Valladares Ribeiro em 1928.

## Referências

ARAÚJO, Roberta Maira de Melo. *Benedicta Valladares Ribeiro (1905-1989)*. Tese (Doutorado) — Programa de Pós-Graduação em Artes Plásticas, Escola de Comunicação e Artes, USP, São Paulo, 2010.

BOAS, Belle. *Art in the school*. New York: Doubleday/Page & Company, 1926.

BURTON, Judith M.; LEDERMAN, Arlene; LONDON, Peter. *Beyond DBAE*: the case for multiple visions of art education. New York: University Council on Art Education, 1988.

CARVALHO, Delgado de et al. Ampliando os horizontes da nossa cultura: a Associação Brasileira de Educação está cogitando de enviar anualmente

---

30. Burton, Judith M.; Lederman, Arlene; London, Peter. *Beyond DBAE*: the case for multiple visions of art education. New York: University Council on Art Education, 1988. O título é uma ironia com o primeiro livro editado pelo J. P. Getty Trust acerca do DBAE intitulado *Beyond creating; the Place for Arts in America's Schools* (1984).

10 professores brasileiros para visitar as universidades americanas — diz-nos em entrevista, o professor Delgado de Carvalho. *Jornal do Brasil*, Rio de Janeiro, 5 jul. 1929.

DIÁRIO DE NOTÍCIAS. A melhor aproximação entre o Brasil e os Estados Unidos: chega hoje à noite, pelo "Western World", a segunda turma de professores norte-americanos. Rio de Janeiro, 10 jul, 1930.

EFLAND, Arthur D. *A history of art education, intellectual and social currents in the teaching of visual arts*. New York: s/e., 1990.

MATHIAS, Margaret. *The begining of art in public schools*. New York: Scribner, 1924.

MOFFATT, Frederick C. *Arthur Wesley Dow (1857-1922)*. Washington: Smithsonian Institution Press, 1977.

OKASAKI, Akio. Dow's conception of teaching art: "Harmonious Composition" and "Notan". *Insea World Congress*, Brisbane, 25 set. 1999.

SÁ, Carlos. *Minas no colégio de professores da Universidade de Columbia*. Artigo de jornal cedido por Alda Lodi. Fonte deconhecida, s/d.

SAUNDERS, Robert. A history of the teaching of art appreciation in public schools. In: D. Ecker (Org.). *Improving the teaching of art appreciation*. Columbus: The Ohio State University, 1966.

SMITH, Peter. *The history of American art education*. Connecticut: Greenwood Press, 1996.

TEIXEIRA, Anísio; GOÉS FILHO, Joaquim Faria. *A tradição da Fundação no campo dos estudos das Ciências Sociais*. Rio de Janeiro: Fundação Getúlio Vargas, 1971.

# 12

# John Dewey:
## Sobre ideia e técnica

"You can't democratize the art-making process to the point where anybody can make high art, but anybody can participate in the art process to the degree to which they take the risk."

**Suzanne Lacy**

**O Teachers College** da Columbia University foi uma das instituições mais relevantes para a formação de professores que se iniciavam nas teorias da Escola Nova no Brasil chamada nos Estados Unidos de Progressive Schools.

John Dewey foi a base sobre a qual se alicerçou a Progressive School, embora ele próprio haja criticado os equívocos cometidos em seu nome. Sua influência decisiva no Brasil se deu através de Anísio Teixeira, seu ex-aluno. Teixeira tratou de traduzir e publicar suas obras mais importantes. Uma ironia é que a obra mais importante de Dewey para a reflexão sobre a aprendizagem da Arte — *Art as Experience*, de 1934 — só foi publicada no Brasil no século XXI.

**Figura 1**
John Dewey.
*Fonte*: http://www.biografiasyvidas.com/biografia/d/dewey.htm

Em uma pesquisa nos arquivos de *Art Education*, da Miami University, em Oxford, Ohio, encontrei dois inéditos de John Dewey que, consultando os especialistas, identificamos como textos para conferências em Congressos de Arte/Educação, ou talvez transcrições das gravações das conferências. Não encontrei as fitas gravadas no arquivo: fica a dúvida. Uma das conferências publiquei na edição revista do livro *John*

*Dewey e o ensino da arte no Brasil*[1] e a outra está aqui traduzida. Hoje se discutem pouco as relações entre técnica e ideia ou criação. A discursão se deslocou para as relações entre tecnologia, ideia, criação, citação etc. Se fizermos o exercício de ler este texto substituindo a palavra técnica pela palavra tecnologia, ele nos diz muito sobre as construções da cultura material de hoje e os valores contemporâneos.

IMAGINAÇÃO E EXPRESSÃO[2]

Todo canal de expressão, por mais mecânico, por mais fantástico, por mais impressionista que seja, tem sempre esses dois lados: ideia e técnica.

O projeto de uma casa feito por um arquiteto e o projeto de uma máquina criado por um engenheiro têm ambos uma ideia a expressar, senão todo e qualquer conjunto de linhas desenhadas à régua também serviria. E a mais desajeitada tentativa de uma criança ilustrar *Hickory, dickory, dock*[3] também tem sua técnica, sua forma de realização. Também está claro que, no processo de expressão, a função principal é aquela da ideia e cabe à técnica a função secundária; elas estão relacionadas entre si enquanto conteúdo e forma, enquanto material a ser comunicado e transmitido e, enquanto forma de comunicação, ao quê e ao como.

Mas, para que essa declaração não seja alvo de mal-entendidos, como costuma ser, eu gostaria de acrescentar que dizer que um desses dois elementos é o principal e o outro secundário, que um é o fim e o outro o meio, não significa que se deve concentrar a atenção em um deles e ignorar o outro. Quando alguém está realmente interessado numa ideia como algo a ser expresso, esse alguém também deve ter interesse no seu modo de expressão. A falta de interesse pela forma ou processo sempre indica algo tosco, nebuloso ou irreal na apreensão da ideia ou conteúdo. Nosso interesse pela expressão deve estar na exata proporção da intensidade, o caráter controlador desse nosso interesse pela ideia. Mas, por outro lado, esse interesse pela ideia, pela história a ser contada, pelo pensamento a ser transmitido, é a verdadeira base de uma expressão artística por meio da

---

1. Barbosa, Ana Mae. *John Dewey e o ensino da arte no Brasil*. São Paulo: Cortez, 2007.

2. Texto original: Imagination and expression, de John Dewey. Tradução de Dinah de Abreu Azevedo.

3. Versos infantis populares em língua inglesa. [N. da T.]

técnica. Um modo de expressão separado de algo a ser expresso é vazio e artificial, é estéril e entorpecedor.

É relativamente simples abstrair a técnica, fazer do domínio de certas ferramentas físicas e mentais o fim e o objetivo; é relativamente simples partir da imagem — a história — e deixar que ela encontre sozinha seu canal de expressão e, em nome da superioridade da ideia sobre a técnica, permitir que um resultado tosco e informe seja interpretado como algo sem a menor importância em si mesmo; fazer isso é encorajar a aquisição de hábitos de expressão grosseiros e desmazelados, o que se torna uma questão da maior importância.

O canal de comunicação é difícil de achar; o caminho reto e estreito que leva à harmonia artística não toma nenhuma dessas duas direções e procura, por um lado, transformar o interesse pela ideia na imagem vital, estendê-lo ao modo de expressão e, desse modo, transformar todo interesse pela técnica em interesse funcional, e não num interesse isolado, ao passo que, por outro lado, reconhece a necessidade de fazer o modo de expressão reagir à ideia, torná-lo menos nebuloso e mais definido, menos aleatório e mais acurado, menos o produto de um interesse e uma reflexão pouco desenvolvidos num determinado momento e mais o resultado de um pensamento natural e de um interesse abrangente.

Isso quanto ao problema prático. Vamos agora para o seu equivalente psicológico. O que corresponde à ideia, o que corresponde à técnica no processo físico natural? Como esses dois elementos se relacionam um com o outro? Como se interessam de uma forma que beneficie a ambos? Não podemos aceitar uma maneira aparentemente simples de responder a essa pergunta. Não podemos dizer que a ideia é cheia de imaginação, que é espiritual, ao passo que aquilo que corresponde à técnica é físico e mecânico. A simplicidade dessa resposta cobra um preço: a realidade. O acontecimento mental que representa a forma ou modo de expressão constitui uma imagem, tanto quanto uma imagem da ideia em si. Não se trata de um problema da relação de uma imagem espiritual com uma forma orgânica de expressão, e sim de um tipo de imagem com outro. Embora essa talvez seja uma forma inusitada de apresentar a questão, temos de reconhecer que, afinal de contas, é porque todo o processo é um processo imagético que é possível solucionar o problema num sentido educacional.

Se, por um lado, a ideia fosse somente uma questão de imaginação, e a técnica fosse apenas uma questão de delicado controle físico dos olhos e dos músculos, conseguiríamos uma harmonização genuína dos dois elementos do problema. Seríamos levados simplesmente a alternar de um lado para o outro, ou fazer entre eles o melhor acordo possível.

Ao dizer que o lado da técnica é ele mesmo uma questão de imagem, refiro-me ao que os psicólogos chamam de imagens motoras, e também ao fato familiar de que todos os tipos de imagens tendem a extravasar-se pelos canais motores e que, por isso, há uma tendência constante de reproduzir por meio da ação e da experiência, ou dar expressão a qualquer coisa que tenha sido ganha em impressão e depois incorporá-la a uma ideia. Refiro-me também ao fato de que grande parte da expressão motora não é feita com uma ideia já pronta na cabeça da criança, e sim que ela é necessária para a avaliação da ideia propriamente dita. Se existe um princípio — mais que qualquer outro — sobre o qual toda prática educacional deve se basear (e não apenas na educação artística), é exatamente este: que a concretização de uma ideia por meio do movimento é tão necessária para a formação de uma imagem mental quanto a expressão, a técnica, para a plena floração da ideia propriamente dita.

Não podemos falar de uma ideia e sua expressão. A expressão é mais que um modo de transmitir uma ideia já formada — é parte e metade de sua formação. A chamada ação mecânica no mundo é necessária para a produção e formação do espiritual. Entender isso é o primeiro passo da psicologia da expressão.

Temos aqui uma origem física natural para o desenho, bem como para todas as outras formas de expressão. Existe uma tendência natural de toda imagem se converter em movimento; já uma imagem inerte, uma imagem que não tende a se manifestar por meio da ação, é algo que não existe.

Com o tempo, aprendemos a suprimir muitas insinuações para agirmos, e aprendemos a adiar a expressão de tantas outras que essa lei fundamental acabou ficando um pouco obscura; mas um estudo da vida e do crescimento infantil revela isso em toda a sua pureza e intensidade e revela também que a supressão da manifestação de uma imagem, ou adiamento de sua transformação em ação, é um hábito adquirido, uma aquisição tardia. Nos primeiros tempos, a tendência que tem toda imagem de garantir expressão concreta por meio da ação é comprovada nas brincadeiras e no desejo incessantemente urgente que a criança tem de conversar, no seu impulso a dizer tudo para se comunicar. O significado fundamental das brincadeiras e jogos é prova de que a simples absorção, ou acumulação, ou impressão, não basta; e que este nunca é um estado mental completo ou autossuficiente, e sim que sempre tem de se concretizar na expressão por meio da tradução em atividade. Não é preciso uma criança observar muito para chegar à conclusão de que só assimila uma impressão ou ideia se tiver feito algo com ela; a impressão é algo vindo de fora, sentido como inadequado ou insatisfatório até a criança se apropriar dela ao traduzi-la em termos de suas próprias atividades. A criança tem suas ideias e apropria-se realmente delas, faz delas uma parte de si mesma ao reproduzi-las — e essa reprodução é literal, não metafórica. Na verdade, ela age antes mesmo de assimilá-las. Na infância isso se manifesta constantemente: a criança pega, puxa, bate e joga no chão todos os objetos com que entra em contato.

Como explicar esse instinto de imitação sem ter como base a noção de que não basta ver ou ouvir como espectador e que a criança se apropria do que vê e ouve quando ela mesma reproduz essas coisas, o quê, do seu ponto de vista, é criação?

Em todas essas primeiras atividades reprodutivas, fica claro que não há dois lados para a criança, uma imagem e sua expressão; a imagem existe somente em sua expressão, a expressão é somente a imagem em movimento, adquirindo vida.

No entanto, o desenho enquanto desenvolvimento motor tem uma característica distinta: indica uma inibição ou controle crescente por parte da criança. No começo, a imagem completa movimenta todo o organismo graças aos princípios de irradiação ou expansão. Desenhar indica a limitação a certos canais; além disso, é um ato dirigido mais imediatamente para a imagem em termos do olho, e não do todo; portanto, em termos relativos, constitui uma análise.

Porém, mesmo aqui precisamos reconhecer o princípio das linhas gerais; o todo precisa constituir-se em imagem, e não apenas de simples detalhes.[4]

---

4. "IMAGINATION AND EXPRESSION

Every mode of expression, no matter how mechanical, no matter how fantastic, no matter how impressionistic, has these two sides — idea and technique.

The architect's drawing of the plan of a house, the engineer's working plan for the construction of a machine, have an idea to be expressed, or else any series of lines drawn with a ruler would serve as well. And the crudest attempt of a child to illustrate *Hickory, Dickory, Dock* has also its technique, its mode of realization. It also clear that in its process of expression the primary function belongs to the idea, the secondary to the technique; they are related as content and form, as material to be conveyed or delivered, and as mode of conveyance, as what and as how.

But lest this statement be misinterpreted, as it often is, let me add that to say one is primary and the other secondary, one is the end and the other the means, does not mean that attention is to be concentrated upon the one and the other is to be neglected. If one is thoroughly interested in the idea as something to be expressed he must also be interested in the mode of expression. A lack of interest in the form or process always marks something crude, hazy or unreal in the grasp of the idea or content. We must be interested in the expression just in proportion to the intensity, the controlling character of our interest in the idea. But on the other hand this interest in the idea, in the story to be told, the thought to be realized, is the true basis for an artistic interest in the technique. A mode of expression separated from something to express is empty and artificial, is barren and benumbing.

It is comparatively simple to abstract the technique, to make the command of certain physical and metal tools the end and aim; it is comparatively easy to start from the image, the story, and allow that to find its own unaided outlet, and under the claim of the superiority of the idea to the technique to allow simply a crude and unformed result to pass as a matter of no importance in itself; but to do so is to encourage crude and slovenly habits of expression to grow up, which becomes an exceedingly important matter.

The via media is a difficult path to find; the straight and narrow way which makes for artistic righteousness goes in neither of these directions; but attempts on the one hand to make the interest in the idea the vital image, to extend itself to the mode of conveyance, and thus make to make the entire interest in technique a functional and not an isolated one, while on the hand it recognizes the necessity of having the mode of expression react back into the idea, to make it less cloudy, more definite, less haphazard, more accurate, less the product of momentary undeveloped interest and thought, and more the outcome of natural reflection and comprehensive interest.

So much for the practical problem. Now for its psychological equivalent. What corresponds to idea, what corresponds to technique in the natural physical process; how are these related to each other; how do they interest in a mutually helpful way? We cannot accept one apparently simple way of answering this question. We cannot say that the idea is imaginative, is spiritual, while what corresponds to the technique is physical and mechanical. The simplicity of such an answer is at the cost of reality. The mental occurrence which represents the form or mode of expression is just as much an image as is the idea itself. It is not the problem of the relation of a spiritual image to a physical organ of expression, but of one sort of imagery to another. While this perhaps is an unusual putting of the matter, we must recognize that after all it is because the whole process is one of imagery, that the problem is a soluble one in an educative sense.

If the one side the idea were alone a matter of the imagination, and the technique were simply a matter of delicate and physical control of the eye and the muscle, we could get a genuine harmonizing of the two factors in the problem. We should be compelled simply to alternate from one side to the other, or to make the best compromise we could.

In saying that the side of technique is itself a matter of imagery I refer to what the psychologists term motor imagery, and to the well-know fact that imagery of all kinds has a tendency to overflow in the motor channels, and that thus there is a continued tendency to reproduce through action and experience, or to put forth in expression whatever has been gained in impression, and then to assimilate it into an idea. I refer, moreover, to the fact that a great deal of motor expression is not something done with an idea already made in the child's mind, but it is necessary to the appreciation of the idea itself. If there is one principle more than another upon which all educational practice (not simply education in art) must base itself, it is precisely in this: that the realization of an idea in action through the medium of movement is a s necessary to the formation of the mental image as is the expression, the technique, to the full play of the idea itself.

We cannot speak of an idea and its expression. The expression is more than a mode of conveying an already formed idea; it is a part and a half of its formation. The so-called mechanical action in the world is necessary to the production and formation of the spiritual. To realize this is the first part in the psychology of expression.

Here we have a natural physical origin for drawing as well as for all other forms of expression. There is a natural tendency for every image to pass into movement; an inert image, an image which does not tend to manifest itself through the medium of action, is a non-existence.

In later life we have learned to suppress so many suggestions to action, and have learned to delay the expression of so many others, that this fundamental law has become somewhat obscured; but a study of child life and growth reveals it in its purity and intensity, and reveals also that the suppression of manifestation of an image, or delay in its passage into action, is an acquired habit, a later acquisition. In the early period the tendency of every image to secure realization for itself through the medium of action is witnessed in play and it the incessantly urgent desire of the child for conversation; his impulse to tell everything, to communicate. The fundamental meaning of the play is the proof it furnishes that mere absorption, or accumulation, or impression, does not suffice; and it is never a complete or self-sufficing mental condition, but must always be fulfilled in expression by translation into activity. It requires very little observation for a child to reach the conclusion that he does not get hold of any impression or any idea until he has done it; the impression is alien, is felt as inadequate, as unsatisfactory, until the child makes it his by own by turning it over into terms of his own activities. He gains his ideas and makes them truly his own, a part of himself, by reproducing them, and this reproduction is literal and not metaphorical. He acts it out before he really takes it in. In infancy this manifests itself in the continual handing, pulling, punching and throwing of all objects with which he comes in contact.

How are we to account for this instinct of imitation except on the basis that it is not enough to see or hear as an observer, and that the child gets hold of that he sees and hears as he himself reproduces, which from his standpoint is creation.

In all these earlier reproductive activities it is clear that there are not two sides to the child, an image and its expression; the image is only in its expression, the expression, the expression is only the image moving, vitalizing itself.

Drawing as a motor development has, however, one distinct mark; it marks a growing inhibition or control on the part of the child. The whole image at first moves the whole organism by the principles of irradiation or expansion. Drawing marks the limitation on certain channels; moreover, it is directed more immediately by the image in terms of the eye not by the whole; it makes, therefore, relatively an analysis.

However, even here we must recognize the principle of broad outlines; the whole must be imaged and not the mere detail".

# 13

# Marion Richardson contra a pata de caranguejo

"Ela acreditava que educação deveria tocar a vida interior de cada indivíduo se era para ter consequências e que isto deveria ser o foco da Arte na escola."

**John Swift**

**No Brasil,** o trabalho de Marion Richardson teve muita repercussão, pois a exposição que Herbert Read organizou para a América Latina trazia grande número de desenhos e pinturas de suas alunas e alunos. Bruce Holdsworth, na apresentação do seu capítulo sobre Marion Richardson no livro *Histories of art and design education collected essays*,[1] dá a entender que Marion é mais um mito celebrado do que uma figura reconhecida através de pesquisas sistemáticas; lembra que ela foi mais conhecida como inventora de um método de boa caligrafia do que arte/educadora. Isso não é verdade acerca da sua recepção no Brasil. Aqui ela se tornou

---

1. Holdsworth, Bruce. Marion Richardson (1892-1946). In: Romans, Mervyn (Org.). *Histories of art and design education collected essays*. Bristol: Intellect Book, 2005. p. 161-176.

conhecida como arte/educadora frequentemente citada pelos pioneiros do ensino da arte modernista através do trabalho de arte de suas alunas, que foram incluídos como já disse na exposição que Herbert Read trouxe ao Brasil em 1941-1942.

Criou-se a lenda que esta exposição de Arte de crianças e jovens que o British Council organizou, da qual já falei neste livro, foi o que inspirou Augusto Rodrigues a criar no Rio em 1948, a Escolinha de Arte do Brasil, a qual deflagrou a criação de mais de cem outras. Um texto longo de Betamio sobre Marion Richardson, que cito em parte abaixo, era leitura constante dos cursos do CIAE (Cursos Intensivos de Arte Educação) da Escolinha de Arte do Brasil no Rio de Janeiro que se constituíram como os primeiros cursos regulares, frequentes, continuados, para a formação dos professores modernistas de Arte no Brasil.

Portanto, o resultado do trabalho de professora de Richardson na exposição foi considerado válvula propulsora do entusiasmo para a criação da Escolinha de Arte do Brasil, embora ocorrida sete anos depois. Considero as Escolinhas a primeira institucionalização ou sistema modernista de ensino da Arte entre nós pela sua extensão alcançando em vinte anos (1949 a 1968) quase todo o território nacional. Entretanto reconheço o pioneirismo de experiências esparsas e isoladas como, por exemplo, a de Lula Cardoso Aires no Recife em 1943, a de Anita Malfatti e a Escola Brasileira de Arte em São Paulo em 1929.

A tese de doutorado de Sebastião Pedrosa[2] da qual fui co-orientadora, defendida na University of Central England, comprova a influência de Marion Richardson no Brasil, iniciada com a Exposição de Desenhos de Crianças da Grã-Bretanha em 1941/1942, na qual foram incluídos desenhos de seus alunos. O próprio título da dissertação — *The influence of English art education upon Brazilian art education from 1941* — é uma afirmação da influência da exposição de 1941-42 com a qual ela colaborou.

Como morreu cedo, seu trabalho de ensino de Arte foi divulgado principalmente através de um livro publicado pelo seu colega R. R.

---

2. Pedrosa, Sebastião. *The influence of English art education upon Brazilian art education from 1941*. Tese (Doutorado) — School of Art Education, University of Central England, Birmigham, 1993.

Tomlinson, pelas exposições internacionais que organizava de trabalhos de seus alunos, por seus colegas que a citavam e convidavam para dar conferências, pelo material didático de ensino de caligrafia que ela concebeu e publicou, e pelos artigos que escreveu.

Terminou de escrever o livro *Art and the Child*[3] na véspera de sua morte (1946), e ele foi publicado dois anos depois (1948).

Nascida de uma família de classe média, desde cedo se mostrou muito talentosa para o desenho. Foi encaminhada para Escola de Artes de Birmingham. O vestibular que fez em 1908 para a escola de arte consistiu em desenhar uma pata de caranguejo. Curiosamente, uma tese sobre Marion Richardson defendida na School of Art Education, em Birmingham, escrita por Campbell, levou o título de *Marion Richardson and the crab's claw*.[4] Apesar de ser reconhecidamente talentosa em desenho, a tarefa de desenhar a pata de um caranguejo representou grande dificuldade. Provavelmente essa dificuldade inicial tornou-a ainda mais dedicada ao desenho, e desconfiada do poder educacional do desenho de observação escolhido pelos outros. Recusava a ditadura do objeto: dizia que neste tipo de desenho de observação a que fora submetida era o objeto que ditava o que deveria ser desenhado, e quando o desenho estava terminado, o objeto era usado para julgar o sucesso do desenho. O que ela propunha era a educação para o desenvolvimento da imaginação: uma educação na qual o produto final seria uma pessoa e não uma pintura.

Isto me remete a uma frase de um arte/educador atual, Luís Camnitzer:[5] "em Arte/Educação, Arte não é realmente 'arte', mas um método para adquirir e expandir conhecimento".[6]

Na escola de arte foi aluna de Robert Catterson Smith que, além de professor, foi diretor da escola e responsável pelo ensino de Arte em

---

3. Richardson, Marion. *Art and the child*. London: University of London Press, 1948.

4. A tese foi publicada como artigo em: Campbell, A. D. Marion Richardson and the crab's claw. *Studies in Design Education Craft & Technology*, v. 11, n. 1, 1978.

5. Camnitzer foi curador do educativo de uma das bienais do Mercosul.

6. Camnitzer, Luís. Art and literacy. In: Allen, Felicity. *Education*. London: Whitechapel Gallery, 2011. p. 108.

todas as escolas do ensino primário ao ensino médio em Birmingham. Além de ter sido aluno de William Morris e Burne Jones, tinha vasta experiência, o que o levou a sistematizar um método bem específico baseado no desenho de memória. O desenho de memória consistia em: projetar uma imagem de um objeto ou de ornamento histórico; pedir aos alunos para memorizar a imagem; então de olhos fechados a desenharem de memória; depois, abrindo os olhos, completar o desenho. Para uns pesquisadores, este método foi inspirado em Thomas Ablett; para outros, em Lecoq de Boisbaudron, que em 1847 escreveu um livro sobre o treinamento da memória em artes. Caterson Smith era interessado nos escritos de Morton Price, um neurologista, e de Freud. Como a mente trabalha para o processo de criação era uma questão a ser pesquisada, para ele e para Richardson.

Richardson pensava que podemos entrar em contato com o inconsciente através do desenvolvimento do estado de abstração, e trazer à consciência produtos daquele lado da mente. Fechar os olhos era conectar com o estado de abstração. Marion Richardson estagiou na Moseley Art School de Birmingham. Nesta cidade ela viveu numa residência para estudantes que era dirigida por Margery Fry, irmã de Roger Fry. Margery teve muita influência na vida de Marion. Não tenho certeza, mas penso que ela introduziu Richardson não apenas ao mundo dos artistas e críticos da época, mas também à Christian Science — uma religião criada por Mary Baker Eddy, que afirma serem os homens e o universo, espiritualidade e não materialidade.[7] É uma religião que tem hoje muitos adeptos entre os artistas de Hollywood.

Marion Richardson começou a ensinar em 1912 na Dudley Girls' High School, onde trabalhou 18 anos. A cidade de Dudley ficava numa parte da Inglaterra apelidada na época de *black country* por causa da produção de carvão necessário para aquecer os invernos ingleses — até que as lareiras que produziam fumaça foram proibidas.

Depois de cinco anos de ensino o sucesso dos desenhos de suas alunas começou a ser celebrado por outros professores, artistas e críticos

---

7. Acreditam também que o ser humano tem capacidade de cura, pois as curas operadas por Jesus podem ser provadas cientificamente.

de arte, como Vanessa Bell e Roger Fry. Usava com suas alunas os métodos de Catterson Smith, mas as condições da escola eram muito pobres e ela não dispunha de projetores. Ressignificou o método de desenho de memória, criando uma variável que pode ser chamada "ditado de imagem", que em inglês foi chamado de "Word-Picture". Escolhia uma imagem e a descrevia parte por parte, as alunas desenhavam de olhos fechados e depois com os olhos abertos completavam a cena. Outras vezes apenas mandava fecharem os olhos e pensar numa imagem — permitir que uma imagem mental viesse à tona —, acariciar os detalhes e pintá-la ou desenhá-la. Usava esta espécie de *mind-picture* para desenvolver a habilidade de criar e "manter imagens nos olhos da mente". Outra das suas estratégias era a "caça à beleza": levava as meninas para passeios pela cidade analisando com elas detalhes de edifício, árvores, enfim, o mundo ao seu redor, como uma forma de valorizar os lugares comuns; era o que o pós-modernismo veio a chamar "estética do cotidiano". Também escolhia poemas e textos literários em prosa: os lia pausadamente para as alunas que de olhos fechados construíam suas imagens. Escolhia sempre algo adequado ao entendimento das jovens, que provocasse imagens que elas pudessem desenhar. Ela era apaixonada pelos espetáculos do Balé Russo de Diaguilev, que foram base para vários ditados de imagem, ou seja, descrevia os magníficos cenários de Picasso, Miró, Matisse, Jean Cocteau, cuidadosamente, para as meninas, de olhos fechados, configurarem suas imagens e desenharem.

Passei o ano de 1982, a título de Pós-Doutorado, dando palestras e pesquisando em universidades inglesas e na School of Art Education de Birmingham, onde Richardson estudou e para onde doou parte de seus arquivos, que ficavam justamente na sala de John Swift, a qual ele generosamente dividiu comigo. John Swift escreveu vários artigos acerca de Marion Richardson, e levou seus alunos nos anos 1980 a experimentarem com os métodos que ela usava para chegar à conclusão de que davam bons resultados, mesmo quarenta anos depois. John Swift organizou nos anos 1990 uma exposição de cem obras dos alunos de Marion Richardson que foi muito bem-sucedida. Mas só no Marion Richardson Arquives, na School of Art Education da University of Central England, existem quase três mil trabalhos de seus alunos: das meninas de Dudley, dos alunos

**Figura 1**
Pintura de aluna de Marion Richardson.
*Fonte*: Richardson, 1948.

**Figura 2**
Pintura de aluna de Marion Richardson baseada em espetáculo do Balé Russo de Serge Diaghilev.
*Fonte*: Richardson, 1948.

das escolas de Londres onde se tornou Inspetora para o London County Council e de alunos particulares. Nos períodos mais difíceis aceitava alunos particulares. Em uma carta de 17 de janeiro de 1924, para uma pessoa que não identifiquei, ela diz que cobra duas guineas[8] ou 2,10 libras por aluno, por dez aulas, em um grupo de no mínimo seis crianças. Fora de Londres, diz cobrar mais um guinéu (1,05 libra).

No excelente texto do folheto da exposição, ao qual pretendo me referir no fim deste texto, John Swift desenvolve a ideia de que a pedagogia de Richardson, em todos os pontos, correspondia aos ideais da escola centrada na criança. Através deste ideário, revolucionário na época, ela se tornou internacionalmente conhecida.

Foi um privilégio conviver por um ano letivo com Swift, o maior especialista em Marion Richardson, e com os arquivos dela que ainda estavam cuidadosamente organizados pela própria Richardson. Ela era tremendamente organizada, guardava tudo que a interessava e era boa correspondente. Seu arquivo em Birmingham tem 22 cartas de Roger Fry, e cinco artigos dele, recortados de jornal, sobre os desenhos de suas alunas. Tem também 58 cartas da irmã dele, Margery Fry, e ainda várias cartas de Paul Nash, Vanessa Bell, Duncan Grant, Ciryl Burt, Kenneth Clark, Caterrson Smith, Margaret Armitage, recortes de textos em jornal de Clive Bell etc.

Os cadernos de anotações, onde escrevia seus conceitos sobre ensino de Arte, são muito ricos de ideias às vezes contraditórias. No caderno número 25, afirmou: "Existe um mundo de aparências e um mundo de realidade. O artista mostra o mundo da realidade". Esta frase parece uma adesão ao realismo, uma contradição com outra frase em um caderno escrita quase na mesma época: "[...] é necessário sentir alguma coisa acerca do que se está desenhando de maneira que estes sentimentos transformem a imagem em visão interior individual". Esta última afirmação é mais coerente com a Arte dos anos 1920, pós-impressionista, e influenciada pelo expressionismo alemão. Por outro lado, em apontamentos de seus cadernos valorizava a abstração, o que não é de estranhar, pois Roger Fry, seu mentor, foi um dos primeiros críticos a escrever e

---

8. Um guinéu equivale a 1,05 libra ou 1,50 dólar.

converter o público para a aceitação do abstracionismo. Outra comprovação de sua adesão ao abstracionismo, como já afirmei no capítulo 3, foi a expansão dos exercícios de caligrafia de suas alunas, levando-as a transformá-los em pinturas abstratas. Enfim, Richardson praticou uma Arte/Educação muito próxima à Arte praticada na época. Transformou Arte/Educação em metáfora da Arte.

O método de "Word Pictures" para ela era importante, porque concebia o ver como atitude da mente, portanto o ensino devia ser centrado no processo de visualização em lugar de ser centrado no objeto material a ser visualizado.

Segundo ela, as alunas aprendiam a formar, aclarar, reter e confiar na imagem mental, a ideia era que um desenho feito com os olhos fechados muito frequentemente captava melhor as qualidades intrínsecas do que aqueles desenhos que pretendiam representar uma cópia acurada da aparência do objeto. As ideias visuais podem se originar na mente e os estudantes possuem seus próprios recursos subjetivos, fechar os olhos conecta com o subconsciente construindo, organizando e criando capacidades.

Sua ideia de fechar os olhos apela para o estado de abstração, podemos entrar em contato com o inconsciente através do estado de abstração e trazer para a consciência produtos daquele outro lado da mente.

Não deixava de usar desenho de modelo vivo que, entretanto, era desenvolvido em atmosfera dramática com o modelo representando um papel usando ora uma roupa de noite, ora roupas de banho de mar.

Iluminava objetos e cenas com velas para reduzir os detalhes, criar relações de sombra e efeitos de claro e escuro para aumentar o impacto emocional.

Em um dos cadernos de anotações que li nos arquivos de Marion Richardson encontrei esta frase referindo-se aos desenhos das crianças "[...] o erro é considerar o resultado sobre o papel em si mesmo em lugar do estado da mente por trás do trabalho de arte (desenho de criança) que é expresso através do papel". Em sua linha de trabalho, considerava que se o professor mostrasse a uma criança como desenhar alguma coisa, ela não aprenderia a ter o seu próprio desenho, mas apenas aprenderia a maneira pela qual o professor desenha.

Considerava contraditório ensinar como ver uma coisa quando não podia saber o que a criança estava vendo, ou mesmo se estava vendo alguma coisa. Confiava na expressão livre da criança. Se ela descrevesse uma cesta nos seus ditados de imagem, mas viesse à mente da criança um gato, ela deveria desenhar o gato.

Rejeitava enfaticamente a cópia. Uma aluna contou que ela cortou com tesoura um desenho que a aluna havia copiado de um colega, e ainda mandou que ela fosse chorar *in private* no banheiro.[9]

Nos arquivos de Birmingham, há várias cartas e declarações de ex-alunos, quase todas avaliando muito positivamente a aprendizagem de arte que tiveram. Uma chega a dizer que durante o exílio no tempo da guerra conseguia ter prazer observando a arte ao redor, a cerâmica e o bordado do lugar onde estava enquanto aqueles que não tiveram educação em arte se mantinham entediados.[10]

É evidente que não li todas, mas uma de Cressida me fez levantar a hipótese de que o trabalho que seus alunos produziam não eram bem julgados pelos conservadores exames britânicos.

> Querida Senhorita Richardson
> Passei no exame de Certificação Escolar (School Certification) em ordem, tudo bem, e consegui cinco créditos, dois dos quais são com distinção. Você deve estar pensando que estou orgulhosa, mas não é o caso. Pelo contrario. Estou com medo que isso lhe pareça como um grande engano, mas consegui apenas "s" (suficiente) em Composição de Figuras, em Desenhos de Objetos, consegui "F" (fraco a muito fraco). Em Pintura, "F". Em Arte eu consegui F. Apesar disto ser um golpe amargo que tenho que aguentar fico pensando que estou acima das cabeças dos examinadores. Desgraçadamente. Eu sei que isto é mentira.
> Tendo revelado a você a terrível verdade eu posso passar para outro assunto [continua a carta planejando um fim de semana].
> Amor da
> Cressida

Suas alunas eram elogiadas pelos críticos e artistas, mas o que faziam e como faziam era criticado pelos conservadores que a acusavam con-

---

9. Documento n. 3.073. Marion Richardson Archives, School Art Education, de Birmingham.
10. Documento n. 3.070. Marion Richardson Archives, School Art Education, de Birmingham.

traditoriamente de deixar os alunos entregues a si mesmos e de formar a mente dos alunos de acordo com sua maneira de pensar Arte, considerando a pintura superior à fotografia.

Esta última afirmação pode ser verdadeira, mas não a primeira. Ela própria criticava a suposta falta de orientação dos alunos de Cizek, o artista vienense que fazia sucesso na época com seu suposto lema "Deixar que as crianças se desenvolvam, cresçam e amadureçam".[11] Ninguém comprovou que ele disse isto, mas a frase se tornou um moto do modernismo no ensino da Arte.

Cizek fez uma exposição de seus alunos em Cambridge nos anos 1920 e Marion Richardson criticou a venda de cartões postais com os desenhos dos alunos e o fracasso dele em conseguir bons trabalhos dos adolescentes.

Diz ela: "Eu suponho que a razão deste fracasso no caso das crianças vienenses é que professor Cizek tende a fazer da Arte uma coisa separada guiada pelo fantasioso em vez de construída pela imaginação. Ele fala de uma ilha distante onde as crianças devem crescer influenciadas pelo mundo. Isto parece um terrível fracasso da Educação e ele faria melhor em equipá-los para a vida real".[12] Mesmo pensando assim, visitou Cizek e sua escola em Viena.

Ela valorizava a avaliação e dizia que os critérios deviam ser os mesmos determinados para a Arte. Entretanto falava de avaliação contextual em relação aos objetivos do professor e aos objetivos que a criança estabelece para si mesma.

Por isso estimulava a discussão em grupo e pedia aos alunos que escrevessem avaliações de seus próprios trabalhos no verso do desenho ou pintura. Ela avaliava por letras e escrevia comentários sobre os trabalhos. Em um dos seus cadernos, diz:

> Se admiramos e valorizamos o trabalho das crianças não devemos cometer o erro de pensar que tudo que elas fazem é bom. Elas também são capazes

---

11. Segundo Arthur Efland, sua sogra, ex-aluna de Cizek, desmentiu a suposta liberdade absoluta dos alunos de Cizek, afirmando que ele dava orientações.

12. Documento n. 3.420, p. 1.

de um modo interessado em lugar de um modo desinteressado e entre os desenhos das crianças há os que são bons e os que são ruins da mesma maneira que na Arte dos adultos.[13]

Quanto à sua relação com Roger Fry, uma explicação bem diferente da minha é a de Betâmio de Almeida, professor de arte que em vida foi muito respeitado em Portugal. Ele escreveu em 1951 um artigo — republicado em 1961 pela Escolinha de Arte do Brasil —, em uma separata mimiografada, na qual explica as relações de Marion Richardson com Roger Fry, muito diferentemente da hipótese que eu sustento de que essas relações foram estabelecidas por Margery Fry, amiga de Richardson e irmã do Roger Fry. Eis o texto de Betâmio:

> Esteve em Dudley alguns anos, ao fim dos quais começou a ter necessidade duma mudança. Um dia, os trabalhos dos seus alunos foram examinados por um júri de seleção, que os desaprovou. Então no seu espírito surgiram dúvidas, desalentos e interrogações como esta: Teria enganado as crianças de Dudley? Foi nesta altura que, numa exibição de desenhos de crianças, filhos de artistas de nome bem conhecido, encontrou duas pessoas falando sobre a questão que a preocupava. Uma era inspetora escolar, como dizia frequentemente, e a outra um homem cortês, paciente e clarividente, como mostravam as suas falas.
> A conversa que Marion Richardson ouvia entre estas duas pessoas parecia-lhe o eco das suas interrogações e a inspetora era a voz do júri, não encontrava nos desenhos senão erros. O homem, por sua vez, dava forma as suas idéias: dizia que atacar um desenho infantil por aquilo que lhe era próprio era tão estúpido como atacar uma criança por ser criança. Marion Richardson, que levava debaixo do braço alguns trabalhos dos seus alunos, diz que eles pareciam-lhe que queimavam, a sua coragem aumentou e decidiu não perder a oportunidade assim que a inspetora saiu, conseguiu falar com o homem, este era Roger Fry, grande crítico de arte e guia da arte moderna inglesa. Roger Fry surpreendeu-se especialmente com os trabalhos dos mais idosos, pelo fato de apresentar a mesma simplicidade e frescura de visão, que era característica da arte das crianças mais jovens.

---

13. Marion Richardson. Cadernos manuscritos que se encontram nos arquivos da School of Art Education Birmingham.

E isto interessava-o sobremaneira, porque desejava mostrar que era possível reter estas preciosas qualidades próprias dos estágios mais novos.

Este encontro com o grande crítico foi de grande influência para Marion Richardson. No seu dizer as recordações que tinha de Fry eram das mais preciosas da sua memória. Tudo o que ele dizia era sério, sem pieguices e são. Estas pesquisas no campo pedagógico estavam de algum modo dentro do interesse de Roger Fry que pediu para de vez em quando ver as pinturas dos seus alunos.

Ele não só arranjava tempo para ver e discutir os desenhos das crianças, como abriu para Marion Richardson todas as espécies de oportunidades que podiam alargar-lhe o seu caminho e aclarar-lhe o seu horizonte. Foi por intermédio de Fry que viu o ballet russo de Diaghilev, conheceu Picasso e viu mesmo os costureiros esclarecendo sobre os desenhos dos seus figurinos.

E foi ainda o grande critico que a levou a colaborar na fundação dum clube de arte, onde se debatiam problemas de arte, se promoviam exposições, se decoravam objetos e se faziam projetos para renovar certos aspectos artísticos ligados a indústria.

Marion Richardson conta que uns fabricantes de tecidos de algodão se interessavam por desenhos próprios para a sua indústria, das suas alunas, e conta à emoção que teve quando num sábado de manhã viu na rua uma senhora estrangeira, cujo vestido tinha um padrão concebido por uma das suas discípulas.[14]

O fato é que a influência de Roger Fry foi muito importante para dar segurança ao trabalho de Marion Richardson. Ao tempo dos primeiros contatos dela com Fry, ele estava fortemente ligado ao Omega Workshop — um projeto concebido por ele[15] de arte, design e design decorativo, mencionado antes por Betâmio como um clube de Arte: era mais que isto, e foi considerado a experiência mais importante da Inglaterra depois do movimento Arts And Crafs liderado por William Morris. No Omega Workshop trabalhavam artistas e críticos ligados ao Bloomsbury Group como Vanessa Bell[16], Duncan Grant e Quentin Bell. Os artistas decoravam

---

14. Almeida, Betâmio de. *A vida e a obra de Marion Richardson*. Rio de Janeiro: Escolinha de Arte do Brasil, 1961. p. 5.
15. John Lehmann, 1981.
16. Vanessa Bell era irmã de Virginia Wolf.

**Figura 3**

Capa do catálogo da Exposição das alunas de Marion Richardson no Omega Wokshop, Londres.

*Fonte*: Arquivo de Marion Richardson na School of Art Education na University of Central England.

e desenhavam tecidos, móveis, cerâmicas e grande número de diferentes objetos; também faziam exposições de arte. Fry organizou uma exposição de muito sucesso das alunas de Marion Richardson, ao mesmo tempo que expôs as obras de Larianow, artista russo que naquele momento era muito celebrado pelos críticos.

Daí se pode depreender a importância que Fry dava aos bons desenhos de crianças, ousando expô-los ao lado de um artista famoso. O *Omega Workshop* teve vida curta por causa da guerra e incidentes amorosos e pessoais dos seus participantes. Transcrevo aqui um dos artigos de Roger Fry sobre as obras das alunas de Marion Richardson:

*The Burlington Magazine* — Janeiro de 1924

**DESENHOS INFANTIS**

Alguns anos atrás, na Revista Burlington, Vol. III, p. 225 (junho, 1917), eu chamei a atenção dos amantes da Arte para os extraordinários desenhos feitos pelas garotas da Dudley High School sob a instrução da Senhorita Marion Richardson. Uma exposição de alguns desses trabalhos agora esta sendo apresentada na Galeria Independente, trazendo a questão uma vez mais. Uma questão que na verdade, para Senhorita Richardson coloca um grande ponto de interrogação contra todas as hipóteses sobre as quais a imensa indústria do ensino de Arte trabalha e está levando por toda parte do país, e cada vez menos será possível simplesmente ignorar a questão. Chegamos a isso, quanto mais ensinamos arte pelos meios oficiais, mais e mais nós instilamos dentro das mentes dos mais jovens o que eu chamaria, para ser breve, de princípios "South Kensington", mais triste, mecânica, desinspiradora e desinteressante se torna a arte no país. Por outro lado, por mais epítetos que escolhermos para designar o trabalho dos alunos de Marion Richardson, seriamos incapazes de usar qualquer um desses.

Eu suponho que seria em geral aceito dizer que a arte nos dias de hoje, pelo menos em suas mais difundidas e cotidianas aplicações — a arte das usuais ilustrações e arte aplicada a indústria — são comparadas com aquelas dos anos passados, terrivelmente deficientes em qualidade, em invenção, em apreensão da realidade. Um certo desespero melancólico acerca de nossas próprias inexpressividades e impotência tem se acomodado em nós. Esse desânimo se vinga através da glorificação romântica do perdido esplendor do passado como pessoas desapontadas estão acostumadas a imaginar suas próprias infâncias muito mais radiantes do que foram.

Neste deserto artístico, árido e sem água, da vida moderna, a Senhorita Richardson superou expectativas. Ela inventou um exercício e realmente abriu um suprimento de invenções artísticas e poder expressivo aparentemente inesgotável. Ela mostrou que realmente, crianças com pais de classe-média, em uma cidade do black country, teem neles o mesmo sentimento a respeito da vida e a natureza de seus arredores como os artistas primitivos isto é os artistas do século quinze na Itália, e não apenas isto, mas que eles encontram naturalmente caminhos similares para expressarem aqueles sentimentos. Eles têm um poder similar, que podemos dizer, de construir pontes no abismo entre a coisa que veem com sentimento e seus transcritos pictóricos [...] [17].

Roger Fry era um dos críticos mais importantes da Europa, tão importante quanto Kenneth Clark. Encontrei uma carta de Kenneth Clark dirigida a uma das mais destacadas historiadoras da arte daquela época, Margaret Armitage, que em solteira chamava-se Margaret Bulley, autora dos livros *Art and understanding*,[18] *Ancient and Medieval art*[19] e *Art and counterfeit*,[20] vendidos até hoje. Na carta ele garantia que faria o possível para exibir os *marvellous* desenhos das alunas de Richardson em Manchester. A carta é datada de 21 de março de 1934, quando ele estava na National Gallery.

Armitage foi certamente uma das maiores amigas de Marion Richardson: correspondiam-se frequentemente, porque ela morava em Oxford, posteriormente em Londres, e Armitage, em Manchester. Das várias cartas, uma em especial me chamou a atenção porque foi escrita em São Paulo, dia 13 de setembro de 1929, em papel do Hotel Terminus, na rua Brigadeiro Tobias, 98. A carta tem cinco páginas, da qual traduzo algumas partes:

---

17. Fry, Roger. Desenhos infantis. The Burlington Magazine, v. XLIV, jan. 1924.
18. Bulley, Margaret. *Art and understanding*. London: B. T. Batsford, 1937.
19. Idem. *Ancient and Medieval art*. New York: Macmillan, 1914.
20. Idem. *Art and counterfeit*. London: Methuen, 1925.

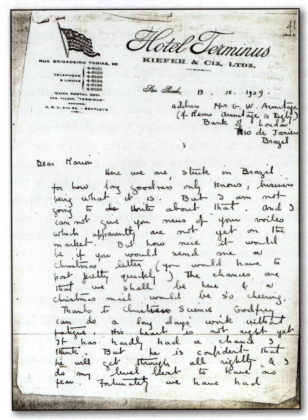

**Figura 4**
Carta de Margaret Armitage escrita de São Paulo para Marion Richardson.

São Paulo, 13 de setembro de 1929

Querida Marion,

Aqui estamos empatados no Brasil por quanto tempo só Deus sabe, negócios são o que são. Mas não escreverei a você sobre isso. E não posso te dar notícias de seus *voiles* os quais aparentemente ainda não estão no mercado. Mas como seria bom se você pudesse me enviar uma carta de Natal (você terá que posta-la muito rápido) as chances são que deveremos estar aqui e uma carta de Natal seria tão animadora.

Obrigada pela Christian Science. Godofredo consegue trabalhar o dia todo sem cansar. Seu coração ainda não está bom. É difícil mas ele tem tido boa chance, eu penso. Mas ele está confiante que ficará bom. Eu fiz o possível para não ter medo.

Felizmente nós pertencemos a uma escola de pensamento defendida por Corbusier que advoga a teoria de que aquilo que funciona bem é bonito (presumivelmente do mesmo modo). Não é surpresa se eles exibam um tecido de Phyllis Barrons, um par de sapatos e um bule de chá, lado a lado em uma exibição de arte. Sem dúvidas este é o resultado lógico de um período cientifico e materialista. E, sem dúvida, bondade, verdade e beleza são apenas rótulos clássicos para eles. Mas de outro lado, eu concordo com muito do que Mr Barton disse, e ele certamente tem um dom para escrever de forma agradável e interessante. Simplesmente o que era desejado.

Espero que você esteja em um período bem fresquinho da estação, (ainda que esteja muito quente para caminhar) e nós, quando o verão realmente chegar, estaremos mais climatizados.

Godofredo está fora o dia todo e mato o tempo da melhor forma que posso. Não se pode aproveitar o campo tanto quanto fora do Trópico por causa do real perigo de cobras e aranhas caranguejeiras (as quais têm mordidas piores que de cobras) e insetos em geral. Não dá pra sentar na terra ou andar pela grama e por algum motivo eu não consigo pintar — sem contar que é impossível ficar ao sol — então, eu leio e de alguma maneira o tempo passa. Estou com Godofredo e isso é tudo. Paulo, onde estamos agora, é uma cidade muito populosa e feia. Sinceramente é um choque, pois Rio é fantasticamente bonito e um encanto para os olhos. Que diversão seria se estivesse aqui e nós pudéssemos sair fazendo esboços de desenhos juntas. Se você me adotasse como sua aluna eu poderia conseguir fazer alguma coisa. No sábado pensei na minha pequena coleção e imaginei como teria ficado maravilhosa se na abertura da exibição corresse tudo bem, se terminassem finalmente o confortável aquecimento[21] e se as mesas do Omega fossem repintadas e você tivesse disponibilidade para fazermos mais coisas juntas. Estou triste e com medo de perder tudo isso. As pessoas foram prestativas em ajudar naquela semana apressada. Miss Hogarth foi um trunfo perfeito e acho que ela foi competente e nos ajudou até o fim.

Eu realmente espero que você não esteja aborrecida por tudo que deixei em suas mãos. Muitíssimo obrigado mais uma vez, por tudo que fez. Eu

---

21. A palavra é *stove*, que pode ser forno ou aquecedor. Não sei se ela se refere ao aquecimento do ambiente ou a algum forno de cerâmica.

me sinto muito contente por amor a você, que tenha se livrado de mim por um tempo.

Mas há uma coisa mais que terei de pedir. Eu gostaria de aperfeiçoar minha feia caligrafia com seus cartões e instruções. Você poderia enviar um P. C. para Bell pedindo a ele que poste uma coleção para mim pelo reembolso? Eu não tenho nenhuma conta com ele e escrever a um livreiro demoraria demais e talvez nunca consiga tê-los. E é uma grande chance para mim nesse momento.

Muito obrigada.

Godofredo não esta aqui mas se estivesse lhe mandaria seu amor.

Você teve um bom período letivo? Eu espero que tudo tenha dado certo. O trabalho de suas crianças está sendo descoberto e muito admirado em S. K.[22] — estou fazendo de tudo para que seja assim. Se você vir a Senhorita Child, poderia por gentileza dar-lhe meus parabéns. Escreverei a ela, mas não nas próximas semanas.

Sua, afetuosamente

Margaret[23]


No envelope vinha um endereço de retorno:


Mrs. G. W. Armitage (of [nome ilegível] Armitage and Rigby)
Bank of London
Rio de Janeiro
Brazil


Por esta carta se vê que não só arte ligava as duas amigas, mas principalmente a religião. As duas participavam da Christian Science, tendo Armitage atribuído a saúde de seu marido a esta religião, que considera que o ser humano tem o poder de cura. O interessante é como Armitage define São Paulo: que ela chama somente Paulo, considerando

---

22. Provavelmente ela se refere a South Kensington, famosa escola de Arte e Design que hoje é o Victoria and Albert Museum.

23. Carta de Margaret Armitage escrita do Brasil para Marion Richardson em São Paulo, 13 de setembro de 1929.

uma cidade grande e feia, cheia de gente, um contraste com o Rio de Janeiro, que considera fantasticamente bela e um constante prazer para os olhos. Reclama que não pode aproveitar a natureza, nem andar na grama, nem desenhar ao ar livre por causa do "real" perigo das serpentes e das aranhas caranguejeiras e insetos em geral. Não consigo imaginar São Paulo em 1929 ainda com cobras e caranguejeiras na rua.

O conceito de Arte como campo expandido para o Design que, segundo Armitage, ambas partilhavam, é na carta atribuído a Le Corbusier, quando em geral é atribuído aos próprios ingleses e a sua revolução industrial.

As cartas de Armitage eram todas manuscritas e sua caligrafia é difícil de decodificar. Tinha razão em querer aperfeiçoar a caligrafia, como diz na carta, com o método de Marion Richardson, cujos cartões caligráficos foram primeiro impressos em 1928 com o nome de "The Dudley Writing Cards", e depois publicados em 1935 em dois volumes acompanhados do livro do professor com o nome de *Writing & writing patterns*, pela University of London Press. Consultei na School of Art Education de Birmingham a edição de 1955.[24]

Em agosto de 2011, foi publicado por Rosemary Sassoon o livro *Marion Richardson: her life and her contribution to handwriting*.[25] A autora analisa a contribuição de Richardson, que considera revolucionária, e compara os conjuntos de padrões caligráficos sistematizados por ela. Sassoon fala também da vida de Richardson. Todos que escrevem sobre ela falam com muito respeito e admiração de sua vida. Era considerada uma personalidade carismática. Ela fascina, porque nos 54 anos que viveu fez muita coisa, inclusive trabalho social em prisões, em campos de refugiados e outros esforços de guerra.

Na Segunda Guerra Mundial evacuaram grupos de crianças para o campo, para protegê-las dos bombardeios. Richardson foi evacuada com um dos grupos. Foi quando sua saúde piorou e não pôde mais trabalhar.

---

24. Writing & writing patterns: in two sets of hinged cards A & B (five books of copies and a teacher's book). 2. ed. London: University of London Press, 1936 [1. ed. 1928].

25. Sassoon, Rosemary. *Marion Richardson*: her life and her contribution to handwriting. Bristol/Chicago: Intellect, 2011.

Os lugares onde professores e alunos ficavam alojados no campo nem sempre tinham aquecimento e a alimentação nem sempre era adequada. Em 1982 conheci em Birmingham uma família que teve seus dois filhos evacuados. A descrição da mãe acerca de suas emoções me perturbou muito. Ela me disse que a esperança de salvar os filhos provocava certa euforia aliada à imensa tristeza da separação e ao medo de nunca mais vê-los. Segundo ela, era feliz por nunca mais na vida ter sentido aquelas sensações tão intensamente, todas juntas. Esta família teve um final feliz, todos sobreviveram. Cheguei a conhecer também a filha na altura de seus 50 anos. Para ela, a experiência tinha provocado muita autonomia, mas certa dificuldade em se deixar inundar por sentimentos e emoções que sempre procurou represar. Não teve filhos por opção e era muito bem-sucedida na carreira acadêmica.

No livro de Richardson *Art and the child*,[26] o capitulo 13 intitulado "Evacuation" é o mais emocionante. Trata justamente desta transferência de milhares de crianças de Londres para o campo, e da importância da Arte para manter a alegria. Ficavam em casas de pessoas desconhecidas para elas — e as aulas continuavam com colegas e professores diferentes do que estavam acostumadas. A razão era proteger as crianças de bombardeios, e em alguns casos protegê-las contra a fome. Ernest Gombrich[27] conta que logo depois da Primeira Guerra mundial foi enviado da Áustria para a Suécia, onde ficou na casa de um carpinteiro que fazia caixões de defuntos porque não havia comida em Viena e ele estava muito subnutrido. Comenta inclusive que foi uma experiência muito boa para livrá-lo do esnobismo.

Outro autor que menciona Marion Richardson é Ewan Clayton, no livro *A history of learning to write*,[28] e nos ajuda a entender por que a caligrafia era importante naquele tempo. Antes da máquina de escrever se dava enorme importância ao ensino de caligrafia por razões comerciais.

---

26. Richardson, Marion. Evacuation. In: *Art and the child*, p. 83-86.

27. Eribon, Didier; Gombrich, E. H. *A lifelong interest*. London: Thames & Hudson, 1991. p. 30.

28. Clayton, Ewan. A history of learning to write. In: _____; Wilcox, Timothy. *Handwriting*: everyone's art. Ditchling, Sussex: Edward Johnston Foundation/Ditchling Museum, 1999.

No mundo dos negócios, fonte de muitos empregos, tudo era escrito a mão e era preciso ter caligrafia legível. Quando surgiu a máquina de escrever com o papel carbono se poderiam ter dez cópias de uma vez. A caligrafia deixou de ser importante para o comércio, e na educação passou a ser associada à Arte e ao Design.

O autor não chega a entender que no caso de Richardson esta associação foi formalmente intrínseca como mostramos no segundo capítulo deste livro.

O texto de Roger Fry sobre Marion Richardson é esclarecedor acerca do pensamento da crítica de Arte Moderna sobre o Ensino da Arte, por isso o transcrevo a seguir:

> Há alguns anos atrás o Omega Workshops convidou escolas e "pessoas particulares" para apresentar exemplos de desenhos de crianças. Os convidados foram questionados para saber se as crianças foram ensinadas ou não. Foi descoberto que a maioria daquelas crianças que tiveram lições regulares de desenho foram inibidos de qualquer poder de expressão que seja. Elas não adquiriram a base profissional de representação assim como a confiança em seus próprios pontos de vista sobre o mundo. Por outro lado foi descoberto que a maioria das crianças que não tiveram ensino regular adquiriram alguma coisa interessante e pessoal a dizer sobre a o mundo com grande entusiasmo e enorme apetite visual...
>
> Mais adiante ficou claro que muitas crianças educadas no ensino regular, infalivelmente perdem muito, senão todo, seu poder criador quando atingem a idade de completa consciência de si mesmo. Uma curiosa exceção dessa lista foi portanto a descoberta no trabalho de Marion Richardson com crianças na escola de ensino secundário de Dudley (Inglaterra). No caso deles não houve declive visível até a idade de 16 a 17 anos, quando deixam a escola. Richardson desenvolveu um sistema especial de aprendizado sem dar nenhuma instrução ou interferência com/no/para o livre desenvolvimento da percepção visual de cada indivíduo. Ela descobriu como manter a atenção das crianças e seus objetivos vivos, sem a tendência de dar-lhes tarefas ou modificar suas formas de expressão. Por outro lado (pelo contrário) as próprias crianças eram encorajadas para se auto-criticarem e também os trabalhos dos colegas, e assim então construir um tipo de tradição um tanto análoga com a tradição artística local. Pelo

resultado obtido com seus métodos, Richardson não necessita de justificativas ou comentários — todos os artistas que viram seu trabalho expressaram uma intensa admiração. O que eles, os alunos, fizeram tem um valor definido enquanto expressão. Claro que não é uma ótima arte, é deficiente de ricas experiências e de controle lógico de um bom design, porém é uma autêntica arte em pleno auge. Se no caso dessas crianças o talento e o poder expressivo que adquiriram, "passariam direto" a se constituir em consciência artística quando adulto, é uma questão que pode ser decidida apenas testando (treinando) os métodos de Richardson em uma larga escala e entre as crianças (alunos) que teriam melhores oportunidades para continuarem seus trabalhos do que as garotas da escola secundária no Black Country. Existe aqui, portanto, promessas suficientes para que se considere um material de importância nacional, tanto quanto uma experiência que deve ser testada sob as melhores circunstâncias favoráveis possíveis. Além disso, como uma experiência mesmo se não vir a ser bem sucedida, destina-se a ser inocente, desde que fique evidente que o método regular/habitual de ensino de arte faz duas coisas: primeiro, ele impede as crianças de produzirem nada de menor valor enquanto jovens e segundo, ele não faz nada para facilitar suas próprias expressões quando crescerem (?)[29]

---

29. "Some years ago the Omega Workshops invited schools and private people to send examples of children's drawings. Those invited were asked to say whether the children had been taught or not. It was then found that most of those children who had had the ordinary drawing lessons where inhibited from any power of expression whatever. They had not acquired the professional standard of representation and they had not confidence in their own vision of the world. On the other hand it was found that almost all children who had not been taught had got something interesting and personal to say about the world they looked out on with keen and unjaded visual appetite. Further it was clear that most educated children infallibly lost much, if not all, of this power when they reached the age of complete self-consciousness. A curious exception to this rule was however found in the work of Miss Marion Richardson's pupils at Dudley High School. In their case no falling off was visible up to the ages of 16 and 17 when they left school. Miss Richardson has developed a special system of training without ever giving instruction or interfering with the free development of the individual vision. She has found how to keep the children's attention fixed and their purpose lively without setting them given tasks or modifying their methods of expression. On the other hand the children themselves have been encouraged to criticize their own and their fellow pupil's work and so to build up a kind of common tradition somewhat analogous to the local traditions of art of the Italian towns in the Renaissance. The results obtained by her methods need no apology or comment — all artists who have seen them have expressed the keenest admiration. What they

O texto de Roger Fry tão elogioso acerca dos métodos de Richardson foi escrito em 1924, mas ecoou no excelente texto de John Swift escrito quase oitenta anos depois, na última década do século XX. Ambos valorizam os métodos de Richardson pela autonomia da capacidade de expressão pessoal que eles desenvolviam nas alunas.

Diz Swift: "Seu ensino de Arte e artesanato dava grande ênfase na identidade criativa de cada indivíduo dentro de uma moldura visualmente informada".[30]

Naquele tempo de reformas educacionais em favor de uma Escola Nova, Escola Ativa ou outras designações, quando se falava no

> [...] papel do facilitador, guia, conselheiro amigo, ou outros termos usados no lugar de professor pretendia-se indicar um papel mais interativo entre professor e aprendiz no qual o ultimo tivesse mais oportunidade de liberdade para se desenvolver de uma maneira individual.[31]

Os críticos da Escola Nova no Brasil e muitos críticos da educação centrada na criança em outros países falharam por não ver que quando líderes educadores advogavam menos ou não ensinamento, o que estavam realmente rejeitando era apenas a fixação da aprendizagem pela repetição, e não uma radical transformação no papel do professor

---

have done has a definitive value as expression. It is not of course great art, it lacks the richness of experience and the logical control of great design, but it is a genuine higher art. Whether in the case of the most talented of these children such power as they have already acquired would pass straight on to the more complete consciousness of the best adult art is a question which could only be decided by trying Miss Richardson's methods on a wider scale and among pupils who would have better opportunities for continuing their work than the girls of a secondary school in the Black Country. There is however enough promise hereto make it a matter of national importance that such an experiment should be tried under the most favourable circumstances. possible. Moreover, such an experiment, even if it did not succeed would be harmless, since it is evident that the ordinary method of teaching art does two things: first, it prevents the children from producing anything of the slightest value while they are young and secondly it does nothing to enable them to express themselves when they grow up" (Fry, Roger. Desenhos infantis. *The Burlington Magazine*, v. XLIV, jan. 1924).

30. Swift, John. *Marion Richardson 1892-1946*. Centenary Touring Exhibition. Catálogo da Exposição. Birmingham: University of Central England, 1992. p. 1.

31. Ibidem, p. 1 e 2.

É preciso ter cuidado para não avaliar um movimento histórico usando apenas o exemplo de uma minoria que falhou em identificar a ideologia essencial deste movimento, por outro lado também é preciso ter cuidado para não avaliar um movimento histórico baseando se apenas em textos teóricos ignorando a prática.[32]

Richardson foi uma autêntica transformadora. Reformulou várias práticas tradicionais do Ensino da Arte, como o desenho de observação e criou outras esquecidas hoje, mas que seriam muito valiosas em direção à autonomia na construção de imagens. Diz Swift:

> Ela argumentava que desenho de observação se dirigia mais a inteligência do que ao potencial artístico. Sugeria que levava à dominação pelo objeto e não à reação individual provocada pelo objeto... Seu método (de 1917 em diante) usava a memoria extensamente num serie de estratégias para desenvolver a confiança na visão interior pessoal e sua expressão.
> Ela usava Mind-Pictures para estimular a memoria visual e para desenvolver habilidade reter imagens mentais no olho da mente.[33]

O método envolvia levar os alunos a fechar os olhos e permitir que qualquer imagem viesse a superfície e então o aluno pintava o que viu mentalmente. Frequentemente comentava adequação dos resultados de forma escrita atrás da pintura.

A consequência dessa atividade era demonstrar aos alunos que eles tinham imagens individuais como parte de suas memórias, e que eles deveriam ter confiança em suas habilidades de expressá-las. O ditado de imagens também resultava em algo que não é visto hoje na Arte/Educação contemporânea: "[...] o significante fator é que a natureza da memória individual transformava o que era ouvido e visualmente percebido em pessoal...".[34]

---

32. Ibidem, p. 2.
33. Ibidem, p. 3.
34. Ibidem, p. 3.

"Quando ela usava estudo de observação ela arranjava a altura, posição — vestimenta (se fosse figura humana) e luz pra criar uma atmosfera teatral ou efeito que desafiasse as respostas estereotipadas"[35].

Outra característica dos seus métodos é que ela costumava dar o mesmo tema pra todas as classes da escola para permitir os alunos de diferentes níveis compararem e discutirem seus respectivos trabalhos.

John Swift termina seu texto, que é uma espécie de síntese dos métodos de Richardson, dizendo:

> Ela veria o currículo nacional como uma desnecessária interferência com o direito dos alunos aprenderem da maneira que melhor lhes convém e dos diretores de escolas e professores implementarem novos programas de aprendizagem.
> Provavelmente ela estaria a favor de um conjunto de princípios e de ideais abertos a interpretação em lugar de uma prescrição que lista níveis de aprendizado, estágios de desenvolvimento e prováveis resultados.[36]

Pior é que os modelos prescritivos de guias curriculares de Arte inspirados nos determinados pela Inglaterra durante o Gabinete de Margareth Thatcher contaminaram o mundo todo. No Brasil a maioria dos "guias curriculares" visa apenas, pela memorização de exercícios e respostas, levar as crianças a terem boas notas para elevar o baixo ranking educacional do país.

Enfim, Marion Richardson teve bons intérpretes de seu trabalho e seus arquivos depositados na School of Art Education da Universidade de Central England (Birmingham) têm muitos documentos acerca de sua vida e ensino ainda não divulgados que certamente serão importantes para a história do ensino do Desenho e da Arte.

---

35. Ibidem, p. 5.
36. Ibidem, p. 5.

# Referências

BETÂMIO, Alfredo de Almeida. *Textos Inevitáveis*. Lisboa: s/e., 2007.

BOISBAUDRON, Horace Lecoq de. *l'Education de la memoire pittoresque*. Paris: s/e., 1847. [Traduzido para inglês em 1911. Marion Richardson tinha a edição de 1914.]

_____. *The training of the memory in art*. London: Macmillian, 1931.

CAMNITZER, Luís. Art and literacy. In: ALLEN, Felicity. *Education*. London: Whitechapel Gallery, 2011.

CAMPBELL, A. D. Marion Richardson and the crab's claw. *Studies in Design Education Craft & Technology*, v. 11, n. 1, p. 15-21, 1978. Disponível em: <http://ojs.lboro.ac.uk/ojs/index.php/SDEC/article/view/973/941>. Acesso em: 7 jul. 2013.

CLAYTON, Ewan. A history of learning to write. In: _____; WILCOX, Timothy. *Handwriting*: everyone's art. Ditchling: Edward Johnston Foundation/Ditchling Museum, 1999. Disponível em: <http://www.ejf.org.uk/Resources/ejhandw.pdf>. Acesso em: 7 jul. 2013.

FRY, Roger. Desenhos infantis. *The Burlington Magazine*, v. XLIV, jan. 1924.

HOLDSWORTH, Bruce. Marion Richardson (1892-1946). In: ROMANS, Mervyn (Org.). *Histories of art and design education collected essays*. Bristol: Intellect Book, 2005.

_____. Marion Richardson. *Journal of Art and Design Education*, v. 7, n. 2, 1988.

LEHMANN, John. Foreword. In: ANSCOMBE, Isabelle. *Omega and after Bloomsbury and the decorative arts*. London: Thames & Hudson, 1981.

PEDROSA, Sebastião. *The influence of English art education upon Brazilian art education from 1941*. Tese (Doutorado) — School of Art Education, University of Central England. Birmingham, 1993.

RICHARDSON, Marion. *Art and the child*. London: University of London Press, 1948.

RICHARDSON, Marion. Writing & writing patterns: in two sets of hinged cards A & B (five books of copies and a teacher's book. 2. ed. London: University of London Press, 1936 [1. ed. 1928]).

SASSOON, Rosemary. *Marion Richardson*: her life and her contribution to handwriting. Bristol/Chicago: Intellect, 2011.

SMITH, Catterson. *Drawing from memory and mind-picturing*. London: Pitman, 1921.

SWIFT, John. *Marion Richardson 1892-1946*. Centenary Touring Exhibition. Catálogo da Exposição. Birmingham: University of Central England, 1992.

# 14

# Viktor Lowenfeld:
## Arte/Educador número um do século XX*

> "The new history is not only about the pain of the past, or the struggles of the present, but implicitly and explicitly proposes inclusive definitions for democratic futures."
>
> **Barbara Kruger**

**Para Laura Chapman,** Viktor Lowenfeld foi o mais influente Arte/Educador do século XX. Depois que a ouvi dizer isto, em uma palestra na National Art Education Association dos Estados Unidos, inquiri sobre esta afirmação a dez professores *top* em arte/educação em universidades americanas e todos concordaram com ela.

---

\* Este texto foi em parte publicado como Lowenfeld: tudo começou em 1922. *Cadernos da Pós-Graduação*, Campinas: Instituto de Artes, Unicamp, ano 3, v. 3, n. 1, p. 20-36, 1999. Agradeço ao Departamento de Arte/Educação da Miami University pelas magníficas condições que me ofereceram por ocasião de minha pesquisa, em 1998, inclusive colocando à minha disposição uma aluna como assistente de pesquisa. Agradeço também pelo convite que me foi feito em 2002 para falar sobre minha própria vida e pelo Prêmio que me foi outorgado. Agradecimentos especiais à Dra. Julia Lindsey.

Os livros de Viktor Lowenfeld e o livro *Education through art*, de Herbert Read,[1] foram um marco no ensino da Arte no Brasil: começamos a lê-los em espanhol, editados em Buenos Aires. Formaram o ideário modernista de nossos professores de Licenciatura dos primeiros cursos de Educação Artística do Brasil. Herbert Read era mais invocado do que lido; a bíblia mesmo eram os livros de Lowenfeld, pelo enfoque prático que oferecíam. As pesquisas de mestrado e doutorado em desenho da criança, uma década depois das licenciaturas, é que divulgaram Luquet, um pesquisador que vários anos antes de Lowenfeld havia estudado o desenvolvimento gráfico da criança e do adolescente. Isto se explica porque, em busca de validação científica, os novos pesquisadores brasileiros se apoiavam em Piaget, que por sua vez usava como referencial o livro de Luquet. Isto não quer dizer que Luquet fosse mais científico ou mais confiável que Lowenfeld, apenas que, acerca de desenvolvimento infantil, Piaget era mais importante que todos os dois juntos nos anos 1980, no Brasil e no mundo, portanto uma escolha de Piaget virava dogma extrapolando os conceitos científicos.

Lowenfeld buscou gradativamente simplificar seu discurso para ser entendido. Ao chegar aos Estados Unidos, Lowenfeld já trazia um livro publicado na Inglaterra em 1938, *The nature of creative activity*.[2] Quando este livro chegou ao mercado americano, foi considerado muito complexo, difícil de ler, e os colegas o aconselharam a escrever algo mais facilmente entendível: *Creative and mental growth*[3] foi a resposta. Traduzido em 1961 pelos argentinos,[4] também foi considerado difícil e se sugeriu a ele escrever algo que os pais pudessem entender: surgiu então o livro *A criança e a sua arte*, publicado em português em 1977 pela editora Mestre Jou.[5] Devemos a Lowenfeld o início de nossa prática sistematizada, por isso me entusiasmei tanto pela sua história de vida intelectual.

---

1. Read, Herbert. *Education through art*. London: Faber, 1943.

2. Lowenfeld, Viktor. *The nature of creative activity*. 2. ed. London: Routledge & Kegan Paul, 1952.

3. Lowenfeld, Viktor. *Creative and mental growth*. New York: Macmillan, 1947.

4. Lowenfeld, Viktor. *Desarrollo de la capacidad creadora*. Buenos Aires: Kapelusz, 1961. v. 1-2.

5. Lowenfeld, Viktor. *A criança e a sua arte*. São Paulo: Mestre Jou, 1977.

Nas minhas pesquisas sobre a História do Ensino da Arte, um dos grandes achados nos últimos anos foi uma fita cassete com uma entrevista autobiográfica de Victor Lowenfeld, feita em 1958 por alunos de pós-graduação da Penn State University, onde ele ensinou e dirigiu o Departamento de Arte Educação por catorze anos. Esta fita está nos ricos arquivos de Arte Educação da Universidade de Miami em Oxford, Ohio (EUA).

Acredito mesmo que foi o impacto desta entrevista confessional e crítica — comovente e arguta — que estimulou, em 1972, John Michael, chefe do Departamento de Art Education, a criar as *Autobiographic lectures*, que são a parte mais importante dos arquivos da Universidade de Miami.

Todos os anos é escolhido(a) um(a) educador(a) importante nos Estados Unidos para dar um depoimento ao público, de colegas e estudantes da Miami University, acerca de sua vida e obra. O convidado também responde a perguntas, e tudo é gravado em vídeo e áudio. Atualmente, o(a) convidado(a) também participa de um debate mais teórico, fechado, com estudantes de pós-graduação e colegas. Fui convidada por Julia Lindsey para participar do debate com os entrevistados de 1998, George W. Hardiman e Theodore Zernich, diretores por muitos anos da School of Art and Design da Universidade de Illinois, da revista *Visual Arts Research*, e por algum tempo do Museu Krannet. Sempre trabalharam em parceria, algo muito raro na vida acadêmica em nossa área, salvo o caso de marido e mulher trabalhando juntos, que quase sempre conduz a maior valorização ou dominação do lado masculino. A conversa foi muito aberta, permitindo revisões conceituais e avaliações. Fiquei mais uns dias para pesquisar nos arquivos, e foi quando encontrei esta entrevista até então inédita de Lowenfeld, e dois textos inéditos de John Dewey, um deles publicado neste livro.

Quando, em março de 2002, fui convidada para dar a *Autobiographic lecture* daquele ano, fiquei muito surpresa, pois nunca haviam convidado nenhum estrangeiro que não vivesse e não tivesse desenvolvido sua carreira nos Estados Unidos, ao contrário de mim, que sempre estive lá como aluna ou professora visitante por períodos nunca mais longos que um ano e meio. Foi muito emocionante e festiva a noite da minha palestra.

Os amigos da Universidade de Cincinnatti e da Ohio State University, onde ensinei no primeiro semestre de 1977, estavam presentes, assim como Julie Lindsey, a mestra de cerimônias da noite e o criador dos arquivos, dr. John Michael e sua mulher.

Recebi, na mesma ocasião também, o Prêmio de Mérito e Liderança na disciplina de Art Education nos Estados Unidos. Hoje, vejo este evento como divisor de águas em minha vida. A visão otimista que apresentei de minha vida modificou-se completamente naquele mesmo ano de 2002, no mês de julho. Aquela festa organizada para mim foi a despedida de uma parte magnífica da minha vida profissional e pessoal. Estava muito feliz por ver a área de Ensino da Arte consolidada no Brasil, e com prestígio fora do Brasil. Todos os meus desejos haviam sido realizados, até o de ter uma neta. Mas, em julho de 2002, minha filha teve um AVC de tronco cerebral que a deixou tetraplégica, muda e sem comer, mas felizmente com cognição e memória intactas. Nossa vida mudou e teria sido muito pior se ela não fosse uma lutadora. Conseguiu defender tese de doutorado na USP dez anos depois. Nossa luta para não sucumbir à desgraça e criar uma criança, Ana Lia, minha neta, num ambiente alegre, gerou um lema que dirigiu minha vida daí por diante: se não podemos ser felizes, pelo menos lutemos para não nos sentirmos vítimas.

Aquela pessoa que deu a palestra autobiográfica em 2002 tem pouco que ver comigo hoje. Estou muito menos confiante e muito mais indignada com as mesquinharias e as maldades praticadas pelos seres humanos uns contra os outros.

O acervo do arquivo de Arte Educação da Miami University (Oxford, Ohio) já conta com mais de vinte palestras autobiográficas e, por mais intelectualizado que seja o convidado, como é o caso de Elliot Eisner, ele não se furta ao confessional.

John Michael, que além de criador dos arquivos financiava pessoalmente até morrer as *Autobiographic lectures*, foi orientando de Lowenfeld em seu doutorado e organizou o livro *The Lowenfeld Lectures*,[6] que tem o prefácio de Laura Chapman. Trata-se do melhor livro de Lowenfeld. Os

---

6. Michael, J. *The Lowenfeld lectures*: Viktor Lowenfeld on art education and therapy. University Park and London: The Pennsylvania University Press, 1988.

**Figura 1**
Viktor Lowenfeld.
*Fonte*: <www.arteducationstudio.com>.
Acesso em: 7 jul. 2013.

textos são resultado do excelente trabalho de transcrição e editoração, feito por seus ex-alunos, de fitas gravadas com as aulas de Lowenfeld. Talvez ele fosse melhor professor que escritor: daí suas aulas e seus alunos produzindo em parceria terem suplantado os livros que o próprio mestre editorou.

Nenhuma entrevista dos arquivos da Universidade de Miami é tão emocionante quanto a de Lowenfeld: nela revive seu sofrimento e de sua família para sobreviver às duas Grandes Guerras. Na Primeira, quando ainda criança, fala da ajuda da Arte para ganhar algum dinheiro; e na Segunda, fala da ajuda de Herbert Read, facilitando sua fuga para a Inglaterra, seguida imediatamente pela imigração para os Estados Unidos. Torna muito vívidos os sentimentos pela perda dos ex-alunos — cegos exterminados pelo nazismo — e pela destruição do material de suas pesquisas. Fala do cansaço pelas andanças em busca de emprego;

da sua fragilidade diante das secretárias de gente importante, até o encontro com a de Victor D'Amico, uma francesa, que se empenhou para que ele se encontrasse com o chefe porque astutamente desconfiou que ele iria gostar dos poucos trabalhos de crianças e cegos que Lowenfeld conseguira trazer consigo como demonstração de seu talento como professor. Ele nunca esqueceu o nome desta mulher — Onya La Tour —, e o repete três vezes na entrevista. Daí em diante foi só sucesso. D'Amico era na época o todo poderoso da Arte Educação em Nova York: criou e dirigiu o setor de Arte Educação do MOMA e foi um poder decisório até os anos 1960. Ele e Belle Boas o convidaram para dar algumas conferências no Teachers College da Columbia University, uma das quais foi assistida pelo psicólogo Gordon Allport que o levou para proferir umas palestras em Harvard, e posteriormente lhe arranjou um emprego no Hampton Institute, uma escola de Arte recém-criada na época para a educação dos negros.

Lowenfeld começara sua vida profissional na Áustria apostando na capacidade criadora dos cegos e com eles trabalhando em Arte; na América também iniciaria sua vida profissional pela educação culturalmente inclusiva, desta vez do ponto de vista racial, pois a Hampton Institute é uma instituição criada para a educação superior dos afro-americanos que muito ajudou na luta emancipadora. É por isto que o movimento Multiculturalista reavaliou Lowenfeld que ficara mal conceituado e mal entendido pelos primeiros pós-modernos da Arte/Educação na década de 1980, especialmente pelos sacerdotes do DBAE.

Seu compromisso com as minorias o recupera glorioso nos anos 1990. Nos Congressos da National Art Education Association, as palestras sobre Lowenfeld de Robert Saunders (1999), Diana Korzenik (1998) e de Peter London (1997) foram libelos contra aqueles que procuraram destruí-lo para ter mais espaço para brilhar. Peter London, por exemplo, demonstrou que Lowenfeld não era tão espontaneísta e anticulturalista como os pós-modernos quiseram pintá-lo analisando para o público os mesmos textos de Lowenfeld que os pós-modernos usam para tipificá-lo como modernista fanático e ultrapassado. Foi uma bela demonstração de como citações deslocadas de seu contexto podem significar o oposto do que um texto na íntegra quer dizer.

De sua entrevista, destacarei os tempos de criança e os inícios de sua carreira trabalhando com os cegos. Diz ele:

> Quem não já esteve envolvido no processo criador de uma maneira tão intensa, e não foi capaz de sentir que o único desejo seria de acabar aquele único e precioso produto e então poderia morrer? Eu penso que cada um de nós que tenha estado envolvido tão profundamente em criar tenha tido uma vez ou outra esse sentimento, o sentimento de completação porque aquilo que fez lhe parece muito importante.
> 
> Então, retrospectivamente visto, tal produto criador parecerá a você, muitos anos depois, provavelmente menos significante. Quando você o produziu era alguma coisa que sobrepujava sua experiência. Mas posso dizer, na vida há sempre um primeiro amor. Aquela primeira vez, quando você começou a sentir a centelha que atingiu você, é provavelmente um dos momentos decisivos em sua vida, embora você ame muitas vezes depois disso (não muitas vezes porque o verdadeiro amor não se repete frequentemente), o primeiro amor, ainda permanece com você.
> 
> Há uma coisa muito significante a este respeito, de certo modo injusta eu creio, é que vocês lembrarão o que eu disse hoje, provavelmente só muitos anos depois, muitos anos depois. Aqueles que já chegaram à maturidade saberão o que estou dizendo. O fato é que o primeiro amor sempre permanece jovem, porque permanece no passado e não envelhece com você à medida que você próprio envelhece. Lá permanece então com muito frescor. Isto é também verdadeiro acerca da primeira centelha do processo criador. Você acumula experiência à medida que você vive, mas você sente tudo muito fresco à medida que o primeiro amor se realiza. Somente os grandes mestres podem manter os últimos amores tão frescos quanto os primeiros. Não somente isto é verdadeiro para a vida, mas também é verdadeiro para a arte e é verdadeiro para tudo aquilo que se refere às atividades criadoras, incluindo certamente quaisquer descobertas que nós podemos fazer em educação, ou em arte educação, ou em ciências, ou em qualquer coisa. Nós podemos detectar provavelmente mesmo em importante personalidade seus primeiros amores. Por exemplo, não há dúvida que o primeiro amor de Einstein foi sua teoria da relatividade, não se esqueçam que ele a escreveu quando era muito jovem e ela permaneceu com ele como um ídolo pois tudo que ele fez depois eram elaborações sobre ela. E isso é muito, muito importante porque provavelmente as elaborações não poderiam ser feitas quando era jovem. Ele não tinha o fôlego da experiência,

nem o conhecimento que ele mais tarde adquiriu. Mas o vigor permanece, a juventude. Agora vocês podem questionar vocês mesmos, mas para começar eu gostaria de fazer uma auto análise. Eu penso que isto é verdadeiro para os outros, mas é também verdadeiro para mim. Eu não poderia pensar em mim mesmo como sendo o que sou presentemente, sem pensar na minha juventude, no meu passado e na intensa experiência que acompanhou o meu passado, sem a qual eu não acredito que eu poderia ter feito qualquer coisa, por menor que tenha sido a semente que eu acrescentei ao ofício da arte educação.

Eu gostaria de começar com vocês revelando algumas das minhas experiências do passado longínquo porque penso que eu fui muito afortunado na minha vida, incluindo as maravilhosas coisas que me foram dadas sem esquecer também as terríveis experiências que eu tive que passar. Eu as considero como sendo igualmente intensas e portanto como parte da grande sorte e da grande fortuna sem a qual eu não poderia ter feito o que eu fiz por menor que tenha sido a minha contribuição. Eu penso que não há nenhuma dúvida acerca disto. Eu vou referir a isto depois.

Eu cresci em condições espartanas. Meus pais, deixe-me dizer, eu fui afortunado por ter sido filho de pais pobres. Financeiramente nós não tínhamos muito e portanto não havia nada para esbanjar. Nasci em 1903 e a luta começou. Esta se tornou pior quando eu tinha 11 anos, porque meu pai foi convocado para o exército, para a Primeira Guerra Mundial em 1914. Foi uma luta muito dura, eu tinha de cuidar de minha mãe que tomava conta de quatro crianças. Eu cresci muito rapidamente e nossas responsabilidades, minhas e de meu irmão, eram grandes porque minhas irmãs eram muito pequenas [...] Não havia nada para comer. Vocês podem imaginar o que nada significa? Beterrabas, beterrabas cruas de manhã, beterrabas cozidas ao meio dia, beterrabas na escola e beterrabas no jantar. Elas eram como os nabos para vocês. Isto era praticamente tudo que tínhamos para viver, exceto que uma vez ou outra podíamos comprar meio quilo de feijão. Nós éramos magros até os ossos, má nutrição. Então, nós, as quatro crianças e minha mãe estávamos constantemente chorando. Este era um meio ambiente muito difícil para uma criança crescer. Uma pessoa precisa ser feita de ferro e aço para que esta miséria não reflita no seu ser total. Eu era violinista, eu me sentia muito atraído para a música, comecei muito cedo, provavelmente aos quatro ou cinco anos a tocar violino e cheguei a fazê-lo bem. Minha melhor fase foi quando eu estava com dez anos. Aí eu era considerado um prodígio, porque eu podia tocar quase tudo de ouvido, inclusive concertos integrais. Por exemplo eu toquei com a sinfônica, peças difíceis e recebi grandes ovações. Um dia tive febre escarlatina e fui para o hospital de crianças quando eu deixei o hospital, eu tive que tocar para uma audiência, incluindo o Arquiduque; eu recebi um violino de presente pela performance, porque eu tive que deixar meu violino no hospital, provavelmente ele estava infectado. Essas pequenas coisas permanecem na mente das pessoas por longo tempo.

Me chamavam de cigano, porque tudo eu tocava de ouvido, então meu pai e minha mãe achavam que eu deveria ser educado e tocar violino de partitura. Eu fui estudar com um importante professor, mas ele levava tudo muito a sério, me fazia tocar exatamente de acordo com a partitura e aquilo me fez parar.

Ao mesmo tempo eu comecei a pintar e me tornei muito mais interessado em pintura. Nunca saberemos se a experiência de pintura se deveu a contra reação da diminuição da experiência de música ou se não teve nada com isso, enfim eu me tornei muito interessado em pintura. Quando eu tinha 11 anos e a guerra começou eu já pintava. Mais tarde, quando eu tinha 14 ou 15 anos eu era de longe o mais jovem aluno na escola de arte. Eu pensei que eu poderia conquistar o mundo através de minhas pinturas, como todos nós pensamos. Naquele tempo eu pintava aquilo que hoje podemos chamar pinturas realistas baratas, mas eu estava capturado pela pintura, não há dúvida, especialmente no começo. Há várias experiências que eu poderia contar a vocês, nas quais em retrospectiva me parece ter sido muito afortunado porque eu não tinha dinheiro. Naquele tempo eu tinha 11 anos e meu pai ainda não tinha ido para a guerra. Meu pai esteve na Primeira Guerra Mundial de 1914 a 1918, portanto durante toda a guerra. Ele foi ferido várias vezes. Nós não tínhamos nada durante a primeira guerra mundial, nada do que os soldados e suas famílias aqui têm. Nós precisávamos comer, mas não tínhamos economias e tínhamos que confiar no nada. Eu vou lhes contar uma pequena história da guerra. Eu sempre tive o desejo de pintar a óleo, mas eu tinha feito somente alguns desenhos a caneta e a aquarela. Me pareciam muito insuficientes para mim, então eu andava olhando as lojas de artistas em minha cidade, para tentar calcular exatamente qual era a quantidade de coisas que eu necessitaria para pintar. Cheguei a calcular exatamente a soma que eu precisava guardar. Eu tinha realmente um desejo de ferro. Eu fui para as vizinhanças de minha cidade com papel esfuminho e caneta e fiz vários desenhos. Eu não me lembro quantos. Mas deveria haver dez, muito bem executados e muito influenciados pelo o que eu estava vendo. Eu fui a uma das grandes lojas de molduras em Linz em minha cidade e perguntei ao dono se ele não queria comprar alguns desenhos. Ele era uma pessoa maravilhosa, usava um pequeno chapéu preto e tinha uma pequena barba branca, usava óculos com uma armação fina e redonda que ficava embaixo no nariz. Ele olhou para os desenhos e disse: bem, garoto, eles estão muito bonitos, o que é que você vai fazer com o dinheiro se eu comprar algum? Eu disse, eu quero comprar tinta a óleo. Ele perguntou, de quanto você precisa? Eu disse, onze coroas. Isso era uma larga soma. Eu ainda me lembro disso. Onze coroas era mais ou menos o que é hoje quatro dólares ou um pouco mais. Mas era uma larga soma de dinheiro para nós. E era o mínimo que eu precisava para pintura a óleo. Eu tinha uma lista de uma pequena tela, alguns pincéis, provavelmente dez tubos de tinta a óleo e aguarrás e uma paleta. Ele olhou os dez desenhos e disse, eu gostei muito desses desenhos, você é um jovem muito talentoso, comprou quatro e me deu onze coroas.

Eu fui diretamente para a loja dos artistas, comprei, paguei e fui diretamente para a casa. Contei toda a história a minha mãe porque tinha mais confiança em minha mãe. O meu pai era um pouco o policial da nossa família. Se minha mãe não podia resolver as coisas conosco, contava ao meu pai e isso era muito difícil. Comecei imediatamente a pintar. Eu ainda tenho essa natureza morta em casa. Era uma natureza morta. Vejam vocês. Orientação era nula e o condicionamento era forte. Então o que faria uma pessoa sem orientação? Bem a natureza morta era a coisa certa. Eu tinha 11 anos, lembro bem. Portanto isto deve ter sido em 1914, antes que a guerra começasse, quando eu pintei essa natureza morta. Minha mãe tinha trazido para casa alguns cogumelos e havia também um melão, não, não era um melão, como vocês chamam isto, abóbora? Abóbora? Sim. Eu coloquei essas coisas juntas e pintei-as. A pintura ficou boa e minha mãe gostou muito. Quando meu pai chegou, a primeira reação não foi achar a pintura bonita, a primeira questão foi, onde você conseguiu a tinta? Onde você conseguiu a tinta? Claramente, onde você conseguiu a tinta? Esta era a questão, então eu comecei imediatamente a chorar e disse, eu comprei. Quem lhe deu o dinheiro? Eu disse que eu tinha vendido alguns de meus desenhos. Meu pai não acreditou. Ele disse, você vem comigo ao Mr. Eigl. Eigl era o moldureiro. Vocês veem, essas coisas permanecem comigo através dos anos e eu nunca as esquecerei. Então meu pai foi comigo; eu dificilmente podia segui-lo. Ele era um homem alto e eu ainda me lembro como era difícil seguir os seus passos. Ele estava me segurando parcialmente pela orelha e parcialmente pela mão. Quando eu não podia mais seguir ele me puxou até chegarmos a loja das molduras. Era bastante distante de minha casa. Eu estava chorando terrivelmente. Mr. Eigl veio e me perguntou — O que aconteceu a você? Eu não podia falar, meu pai perguntou:

— Você conhece este menino?

— Claro, é um garoto adorável.

— O que você sabe deste menino?

— Eu acabei de comprar quatro belos desenhos dele. Eu os emoldurei e coloquei em minha vitrine e encontrarei freguês para eles. Eu dei a ele doze coroas. Ele disse que era pintor. Ele é um jovem talentoso e você deveria estar muito orgulhoso dele, disse o Mr. Eigl.

O meu pai não sabia o que devia fazer, porque estava parcialmente envergonhado e parcialmente emocionado. Era proibido, estritamente proibido que crianças ganhassem dinheiro sem a permissão dos pais. Isso era um tabu, nada parecido com o que acontece aqui. Os pais aqui ficam felizes quando isto acontece, vocês receberiam alguma palavra de encorajamento, mas na Europa isto estava estritamente fora de questão. Então eu comecei a pintar a óleo.

O meu pai foi para a guerra. Como eu disse nós não tínhamos nada para comer e algumas vezes eu sai com as minhas pinturas para o campo e troquei por batatas e leite. Quando conseguia alguma manteiga, ficava muito contente.

Algumas vezes levei comigo minha paleta e outros materiais para pintar. Pintei a casa da fazenda de um proprietário e consegui algum pão e me senti com muita sorte, por termos alguma coisa além das beterrabas. Este foi um começo de vida que para vocês deve ser difícil imaginar, mas não há dúvida de que estas dificuldades tornam as pessoas mais sensíveis do que viver na abastança. Eu carregava meu saco, porque eu não tinha um carrinho de feira, para ir até os camponeses. Eu andava por horas e horas e então eu ficava em frente a uma casa de fazenda com o maior dilema, pensava dez vezes: devo entrar? Então, batia na porta.

Os camponeses ou fazendeiro saía e perguntava:

— O que é que você quer?

Eu dizia:

— Eu quero lhe pedir uma coisa, o senhor gostaria de ver uma pintura que eu fiz?

— Boo! A porta se fechava.

Outras pessoas deixavam a porta aberta e diziam:
— Deixe-me ver.
Eu dizia:
— Eu poderia pintar sua casa também.
Eles diziam:
— Sente, coma um pedaço de pão.
No campo eles ainda tinham alguma coisa para comer, mas na cidade não havia nada. Vocês sabem, às vezes tinham pena do garoto muito magro da cidade, e eu conseguia até alguns ovos. Assim, os longos anos da guerra se passaram. E eu, obviamente cresci. No fim da guerra eu tinha 15 anos. Houve, depois da guerra um intenso desejo em toda a Europa de que não houvesse nunca mais nenhuma guerra. Criou-se um movimento pacifista muito intenso e eu me tornei muito interessado no movimento jovem. Sendo judeu eu me interessei muito pelo movimento sionista jovem. Era um movimento de jovens que naquela época tinha um caráter muito revolucionário e ético. Tinha um caráter de reconstrução do país a partir do nada, do deserto, com os perigos da malária e outras doenças, praticamente uma terra devastada e era preciso muito idealismo para fazer a terra produzir alguma coisa da qual nenhum homem antes tinha conseguido nenhuma produção. Então eu fui trabalhar na lavoura. Ao mesmo tempo eu me tornei muito interessado em educação, especialmente na educação primária, porque eu pensava que os jovens devem crescer sendo educados [...] Eu me preparei para arte e para trabalhar na educação primária ao mesmo tempo. Matriculei-me na Linz School, no Real Ginásio, que correspondia à escola média e aos primeiros anos da faculdade. Quando você se graduava, você estava pronto para ir para universidade ou uma instituição de treinamento de professores. Então, depois da graduação, eu me envolvi muito com o movimento jovem, para falar a verdade eu fui líder do movimento jovem na Áustria e foi mais ou menos em 1920, quando eu tinha 17 anos, que eu pela primeira vez ouvi falar em Martin Buber e Siegfried Bernfeld, que eram grandes educadores, psicólogos e psicanalistas. Eu também conheci Gustav Minikin, que foi um grande líder da juventude. Naquela época, decidimos que íamos fazer uma experiência para descobrir o que os jovens fariam por si próprios sem medidas disciplinares impostas pelos adultos. Nós acreditávamos que os adultos interfeririam na educação em muitos aspectos e que os jovens eram mais capazes de guiarem seus próprios destinos, isto resultaria melhor, do que serem guiados e disciplinados pelos adultos. Esta ideia, é claro, originou-se do movimento pacifista.

Naquela época os diversos movimentos jovens na Áustria se uniram e fundamos o que chamamos de anel jovem, o círculo no qual nós não diferenciávamos entre movimento católico, ou movimento jovem protestante, ou jovem alemão, ou movimento judeu, ou Parthfinders ou escoteiros. Todos se uniram num grande título: Anel Jovem. Eu e alguns outros lideramos este movimento. Nós nos juntamos a Martin Buber e vários outros líderes e começar nossas experiências em uma Ilha no Mar do Norte. A Ilha se chamava Ryckfohr. A cidade se chamava Wyckfohr. Nós fundamos lá o que nós chamamos de república jovem, na qual os jovens se governavam a si próprios. Eu estou contando isto a vocês, porque eu acredito que os anos iniciais da juventude são muito, muito importante para o desenvolvimento, menciono isto especialmente a vocês, porque como professores devem saber da importância desses anos formadores e não devem negligenciá-los, pensando que nosso caminho é chegar a vida adulta. As bases da vida adulta são esses estágios informativos da infância e da adolescência. E se você não foi exposto a experiências sensíveis é muito difícil atualizar sua sensibilidade na vida adulta. Nós tivemos a mais maravilhosa experiência naquele tempo. Eu tive contato com os maiores líderes de educação desta era. Martin Buber ainda está vivo e é um dos maiores filósofos do nosso tempo. Siegfried Bernifeld, eu acredito que morreu, mas foi grande embora pouco conhecido neste país. Ele publicou vários livros sobre a educação, era muito ligado a Sigmund Freud. Gustav Wynecken era um jovem reformador e educador alemão, e Rabindranath Tagori, um filósofo indiano que foi também educador. Ele também participou da República Jovem. Eu certamente fui apenas uma engrenagem lá, mas eu era o intermediário entre as crianças que foram para lá e os líderes que eu já nomeei. Não só eu, mas muitos outros tinham reuniões com eles, foi o mais maravilhoso tempo de aprendizagem, uma aprendizagem romântica. Nunca, jamais, desprezre romantismo, porque é o romantismo que provavelmente organiza, conjuntamente, suas emoções, seu intelecto e seus sentidos. Você se torna muito mais aberto quando você está apaixonado. Você vê as coisas mais sensivelmente, as experimenta mais intensamente. É o mesmo quando você está neste potencializador sentimento de espera, o qual aparece sempre quando você busca por algo.
Quando eu fui para a Universidade de Viena, ao mesmo tempo eu ensinava na escola primária. Meus estudos começaram na Academia de Arte de Viena. Então eu mudei da academia de arte, que era muito seca e acadêmica, para aquilo que se chama Kuntgewerbeschule, uma espécie e Bauhaus

de Viena. Foi nesta escola mais contemporânea que conheci Cizek.[7] Cizek estava também na Kuntgewerbeschule, onde eu estudei por vários anos até receber meu diploma.

Eu estava ainda ensinando na escola elementar quando conheci um interessante professor. Eugenio Steinberg era o seu nome. Ele era um escultor e vendava os olhos dos alunos durante o processo de esculpir porque dizia que toda influência visual no ato de modelar era extrínseca aos valores da modelagem. Ele dizia "Modelar e esculpir é puramente uma experiência tátil", e citava Herder.

Vocês sabem que Herder foi um filósofo que dizia que provavelmente o sentido tátil é o mais verdadeiro dos sentidos para a arte. É o sentido eternamente válido que não nos expõe às desilusões de luz e sombra como as experiências visuais em pintura. Herder dizia que duas coisas iguais em luzes diferentes podem parecer completamente diferentes, quando fora do domínio da perspectiva que é somente uma ilusão. Estas ilusões não estão presentes na experiência tátil porque o que você toca hoje é a mesma coisa que você toca amanhã, portanto só o sentido tátil é o sentido eternamente válido. Steinberg estava de acordo com este pensamento e dizia que a escultura é a maior das artes, porque, não depende do efeito das mudanças de luzes e sombras e nem dos efeitos iluministas da distância. Então ele dizia para os alunos trabalharem com os olhos vendados. Era uma experiência muito frustrante para mim. Eu me lembrava do Movimento da Juventude que nos estimulava a usar todos os nossos sentidos para nos tornarmos mais sensíveis à natureza. Isto é o que Martin Buber dizia. Isto era o que Rabindranath Tagore dizia. Esta era a experiência a qual tinhamos sido expostos. Somente os homens que usam todo o refinamento de sua sensibilidade crescerão como um ser humano refinado em um mundo de paz. Foi com esta crença que nós crescemos. Então eu dizia para mim mesmo: "cobrir meus olhos, me privar de uma sensibilidade importante é uma falsidade". Por que eu deveria fazer isto? Servia somente para eu me tornar escravo do conceito tridimensional? Ou do conceito escultura? Era revoltante para mim. Eu era exposto a isto todos os dias como aluno de sua classe. Uma tarde, eu fui para os bosques de Viena sozinho, e contemplando a natureza, olhando a lua e as estrelas eu pensei: "agora, eu devo

---

7. Franz Cizek (1865-1946) foi pioneiro do ensino modernista da Arte. Artista vienense expressionista, criou em Viena uma escola de arte para crianças e adolescentes que é considerada o ponto de partida para o ensino livre expressivo e criador em arte.

me opor a ele ou não?". Lembrem, ele era considerado uma grande autoridade em Viena naquele tempo. Um dia tive coragem e perguntei a Mr. Steinberg:

— Por que nós devemos servir a escultura e não ao homem? Não devemos nos privar de nossa sensibilidade somente para sermos escravos da teoria de que a escultura é um conceito tridimensional.

Steinberg era um cara muito interessante e artisticamente inteligente, mas ele era orgulhoso do que ele dizia e fazia. Portanto, a questão que coloquei era falta de tato de um cara jovem!

— Bem, você terá sua experiência visual em sua classe de pintura.

Foi a resposta. Mas eu não podia entender que nós devêssemos acender algumas sensibilidades em uma classe e desligá-la em outra classe. Isto é incompatível com o que eu tinha vivido em Ryckfohr, na ilha onde o Movimento da Juventude, coordenado por Martin Buber teve lugar.

Eu decidi novamente depois de longa contemplação da natureza, que eu deveria ir ao Instituto de Cegos. Lá eu deveria encontrar alguma prova de que Mr. Steinberg estava certo ou se estava errado em seu conceito sobre arte tridimensional. Provavelmente eu encontraria alguma resposta por lá. Fui ao Instituto dos Cegos sem nenhuma recomendação, nada. Naquele tempo Dr. Burkle era o diretor do Instituto dos Cegos e ele havia recentemente publicado um livro chamado Psicologia da Cegueira, que eu acredito ter sido o primeiro sobre o assunto e que se transformou numa obra fundamental. Ele era também professor da Universidade de Viena. Eu fui ao Instituto e disse:

— Me ocorreu que as pessoas cegas, porque são privadas do sentido da visão, poderiam provavelmente criar mais puras esculturas tridimensionais porque (então eu repeti o conceito de Steinberg) esculpir em seu intrínseco valor é tridimensional, portanto as pessoas que têm uma refinada sensibilidade tátil deveriam ser capazes de produzir as melhores esculturas ou pelo menos mais puras esculturas tridimensionais.

Ele disse:

— Meu jovem, você deveria saber que as pessoas cegas não podem ter imagens simultâneas (complementares), você também deveria saber que elas também não podem criar, porque um dos requisitos para qualquer criação ou atividade criativa é que nós tenhamos uma imaginação na qual símbolos podem ser organizados em uma sequência simultânea, em uma totalização e pessoas cegas não têm isto. Leia meu livro e você encontrará

explicação de que eles não podem ter imagens simultâneas porque eles somente tocam pequenas partes e são incapazes de imaginar essas pequenas partes formando um todo. Portanto meu jovem, eu sugiro que você mude de sua Academia para a Universidade, onde você poderá estudar muita coisa sobre a percepção dos cegos e adquirir conhecimento psicológico. Então você poderá voltar e nós teremos uma conversa novamente.
Eu perguntei se poderia experimentar. Então ele disse:
— Bem, você deveria saber por que é um professor, nós não podemos usar seres humanos para experimentação de tentativa e erro.
Então realmente eu fui para a universidade para estudar Psicologia e História da Arte, mas eu estive envolvido em todas as espécies de assuntos em meus estudos. Eu não sei se disse a vocês, mas ao mesmo tempo em que estudava na Academia eu fiquei fascinado pelas Matemáticas. Eu me formei, estudei e ensinei Matemática por algum tempo porque estava interessado nas leis da natureza. Mas algumas velhas leis de proporção, você pode entender somente se você estuda matemática, especialmente trigonometria e algumas das equações relacionadas a ela. Eu estudava então envolvido em ensinar na escola elementar. Eu estudava ainda na Academia exposto a trabalhos de olhos vendados e fazendo pintura que era meu campo principal. Eu vivia, o que era importante, nos arredores de Viena, em barracas que restavam da Primeira Grande Guerra. Estas barracas tinham sido hospitais, onde os feridos eram tratados. As barracas eram dadas aos estudantes pobres. Eu não tinha que pagar nada para viver lá, isto era bom. Era muito interessante porque muitas pessoas maravilhosas e interessantes estavam vivendo lá. Por exemplo, vocês ouviram falar de August Strindberg? O filho de Strindberg era meu companheiro de barraca.. Vocês já ouviram falar no nome de Karl Liebknecht? Ele era um pensador social que desempenhou um papel muito importante com Rosa de Luxemburgo. Como eu disse a vocês toda a minha vida, por pura sorte, eu tive experiências muito intensas e fascinantes, que despertou em mim o desejo de estar exposto e envolvido todo o tempo. Precisava muita energia para ir ao professor Burkler e dizer a ele minha teoria acerca dos cegos, embora eu nunca tivesse tido contato com uma pessoa cega. Eu tinha visto muito poucos cegos, talvez só os pedintes na rua. Mas eu não estava satisfeito com as respostas de Burkle e Steinberg. Eu tinha aprendido no Movimento da Juventude que nós devemos tentar e experimentar. Eu não queria esperar, passar por todo o processo de estudar Psicologia na universidade para então voltar ao Dr. Burkle. Eu não achei antiético ir ao Instituto dos Cegos e pedir às crianças cegas ou outras pessoas cegas para fazerem alguma coisa em arte

usando as mesmas motivações que eu usava com as crianças na escola elementar. Naquele tempo, eu conhecia a experiência de Cizek. Ele era meu colega na Academia. Então eu pensei que eu poderia ir nos domingos visitar as crianças. Eu fui lá primeiro de mãos vazias olhar ao redor e dizer alô a alguns deles, procurar conhecê-los. Você sabe como são um pouco suspeitosos quando encontram pessoas sem terem sido apresentados antes. Eu disse que era um artista e que queria conhecê-los e aí comprei algumas bolas com as últimas moedas que me restavam. Eu comecei uma relação amigável com três das pessoas cegas, Michael, Poldi e uma menina. Eu não me lembro do nome da menina, de qualquer maneira eram dois meninos e uma menina. Eu disse a eles que fazia pintura e escultura. Eu disse a eles o que pode ser feito em escultura. Você pode expressar seus sentimentos. Era a época do expressionismo, da arte expressionista alemã. Eu era naquela época aluno de Kokoschka e o expressionismo estava em toda a parte. Eu disse que eles podem se expressar e que seus mais íntimos sentimentos podiam vir à tona e isto ser uma parte muito importante de suas vidas. Eu consegui que eles realmente dissessem:

— Eu gostaria de fazer alguma coisa de escultura, você pensa que nós podemos fazer alguma coisa? Eu disse:

— Por que não?

Então eu roubei alguma argila das latas da Academia e comecei a levar aos domingos para os três. Encontramo-nos no jardim do Instituto, rodeados de arbustos. Eles começaram com grande excitação a fazer suas primeiras esculturas, hoje eu penso dizer que fizeram história, porque estas foram as primeiras esculturas criadas, feiras por indivíduos cegos. Acredite ou não, pessoas cegas nunca antes tinham feito trabalhos criadores. Eles somente imitavam de acordo com os conceitos dos adultos o que já tinha sido produzido, somente para mostrar sua habilidade e nunca tinham sido motivados ou lhes havia sido permitido fazer seus próprios trabalhos. [...] Portanto estas três máscaras que eu tenho de arte dos cegos foram históricas. Naquele tempo eu não estava consciente de que isto era uma coisa pioneira. Eu estava somente fascinado pelo resultado. Porque o resultado era puramente expressionista, muito expressivo. Eles também se deram conta das suas experiências como cegos, foi muito revelador. Eu fui lá várias vezes, eu os estimulei a fazer o que eles queriam, eu contei a eles minhas experiências, eles me contaram sobre o passado, nós nos tornamos muito amigos. Muitos domingos se passaram e eu tinha já uma maravilhosa coleção de máscaras e cabeças porque nós estávamos focalizando na expressão e não no corpo, embora uma criança tenha feito uma escultura do seu próprio corpo em figura inteira que se quebrou. Eu tinha que esconder as esculturas em minha pasta porque ninguém podia ver. Um dia eu voltei ao Dr. Burkle e disse:

— Que você diria se cegos pudessem criam? Ele disse:

— Meu jovem não venha com hipóteses que você não pode provar. Eu disse:

— Eu tenho alguma prova. E, espalhei as máscaras na sua mesa. Estávamos em um gabinete com carpete vermelho muito macio. Ele perguntou:

— Quem lhe deu permissão? Eu disse:

— Mas, eu vim somente durante a hora de visita aos domingos.

— Mas, quem deu permissão a você para usar nossos estudantes? Eu disse:

— Me desculpe, mas eu não conheço nenhuma lei contra e é mais importante que nós tenhamos as esculturas. Ele disse:

— Eu proíbo você de vir a esta Instituição de agora em diante. Eu disse:

— Bem Dr. Burkle...

— Fora! Ele disse —, se isto for conhecido pode ser um desastre para a educação dos cegos. Cegos pensarão que podem se tornar escultores, artistas. Isto é mistificação. Isto é um crime. Fora!

Entretanto eu pensei que isto seria um grande desafio para eles dali em diante. Isto foi em 1922, eu tinha dezenove anos. Eu fiquei sem saber o que fazer e novamente um golpe de sorte ocorreu. Eu conheci um dos mais importantes e influentes poetas germânicos daquele tempo, Karl Kraus. Ele era um pensador um pouco revolucionário e publicava um panfleto mensal chamado "The Torch". Entre poemas de poetas conhecidos apareciam nesta publicação literária poesias e ensaios, fascinantes poemas. Vocês conhecem Holderlin, um dos maiores poetas alemães? Os poemas que ele escreveu durante um ano de insanidade, são tão expressivos ou mais do que as últimas obras de Van Gogh, quando ele pintou as muitas estrelas e os ciprestes em direção ao céu. Esses poemas eram fascinantes para mim. Eu era um leitor de "The Torch". Eu decidi que estava na hora de escrever para Karl Kraus e contar a ele sobre as esculturas dos cegos, porque era alguma coisa que deveria vir à tona. Escrevi a ele perguntando:

— Você poderia me permitir que lhe mostrasse?

Eu era um jovem de dezenove anos e ele tinha já quarenta e cinco anos ou mais e era famoso. Havia uma grande diferença entre nós, mas ele respondeu imediatamente e disse que estava muito interessado:

— Você poderia vir a minha casa?

Ele marcou data. Karl Kraus era um homem que não recebia qualquer um, ele era uma personalidade! Oh, ele era afiado como uma espada e vivia em reclusão. Eu fui a sua casa, mostrei as esculturas. Ele ficou muito impressionado com o que viu. Ele disse:

— Essas obras são fundamentais e devem se tornar conhecidas.

Em sua opinião eram o elo da cadeia entre a arte primitiva e a grande arte. Ele pensou que havia grande arte nelas, mas que tinham algumas das qualidades da arte primitiva., também. Vocês podem ver que no meu desenvolvimento, experiências reais tiveram mais influência do que experiência vicárias. Eu devo dizer a vocês que naquela época eu tinha lido muito pouco sobre arte educação.

O novo diretor do Instituto dos Cegos, Dr. Siegfried Altman, era um grande admirador de Karl Kraus. Logo depois de minha visita, recebi uma carta de Karl Kraus dizendo que ele iria informar ao novo diretor minha experiência, Dr. Altman imediatamente introduziu modelagem como uma matéria do currículo do Instituto de Cegos e me tornou responsável pelo ensino criador lá. Naquela altura eu já havia conseguido o meu certificado de professor da escola secundária e ensinava no Ginásio Real também. Isto foi em 1924. Eu comecei a descobrir o que os cegos podiam realmente fazer e o ensino se tornou fascinante. Eu pintava intensamente naquele tempo. Eu me tornei interessado em vitrais em 1925. Para a Feira Mundial de Paris eu desenhei as janelas de vitral do prédio de concertos. Eu não só desenhei como executei também. Eu cortei vidro e fiz tudo. Foi tremendo! As janelas eram muito altas. Eu continuei meus estudos na universidade e começou um grande período de coleta de dados e experiências.

Então, através de meus estudos eu me tornei interessado em arte educação, também. Esse interesse só começou em 1926, quando eu tinha vinte e três anos. Portanto, relativamente tarde eu descobri que há alguma coisa como arte educação, embora eu tivesse sempre fazendo isso. Não há dúvida de que meu trabalho na escola elementar era arte educação. Meu conhecimento com Cizek não me trouxe o entendimento do significado da arte educação do passado, porque Cizek também não conhecia nada. Cizek era completamente voltado para seu próprio trabalho. Se você perguntasse a ele:

— Quem foi Ricci?[8] Ele responderia:

---

8. Corrado Ricci escreveu um dos primeiros livros sobre desenho de crianças *l'Arte del bambini*. 2 ed. Roma: Armando, 2007 [1887].

— Ricci, Ricci? Você faz perguntas idiotas.

Nem eu nem Cizek eramos scholars. Você entende o que quero dizer com isso? Isto significa que nosso conhecimento não era derivado de uma penetração no campo intelectual, mas em una penetração nas experiências. Eu penso que isto guiou toda minha vida.

Entre 1926/28 Sigmund Freud tornou-se muito interessado no meu trabalho com cegos. Ele leu sobre isto em uma publicação numa das mais importantes revistas médicas daquele tempo, onde eu havia escrito um artigo acerca de meu trabalho no Instituto de Cegos. Ele me telefonou e disse que gostaria de ir ver alguns de meus trabalhos. Eu respondi que ficaria muito honrado. Ele veio várias vezes observar o que eu estava fazendo. Naquela ocasião ele revisava seu livro *Totem e Tabu*. Depois de ler esse livro eu comecei a organizar os meus dados em uma maneira mais científica. Eu já havia observado diferenças nas atitudes dos cegos. Eu comecei a entender que havia uma tipologia. Comecei a ler, eu primeiro descobri e depois comecei a ler sobre tipologia, tipos psicológicos, incluindo Jung, Danzel, Nietzsche, Schiller. Eu estava muito fascinado [...].

Minha mais séria experiência foi em 1938 quando Hitler entrou na Áustria. Eu tive que me esconder. Era uma questão de vida ou de morte, mas eu aproveitei o tempo no porão e escrevi *A Natureza da Atividade Criadora*. Eu tinha todos os dados, mas eu não podia sair de casa. As fotografias das máscaras, cabeças e figuras feitas pelos cegos me ajudaram muito. Eu estudei muito na escuridão daquele porão e terminei meu manuscrito. O livro foi publicado na Inglaterrra. Eu tinha um manuscrito sobre o processo criador, com um editor, antes de Hitler entrar na Áustria. Quando ficou claro que Hitler ia entrar, o editor me chamou e pediu para retirar o manuscrito, porque certamente iria ser queimado quando Hitler chegasse. Ele quis até me pagar para retirar o manuscrito. Eu guardei este manuscrito em minhas gavetas por vinte anos e só o ano passado (1957) ele foi publicado. Os tempos mudaram, mas quis terminar o circuito.

Na ocasião da invasão eu já conhecia Herbert Read, que conhecia meu trabalho acerca da expressão *haptic* e a expressão visual em arte. Ele leu artigos meus e nós nos correspondíamos. Eu me queixei a ele de que a situação estava muito difícil e eu teria que deixar Viena e o que mais me preocupava era deixar a coleção de esculturas de cegos que já era uma grande coleção, a única no mundo acerca da serialidade do desenvolvimento. Havia estudos longitudinais que você raramente pode encontrar. Herbert Read estava muito ansioso por ter esta coleção na Inglaterrra.

O London Council concordou em mudar a coleção de Viena para o museu em Londres quando a perseguição começou em nove de novembro. As sinagogas foram queimadas e os judeus foram jogados em caminhões. Recebi, então, uma carta de Herbert Read dizendo que a embaixada inglesa estava a minha disposição. Resisti um pouco a fugir, mas em dezembro saí do país. Eu estive com Herbert Read, por três semanas em Londres, mas sem a coleção. A coleção desapareceu. Ninguém sabe o que aconteceu. Era chamada anti-arte, arte degenerada, que não agradava a Hitler porque não era realística e tinha sido feita por "deficientes", que Hitler pensava serem inferiores. Então o Instituto dos Cegos foi convertido em um quartel nazista e todos os meus alunos cegos foram para a câmera de gás, todos eles. Felizmente eu trouxe comigo fotografias que escaparam por pouco. Fugi dois dias depois que cheguei em casa e encontrei um bilhete em minha porta. "Você deve deixar este apartamento dentro de três dias. Não lhe é permitido levar nada com você, somente roupa." Deixamos tudo, quadros, objetos e carregamos só nossas coisas pessoais, as três máscaras, as fotografias e muitos desenhos.

Fugimos em dois dias porque ficamos com medo de ficar os três dias. Então alguns amigos se ofereceram para ajudar. Foi como as coisas aconteceram. É bom para vocês e para todos saber e não esquecer essas coisas...

Um estudante pergunta:

— Que o Senhor teve de fazer para deixar o país? O Senhor pôde conseguir passaporte e outros documentos? Ele respondeu:

— Bem, arriscamos nossas vidas.

Outro estudante:

— Vocês tiveram que caminhar para deixar o país? Ele respondeu:

— Não, não, isto seria impossível. Viena não é perto da fronteira da Suíça.

O estudante pergunta novamente:

— Você teve que ir por rotas desviantes? Ele respondeu:

— Sim, todas muito perigosas. Nós poderíamos ter sido apanhados na fronteira, onde algumas pessoas eram "vasculhadas", despidas, e você sabe... O estudante: "baleadas?" Ele responde:

— Sim, nós esperávamos isso o tempo todo.

É muito, muito acidental que eu esteja sentado aqui hoje, porque a percentagem foi de 130.000 que puderam escapar para 5.000.000 que foram mortos, você vejam 130.000 é um número muito pequeno se comparado a 5.000.000. Você me perguntou como eu consegui sair, através de que meios, sempre através de arriscar a própria vida e tendo alguma espécie de sorte. A sorte estava ao meu lado, ou eu não estaria sentado aqui.

Então, em 1938 eu estava na Inglaterra no começo de dezembro e no fim de dezembro, eu estava nos Estados Unidos. Aquela altura *A Natureza da Atividade Criadora* fora publicado primeiro na Inglaterra em 1938. Em 1939 apareceu na América. Foi outro golpe de sorte. Eu procurarei ser breve para contar essa história. Quando eu cheguei nos Estados Unidos, eu era completamente desconhecido aqui, as publicações em alemão não penetravam nos países de língua inglesa do mesmo modo que as publicações inglesas não penetravam nos de fala alemã e antes da Segunda Guerra Mundial não havia nada traduzido. A muralha entre as línguas é tremenda. Vocês não têm ideias do que esta barreira significa para o conhecimento. É incrível! Então, quando eu cheguei aqui o livro *A Natureza da Atividade Criadora* tinha sido publicado na Inglaterra, mas ainda não tinha aparecido aqui. O livro não era conhecido por ninguém aqui naquele tempo.

Eu tinha em meu portfolio todas as espécies de desenhos de pessoas parcialmente cegas e de meus alunos da escola secundária e elementar, uma espécie de coleção, e meus três livros: os dois em alemão e *a Natureza da Atividade Criadora*. Então, eu rodava por aí. Eu não tinha nenhum centavo, eu não tinha nada. Eu vivia na casa de refugiados onde todos dormiam em um dormitório e a única coisa que tinha lá era acomodação. Eles me mandavam procurar emprego com advogados, comerciantes, gente que não tinha nada que ver com arte. Era muito difícil arranjar um contato. Realmente eu não estou exagerando, mas eu tive uma inflamação nos músculos, meus tendões inflamaram terrivelmente, porque eu não conseguia carregar todas as malas. Johnny ficou doente e teve de ser operado de abcesso na garganta. Foi um tempo terrível no começo. Não era simples. As pessoas por acaso diziam: "bem, eu lhe darei uma recomendação", eu enchi meus bolsos de recomendações e cartões de visita, mas eu não tinha um níquel para pagar o *subway*. Eu andava blocos e blocos até que eu dificilmente podia andar sempre da Rua 68 (Uptown), onde ficava a casa de refugiados, até Downtown (centro da cidade). Tudo estava muito difícil até que um dia eu avistei o Museu de Arte Moderna, não onde está localizado agora. Antigamente era na Rua 59. Em um lugar simples. Era somente uma galeria. Eu vi um anúncio dizendo, "Desenhos de crianças da cidade de New York". Eu entrei. Era uma exposição especial de desenhos de crianças de New York. Eu vi o nome de Victor D'Amico como organizador. Meu inglês era muito pobre naquele tempo, uma vez que eu havia acabado de chegar. Estava na recepção do Museu uma maravilhosa senhora. Seu nome era Onya La Tour, uma senhora francesa, mas falando inglês e muito amável. Ela carregou minhas malas para baixo e guardou-as. Eu estava olhando a exposição quando ela veio e me perguntou:

— O senhor é daqui?

Eu disse em meu inglês de pé quebrado:

— Não, eu não sou daqui. Ela passou a falar em francês. Daí em diante respondi em francês e disse que tinha chegado recentemente. Ela perguntou:

— Que faz?

Eu disse:

— Eu sou um pintor e eu sou um professor e eu tenho feito algum trabalho com cegos acerca do qual eu publiquei alguns livros e mostrei *A Natureza da Atividade Criadora*. Onya La Tour abriu o meu *portfolio*, olhou e disse:

— *Die gute schon ist!*

Ela telefonou imediatamente para a Fieldston School a fim de falar com Victor D'Amico, que foi o primeiro arte educador que eu conheci neste país. Ele veio e olhou o meu material e disse que gostaria de me apresentar a outras pessoas. Ele era naquele tempo, eu acredito, um professor na Columbia University no Teachers College. Ele me apresentou a Belle Boas. Belle Boas me apresentou Van Noggle, que me apresentou outras pessoas. Então eu tive o convite para dar palestras na Columbia University, as quais eu tive de escrever porque meu inglês não era bom. Mesmo a escrita para as palestras parecia inglês de criança. De qualquer maneira foi o primeiro dinheiro que ganhei. Eu recebi $ 40,00 por palestra, que era fantástico naquele tempo. Eu não sabia o que tinha acontecido. Eu pensava que esse povo era louco para pagar tanto dinheiro por uma palestra. Era uma palestra por semana, portanto eu ganhava $160,00 por mês, que era inacreditavelmente bom. Aqueles eram tempos difíceis, embora eu tenha conseguido essas dez palestras.

Em uma das palestras estava Gordon Allport. Vocês sabem quem ele é, não? Depois da palestra ele veio a mim e me perguntou: "você está disponível?" Eu disse: "o que quer dizer com estar disponível?" (eu não conhecia a palavra *available*) ele explicou: "você está livre?". Eu perguntei: "agora?". Então ele respondeu em alemão: "você tem uma colocação, um emprego?". Eu fiquei surpreso porque ele falava alemão, embora não muito bem. Eu respondi: "não, eu tenho algumas palestras aqui". Ele perguntou: "você aceitaria uma oferta para Harvard?". Eu não conhecia Harvard, eu não tinha ideia da qualidade e importância. Ele acrescentou: "Não é muito longe daqui". Então eu disse: "eu ficarei feliz com qualquer coisa". Ele riu, obviamente, e disse que tinha vindo me ouvir. E tinha havido uma coincidência. Ele tinha acabado de conhecer o tradutor de meu livro *A Natureza da Atividade Criadora*. Foi o Dr. Oeser que é o chefe do departamento de psicologia da Universidade de Edinburgo. Segundo ele, o Dr. Oeser falou do trabalho e elogiou muito. Como vocês sabem, Herbert Read escreveu sobre *A Natureza da Atividade Criadora* nos mais gloriosos termos. Ele achou que o livro iria revolucionar o pensamento sobre a arte educação. Eu não sei se está aqui esta edição de *Educação Através da Arte*, não, não está aqui, está em outra edição. Eu fiquei muito feliz que Allport tenha me procurado e muito feliz com meu primeiro emprego.

Em uma semana eu estava em Harvard, fiquei lá até junho, de fevereiro ou março até junho. Era apenas um emprego temporário, mas com esperança de vir a se tornar permanente. Mas em junho, Allport me chamou em seu escritório e me perguntou se eu estaria interessado em conversar com o presidente do Hampton Institute. Eles queriam criar um departamento de Arte. Estaria eu interessado em dirigir um departamento de Arte? Eu nem falava inglês direito! Bem, eu fiquei fascinado quando soube que era uma Instituição de Negros. Foi uma sensação maravilhosa para mim, a introdução a uma fase completamente nova. Pareceu-me que era alguma coisa como o Instituto de Cegos. Nada tinha sido feito ainda em Hampton em Arte. Eu disse: "certamente, esse é o maior desafio no qual eu poderia pensar". Depois comecei a receber convites, a vida dura tinha acabado, pelo menos no lado material. Eu aceitei uma oferta de trabalhar parcialmente em uma Instituição de crianças perturbadas mentalmente e emocionalmente trabalhando como terapeuta e consultor psicológico. Em Hampton eu estive por seis anos e vim para a Pennsylvania State University, Penn State College como era chamado naquele tempo. Agora quero saber se vocês ainda têm tempo, ou vocês têm aula?

Estudante:

— Nós temos aula.

— Eu me alonguei muito. Eu queria ainda avaliar para vocês o que eu sinto ter sido minha contribuição na área. Que aula vocês têm agora?

Estudante:

— É a de Apreciação do Dr. Beittel.

— Bem, eu detesto interferir na aula dos outros. Então me deixe terminar no tempo que tenho a minha disposição.

Primeiramente, eu penso que sem o conhecimento da arte dos cegos nós não teríamos uma arte dos cegos, não tenho dúvida disto. Portanto, eu penso muito objetivamente que esta foi uma das contribuições que eu dei. Além disto, é muito difícil dizer objetivamente qual foi a minha contribuição. Por isso mencionei este meu trabalho no começo. Uma vez que você encontra o seu primeiro amor, ele será provavelmente um dos mais decisivos. Eu posso dizer que aquilo que a arte dos cegos me ensinou está parcialmente refletido em quase tudo que eu fiz depois, não simplesmente considerar a aparência do produto final, mas ver objetivamente o que está escondido atrás dele para chegar ao seu entendimento [...]. Eu intensifiquei em arte educação a percepção das relações entre o desenvolvimento criador e o desenvolvimento mental que é o título do livro que eu escrevi em 1945 quando eu estava ainda no Hampton Institute.

Eu vim para cá em 1946 e em 1947 *Criatividade e Desenvolvimento Mental* foi publicado. O título não representa meramente um título, mas define o conteúdo da obra e caracteriza qual foi a minha contribuição para a Arte Educação. Eu penso que é muito importante relacionar a criança como um indivíduo ao seu esforço criador, e é provavelmente esta relação que diferencia e distingue as Belas Artes da Arte Educação.

Vejam, é inteiramente insignificante relacionar Mondrian, isto é o trabalho de Mondrian com a sua mentalidade ou o status de Mondrian, é inteiramente insignificante.

Pode ser interessante provavelmente para um historiador da arte ou um escritor que escreva a bibliografia de Mondrian, mas, para a obra em si, é insignificante.

Saber que Beethoven era surdo ou não era surdo ou qual era seu status é insignificante para Nona de Beethoven. A Nona de Beethoven representa um baluarte da composição considerando-se toda a história da música. A Nona é inteiramente separada do que Beethoven possa ter sido. Mas em Arte Educação isto é impossível. Eu sinto que em Arte Educação, a palavra educação conta, nós educamos através da arte; portanto a relação entre criatividade e desenvolvimento mental é muito, muito importante. Se tentarmos separar os dois nós estragamos tudo. Isto é verdade mesmo nos dias de hoje, como vocês podem ver as edições que escrevi, a segunda e terceira edições são meramente amplificações do que tinha sido publicado na primeira, buscando mais e mais acerca desta relação entre criatividade e desenvolvimento mental.

Eu gostaria de dizer e eu penso que eu tenho razões para dizer isto, porque quando eu estava em Londres eu falei com Herbert Read acerca de meus planos. Primeiramente é preciso dizer que ele conhecia o manuscrito *de A Natureza da Atividade Criadora* (eu tinha enviado o manuscrito para ele logo que escrevi). Enquanto eu estive lá, eu discuti com ele as possibilidades de inter-relacionar criatividade ao desenvolvimento mental e discuti com ele vários caminhos para determinar critérios que são responsáveis pelo desenvolvimento da personalidade. Eu não tenho dúvida que isto foi a base de seu estímulo para escrever a *Educação Através da Arte*. Embora ele me tenha dado crédito, como vocês sabem, em seu livro *Educação Através da Arte*, ele foi em muitas partes além daquilo que eu poderia chegar em meus escritos porque eu sinto que eu não tenho facilidade. Mas eu falei com ele acerca de Buber. Eu falei com ele acerca de minha experiência passada a qual eu acabo de relatar a vocês. Além disso, eu não conheço nenhum livro de Herbert Read que ele tenha escrito antes daquele tempo no qual ele tivesse envolvido a filosofia de Buber e outras filosofias da Arte Educação. Eu penso que *Educação Através da Arte* é baseado nas intensas discussões que nós tivemos em Londres. Realmente ele também disse parcialmente isto em seu livro, mas não reconheceu tanto quanto realmente representaram aquelas discussões. Por favor, não me interpretem mal, vocês sabem que Herbert Read é uma pessoa muito peculiar. Ele é tão envolvido em seu próprio trabalho, que de certa maneira ele acredita que todas as idéias pertencem só a ele.

Um estudante:

— Sim, de acordo com as biografias de Freud, ele é considerado também desta maneira.

Sim, e há outras experiências que poderiam corroborar com isto, mas são realmente, inteiramente insignificantes.

Como vocês sabem a filosofia de *Criatividade e Desenvolvimento Mental* influenciou muito largamente a Arte Educação americana até os dias de hoje e eu penso que o título da Conferência Internacional do próximo ano não seria a "A influência da Arte Educação nas Faculdades Humanas Gerais", se algumas coisas não tivessem sido demonstradas antes. Eu acredito que as traduções de *Criatividade e Desenvolvimento* e *A Criança e sua Arte* em várias línguas tenha contribuído muito para a disseminação desse conhecimento.

Agora se eu posso apontar para o futuro, diria que nossa pesquisa, a que estamos desenvolvendo agora, na qual nós procuramos revelar certos critérios responsáveis pela criatividade, terá uma profunda influência sobre a futura metodologia da educação em geral. Se eu posso apontar para o futuro, então eu diria que Arte Educação no presente é uma disciplina em si mesma, mas há indicações que essa disciplina irá além de outras disciplinas e influenciará a metodologia de ensino em geral. Isto é, o que eu sinto o que o futuro tem reservado para nós e eu não poderia pensar em nada maior que isto. Se isto acontecer não acontecerá enquanto eu viver e talvez também não enquanto vocês viverem, mas isto eu estou seguro que acontecerá. Este é o fim do curso de Evolução de Filosofias Básicas. Eu espero que vocês tenham aproveitado alguma coisa. Provavelmente eu me deliciei mais com as nossas conversas acerca dos conteúdos do que com o conteúdo em si mesmo e espero que muitas personalidades sobre as quais discutimos apareçam para vocês agora um pouco diferentes depois que vocês viram o que uma centelha pode fazer. A mesma coisa que aconteceu a mim provavelmente aconteceu a Froebel, aconteceu a Verworn e aconteceu a muitas pessoas importantes sobre as quais discutimos durante este curso. Eu espero que também aconteça a vocês.[9]

É incrível pensar que Lowenfeld morreu com apenas 57 anos e foi tão importante para a Arte/Educação no mundo: o mais importante modernista do ensino da arte. Sempre pensei nele como um velho de 70 anos, amado por seus alunos e pouco considerado pelos colegas que o substituíram na Penn State University, que trataram logo de mostrar que ele tinha sido, mas não era mais.

Do ponto de vista da arte/educação com os cegos, só há pesquisas depois da campanha para inclusão dos deficientes nas escolas. Pude comprovar isso durante o período que orientei a dissertação da Amanda Tojal, que centrou seu mestrado neste tema e teve dificuldade em encontrar bibliografia. Tudo começou com Lowenfeld em 1922 e pouco se desenvolveu até os anos 2000.[10] Na história da aprendizagem da Arte

---

9. Autobiografia de Lowenfeld inédita encontrada pela pesquisadora nos Arquivos de Arte/Educação da Universidade de Miami, Oxford, Ohio, em 1998. O original em inglês foi transcrito de fita por Ellen Abell, editado por John Michael e verificado por Mrs. Viktor Lowenfeld, que sobreviveu ao marido, mas faleceu poucos anos atrás.

10. Maria Lucia Batezart. *Desenho infantil e seu ensino a crianças cegas*. Curitiba: Insight Editora, 2011. Além deste livro, uma ex-aluna de Batezart está defendendo tese sobre o assun-

pelas minorias ele não está ultrapassado, e muito se tem que pesquisar sobre seu engajamento com a educação das minorias negras.

Em uma exposição de Romare Bearden no Metropolitan Museum, de Nova York, há poucos anos me deparei fascinada com uma foto de Lowenfeld dando aula a um grupo de afro-americanos na Barnes Foundation, entre eles Romare Bearden. Dois estereótipos preconceituosos caíram por terra com a visão daquela fotografia: a de um Lowenfeld europeu, pouco ligado aos problemas do Novo Mundo, difundida por seus inimigos, e a de um Alfred Barnes, discriminador de raças que não permitia que judeus e negros visitassem sua coleção, como até hoje se diz em New York. Na foto, o professor era judeu e os alunos eram negros e pareciam muito à vontade nos domínios de Barnes, quando ele ainda era vivo; Barnes foi o grande mestre de John Dewey em Arte, não poderia ser preconceituoso! Tudo indica que como Lowenfeld e Dewey foi um multiculturalista antes do tempo, e se tinha preconceito era contra os pedantes críticos donos da Arte em Nova York. Estes ele não permitia que visitassem sua coleção, aberta ao público somente *by appointment* até pouco tempo. Como alguns eram judeus, isto foi aproveitado para difamar Barnes que, ao morrer, desmentiu os inimigos doando grande parte de sua fortuna para uma Faculdade dedicada à educação universitária de negros.

O discurso expositivo por ele concebido para sua coleção, intercalando obras eruditas modernas, esculturas africanas e vinhetas de ferro nas paredes, era profundamente multiculturalista e, podemos dizer, apontava para a pós-modernidade — que está tendo dificuldade em ser aceita pelos museólogos que continuam apegados à fácil solução homogênea *clean* do modernismo. Só o Carnegie Museum, de Pittsburg, pode ser considerado um museu pós-moderno de arte por sua organização expositiva. Desrespeitando o dogma da absoluta autonomia da obra de arte consagrado pelo modernismo, expõe objetos em vitrines ao lado de obras de Arte para contextualizá-las culturalmente. Os

---

to na França. São pesquisadores sobre as possíveis mediações com os cegos em Artes Visuais: Cristina Rosa da UDESC (Santa Catarina). Alfonso Balestreros (São Paulo). Amanda Tojal tem uma equipe muito boa que foi inclusive contratada para planejar educativos no exterior para os que têm dificuldades visuais.

textos nas paredes são definições de épocas que esclarecem o contexto social em que foram produzidos a pintura, a escultura, o desenho, a gravura, o vídeo etc. expostos. Por exemplo, na sala dominada por obras impressionistas americanas, o texto, em vez de explicar o que é o impressionismo, lembra ao visitante que naquela época foram criados o telefone, o chuveiro etc.

Por esta entrevista podemos ver que respeito ao contexto e à diversidade cultural foram arraigadas preocupações de Lowenfeld, antecipando assim alguns princípios que dominam a Arte/Educação Contemporânea.

Ele sofreu uma campanha destruidora, e poderíamos dizer difamatória, pelos seus sucessores — todos homens. Parecia uma disputa para ver quem o destruía primeiro e assim ocupava seu lugar no imaginário dos arte/educadores do mundo e o substituía em prestígio e fama. Seus melhores ex-alunos ainda não tinham prestígio para defendê-lo, mas nunca compactuaram com a campanha contra Lowenfeld. À medida que foram tendo prestígio o defenderam aberta e constantemente, e aqueles que o detratavam caíram no esquecimento.

A National Art Education Association criou a "Lowenfeld Lecture", a mais importante conferência dada nos congressos anuais da NAEA, a convite da Diretoria. A conferência proferida por Robert Saunders, na época diretor de Art Education, do Estado de Connecticut, foi uma ode ao seu ex-professor; comentando como o mestre se interessava não apenas pela vida acadêmica, mas também pela vida pessoal de seus alunos. Saunders lhe foi tão fiel que todos os anos visitavam sua viúva em uma casa de repouso na Pensilvânia. Contou-me que ela muito se entristeceu pela destruição da imagem do marido, que vem reocupando um lugar historicamente comemorado nos Estados Unidos. Suas pesquisas sobre criatividade, seu trabalho como diretor da Escola de Artes da primeira universidade de afro-americanos, seu empenho com os alunos e orientandos, sua tarefa de advogar em prol do ensino da Arte nas escolas, sua ideia pioneira de apreciação artística, tudo isto está sendo reconstruído e merecidamente valorado.

# Referências

BARBOSA, Ana Mae. Lowenfeld: tudo começou em 1922. *Cadernos da Pós-Graduação*, Campinas, Instituto de Artes/Unicamp, ano 3, v. 3, n. 1, p. 20-36, 1999.

BATEZART, Maria Lucia. *Desenho infantil e seu ensino a crianças cegas*. Curitiba: Insight, 2011.

LOWENFELD, Viktor. *A criança e a sua arte*. São Paulo: Mestre Jou, 1977.

_____. *Desarrollo de la capacidad creadora*. Buenos Aires: Kapelusz, 1961. v. 1-2.

_____. *The nature of creative activity*. 2 ed. London: Routledge & Kegan Paul, 1952.

_____. *Creative and mental growth*. New York: Macmillan, 1947.

MICHAEL, John (Org.). *The Lowenfeld lectures*: Viktor Lowenfeld on art education and therapy. London: The Pennsylvania University Press, 1988.

READ, Herbert. *Education through art*. London: Faber, 1943.

RICCI, Corrado. *l'Arte del bambini*. 2. ed. Roma: Armando, 2007 [1887].

# Bibliografia da pesquisa

ASHWIN, Clive. *Art education documents and polices*: 1768-1975. London: SRHE, 1975.

BARATA, Mario. *Raízes e aspectos da história do ensino artístico no Brasil*. Rio de Janeiro: Escola de Belas Artes, Universidade Federal do Rio de Janeiro, 1966.

BELL, Quentin. *The schools of design*. London: Routledge & Kegan Paul, 1963.

BROCOS, Modesto. *A questão do ensino da Bellas-Artes*: Rio de Janeiro: DCP, 1915.

BROWN, F. P. *South Kensington and lts art training*. London: s/e., 1912.

CARLINE, Richard. *Draw they must*. London: Edward Arnold, 1975.

CARY, Richard. *Critical art pedagogy*: foundations for postmodern Art Education. New York: Garland Publishing, 1998.

CONGRESSO BRASILEIRO DE PROFESSORES DE DESENHO. *Anais...*, Recife, Escola de Belas Artes, Universidade de Recife, 1963.

EFLAND, Arthur D. *A history of art education*. New York: Teachers College, Columbia University, 1990.

ESCOLA DE BELAS ARTES. 180 Anos de Escola de Belas Artes. In: SEMINÁRIO 180, *Anais...*, Rio de Janeiro, URFJ, 1997.

FERREIRA, Felix. *Do ensino profissional*: Liceu de Artes e Ofício. Rio de Janeiro: Escola Técnica Nacional, 1961.

KORZENIK, Diana. *Drawn to art*. London: University Press of New England, 1985.

LEITE, Serafim. *Artes e ofício dos jesuítas no Brasil*. Lisboa: Livros de Portugal, 1953.

LOGAN, Frederick. *Growth of art in American schools*. New York: Harpers & Brothers, 1955.

MACDONALD, Stuart. *The history and philosophy of art education*. London: University of London Press, 1970.

MORALES DE LOS RIOS, Adolfo. *Ensino artístico no Brasil no século XIX*. Rio de Janeiro: s.c.p, s/d.

PEVSNER, Nicolaus. *Academies of art, past and present*. Cambridge: University Press, 1940.

PIPER, Warren. *After Hornsey and after goldstream*. London: Davis Poyter, 1973.

RABELLO, Silvio. *Aplicação dos testes decrolyanos de desenho*. Recife: Imprensa Oficial, 1931.

_____. *As características do desenho infantil*. Recife: Diretoria Técnica de Educação, 1933.

_____. *A percepção das cores e das formas entre as criança de 03 a 11 anos*. Recife: Separata do Boletim de Educação, 1933.

SAUNDERS, Robert. History of art education in the United States. *Encyclopedia of Education*, New York, Macmillian, n. 1, p. 283, 1971.

SEVERO, Ricardo. *O Liceu de Artes e Ofício de São Paulo*. São Paulo: LAO, 1934.

SOUCY, Donald; STANKIEWICZ, Mary Ann. *Framing the past*: essays in art education. Reston: NAEA, 1990.

THE PENNSYLVANIA State University. *Proceedings from I and II Penn Conferences*. Pennsylvania, 1985 and 1989.

THISTLEWOOD, David. *A continuing process*. London: ICA, 1981.

_____. *Herbert read*: formlessness and form. London: Routledge & Kegan Paul, 1984.

WOJNAR, Irena. *Estética y pedagogía*. México: Fondo de Cultura Económica, 1963.

ZIEGFELD, Edwin. *Education and art*: a symposium. Paris: Unesco, 1953.

## Jornais

O *Estado de S. Paulo*

*El Universal Ilustrado* — México

*El Universal* — México

*El Democrata* — México

*A Pátria* — RJ

*A Província do Pará* — PA

*O Globo* — RJ

*O Imparcial* — RJ

*O País* — RJ

*O Jornal do Comércio* — Recife

*O Jornal* — RJ

*A Tarde* — SP

*Correio Mineiro* — BH

*Diário de Notícias* — RJ

*Folha do Norte* — Pará

*Jornal do Comércio* — RJ

*Jornal do Brasil* — RJ

## LEIA TAMBÉM

### ▶ ABORDAGEM TRIANGULAR
no ensino das artes e culturas visuais

Ana Mae Barbosa
Fernanda Pereira da Cunha (Orgs.)

1ª ed. - 1ª reimp. (2012)

464 páginas

ISBN 978-85-249-1664-9

Este livro apresenta 27 textos estruturados em quatro partes, os quais interpretam diferentemente a triangulação fazer, leitura da imagem, da obra ou do campo de sentido da Arte e a contextualização. Além de preencher a lacuna sobre as modificações operadas na Abordagem Triangular do ponto de vista da conceituação e da prática, a obra amplia sua ação e sua significação cultural.

## LEIA TAMBÉM

▶ **JOHN DEWEY**
e o ensino da arte no Brasil

Ana Mae Barbosa

7ª edição (2011)

*200 páginas*

*ISBN 978-85-249-0790-6*

Ana Mae Barbosa presenteia o leitor com uma palestra que descobriu nos arquivos de Arte-Educação da Miami University, dirigida a professores de Arte e Trabalhos Industriais. Um belo exemplo da visão de Dewey sobre a importância da Arte no desenvolvimento humano.

## LEIA TAMBÉM

▶ **ARTE/EDUCAÇÃO CONTEMPORÂNEA**
consonâncias internacionais

Ana Mae Barbosa (Org.)

3ª ed. - 1ª reimp. (2013)

432 páginas

ISBN 978-85-249-1109-5

Este livro é constituído de quatro partes entrelaçadas. A parte I trata de cognição e de interdisciplinaridade; a II está centrada no ensino da História da Arte; a III, dois artigos paradigmáticos de Brent Wilson e de David Thistlewood; na IV sobre interculturalidade e na última há artigos sobre avaliação.